हमारा पर्यावरण : हमारा जीवन

हमारा पर्यावरण : हमारा जीवन

राधेश्याम गुप्ता

इशिका पब्लिशिंग हाउस
जयपुर दिल्ली

इशिका पब्लिशिंग हाउस

ए -25, "गणेश सदन", गली न. 4, आदर्श बस्ती,
बी.एल. हाउस के पास, टोंक फाटक,
जयपुर-302018 (राजस्थान) भारत
फोन : 0141-2761280, Mob. 9887532741
Email: ishikapublishinghouse@yahoo.in

दिल्ली कार्यालय : 102, प्रथम मंजिल, 'सत्यम हाउस'
4324/3, अंसारी रोड़, दरियागंज, नई दिल्ली - 110 002
फोन : 011-45652440

ISBN: 9788189471118

टाइपसेटिंग : बी.एस. कम्प्यूटर्स, जयपुर

मुद्रक : थॉमसन प्रेस, नई दिल्ली

भूमिका

पर्यावरण में वे सभी भौतिक तत्त्व एवं जीव सम्मिलित होते हैं, जो प्रत्यक्ष या अप्रत्यक्ष रूप से उनकी जीवन क्रियाओं को प्रभावित करते हैं। पर्यावरण में अनेक जैविक एवं अजैविक कारक पाये जाते हैं जो आपस में एक-दूसरे पर अपना गहरा प्रभाव डालते हैं। साधारण शब्दों में, मनुष्य तथा प्रकृति में गहरा सम्बन्ध है तथा इस सम्बन्ध में एक सन्तुलन बनाना आवश्यक है। प्राचीन समय मे जब मनुष्य एकांकी जीवन जीता था तथा वह स्वार्थ से परे था उसमें तेरे-मेरे की भावना नहीं थी तो यह सन्तुलन कायम था परन्तु शनैः शनैः मनुष्य पारिवारिक जीवन व्यतीत करने लगा तथा उसकी आवश्यकतायें बढ़ी तथा इन बढ़ती हुई आवश्यकताओं ने उसे नये-नये अविष्कारों के लिये प्रेरित किया तथा अपनी सुख-सुविधाओं के लिये प्रकृति से खिलवाड़ करने लगा। **रोजेस्क् के शब्दों** में, यही से मानव भ्रष्ट होने लगा तथा नये-नये विकास करके पर्यावरण का सन्तुलन बिगाड़ दिया और पर्यावरण का रूप इतना भयानक हो गया की सारी मानव जाति इससे भयभीत होने लगी। क्योंकि मानव अपनी जीवन प्रणाली में प्रत्येक क्षण प्रकृति से कुछ न कुछ प्राप्त करता था परन्तु उसके बदले वह प्रकृति को कुछ नहीं देता था।

सम्पूर्ण विश्व में पर्यावरण अनवयन अर्थात् पर्यावरण असन्तुलन के अनेक कारण जैसे- औद्योगिकरण, शहरीकरण, जनसंख्या विस्फोट, गरीबी, संसाधनों का अतिदोहन, ऊर्जा के पारम्परिक स्रोतों की क्षीणता और कच्चे माल का निःशेषण इत्यादि प्रमुख हैं। इन कारणों से तथा मनुष्य की प्रकृति के प्रति लापरवाही ने मानव जीवन और पर्यावरण के बीच के सन्तुलन को डांवाडोल कर दिया जिससे वतर्मान समय में वातावरण को लेकर अनेक समस्याओं ने जन्म लिया तथा हमारे जीवन को प्रभावित किया है। हालाँकि मनुष्य तथा विज्ञान ने मिलकर कुछ मामलों में प्रकृति के ऊपर विजय प्राप्त की है परन्तु ऐसी विजय समस्याओं की बाढ़ के सामने बिलकुल नगण्य है। विकास के लिये मानव ने अन्धाधुन्ध प्रकार से पर्यावरण वन, वन्यजीव, भूमि की सतह, जल स्रोतों तथा हमारे आस-पास के वातावरण को क्षति पहुँचाई है। इससें न केवल वर्तमान में चल रही हमारी

पीढ़ी को बल्कि हमारे बच्चों व आने वाली पीढ़ी को एक निश्चित खतरा उत्पन्न हो गया है। मानव के उक्त प्रकार के व्यवहार पर अंकुश लगाने व नियन्त्रण के लिये ही नये कानून बनाये गये है तथा मानव जीवन व प्राकृतिक सम्पदाओं में वापस वही सन्तुलन कायम करने का प्रयास किया जा रहा है। चूंकि पर्यावरण की समस्या न केवल भारत देश की है बल्कि विश्व की है। अत: हम इसके विकास की प्रक्रिया (पर्यावरण विधि के विकास की प्रक्रिया) विश्व के सन्दर्भ में अवलोकन करेंगे। भारत में पर्यावरण के प्रति सजगता प्राचीन समय से ही देखने को मिल जाती है कौटिल्य जैसे विद्वान के अर्थशास्त्र में पर्यावरण को लेकर अनेक प्रकार के उपदेश दिये गये हैं, तथा प्राचीन भारत में हर धर्म तथा मजहब में पेड़-पौधों को सुरक्षा प्रदान की जाती थी। हिंदु धर्म में कुछ विशेष वृक्षों व पौधों जैसे-पीपल, तुलसी आदि की पूजा प्राचीन काल से ही प्रचलित है जो कि प्रर्यावरण संरक्षण का ही हिस्सा हैं। कौटिल्य के अर्थशास्त्र में तो पेड़ों को काटने पर दण्ड दिये जाने का प्रावधान दिया गया है।

लेखक

अनुक्रमणिका

1

विश्व और पर्यावरण

पर्यावरण शब्द अंग्रेजी के 'environment' शब्द का हिन्दी रुपान्तरण है। जिसका शाब्दिक अर्थ होता है आस–पास का वातावरण या पास–पड़ौस, यह दो शब्दों से मिलकर बना है परि तथा आवरण, परि शब्द का अर्थ है घेरा, तथा आवरण का अर्थ हमारे चारों तरफ अर्थात् ऐसा घेरा जो हमारे चारों ओर है, जिसने हमें चारों ओर से घेर रखा है। पर्यावरण का सरलतम तथा सामान्य अर्थ किसी स्थान विशेष में मनुष्य के आस–पास उन भौतिक वस्तुओं के आवरण से है जिसके द्वारा वह घिरा रहता है। **आक्सफोर्ड स्टेण्डर्ड डिक्शनरी** के अनुसार–पर्यावरण का अर्थ आसपास की वस्तु स्थिति, परिस्थितियाँ या प्रभाव है। पर्यावरण के अन्तर्गत मानव जन्तुओं या पेड़–पौधों की वृद्धि एवं विकास को प्रभावित करने वाली बाह्य दशायें, कार्य प्रणाली तथा जीवनयापन की दशायें आदि आते है एवं सभी स्थितियाँ, परिस्थितियाँ, दशायें तथा प्रभाव जो कि जैव अथवा जैवकीय समूह पर प्रभाव डाल रहा है भी आती है। **चेम्बर डिक्शनरी** के अनुसार–पर्यावरण का अर्थ विकास या वृद्धि को प्रभावित करने वाली परिस्थितियाँ है। **पार्क** ने पर्यावरण के अर्थ पर प्रकाश डालते हुए लिखा है कि ''पर्यावरण उन दशाओं का योग है जो मनुष्य को निश्चित समय में निश्चित स्थान पर आवृत करती है।'' पर्यावरण का अभिप्राय उस समष्टि से है जो मनुष्य एवं उसकी क्रियाओं को घेरे हुये है दूसरे शब्दों में, मनुष्य को सभी दिशाओं से आवृत करने वाले तत्त्वों को सामुहिक रूप से पर्यावरण कहा जाता है। **ए. गाउडी** ने अपनी पुस्तक "The Nature of the Environment" में पृथ्वी के भौतिक घटकों को पर्यावरण का प्रतिनिधि माना है। कुछ वैज्ञानिकों ने पर्यावरण शब्द

की अपेक्षा Habitat या Milieu शब्द का प्रयोग किया है। जिसका अभिप्राय भी समस्त पारिस्थितिकी अथवा परिवृति से है। आधुनिक पर्यावरणविद् पर्यावरण को वृहद् अर्थ में स्वीकार करते हैं। जिनके अनुसार, "मनुष्य के पर्यावरण के अन्तर्गत भौतिक पर्यावरण, सामाजिक पर्यावरण, राजनैतिक पर्यावरण एवं आर्थिक पर्यावरण शामिल है। अत: निष्कर्ष स्वरूप हम यह कह सकते हैं कि पर्यावरण एक अविभाज्य समष्टि है तथा भौतिक जैविक एवं सांस्कृतिक तत्त्वों से इनकी रचना होती है ये प्राकृतिक तत्त्व मानव के क्रिया कलापों पर प्रभाव डालते हैं और उनके प्रभाव से मानव के क्रिया-कलापों में परिवर्तन हो जाता है। उक्त दोनों प्रकार के (भौतिक एवं सांस्कृतिक) तत्त्वों से मिलकर पर्यावरण तथा विशेषत: भौगोलिक पर्यावरण का निर्माण होता है। अत: वह वातावरण जो हमें चारों तरफ से घेरा रहता है तथा जिसका प्रभाव हमारे जीवन के हर पहलू पर पड़ता है वह पर्यावरण है।

पर्यावरण की परिभाषा

पर्यावरण के सन्दर्भ में अनेकों विद्वानों ने अपनी अलग-अलग परिभाषायें दी है। जिनका उल्लेख यहाँ पर करना अतिआवश्यक है जिससे की हम पर्यावरण को अच्छी तरह से जान सके।

हर्स कोविट्स के मतानुसार–"पर्यावरण उन सब बाहरी दशाओं और प्रभावों का योग है जो प्राणी या अवयवों के जीवन और विकास पर प्रभाव डालते हैं।"

टेंसले के अनुसार–"प्रभावकारी दशाओं का वह सम्पूर्ण योग जिसमें जीव रहते हैं पर्यावरण कहलाता है।"

फिटिंग के अनुसार–"जीवों के पारिस्थितिकी कारको का योग ही पर्यावरण है।"

डि. एच. डेविस के अनुसार–"पर्यावरण का अभिप्राय भूमि या मानवों को चारों ओर से घेरे उन सभी भौतिक स्वरूपों से है जिनमें मानव न केवल रहता है बल्कि जिनका प्रभाव उसकी आदतों एवं क्रियाओं पर स्पष्ट रूप से दिखाई देता है।" इस प्रकार के स्वरुपों में धरातल, भौतिक एवं प्राकृतिक संसाधन मिट्टी की प्रकृति उसकी स्थिति, जलवायु, वनस्पति, खनिज सम्पदा, जल चल का वितरण, पर्वत, मैदान, सूर्यताप आदि जो भूमण्डल पर घटित होती है एवं जो मानव को प्रभावित करती है।

मैकाइवर के अनुसार–"पृथ्वी का धरातल और उसकी सारी प्राकृतिक दशाएँ प्राकृतिक संसाधन, भूमि, जल, पर्वत, मैदान, खनिज पदार्थ, पौधे, पशु तथा सम्पूर्ण प्राकृतिक शक्तियाँ जो पृथ्वी पर विद्यमान होकर मानव जीवन को प्रभावित करती हैं पर्यावरण के अन्तर्गत आती है।"

ई. जे. रास के मतानुसार–"पर्यावरण एक बाह्य शक्ति है जो हमे प्रभावित करती है।"

सोरोकिन के अनुसार–"पर्यावरण से तात्पर्य ऐसी दशाओं और घटनाओं से है जिनका अस्तित्व मनुष्य के कार्यों से स्वतन्त्र है जो मानव रचित नहीं है और बिना मनुष्य के अस्तित्व और कार्यों से प्रभावित हुए स्वत: परिवर्तित होती है।"

टी. एन. खुशु के अनुसार–"पर्यावरण उस सब दशाओं का योग है जो कि जीवधारियों के जीवन और विकास को प्रभावित करता हो, पर्यावरण कहलाता है।"

पर्यावरण अधिनियम 1986 की धारा 2 (क) के अनुसार–पर्यावरण के अन्तर्गत जलवायु और भूमि है और वह अन्तर सम्बन्ध है जो जलवायु और भूमि तथा मानवों, अन्य जीवित प्रणियों, पादपों और सूक्ष्म जीव और सम्पत्ति के बीच विद्यमान है

संक्षेप में यह कहा जा सकता है कि पर्यावरण उन समस्त भौतिक, सामाजिक, सांस्कृतिक, आर्थिक तथा राजनैतिक कारकों का योग है जिसमें मनुष्य सदैव घिरा रहता है। हम सामान्यत: निकटवर्ती परिस्थितियों को पर्यावरण का नाम दे सकते हैं। वर्तमान में पर्यावरण और इन्सान में गहरा सम्बन्ध है तथा वे दोनों एक-दूसरे को प्रभावित करते हैं पर्यावरण से स्वतन्त्र होने के प्रयास में मानव पर्यावरण पर अधिकाधिक निर्भर होता जा रहा है। इन सबको देखते हुए वर्तमान में पर्यावरण का स्वस्थ एवं शुद्ध पर्यावरण का होना मानव हित के लिये अतिआवश्यक है।

पर्यावरण विधि का उद्‌भव एवं विकास

उपरोक्त परिभाषाओं के आधार पर हमें यह ज्ञात होता है पर्यावरण में वे सभी भौतिक तत्त्व एवं जीव सम्मिलित होते हैं, जो प्रत्यक्ष या अप्रत्यक्ष रूप से उनकी जीवन क्रियाओं को प्रभावित करते हैं। पर्यावरण में अनेक जैविक एवं अजैविक कारक पाये जाते हैं जो आपस में एक-दूसरे पर अपना गहरा प्रभाव डालते हैं। साधारण शब्दों में, मनुष्य तथा प्रकृति में गहरा सम्बन्ध है तथा इस सम्बन्ध में एक सन्तुलन बनाना आवश्यक है। प्राचीन समय मे जब मनुष्य एकांकी जीवन जीता था तथा वह स्वार्थ से परे था उसमें तेरे-मेरे की भावना नहीं थी तो यह सन्तुलन कायम था परन्तु शनै: शनै: मनुष्य पारिवारिक जीवन व्यतीत करने लगा तथा उसकी आवश्यकतायें बढ़ी तथा इन बढ़ती हुई आवश्यकताओं ने उसे नये-नये अविष्कारों के लिये प्रेरित किया तथा अपनी सुख-सुविधाओं के लिये प्रकृति से खिलवाड़ करने लगा। **रोजेस्क् के शब्दों** में, यही से मानव भ्रष्ट होने लगा तथा नये-नये विकास करके पर्यावरण का सन्तुलन बिगाड़ दिया और पर्यावरण का रूप इतना भयानक हो गया की सारी मानव जाति इससे भयभीत होने लगी। क्योंकि मानव अपनी जीवन प्रणाली में प्रत्येक क्षण प्रकृति से कुछ न कुछ प्राप्त करता था परन्तु उसके बदले वह प्रकृति को कुछ नहीं देता था।

सम्पूर्ण विश्व में पर्यावरण अनवयन अर्थात् पर्यावरण असन्तुलन के अनेक कारण जैसे- औद्योगिकरण, शहरीकरण, जनसंख्या विस्फोट, गरीबी, संसाधनों का अतिदोहन, ऊर्जा के पारम्परिक स्रोतों की क्षीणता और कच्चे माल का नि:शेषण इत्यादि प्रमुख हैं। इन कारणों से तथा मनुष्य की प्रकृति के प्रति लापरवाही ने मानव जीवन और पर्यावरण के बीच के सन्तुलन को डांवाडोल कर दिया जिससे वतर्मान समय में वातावरण को लेकर अनेक समस्याओं ने जन्म लिया तथा हमारे जीवन को प्रभावित किया है। हालाँकि मनुष्य तथा विज्ञान ने मिलकर कुछ मामलों में प्रकृति के ऊपर विजय प्राप्त की है परन्तु ऐसी विजय समस्याओं की बाढ़ के सामने बिलकुल नगण्य है। विकास के लिये मानव ने अन्धाधुन्ध प्रकार से पर्यावरण वन, वन्यजीव, भूमि की सतह, जल स्रोतों तथा हमारे आस-पास के वातावरण को क्षति पहुँचाई है। इससें न केवल

वर्तमान में चल रही हमारी पीढ़ी को बल्कि हमारे बच्चों व आने वाली पीढ़ी को एक निश्चित खतरा उत्पन्न हो गया है।

मानव के उक्त प्रकार के व्यवहार पर अंकुश लगाने व नियन्त्रण के लिये ही नये कानून बनाये गये है तथा मानव जीवन व प्राकृतिक सम्पदाओं में वापस वही सन्तुलन कायम करने का प्रयास किया जा रहा है।

चूंकि पर्यावरण की समस्या न केवल भारत देश की है बल्कि विश्व की है। अतः हम इसके विकास की प्रक्रिया (पर्यावरण विधि के विकास की प्रक्रिया) विश्व के सन्दर्भ में अवलोकन करेंगे। भारत में पर्यावरण के प्रति सजगता प्राचीन समय से ही देखने को मिल जाती है कौटिल्य जैसे विद्वान के अर्थशास्त्र में पर्यावरण को लेकर अनेक प्रकार के उपदेश दिये गये हैं, तथा प्राचीन भारत में हर धर्म तथा मजहब में पेड़-पौधों की पूजा करना विशेषकर हिन्दू धर्म मे अग्नि यज्ञ, हवन इत्यादि करना जिससे वातावरण शुद्ध होता है, तथा कुछ निश्चित पेड़ जैसे पीपल आदि पेड़ो की पूजा करना भी पर्यावरण संरक्षण को प्रोत्साहन देने के लिए एक सजग कदम है। कौटिल्य के अर्थशास्त्र में तो पेड़ों को काटने पर दण्ड दिये जाने का प्रावधान दिया गया है। पुराणों तथा अनेक विद्वानों की स्मृतियों मे पेड़ों को काटना दण्डनीय अपराध है, का विवरण उल्लेखित है।

पर्यावरण संरक्षण से सम्बन्धित प्रारम्भिक विधि का वृतान्त ब्रिटेन में उल्लेखित बॉयन लॉ में भी मिलता है, तथा धीरे-धीरे पर्यावरण के प्रति सजगता विश्व के अधिकतर देशों ने अपनानी शुरू की। इस प्रकार उक्त दृष्टि से पर्यावरण विधि का विकास राष्ट्रीय और अन्तर्राष्ट्रीय स्तर पर हुआ। सन् 1972 में स्टॉक होम में मानव पर्यावरण संयुक्त राष्ट्र सम्मेलन हुआ उसमे स्टॉक होम की घोषणा को स्वीकार किया गया। उक्त सम्मेलन में पर्यावरण निर्धारण कार्यक्रम की कार्य योजना को तीन भागों में बाँटा गया-

(i) भू-मण्डलीय पर्यावरण निर्धारण कार्यक्रम- जिससे अन्तर्राष्ट्रीय पर्यावरण सम्बन्धी समस्याओं के बारे में चेतावनी दी जाये

(ii) पर्यावरण सम्बन्धी कार्यकलाप-

(iii) सहायताकारी उपाय-

सन् 1985 में ओजोन परत संरक्षण हेतु वियना सम्मेलन, 1987 में इसी सन्दर्भ में कनाडा में सम्मेलन हुआ, तथा 1992 में संयुक्त राष्ट्र पर्यावरण एवं विकास हेतु पृथ्वी शिखर सम्मेलन जेनेवा में हुआ।

भारत में पर्यावरण विधि पर सन् 1972 की स्टॉक होम घोषणा का महत्त्वपूर्ण स्थान है। भारतीय दण्ड संहिता 1860 की धारा 277, 278, 289 तथा भारत के संविधान में मूल अधिकारों से सम्बन्धित अनुच्छेद 14, 19, 21 राज्य के नीति निदेशक तत्त्व में अनुच्छेद 48 क तथा मूल कर्त्तव्य अनुच्छेद 51क (छ) में भी पर्यावरण से सम्बन्धित उपबन्धों व अधिकारों का उल्लेख

किया गया है। इन सब के अलावा भारत सरकार ने जल (प्रदूषण निवारण तथा नियन्त्रण) अधिनियम, 1974, वायु प्रदूषण (निवारण तथा नियन्त्रण) अधिनियम, 1981 तथा पर्यावरण संरक्षण अधिनियम, 1986 पारित किया। इस प्रकार उक्त अधिनियमों से हमें यह ज्ञात होता है कि वर्तमान में भारत के साथ-साथ सभी देश अपने पर्यावरण को लेकर सचेत हो गये हैं तथा अपने-अपने पर्यावरण को शुद्ध रखने के लिये विधियों, कानूनों, नियमों का प्रतिपादन करना शुरु कर दिया गया है और उन पर अमल भी कर रहे हैं। इस प्रकार पर्यावरण विधि का विकास शनैः शनैः हुआ है हम यह नहीं कह सकते की हमने पर्यावरण को लेकर उसे सुलझाने में देर कर दी परन्तु हाँ इतना अवश्य है कि अभी भी हम उक्त अधिनियमों की पालना नहीं करते हैं तो यह हमारे आने वाले भविष्य के लिये घातक एवं विनाशकारी होगा।

▣▣▣

2

जीवन के लिए पर्यावरण

पर्यावरण विधि का सम्बन्ध पर्यावरण संरक्षण और प्रदूषण का निवारण तथा नियन्त्रण से है यह विधि इस प्रकार के नियन्त्रण व निवारण के लिये प्राधिकारियों का गठन करती है उनको शक्तियाँ प्रदत्त करती है एवं कर्त्तव्यों व दायित्वों को निर्धारित रूपरेखा प्रदान करती है। हम यह कह सकते हैं कि पर्यावरण विधि की प्रकृति पर्यावरण को प्रभावित करने वाले कारकों कि समस्याओं का हल निकालने के तरीकों की विधि है। पर्यावरण संरक्षण अधिनियम, 1986 में दी गई पर्यावरण की परिभाषा के अनुसार–भौतिक संसाधनों और अन्य जीवित प्राणियों के बीच के सम्बन्ध को नियन्त्रित करना भी इस पर्यावरण की प्रकृति के कार्यक्षेत्र का कार्य है। पर्यावरण विधि का महत्त्वपूर्ण विषय वायु, जल एवं मानवीय पर्यावरण है जिसके अन्तर्गत इसका अध्ययन किया जाता है। पर्यावरण विधि के क्षेत्र को क्षेत्र कहना यह एक निश्चित विषय में बांध देना होगा क्योंकि पर्यावरण विधि का सम्बन्ध करीब–करीब हर प्रकार की विधाओं, विषयों से सम्बन्धित है जैसे– पारिस्थितिकी, जैवकीय, अर्थशास्त्र मनोविज्ञान, लोक प्रशासन, जल विज्ञान, जीव प्रौद्योगिकी, राजनीति शास्त्र इत्यादि। **रोजर्स** महोदय ने पर्यावरण विधि को कामन लॉ तथा सांविधानिक सिद्धान्तों का मिश्रण बताया है पर्यावरण विधि एवं संवैधानिक विधि आपस में जुडे हुए हैं क्योंकि संविधान में प्राण का अधिकार वर्णित है जो कि पर्यावरण के स्वच्छ व शुद्ध होने पर ही उपलब्ध हो सकता है अन्यथा नही। यदि आपके आस–पास का वातावरण ही अशुद्ध है तो आपके यह जीने के अधिकार को समाप्त करता है क्योंकि जीने के अधिकार के साथ स्वच्छ

वातावरण होना आवश्यक है। अत: संवैधानिक विधि तथा पर्यावरण को आपस में चचेरे भाइयों की संज्ञा दी जाये तो अतिश्योक्ति नहीं होगी। **टॉमस** महोदय ने पर्यावरण विधि के क्षेत्र के बारे में कहा है कि पर्यावरण विधि को राजनीति से अलग नहीं किया जा सकता। इसका अध्ययन पारिस्थितिकी और अर्थशास्त्र की जानकारी की अपेक्षा करता है। **मैम्लाग्नि** के अनुसार– ''पर्यावरण से सम्बन्धित विधि की व्युत्पत्ति दो प्रमुख स्त्रोतों अर्थात् न्यायालय द्वारा पूर्व न्यायिक निर्णयों के माध्यम से विकसित कामन लॉ और स्टैटयूट विधि के अन्तर्गत निर्मित विनियम और उपविधियाँ सम्मिलित हैं से होती है। पर्यावरण विधि का सम्बन्ध प्रशासनिक विधि से तथा आपराधिक विधि से भी है। क्योंकि पर्यावरणीय अपराधों में आपराधिक मनः स्थिति की संकल्पना और दण्डात्मक अनुशक्तियाँ भी महत्वपूर्ण होती हैं अत: पर्यावरण विधि का सम्बन्ध हर प्रकार के विषय से है क्योंकि पर्यावरण का तात्पर्य ही हमारे आस–पास के वातावरण से है अत: हमारे आस–पास तथा हमारे दैनिक जीवन से सम्बन्धित समस्त विषयों का सम्बन्ध पर्यावरण विधि से होना अनिवार्य है। चूँकि पर्यावरण विधि जनसंख्या नियन्त्रण पर विशेष प्रकार से जोर देती है। जैसे–जैसे जनसंख्या बढ़ती है। प्राकृतिक सम्पदाओं का नष्टीकरण उतनी ही तीव्रता से होता है। वर्तमान में यह समस्या केवल एक देश की समस्या न होकर अन्तर्राष्ट्रीय समस्या का रूप धारण कर चुकी है। जिसके नियन्त्रण के लिये अन्तर्राष्ट्रीय स्तर के प्रयास की आवश्यकता है यहाँ पर उपरोक्त तथ्यों को देखते हुए निष्कर्ष स्वरूप यह कहना अप्रासंगिक नहीं होगा कि पर्यावरण कोई राजनैतिक सीमा नहीं जानता यह केवल पारिस्थितिक सीमा के अन्तर्गत कार्य करता है।

पर्यावरण के घटक

पर्यावरण के दो प्रमुख घटक हैं–

(i) जैविक संघटक (Biotic components)

(ii) अजैविक संघटक (Abiotic components)

पर्यावरण का निर्माण पाँच प्रमुख घटकों (जीव, जल, वायु, ऊर्जा, मृदा) की अन्तर्क्रियाओं के फलस्वरूप हुआ है अत: हम इसे निम्न तीन भागों में विभिक्त कर सकते हैं:–

(i) अजैविक पर्यावरण

(ii) जैविक पर्यावरण

(iii) सांस्कृतिक पर्यावरण

(i) अजैविक पर्यावरण–इसे भौतिक या निर्जीव पर्यावरण संघटक भी कहते हैं इसके अन्तर्गत समस्त भौतिक कारक जैसे–जलवायु, खनिज शैल, मृदा व अग्नि, भौगोलिक स्थिति गुरुत्वाकर्षण इत्यादि शामिल हैं।

(ii) जैविक पर्यावरण– इसके अन्तर्गत समस्त पेड़–पौधे चाहे वे हो या पर्ण या पर्णहरित शामिल है तथा सूक्ष्म जीव, कीटाणु, प्राणी मनुष्य इत्यादि इसके अन्तर्गत आते हैं।

(iii) सांस्कृतिक पर्यावरण– सांस्कृतिक पर्यावरण के अन्तर्गत धार्मिक, आर्थिक, सामाजिक तथा राजनैतिक गतिविधियाँ आती हैं जिससे कि हमारे सांस्कृतिक वातावरण का निर्माण होता है।

प्रो. एस. एल. कायस्था ने अपनी पुस्तक "Environmental Studies Fundamentals Problems and Management" में पर्यावरण को निम्न प्रकार से वर्गीकृत किया है–

(i) भौगोलिक पर्यावरण (Geographical environment)

(ii) क्रियात्मक पर्यावरण (Operating enviroment)

(iii) बौधात्मक पर्यावरण (Perceptual environment)

(iv) व्यवहारगत पर्यावरण (Behavioral environment)

प्रो. बर्नाड ने अमेरिकन जनरल ऑफ सॉशियोलोजी में भौगोलिक पर्यावरण को दो भागों में विभक्त किया है:–

I. भौतिक पर्यावरण (Physical Environment)

II. जैविकीय अथवा कार्बनिक पर्यावरण (Biological or Organic Environment)

I भौतिक पर्यावरण– भौतिक पर्यावरण के अन्तर्गत अजैविक तत्त्व आते है। जैसे–

(i) **सृष्टि सम्बन्धी–** (Cosmic) जैसे सूर्य का ताप, विद्युत सम्बन्धी आवस्थायें, उल्कापात, चन्द्रमा के आकर्षण का ज्वार भाटा पर प्रभाव।

(ii) **भौतिक भौगोलिक सम्बन्धी** (Physico-Geographic) जैसे–पर्वत, समुद्र, नदियाँ, घाटियाँ, दर्रे आदि।

(ii) **मिट्टी**

(iii) **जलवायु** –इसमें मुख्यत: तापमान का सम्बन्ध आर्द्रता तथा ऋतुओं के चक्र आते हैं।

(iv) **अकार्बनिक पदार्थ–** इसमें खनिज पदार्थ, धातुओं तथा पृथ्वी के रासायनिक गुण आते हैं।

(v) **प्राकृतिक साधन–**जैसे–जल प्रपात, हवायें ज्वारभाटा, सूर्य की किरणें आदि।

(vi) **प्राकृतिक यान्त्रिक प्रतिक्रियाएँ–**जैसे–पृथ्वी का गुरुत्वाकर्षण।

II जैविकीय अथवा कार्बनिक पर्यावरण–इसके अन्तर्गत समस्त जैविक तत्त्व आते हैं। जैसे–

(i) **सूक्ष्म अवयव**– इसके अन्तर्गत कीटाणु तथा बैक्टीरिया आदि आते हैं।

(ii) **पदोपजीवी कीटाणु**– ये की वे हैं जो फसलों पर प्रभाव डालते हैं।

(ii) **पेड़-पौधे**

(iv) **भ्रमणशील पशु**

(v) **हानिप्रद पशु और वृक्ष**

(vi) **वृक्षों और पशुओं की पारिस्थिति**–यह प्रत्यक्ष व परोक्ष रूप से मनुष्य को प्रभावित करती हैं।

(vii) **पशुओं के जन्म के पूर्व का वातावरण**

(viii) **प्राकृतिक जैविक प्रतिक्रियाएँ**–इनमें प्रजनन, विकास, रक्त संचार तथा मल निर्गमन आदि की क्रियायें आती हैं।

अत: उक्त विद्वानों द्वारा की गई पर्यावरण के घटकों की सूची अपने आप में पूर्ण है। तथा हमें पर्यावरण के प्रकारों के बारे में सम्पूर्ण व विस्तृत जानकारी देते हैं। निष्कर्ष स्वरूप यह कह सकते हैं कि पर्यावरण सजीव एवं निर्जीव के मध्य सामंजस्य एवं पूर्णता की अवधारणा है।

पारिस्थितिकी
(Ecology)

पारिस्थितिकी शब्द की उत्पत्ति एक यूनानी शब्द आइकॉस (oikos) से हुई, जिसका अर्थ है 'घर' या रहने की जगह। पारिस्थितिकी जीवों के निवास स्थान पर अध्ययन करना है। पारिस्थितिकी का अर्थ वर्तमान में जैविक तत्त्वों एवं उनके पर्यावरण के मध्य के सम्बन्धों के प्रतिरूपों के अध्ययन के लिए किया जाता है।

फिलिप हेन्डलर के अनुसार–"पारिस्थितिकी जीवों तथा उनके पर्यावरण के परस्पर सम्बन्धों का विज्ञान है।"

ई.पी. ओडम के अनुसार–"पारिस्थितिकी प्रकृति की संरचना तथा कार्य का अध्ययन है।" अर्थात् मनुष्य और पर्यावरण की सम्पूर्णता का विज्ञान ही पारिस्थितिकी है।

प्रो. टेलर के मतानुसार–"पारिस्थितिकी समस्त जीवों के समस्त पर्यावरणों के साथ सम्बन्धों का अध्ययन करता है।"

प्रो. सत्येश चक्रवर्ती के अनुसार–"पारिस्थितिकी वह विज्ञान है जो समस्त जैविकीय जीवों के अन्तर्सम्बन्धों व उन सभी के भौतिक पर्यावरण के सम्बन्धों का अध्ययन है जो उनके वातावरण क्षेत्र में स्थित हो।"

टी.एन. खुशु के अनुसार–"पारिस्थितिकी जैविक तत्त्वों तथा उनके पर्यावरण के मध्य परस्पर सम्बन्धों का विज्ञान है।"

पारिस्थितिकी उन तन्त्रों से सम्बन्धित है जो प्राणी स्तर से ऊपर के तन्त्र हैं इसमें किसी एक जाति के प्राणियों का समूह समष्टि बनाती है। पारिस्थितिकी पर्यावरण की एकता तथा सन्तुलन पर बल देती है। पारिस्थितिकी न केवल जीव विज्ञान की एक **सश्लिष्ट** शाखा है बल्कि यह एक दृष्टिकोण है अत: पारिस्थितिकी सामान्य रूप में वह विज्ञान है जो एक तरफ सभी जीवों तथा उनके भौतिक पर्यावरण में, तथा दूसरी तरफ विभिन्न जीवों में परस्पर क्रियाशील तथा परस्पर सम्बन्ध–अन्तर्सम्बन्धों का अध्ययन करता है। पारिस्थितिकी को वर्गों के अनुसार विभक्त भी किया जा सकता है जैसे– स्तनधारी पारिस्थितिकी, पक्षी पारिस्थितिकी, कोट पारिस्थितिकी, परजीवी पारिस्थितिकी इत्यादि के अध्ययन से हम अपनी प्राकृतिक सम्पदाओं के दोहन से बच सकते हैं और आसपास के पर्यावरण को अवनयन से बचा सकते हैं। पारिस्थितिकी तन्त्र के दो प्रकार के अवयव हैं। **प्रथम,** जैविक संघटक तथा **द्वितीय,** जैव संघटक, प्रथम प्रकार के जैविक संघटक में समस्त भौतिक कारक और परिस्थितियाँ शामिल हैं जो जीवन संचार में सहयोग प्रदान करती है। जैसे–सौर ऊर्जा, प्रकाश, जलवायु, मृदा खनिज तथा जीवन मण्डलीय गैसें प्रमुख हैं। इसी प्रकार द्वितीय जैव संघटक के अन्तर्गत विभिन्न प्रकार की वनस्पति कीट पतंग तथा सूक्ष्म जीव जो सृष्टि की रचना के जीवन्त प्रमाण हैं शामिल हैं। उपरोक्त पारिस्थितिकी अध्ययन से हम यह समझते हैं कि हमें हमारी सम्पदाओं को कैसे काम में लेना चाहिए ताकि मानव जाति का अधिकतम भला हो सके इसके अध्ययन से हमें मानव समाज के लिये हानिकारक तथा लाभदायक जीवधारियों के बारे में ज्ञान होता है। पारिस्थितिकी के अध्ययन से तथा इन सिद्धान्तों को समझकर प्रकृति के अनुरूप कार्य करने से ही प्रकृति के साथ सामंजस्य की स्थिति उत्पन्न की जा सकती है। अन्यथा मानव जाति का अस्तित्व खतरे में पड़ सकता है। पारिस्थितिकी के अध्ययन से हम यह जानते है कि हम अपने वातावरण की गुणवत्ता को किस प्रकार परिक्षित करें ताकि भविष्य में हमारा जीवन सुरक्षित हो सके।

यूनेस्को ने 1971 में एक दीर्घकालीन अन्तर्राज्यीय कार्यक्रम मनुष्य और जैव मण्डल प्रारंभ किया जिसका उद्देश्य जैव मण्डल के विभिन्न पारिस्थितिकी तन्त्रों की संरचना व कार्यप्रणाली पर मनुष्य के क्रियाकलापों के प्रभावों तथा इन परिवर्तनों में मनुष्य पर हो रहे प्रभावों का अध्ययन करना है। यूनेस्को का शुरू किया हुआ उक्त कार्यक्रम वर्तमान में इतना स्वरूप प्राप्त नहीं कर सका जितना आवश्यक था। परन्तु इतना वृहद् है कि जिस उद्देश्य के लिये कार्यक्रम शुरू किया गया था उस शिखर को छूने में कामयाब रहा है।

मनुष्य के क्रिया-कलापों द्वारा स्थानीय स्तर पर पर्यावरण की गुणवत्ता में कमी का होना **पर्यावरण प्रदूषण** कहलाता है। पर्यावरण प्रदूषण से पर्यावरण में अव्यवस्था व असन्तुलन उत्पन्न हो जाता है। राष्ट्रीय पर्यावरणीय शोध समिति (National Environmental Research Council) के अनुसार - मनुष्य के क्रिया-कलापों से उत्पन्न अपशिष्ट उत्पादों के रूप में पदार्थों

एवं ऊर्जा के विमोचन से प्राकृतिक पर्यावरण में होने वाले हानिकारक परिवर्तनों को प्रदूषण कहते हैं। **लार्ड केनेट** के अनुसार – पर्यावरण में उन तत्वों या ऊर्जा की उपस्थिति को प्रदूषण कहते हैं जो मनुष्य द्वारा अनचाहे उत्पादित किये गये हों, जिनके उत्पादन का उद्देश्य अब समाप्त हो गया हो, जो अचानक बच निकले हों या जिनका मनुष्य के स्वास्थ्य पर अकथनीय हानिकारक प्रभाव पड़ता हो।

अमेरिकी राष्ट्रीय विज्ञान अकादमी के अनुसार – प्रदूषण जल, वायु या भूमि के भौतिक, रासायनिक या जैविक गुणों में होने वाला कोई भी अवांछनीय परिवर्तन है, जिससे मनुष्य अथवा जीवों, औद्योगिक प्रक्रियाओं या सांस्कृतिक तत्व तथा प्राकृतिक संसाधनों को कोई हानि हो या होने की सम्भावना हो। **संयुक्त राष्ट्र के मानव पर्यावरण सम्मेलन में** प्रदूषण को निम्न प्रकार परिभाषित किया गया है –''प्रदूषक वे सभी पदार्थ और ऊर्जा हैं जो प्रत्यक्ष और परोक्ष रूप से मनुष्य के स्वास्थ्य और उसके संसाधनों हो हानि पहुँचाते हैं। यह मनुष्य की वांछित गतिविधियों का अवांछित प्रभाव है। इन अर्थों में कृषि, उद्योग और औषधियाँ मनुष्य के लिए उपयोगी होने पर भी प्रदूषण में सहायक हैं।''अर्थात् वह कोई भी पदार्थ है जो अनुचित स्थान पर, अनुचित समय पर, अनुचित मात्रा में पाया जाता है, प्रदूषण कहलाता है। **ओडम** (E.P. Odum) के अनुसार – प्रदूषण, हवा, जल एवं मिट्टी के भौतिक, रासायनिक एवं जैविकीय गुणों में एक ऐसा अवांछनीय परिवर्तन है जिससे की मानव जीवन, औद्योगिक प्रक्रियायें, जीवन दशायें तथा सांस्कृतिक तत्वों की हानि होती है। उन सभी तत्वों तथा पदार्थों को जिनकी उपस्थिति से प्रदूषण उत्पन्न होता है, प्रदूषक (Pollutant) कहते हैं।

प्रदूषित क्षेत्रों के आधार पर प्रदूषक तीन प्रकार के होते हैं –

1. वायुमण्डलीय प्रदूषक (Atmosphere pollutants) – इनमें सल्फर डाई ऑक्साइड, कार्बन डाई ऑक्साइड, कार्बन मोनो ऑक्साइड, क्लोरो फ्लूरोकार्बन, हाइड्रोकार्बन, अमोनिया, नाइट्रोजन ऑक्साइड, धूलकण, धुंआ आदि को सम्मिलित किया जाता है।

2. जलीय प्रदूषक (Water pollutants)– इनमें जल में घुले हुये विषाक्त पदार्थों जैसे सीसा, पारा, रेडियोधर्मी कचरा, कैडमियम, क्लोरीन, सोडियम, पीडकनाशक आदि को सम्मिलित किया जाता है।

3. स्थलीय प्रदूषक (Land pollutants)– इनमें मानव व पशुओं द्वारा उत्सर्जित मल-मूत्र, ठोस अपशिष्ट, घरेलू अपमार्जक, रासायनिक उर्वरक, रेडियो एक्टिव तत्व आदि को सम्मिलित किया जाता है।

विघटनकारी क्षमता के आधार पर प्रदूषक दो प्रकार के होते हैं –

1. जैव विघटनीय प्रदूषक (Biodegradable pollutants)- ऐसे प्रदूषक जो विभिन्न सूक्ष्म जीवों की क्रियाओं से विघटित हो जाते हैं, उन्हें जैव विघटनीय प्रदूषक कहते हैं। जैसे कूड़ा-करकट, मलमूत्र, चमड़ा आदि।

2. अजैव विघटनीय प्रदूषक (Non-biodegradable pollutants)– ऐसे प्रदूषक जिनका विभिन्न जैविक क्रियाओं से विघटन नहीं होता, अजैवविघटनीय प्रदूषक कहलाते हैं। जैसे-लोहा, पारा, प्लास्टिक, तांबा, कैडमियम, पीडकनाशी, नाभिकीय अपशिष्ट आदि।

प्रदूषण के प्रकार (Types of pollution)–

वातावरणीय अध्ययन के आधार पर पर्यावरणीय प्रदूषण को निम्न प्रकारों में विभक्त किया जा सकता है –

1. वायु प्रदूषण (Air pollution)
2. जल प्रदूषण (Water pollution)
3. मृदा प्रदूषण (Soil pollution)
4. समुद्री प्रदूषण (Marine pollution)
5. ध्वनि प्रदूषण (Noise pollution)
6. तापीय प्रदूषण (Thermal pollution)

1. वायु प्रदूषण
Air pollution

वायु ज़ीवन का आधार है क्योंकि वायु में उपस्थित ऑक्सीजन पर ही जीवन निर्भर है। यह अनेक गैसों का अनुपातिक सम्मिश्रण है। वायुमण्डल में इन गैसों की मात्रा निश्चित होती है, लेकिन वर्तमान समय में बढ़ती मानवीय आवश्यकताओं के कारण इनकी निश्चित मात्राओं में परिवर्तन हो रहा है। वायु के भौतिक, रासायनिक या जैविक गुणों में ऐसा कोई भी अवांछित परिवर्तन जिसके द्वारा मानव जीवन, संस्कृति तथा प्राकृतिक सम्पदा नष्ट हो रही हो, उसे वायु प्रदूषण (Air pollution) कहते हैं।

विश्व स्वास्थ्य संगठन के अनुसार, ''वायु प्रदूषण उन परिस्थितियों तक सीमित रहता है, जहाँ बाहरी परिवेशी वायुमण्डल में दूषित पदार्थों की सान्द्रता मनुष्य तथा पर्यावरण को हानि पहुँचाने की सीमा भी बढ़ जाती है।''

वायु प्रदूषण के कारण (Causes of air pollution) – ज्वालामुखी से निकली राख, वनों में लगी आग से उत्पन्न धुआँ, आँधी–तूफान से उड़ती धूल, कोहरा, धुन्ध तथा विभिन्न प्रकार की गैसें पर्यावरण को प्रदूषित करती है। वायु प्रदूषण का मुख्य कारण मानवीय क्रिया-कलाप हैं। विकास की आर्थिक दौड़ में शामिल होकर मनुष्य पर्यावरणीय सीमा को लाँघते हुये वायु प्रदूषण को बढ़ावा दे रहा है।

वायु प्रदूषण निम्नलिखित कारणों से होता है –

1. घरेलू कार्यों के लिये प्रयुक्त होने वाली ऊर्जा कोयला, लकड़ी, गोबर के कण्डे, मिट्टी का तेल, कुकिंग गैस आदि के दहन से कार्बन मोनो ऑक्साइड, सल्फर डाइ ऑक्साइड आदि गैसें उत्पन्न हो जाती हैं। ये गैसें वायु में मिल जाती हैं और वायु प्रदूषण उत्पन्न करती है।

2. वायु प्रदूषण के लिये वाहन अधिक उत्तरदायी हैं। मोटर कारों, मोटर साइकिलों, स्कूटरों, ट्रकों, बसों, रेलगाड़ियों आदि सभी के लिये डीजल, पेट्रोल इत्यादि ईंधन प्रयोग में लाये जाते हैं। इन से भारी मात्रा में दम घोंटने वाला धुँआ निकलता है और वायु को प्रदूषित करता है।

3. कूड़े-कचरे के सड़ने तथा शौचालयों की सफाई न करने पर वायु प्रदूषण होता है।

4. परमाणु बमों के निर्माण में जिन तत्वों का उपयोग होता है वे बम विस्फोट के साथ वायुमण्डल में दूर-दूर तक फैल जाते हैं और बाद में धीरे-धीरे पृथ्वी पर अवपात के रूप में गिरते हैं। इस प्रक्रिया में चूँकि काफी समय लगता है इसलिये इनका प्रभाव भी लम्बे समय तक रहता है।

5. कोयले से चलने वाले बिजलीघरों में जो कोयला जलाया जाता है उसकी राख अपशिष्ट के रूप में बिजलीघरों से बाहर फेंक दी जाती है। यह राख हवा चलने पर उड़ती है और वायु प्रदूषण पैदा करती है।

6. कृषि कार्यों में कीटनाशी एवं पीड़कनाशी दवाओं का अत्यधिक उपयोग किया जाता है। जिनसे वायु प्रदूषण होता है। कभी-कभी इनका छिड़काव वायुयानों द्वारा भी किया जाता है जो काफी मात्रा में वायु के साथ उड़ जाता है और वायु को प्रदूषित करता है।

7. औद्योगिक कल-कारखानों से धुआँ, गैस एवं कुछ कणमय पदार्थ निकलते हैं जो वायु को प्रदूषित करते हैं। वायु प्रदूषण प्रमुख रूप से कपड़ा बनाने वाले कारखानों, रासायनिक उद्योगों, तेल शोधक कारखानों, चीनी के कारखानों, धातुकर्म सम्बन्धी कारखानों तथा गत्तों का निर्माण करने वाले कारखानों से बहुत अधिक होता है। इन कारखानों से कार्बन डाइ ऑक्साइड, कार्बन मोनो ऑक्साइड, सल्फर डाइ ऑक्साइड, हाइड्रोजन सल्फाइड, आर्सेनिक फ्लोराइड, धूल, सीसा, जिंक, पारा आदि वायुमण्डल में पहुँचता है जिससे वायु प्रदूषण होता है।

8. फर्नीचर की पॉलिश एवं स्प्रे पेन्ट आदि में हाइड्रो कार्बन होते हैं। जब फर्नीचर की पॉलिश की जाती है तो हाइड्रो कार्बन पदार्थ के सूक्ष्म कण वायु में मिल जाते हैं और वायु को प्रदूषित करते हैं।

9. मृत जीव जन्तुओं को यदि सही समय पर सही रूप से नष्ट न किया जाय तो इनके द्वारा CO, SO_2 तथा क्लोराइड मुख्य रूप से उत्सर्जित होते हैं, जिनके प्रभाव से हरे-भरे पेड़-पौधे नष्ट हो जाते हैं।

10. लौह, अयस्क और कोयलों की खानों से उड़ती हुई धूल में कई विषैले खनिज होते हैं, जिनसे अनेक प्रकार के रोग फैलते हैं।

वायु प्रदूषण के प्रभाव (Effects of air pollution) – वायु प्रदूषण पर्यावरण तथा सम्पूर्ण जीव जगत को दुष्प्रभावित कर रहा है। इन कुष्प्रभावों के कारण सम्पूर्ण परिस्थितिक तन्त्र की क्रियाविधि भी प्रभावित होती है। वायु प्रदूषण द्वारा होने वाले प्रमुख प्रभाव निम्नलिखित हैं–

1. मानव स्वास्थ्य पर प्रभाव (Effects on human health) – वायु प्रदूषण का मानव स्वास्थ्य पर बहुत बुरा प्रभाव पड़ता है। मानव के श्वसन तन्त्र (Respiratory system) पर इसका सर्वाधिक प्रभाव पड़ता है। वायु प्रदूषण से दमा, निमोनिया, तपेदिक, सिर दर्द, उल्टी, जुकाम, खाँसी, आँखों में एलर्जी, फेफड़ों का कैंसर आदि हानिकारक रोग फैलते हैं।

वायु में कार्बन मोनोऑक्साइड की मात्रा अधिक होने पर यह रक्त के हीमोग्लोबिन में घुलकर कार्बोक्सी-हीमोग्लोबिन बना देती है, जिससे रक्त में ऑक्सीजन की कमी होने से मृत्यु तक की सम्भावना हो जाती है। पैट्रोल वाहनों के धुयें में उपस्थित सीसा के वायु, जल तथा भोजन द्वारा मानव शरीर में प्रवेश करने से यकृत तथा वृक्क के ऊतकों की क्षति, आहार नाल की क्षति, बच्चों में मस्तिष्क और हड्डियों के विकास तथा प्रजनन की क्षमता पर विपरीत प्रभाव पड़ता है। वायु में सल्फर डाई-ऑक्साइड, नाइट्रोजन के ऑक्साइडस और बहुकेन्द्रित हाइड्रोकार्बन आदि से कैंसर, हृदय रोग, मधुमेह आदि भयंकर बीमारियाँ हो जाती है। सल्फर-डाई-ऑक्साइड से एम्फॉयसीमा (Emphysema) नामक जान लेवा बीमारी हो जाती है, जिससे अमेरीका में हजारों लोगों की अकाल मृत्यु हो जाती है।

2. वनस्पति पर प्रभाव (Effects on vegetation)– वायु प्रदूषण के कारण होने वाली अम्लीय वर्षा, धूल, कोहरा, ओजोन, कार्बन मोनो-ऑक्साइड, सल्फर डाई ऑक्साइड, फ्लोराइड आदि का वनस्पति पर विपरीत प्रभाव पड़ता है। प्रदूषित वायु के कारण सूर्य के प्रकाश की मात्रा में कमी आती है जिससे पौधों की प्रकाश संश्लेषण की क्रिया प्रभावित होती है। वायु प्रदूषित क्षेत्रों में जब बरसात होती है तो वर्षा जल में विभिन्न प्रकार की गैसें और विषैले पदार्थ घुलकर पृथ्वी पर आ जाते हैं और पौधों की जड़ों में पहुँच जाते हैं जिससे हरे-भरे पौधे नष्ट हो जाते हैं। इसके अतिरिक्त वायु प्रदूषण से पौधों और फलों की वृद्धि ही प्रभावित नहीं होती बल्कि कृषि फसलों का उत्पादन भी प्रभावित होता है।

3. जीव जन्तुओं पर प्रभाव (Effects on animals)– वायु प्रदूषण से जन्तुओं के स्वास्थ्य पर विपरीत प्रभाव पड़ता है। मानव की तरह वायु प्रदूषण से जन्तुओं का श्वसन तंत्र और तंत्रिका तन्त्र प्रभावित होता है। मोटर वाहनों से जो धुंआ निकलता है, इससे प्रकाश की पैराबैंगनी किरणों की मात्रा कम हो जाती है और जीव-जन्तुओं को प्रभावित करती है। इसके अतिरिक्त घास आदि पर जब विभिन्न प्रकार के क्लोराइड यौगिकों का अवपात होता है तो उस चारे को पशु खाते है तो ये क्लोराइड यौगिक उनके शरीर में पहुंच जाते हैं जिससे उनके दांतों एवं हड्डियों में फ्लुओरोसिस हो जाता है जिससे उनका वजन घटने लगता है और पैरों में लंगड़ापन आ जाता है।

4. वायुमण्डल एवं जलवायु पर प्रभाव (Effects on atmosphere and climate) - वायु प्रदूषण ने जलवायु को भी प्रभावित किया है। वैज्ञानिकों के अनुसार पिछले कुछ वर्षों में जलवायु में काफी परिवर्तन हुआ है। ठण्डी जलवायु के क्षेत्र पहले की तुलना में गर्म हो गये हैं और गर्म स्थान ठण्डे हो गये हैं। बाढ़ और सूखे का कारण वायु प्रदूषण ही है। वायुमण्डल में कार्बन डाई ऑक्साइड की मात्रा बढ़ रही है और पिछले 50 वर्षों में पृथ्वी के औसत तापमान में 1^0C की वृद्धि हुई है। यदि पृथ्वी का तापमान वर्तमान तापमान से 3.6 डिग्री बढ़ जाता है तो इसका परिणाम यह होगा कि अन्टार्कटिका और अन्टार्कटिक ध्रुवों के विशाल हिमखण्ड पिघल जायेंगे और समुद्र की सतह सौ मीटर ऊँची हो जायेगी फलस्वरूप सारी पृथ्वी जलमग्न हो जायेगी।

वायू प्रदूषण से ओजोन परत का ह्रास हो रहा है। वैज्ञानिकों का अनुमान है कि ओजोन परत की मोटाई में 2 प्रतिशत की कमी आई है, जिससे पराबैंगनी किरणों के पृथ्वी तक पहुंचने की सम्भावना बढ़ गई है। ओजोन परत के पतली होने के कारण प्रतिवर्ष लाखों व्यक्ति त्वचा कैंसर, मोतियाबिन्द इत्यादि बीमारियों से पीड़ित हो रहे है तथा फसलों की उत्पदकता भी प्रभावित हो रही है। घातक पराबैंगनी किरणें मनुष्य में आनुवांशिक परिवर्तन भी लाती है और रोग प्रतिरोधक क्षमता को घटाती है। अधिक पराबैंगनी विकिरण से पृथ्वी का तापमान बढ़ सकता है जिससे पृथ्वी की जलवायु पर दूरगामी घातक प्रभाव पड़ सकता है।

5. ऐतिहासिक इमारतों पर प्रभाव (Effects on historical buildings)- वायु प्रदूषण से ऐतिहासिक इमारतें विशेषकर जो संगमरमर की बनी हुई हैं या जिनमें कांसे का उपयोग हुआ है, बुरी तरह प्रभावित हो रही है। मथुरा रिफाइनरी की एसिड लपटों की वजह से ताजमहल तथा मथुरा के मन्दिर बुरी तरह प्रभावित हो रहे हैं। दिल्ली रेलवे स्टेशन के इंजनों के धुएं तथा बिजलीघर की कोयले की राख से लाल किले का पत्थर भी प्रभावित हो रहा है। वायु के साथ जब प्रदूषित पदार्थ उडते हैं तो वे भवनों की सतह पर जम जाते हैं इससे भवनों की सतह को नुकसान पहुंचता है।

वायु प्रदूषण को रोकने के उपाय (Measures to control air pollution) – वायु प्रदूषण को रोकने के लिए निम्नांकित उपाय उल्लेखनीय है –

1. घरों में कुकिंग गैस, सौर्य ऊर्जा से चालित चूल्हों के उपयोग को बढ़ावा दिया जाना चाहिए। अतः कोयले, लकड़ी एवं कण्डों के जलाने पर धुंआ उत्पन्न होता है जो वायु को प्रदूषित करता है।
2. मोटर वाहनों के प्रदूषण की नियमित जाँच की जानी चाहिए।
3. कल-कारखानों से धुंआ निकलने के लिए चिमनियाँ ऊंची होनी चाहिए तथा बैग फिल्टर उपकरण का इस्तेमाल करना चाहिए।
4. पुराने वाहनों को चलाने पर प्रतिबन्ध लगाया जाना चाहिए, क्योंकि पुराने वाहनों से वायु प्रदूषण अधिक होता है।

5. वाहनों को चलाते समय यह ध्यान रखा जाना चाहिए कि उनकी गति औसत हो क्योंकि मोटर वाहन जब एक जैसी गति से नहीं चलाये जाते हैं तो भी उनसे प्रदूषण अधिक होता है।

6. स्वचालित वाहनों से निकलने वाले धुएं के कार्बन कणों को एग्जास्ट पाइप में फिल्टर लगाकर कम किया जा सकता है।

7. मोटर वाहनों से निकलने वाले धुएँ में कार्बन मोनो ऑक्साइड की मात्रा के लिए एक सीमा निर्धारित की जानी चाहिए और इससे अधिक कार्बन मोनो ऑक्साइड उत्पन्न करने वाले वाहनों के मालिकों से भारी जुर्माना वसूल किया जाना चाहिए।

8. मोटर वाहनों पर क्षमता से अधिक वजन नहीं लादा जाना चाहिए।

9. शिक्षा एवं सूचना के माध्यम से आम जनता को वायु प्रदूषण के घातक दुष्प्रभावों की जानकारी दी जानी चाहिए।

10. अधिक से अधिक वृक्षारोपण द्वारा देश का न्यूनतम 33 प्रतिशत वन क्षेत्र का लक्ष्य प्राप्त किया जाना चाहिए।

11. औद्योगिक प्रदेशों के चारों ओर हरित पट्टी (Green belt) का विकास किया जाना चाहिए।

2 . जल प्रदूषण

Water Pollution

मानव क्रियाकलापों के द्वारा जब जल के रासायनिक, भौतिक तथा जैविकीय लक्षणों में ह्रास (Deterioration)होता है तो जल प्रदूषित हो जाता है। अतः जल में क़िसी ऐसे बाहरी पदार्थ की उपस्थिति जो जल के स्वाभाविक गुणों को इस प्रकार परिवर्तित कर दे कि जल स्वास्थ्य के लिए नुकसान देह हो जाये **जल प्रदूषण** कहलाता है।

जल प्रदूषण के कारण (Causes of water pollution)

1. घरेलू बहि:स्राव (Domestic effluent) – जल प्रदूषण का एक मुख्य कारण घरेलू कूड़ा-कचरा है। सब्जियों एवं फलों के छिलके, सड़े हुये फल व सब्जी, चूल्हे की राख, गन्दे कपड़ों के टुकड़े, पोलीथिनों में भरकर फैका गया कूडा-कचरा आदि जल को प्रदूषित करते हैं।

2. अपमार्जक (Detergents)- घरों, होटलों आदि में बर्तनों एवं कपड़ों की धुलाई करने के लिए संश्लिष्ट अपमार्जकों का उपयोग भारी मात्रा में किया जाने लगा है। इन अपमार्जकों के उपयोग का प्रमुख कारण यह है कि इनसे साबुन की तुलना में कपड़े अधिक साफ हो जाते है और ये पानी में सरलता से घुल भी जाते हैं। ये पदार्थ नाली या नाले द्वारा बहते हुए नदियों तथा तालाबों में पहुंच कर जल प्रदूषण का कारण बनते हैं।

3. वाहित मल (Sewage)- घरेलु तथा सार्वजनिक शौचालयों से निकले हुये मल मूत्र को नदी-नालों एवं तालाबों में विसर्जित कर दिया जाता है। जब ये दूषित वाहित जल सीवरों से होता हुआ जल स्त्रोतों में मिल जाता है तो गंभीर जल प्रदूषण होता है।

4. कृषि अपशिष्ट (Agricultural waste)- फसल उत्पादन बढ़ाने के लिए रासायनिक उर्वरकों, कीटनाशकों, खरपतवार नाशकों (Weedicides) का प्रयोग किया जाता है। ये वर्षा जल के साथ नदियों, झीलों एवं तालाबों में पहुंचकर जल को प्रदूषित करते हैं।

5. औद्योगिक अपशिष्ट (Industrial waste) - औद्योगिक कारखानों से निकलने वाले कार्बनिक एवं अकार्बनिक पदार्थों के जल में विसर्जित करने से जल प्रदूषित होता जाता है। ऐसे कारखाने जिनके अपशिष्ट में पारा, कैडमियम, सीसा आदि होता है तो इनसे जल प्रदूषण इतना हो जाता है कि मछलियां मरने लगती है। इन स्त्रोतों में मिलने वाली मछलियों को खाने से घातक बीमारियां जैसे मिनीमाता रोग उत्पन्न हो जाता है।

6. रेडियाधर्मी अपशिष्ट (Radio active waste) - विभिन्न उद्देश्यों की पूर्ति हेतु विकसित देश परमाणु विस्फोट करते रहते हैं जिससे रेडियाधर्मी कण वायुमण्डल में दूर-दूर तक फैल जाते है इन रेडियोधर्मी कणों के पृथ्वी पर गिर कर जल स्त्रोतों में पहुंचने से जल प्रदूषित हो जाता है।

इन सभी कारणों के अतिरिक्त शवों को नदियों में बहा देने तथा अस्थि विसर्जन से भी जल प्रदूषण होता है। नदियों के मार्गों में बांधों के निर्माण से जलाशयों में एकत्रित जल का वाष्पीकरण होता रहता है जिससे जल में खारापन बढ़ जाता है।

जल प्रदूषण के प्रभाव (Effects of Water Pollution)

प्रदूषित जल के उपयोग से मानव, समुद्री जीवों तथा जलीय पादपों को बहुत हानि पहुंचती है। जल प्रदूषण के निम्नलिखित प्रभाव होते हैं -

1. मनुष्यों पर प्रभाव (Effects on humans) - प्रदूषित जल के उपयोग से मानव जाति में अनेक रोग उत्पन्न हो जाते हैं जिनमें हैजा, तपेदिक, पीलिया, अतिसार, टायफायड, पेचिस, मलेरिया, पोलियो आदि प्रमुख है। पारा युक्त मछलियों के खाने से शरीर में पारा पहुंच जाता है जिससे मिनीमाता रोग (Minimata disease) हो जाता है।

2. वनस्पतियों पर प्रभाव (Effects on vegetation) - प्रदूषित जल में पोषक तत्वों की उपस्थिति के कारण शैवालों की मात्रा बढ़ जाती है जिससे सूक्ष्म जीवों की संख्या भी बढ़ जाती है जो पानी में O_2 की मात्रा को कम कर देते है। O_2 की कमी से अधिकांश जलीय वनस्पति नष्ट हो जाती है।

3. जीव-जन्तुओं पर प्रभाव (Effects on animals) - प्रदूषित जल में शैवालों की अधिकता होने से जल में ऑक्सीजन की कमी हो जाती है। इस कारण जलीय मछलियां एवं अन्य जीव जन्तु धीरे-धीरे मरने लगते हैं। मलमूत्र एवं कृषि अपशिष्ट के बहाव के कारण जल

में सल्फेट नाइट्रेट, फॉस्फोरस आदि की मात्रा बढ़ जाती है जिससे जलीय जीव जन्तुओं में विभिन्न प्रकार की बीमारियां हो जाती है इसके अतिरिक्त प्रदूषित जल में अनेक प्रकार के हानिकारक जीवाणु, प्रोटोजोन्स (Protozoans) आदि पाये जाते हैं जो जन्तुओं के लिए घातक होते हैं।

4. अन्य प्रभाव (Other effects) – (i) प्रदूषित जल में शैवालों की अतिवृद्धि से नौका विहार एवं सिंचाई में बाधा उत्पन्न हो जाती है।

(ii) यदि जल में अम्ल की मात्रा अधिक हो तो धातु के बने बर्तन व पाईप गलने लगते है।

(iii) प्रदूषित जल में पाये जाने वाले विभिन्न यौगिकों का जब विघटन होता है तो उससे ज्वलनशील गैस बनती है। इन गैसों के कारण ही कई बार भूमिगत पाईप फट जाते हैं।

जल प्रदूषण की रोकथाम के उपाय (Measures to control water pollution) – जल प्रदूषण की रोकथाम के लिए निम्न उपाय किये जा सकते है –

1. नदियों, तालाबों, नहरों आदि के आस–पास मल–मूत्र त्यागने, गन्दगी फैलाने, साबुन लगाकर नहाने या कपड़े धोने पर पूर्णतया प्रतिबन्ध लगाया जाना चाहिए जिससे किसी भी प्रकार के अपमार्जक जल में न पहुंच सके।
2. औद्योगिक इकाइयों में प्रदूषण नियंत्रण उपकरणों का उपयोग किया जाना चाहिए।
3. पशुओं को नदियों, तालाबों आदि में नहलाने पर प्रतिबन्ध होना चाहिए क्योंकि पशुओं को जल में नहलाने से विभिन्न प्रकार के रोगाणुओं के आने की संभावना बनी रहती है।
4. औद्योगिक कारखानों को नदियों तथा तालाबों के किनारे स्थापित नहीं किया जाना चाहिए।
5. प्रदूषित जल में कुछ शैवालों तथा जलकुम्भी जैसे पौधों को उगाकर जल को शुद्ध किया जाना चाहिए।
6. शवों एवं अधजले शवों को नदियों में बहाने की बजाय शवदाह ग्रहों में जलाना चाहिए।
7. नदी घाटों पर विद्युत शवदाह गृहों का निर्माण कराया जाना चाहिए।
8. ऐसी मछलियों को जलाशयों में छोड़ा जाना चाहिए जो जलीय खरपतवार, मच्छरों के अण्डे तथा लार्वा का भक्षण कर सके।
9. ऐसे जलस्त्रोतों को जिनके जल का उपयोग पेयजल के रूप में किया जाता है, इस जल को ब्लीचिंग पाउडर तथा पोटेशियम परमेंगनेट के उपयोग द्वारा शुद्ध किया जाना चाहिए।

10. उर्वरकों एवं कीटनाशक दवाईयों का उपयोग आवश्यकतानुसार ही किया जाना चाहिए।

11. रेडियो, दूरदर्शन, समाचार पत्रों आदि के द्वारा जन साधारण को जल प्रदूषण के कारणों, दुष्प्रभावों एवं रोकथाम की विधियों की जानकारी दी जानी चाहिए।

12. जल प्रदूषण (निवारण एवं नियंत्रण) अधिनियम 1974 को प्रभावी ढ़ंग से लागू किया जाना चाहिए तथा प्रत्येक राज्य के लिए प्रदूषण नियंत्रण बोर्ड का गठन अनिवार्य कर देना चाहिए।

13. नगरों एवं महानगरों ने सीवरेज की सुविधा होनी चाहिए।

14. परमाणु परीक्षणों तथा नाभिकीय विखण्डनों को समुद्रों में नहीं किया जाना चाहिए।

3. मृदा प्रदूषण
Soil Pollution

भू-पृष्ठ की ऊपरी सतह को ढ़कने वाले कार्बनिक एवं अकार्बनिक पदार्थों के मिश्रण को मृदा (Soil) कहते हैं। मृदा में विभिन्न लवण, खनिज, गैसें एवं जल एक निश्चित अनुपात में होते हैं लेकिन यदि इनके अनुपात या गुणों में परिवर्तन हो जाता है तो मृदा प्रदूषित हो जाती है। अर्थात भूमि के भौतिक, रासायनिक या जैविक गुणों में ऐसा अवांछनीय परिवर्तन जो मनुष्य तथा अन्य जीवों के लिये हानिकारक हो तो उसे **मृदा प्रदूषण** (Soil Pollution) कहते हैं।

मृदा प्रदूषण के कारण (Causes of soil pollution) – मृदा प्रदूषण के कारण निम्नलिखित हैं –

1. घरेलू अपशिष्ट (Domestic wastes) – घरेलू अपशिष्ट जैसे- कूड़ा करकट, कागज, प्लास्टिक, काँच, सब्जियाँ, फल, राख, पुराने कपड़े आदि मृदा में मिलकर उसे प्रदूषित करते हैं।

2. मृदा अपरदन (Soil erosion)- मृदा अपरदन द्वारा कृषि क्षेत्र की ऊपरी सतह की उपजाऊ मिट्टी हट जाती है जिससे भूमि बंजर हो जाती है।

3. औद्योगिक अपशिष्ट (Industrial wastes)- औद्योगिक कारखानों से निकलने वाले अपशिष्ट जैसे – ताँबा, सीसा, पारा, एल्यूमीनियम, जहरीले रसायन आदि मृदा की उत्पादकता को घटाते हैं।

4. नाभिकीय विस्फोट (Nuclear explosion)- परीक्षण के लिये होने वाले नाभिकीय विस्फोटों से मृदा में रेडियोधर्मी तत्व मिल जाते हैं जिससे मृदा के खनिज एवं रासायनिक गुणों में परिवर्तन हो जाता है।

5. वनोन्मूलन (Deforestation)-वनों के विनाश से मृदा के जैविकीय गुण नष्ट हो जाते हैं तथा भूमिगत जल में कमी आ जाती है।

6. कृषि अपशिष्ट (Agricultural wastes)- भूमि से अत्यधिक मात्रा में खाद्यान्न उत्पन्न करने के लिए विभिन्न रासायनिक उर्वरकों एवं कीटनाशकों (Insecticides) का उपयोग किया जाता है। जिससे मृदा अम्लीय अथवा क्षारीय होती जा रही है।

मृदा प्रदूषण के प्रभाव (Effects of Soil Pollution)-मृदा, पर्यावरण का आधारी तत्व है। इसके प्रदूषण से मानव एवं अन्य जन्तुओं पर निम्न प्रभाव पड़ते हैं -

(i) प्रदूषण के कारण मिट्टी की उर्वरता कम हो जाती है तथा यह कृषि के लिए अनुपयुक्त हो जाती है।

(ii) अत्यधिक मात्रा में रासायनिक उर्वरकों तथा कीटनाशकों के प्रयोग से ये खाद्य श्रृंखला में पहुँच जाते हैं जिससे मनुष्यों तथा पशुओं के स्वास्थ्य पर कुप्रभाव पड़ता है।

(iii) घरेलू एवं औद्योगिक अवशिष्टों के एकत्रित होने से रोगजनक किटाणुओं में वृद्धि हो जाती है।

(iv) मृदा अपरदन से इसकी उपजाऊ क्षमता घट जाती है।

(v) अपशिष्ट युक्त मृदा में सिंचाई करने से मृदा की संरध्रता (Porosity) में ह्रास हो जाता है।

(vi) खुले स्थानों पर शोच करने से विभिन्न प्रकार की बिमारियाँ उत्पन्न हो जाती है।

मृदा प्रदूषण रोकने के उपाय (Measures to control soil pollution)-मृदा प्रदूषण की रोकथाम के लिए निम्न उपाय किये जा सकते हैं -

1. कृषि उत्पादन के उर्वरकों एवं कीटनाशकों का उपयोग एक निश्चित मात्रा में ही किया जाना चाहिये।
2. रासायनिक उर्वरकों के स्थान पर हरी खाद (Green manure) का उपयोग किया जाना चाहिये।
3. मृदा अपरदन को राकने के लिए समुचित उपाय किये जाने चाहिये।
4. प्रदूषित जल को सिंचाई के लिए उपयोग में नहीं लाना चाहिये।
5. वनों के विनाश पर प्रतिबन्ध लगाया जाना चाहिये।
6. भूमिगत परमाणु परीक्षणों पर प्रतिबन्धित किया जाना चाहिये।

7. मृदा प्रदूषण से होने वाली हानि के बारे में मानव समाज को जागरूक किया जाना चाहिये।

8. घरेलू अपशिष्ट को एक निर्धारित कचरा पात्र में डालना चाहिये।

4. समुद्री प्रदूषण
Marine Pollution

किसी बाह्य अवांछित पदार्थों के समुद्र जल में एकत्रित होने से यदि जल की गुणवत्ता में परिवर्तन हो जाये तो उसे **समुद्री प्रदूषण** (Marine Pollution) कहते हैं। समुद्री प्रदूषण महाद्वीपीय भागों से शुरु होता है तथा धीरे-धीरे वायुमण्डल व नदियों के माध्यम से समुद्र में पहुंच जाता है। समुद्री जल प्रदूषण एक वैश्विक घटना है। समुद्री प्रदूषण को तब तक नहीं रोका जा सकता है जब तक प्रदूषण फैलाने वाले पदार्थ को नहीं रोका जाता है। ये प्रदूषक पदार्थ भू-भाग में उत्पन्न होते हैं तथा नदी व मानवीय गतिविधियों द्वारा समुद्र में पहुंच जाते हैं।

समुद्री प्रदूषण के कारण (Causes of marine pollution)-

1. पेट्रोलियम का रिसाव समुद्री जल प्रदूषण का सबसे बड़ा कारण है। विश्व के अधिकांश देशों में पेट्रोल का आयात-निर्यात समुद्री मार्गों से टैंकरों द्वारा किया जाता है। इन टैंकरों में रिसाव होने से अथवा जहाजों के दुर्घटनाग्रस्त होकर डूबने से समुद्री जल प्रदूषित होता रहता है। वह जल की सतह पर तैरता रहता है जिससे जल में रहने वाले जीवों को सांस लेने में कठिनाई होती है इनका सर्वाधिक प्रभाव डालफिन, व्हेल तथा अन्य मछलियों पर पडता है।

2. रेडियो सक्रिय पदार्थों के विकिरण तथा विषाक्त कंटेनरों के समुद्र में विसर्जन से समुद्री जल बडे पैमाने पर प्रदूषित होता है।

3. परमाणु ऊर्जा संयत्रों में भारी जल का उपयोग होता है जिससे निकला बेकार जल पूरी तरह विषाक्त होता है। कंटेनरों से रेडियोधर्मी पदार्थों के विकिरण से जल इतना विषाक्त हो जाता है कि वह पीने तथा जलीय जीवों के जिन्दा रहने के अयोग्य हो जाता है।

4. समुद्रों की गहराई में अणु बमों का भी परीक्षण किया जाने लगा है जिससे समुद्री जल में प्रदूषण का खतरा और बढ़ गया है।

5. औद्योगिक अपशिष्ट सीधे ही इकाइयों से निकल कर नदी व अन्य जल स्त्रोतों के द्वारा समुद्र में पहुंचकर उसे प्रदूषित करते हैं।

समुद्री प्रदूषण के प्रभाव (Effects of marine pollution)

1. कच्चा तेल विभिन्न प्रकार के प्राकृतिक तत्वों का मिश्रण है जिसमें बहुत से जहरीले पदार्थ रहते हैं। जिससे जलीय मछलियां तथा समुद्री पक्षी सबसे अधिक प्रभावित होते हैं।

2. समुद्री पर्यावरण में हाइड्रोकार्बन के प्रवेश करने से वह स्थायी रूप से कई समुद्री प्राणियों में प्रविष्ट हो जाता है। इस प्रकार वह आहार श्रृंखला के माध्यम से मनुष्य के उपभोग लायक प्रजातियों से होते हुए मानव शरीर में प्रवेश कर जाता है जिससे कई प्रकार की घातक बीमारियां जन्म ले लेती हैं।

3. तैलीय प्रदूषण के कारण जलीय मछलियाँ एवं पक्षी प्रभावित होते हैं।

4. प्रदूषित जल में ऑक्सीजन की कमी होती है जिससे जलीय प्राणियों के मरने की संभावना अधिक रहती है।

5. प्रदूषित जल में खरपतवारों की अत्यधिक वृद्धि के कारण जहाजों के परिवहन में बाधा उत्पन्न होती है।

समुद्री प्रदूषण की रोकथाम के उपाय (Measure to control marine pollution)

समुद्री प्रदूषण की रोकथाम के लिए निम्न उपाय किए जा सकते हैं :-

1. समुद्रों में परमाणु विस्फोट के प्रयोग को प्रतिबन्धित किया जाना चाहिए।

2. पेट्रोलियम व तैलीय पदार्थों को समुद्रों में फैलने से रोकना चाहिए।

3. जन साधारण की समुद्री प्रदूषण से होने वाली हानियों को चलचित्रों एवं समाचार पत्रों के द्वारा अवगत कराना चाहिए।

4. जेनेवा समझौता 1958 के अनुसार जहाज अथवा पाइप से तेल समुद्र में गिरने अथवा समुद्र से तेल दोहन के समय समुद्र को प्रदूषित होने से बचाने के लिए प्रत्येक देश को अपने नियम बनाने चाहिए।

5. प्रत्येक देश को ऐसा उपाय करना चाहिए जिससे रेडियोसक्रिय तथा अन्य प्रदूषकों को रोका जा सके।

5. ध्वनि प्रदूषण
Noise Pollution

शोर या ध्वनि प्रदूषण (Noise pollution) अवांछित ध्वनि को शोर कहते हैं तथा अनिच्छित ध्वनि जो कि मानवीय सुविधा तथा स्वास्थ्य को प्रभावित करती है उसे **ध्वनि प्रदूषण** (Noise pollution) कहते हैं।

रॉथम हैरी (Rotham Harry) के अनुसार – "किसी साधन से निर्गत ध्वनी जब असहा हो जाती है तो वह प्रदूषण बन जाती है।"

ग्राह्य बैल (Grahm Bel) ने ध्वनि मापन हेतु एक स्केल दिया जिसकी इकाई को डेसीबेल (Decibel or dB) कहते हैं। सामान्यत: एक व्यक्ति 70 से 80dB तक की ध्वनि को

सहन कर सकता है। इससे अधिक db की ध्वनि को शोर कहते हैं और वह ध्वनि प्रदूषण करती है।

विभिन्न ध्वनि स्तर

0 से 1dB	–	फुसफुसाहट
10 dB	–	ध्वनि जिसे सुना जा सके
20 से 30 dB	–	शान्ति वाले स्थल जैसे – लाइब्रेरी
50 से 60 dB	–	सामान्य बातचीत
70 से 80 dB	–	शोर
90 से 110 dB–	तेज शोर	
120 dB	–	असहनीय जैसे – रेल वाष्प
150 dB	–	जेट जहाज के ईंजन
180 dB	–	रॉकेट इंजन

ध्वनि प्रदूषण के कारण (Causes of noise pollution) – ध्वनि प्रदूषण के कारण निम्नलिखित हैं –

1. बादलों की गर्जन, बिजली की कडकडाहट, तूफान, जल वृष्टि, भूकम्प, ज्वारभाटा आदि प्राकृतिक कारणों से ध्वनि प्रदूषण होता है।

2. परिवहन के विभिन्न साधनों जैसे–ट्रक, कार, बस, रेलगाड़ी, हवाईजहाज आदि से ध्वनि प्रदूषण फैलता है।

3. रेडियो, टेलीविजन, लाउडस्पीकर, डिस्को, सिनेमा आदि मनोरजंन के साधनों से भी ध्वनि प्रदूषण होता है।

4. कारखानों एवं उद्योगों में काम आने वाले उपकरणों जैसे – जेनरेटर्स, साइरन, मशीनों आदि से ध्वनि प्रदूषण होता है।

5. धार्मिक एवं सामाजिक उत्सवों के समय बजाये जाने वाले ढ़ोलक, तबला, हारमोनियम आदि ध्वनि प्रदूषण करते हैं।

6. घरेलू उपकरणों जैसे – मिक्सी, कूलर्स, वाशिंग मशीन, वैक्यूमक्लीनर आदि से भी प्रदूषण होता है।

ध्वनि प्रदूषण के प्रभाव (Effect of noise pollution) – ध्वनि प्रदूषण से होने वाले कुछ मुख्य दुष्प्रभाव निम्न हैं –

(i) ध्वनि प्रदूषण का सबसे अधिक दुष्प्रभाव कानों पर पड़ता है। इससे मनुष्य की सुनने की क्षमता धीरे-धीरे कम हो जाती है।

(ii) ध्वनि प्रदूषण के कारण मनुष्य में हृदय गति तेज हो जाती है तथा हृदयाघात होने की सम्भावना रहती है।

(iii) केन्द्रीय तंत्रिका तंत्र (Central nervous System) पर ध्वनि प्रदूषण के प्रभाव से याददाश्त कम हो जाती है तथा इसके अलावा इससे अल्सर, दमा एवं चिडचिड़ापन जैसे रोग उत्पन्न हो जाते हैं।

(iv) ध्वनि प्रदूषण के कारण मनुष्य मानसिक तनावग्रस्त हो जाता है।

(v) अन्त:स्त्रावी ग्रन्थियों (Endocrine glands) पर भी ध्वनि प्रदूषण का प्रभाव पड़ता है जिसके कारण शरीर के भीतर हार्मोनीय सन्तुलन बिगड़ जाता है।

(vi) नवजात शिशुओं के जन्म पर ध्वनि प्रदूषण का प्रभाव पड़ता है। इससे शिशुओं में विकृतियाँ आ जाती है।

ध्वनि प्रदूषण रोकने के उपाय (Measures to control noise pollution) - ध्वनि प्रदूषण के नियन्त्रण हेतु कुछ मुख्य उपाय निम्न हैं -

1. ध्वनि प्रदूषण करने वाले वाहनों पर समूलेंसर की उपस्थिति अनिवार्य कर देनी चाहिये।
2. औद्योगिक कारखानों, सिनेमा आदि को आवासीय क्षेत्रों से दूर स्थापित किया जाना चाहिये।
3. विस्फोटक पदार्थों के प्रयोग पर प्रतिबन्ध लगा देना चाहिये।
4. सामाजिक रीति-रिवाजों, विवाहि आदि समारोह में पटाखों के प्रयोग पर प्रतिबन्ध होना चाहिये।
5. वाहनों पर तीव्र ध्वनि वाले हार्न को लगाने पर प्रतिबन्धित किया जाना चाहिये।
6. वाहनों के द्वारा होने वाले ध्वनि प्रदूषण को सड़क के किनारे वृक्ष लगाकर भी कम किया जा सकता है।
7. भवनों के निर्माण के समय भी ध्यान रखा जाना चाहिये जिससे कम से कम ध्वनि प्रदूषण हो। ध्वनि रोधक कालिनों का इस्तेमाल किया जा सकता है।
8. जन मानस में ध्वनि प्रदूषण के प्रति जागृति लानी चाहिये।
9. राष्ट्रीय एवं राज्य स्तर पर इसके नियन्त्रण के प्रयास किये जाने चाहिये।
10. ध्वनि प्रदूषण नियन्त्रण हेतु कानून बनाया जाना चाहिये।

6. तापीय प्रदूषण

Thermal Pollution

उद्योगों एवं बड़े-बड़े कारखानों से निकलने वाली गैसों तथा तरल पदार्थों के कारण से ऊष्मा में वृद्धि हो जाती है। जिसका जीवों पर हानिकारिक प्रभाव पड़ता है। अत: इसे **तापीय या ऊष्मीय प्रदूषण** (Thermal Pollution) कहते हैं।

ताप प्रदूषण के कारण तथा प्रभाव (Causes and effects of thermal pollution) - पृथ्वी पर जीवन सम्भव हो जाने में ताप की महत्वपूर्ण भूमिका होती है। ताप के कम या अधिक होने पर जीवन पर प्रतिकूल असर पड़ने लगता है। नाभिकीय रिएक्टर्स एवं परमाणु संयंत्रों में से गर्म जल को नदी या झीलों में बहा दिया जाता है। जिससे जल का ताप बढ़ जाता है। जलीय जीव-जन्तु जब इस गर्म जल को सहन नहीं कर पाते तो मरने लगते हैं। ताप या ऊष्मा जल के लगभग सभी गुणों को प्रभावित करता है। गर्म जल में रासायनिक पदार्थ ज्यादा घुलनशील होते हैं जिसका जलीय जीवों पर बुरा असर पड़ता है। तापीय प्रदूषण से पारिस्थितिकी में असंतुलन उत्पन्न हो जाता है। भाभा आणविक शोध केन्द्र, मुम्बई (Bhabha atomic research centre, Mumbai) के अनुसार जल का ताप 37^0C के बढ़ते ही मछलियों की मृत्यु होने लगती है।

इसके अतिरिक्त ताप बढ़ने से लकड़ी की चीजें टेढ़ी-मेढ़ी हो जाती है। पेन्ट और वार्निश उखड़ जाते है। कागज पीला पड़ने लगता है। अत: तापीय प्रदूषण जीवन के सभी पहलुओं को प्रभावित करता है। बढ़ते ताप पर प्रभावित एक अन्तर्राष्ट्रीय रिपोर्ट "हू इज टेकिंग द हीट" (Who is taking the heat) में कहा गया है कि अमरीका, रूस, ब्राजील एवं चीन के बाद ताप वृद्धि कारकों में भारत विश्व में पाँचवे स्थान पर है।

तापीय प्रदूषण के नियन्त्रण के उपाय (Measures to control thermal pollution)-तापीय प्रदूषण को निम्न उपायों के द्वारा नियन्त्रित किया जा सकता है -

(i) परमाणु संयंत्रों में प्रयुक्त जल को ठण्डा करने के पश्चात् ही नदी, नालों या झीलों में विसर्जित करना चाहिये।

(ii) ताप बिजली घरों से निकलने वाली गैसों एवं गर्म जल की उचित व्यवस्था की जानी चाहिये।

(iii) औद्योगिक एवं विद्युत संयंत्रों में तापीय प्रदूषण के नियन्त्रण के लिये शीतलन टावर (Cooling tower) तथा स्प्रे पोण्ड (Spray pond) का निर्माण किया जाना चाहिये।

(iv) वनों को काटने से बचाया जाना चाहिये तथा जगह-जगह वृक्ष लगाये जाने चाहिये।

3

पर्यावरण प्रदूषण : जीवन संकट

पर्यावरणीय प्रदूषणों में नाभिकीय प्रदूषण सबसे अधिक हानिकारक होता है। यह पर्यावरण में रेडियों समस्थनिकों की अवांछनीय वृद्धि के फलस्वरूप उत्पन्न होता है, अतः इसे रेडियोधर्मी प्रदूषण (Radio-active pollution) भी कहते हैं। अर्थात् "नाभिकीय पदार्थों की क्रियाशीलता द्वारा हुये प्रदूषण को रेडियो धर्मी प्रदूषण कहते हैं।" इस प्रदूषण का प्रभाव सर्वप्रथम जापान में अनुभव किया गया था जब 1945 में द्वितीय विश्व युद्ध के समय हिरोशिमा एवं नागासाकी पर परमाणु बम गिराये गये।

नाभिकीय प्रदूषण के कारण (Causes of Nuclear pollution) नाभिकीय प्रदूषण के कारण निम्नलिखित है –

(i) परमाणु बमों के विस्फोट व परीक्षणों द्वारा वायुमण्डल में नाभिकीय प्रदूषण होता है।

(ii) परमाणु बिजली घरों के अपशिष्ट एवं परमाणु संयंत्रों में नाभिकीय रिसाव से यह प्रदूषण फैलता है।

(iii) चिकित्सा क्षेत्र में प्रयुक्त होने वाली एक्स-रे मशीन तथा रेडियोग्राफी (Radiography) द्वारा नाभिकीय प्रदूषण होता है।

(iv) परमाणु अस्त्र बनाने वाली फैक्टरियाँ, खनन एवं खनिजों के संशोधन से भी नाभिकीय प्रदूषण को बढ़ावा मिलता है।

(v) प्राकृतिक विकिरणों (Radiations) जैसे – न्यूट्रोन (Neutron), एक्स किरणें (X-rays), कॉस्मिक किरणें (Cosmic rays) आदि से भी यह प्रदूषण होता है।

नाभिकीय प्रदूषण के प्रभाव (Effects of nuclear pollution) – नाभिकीय प्रदूषण द्वारा मानव एवं अन्य जीवों पर पड़ने वाले प्रभाव निम्न हैं –

(i) नाभिकीय पदार्थों के परमाणु नाभिकों से निकलने वाली α, β तथा γ किरणें जीवों के गुणसूत्र व जीनों में परिवर्तन कर देती हैं जिससे बच्चे अपंग पैदा होते हैं।

(ii) इसके द्वारा सिर के बालों का गिरना, शरीर में रक्त की कमी, कैन्सर, त्वचा सम्बन्धित अनेक घातक बिमारियाँ हो जाती है।

(iii) नाभिकीय एवं परमाणु विस्फोट के द्वारा वायु तथा जल प्रदूषण होता है।

(iv) सभी जैविक प्रजातियों की जनन क्षमता कम हो जाती है।

(v) परमाणु विकिरणों के द्वारा गर्भस्थ शीशुओं की मृत्यु हो जाती है।

नाभिकीय प्रदूषण को रोकने के उपाय (Measures to control nuclear pollution)– नाभिकीय प्रदूषण अत्यन्त घातक होता है। मानव जाति एवं जीव-जन्तुओं को इसके विनाश से बचाने के लिए निम्न उपाय किये जा सकते हैं –

(i) अन्तर्राष्ट्रीय कानून बनाकर परमाणु बमों के परीक्षण पर प्रतिबन्ध लगाया जाना चाहिये।

(ii) परमाणु तथा अन्य नाभिकीय बमों के निर्माण पर रोक लगाई जानी चाहिये ताकि नाभिकीय युद्ध से बचा जा सके।

(iii) परमाणु संयंत्रों एवं बिजलीघरों से निकले अपशिष्ट को सुरक्षित स्थान पर एकत्रित किया जाना चाहिये ताकि पादपों एवं जन्तुओं को नुकसान नहीं हो।

(iv) नाभिकीय प्रदूषण के नियन्त्रण हेतु वैज्ञानिकों द्वारा उचित उपाय खोजने चाहिये।

(v) ऐसे रसायन संश्लेषित किये जाने चाहिये जिनके उपयोग से विकिरणों का प्रभाव कम होता है।

जल, वायु एवं मृदा संसाधनों के अति दोहन से निम्न पर्यावरणीय समस्यायें उत्पन्न हो रही है।

(1) अम्लीय वर्षा (Acid rain)

(2) वैश्विक ताप वृद्धि अथवा ग्रीन हाऊस प्रभाव (Global warming or reen house effect)

(3) ओजोन परत का क्षरण (Ozone layer depletion)

1. अम्लीय वर्षा (Acid rain)

अम्ल वर्षा (Acid rain), वर्षण (Precipitation) का एक रूप है जोकि गंधक अम्ल या नाइट्रिक अम्ल की उच्च मात्राओं (pH 5.5 - 5.6 से नीचे) के कारण होती है। वायुमण्डल में सल्फर डाईऑक्साइड (SO_2) तथा नाइट्रोजन के विभिन्न ऑक्साइड जब काफी मात्रा में एकत्रित होते रहते हैं और तब वे जलवाष्प या वर्षा के पानी के साथ घुलकर पृथ्वी पर बरसते हैं। अम्ल वर्षा पीने के पानी को **संदूषित** करती है। वनस्पति तथा जलीय जीवन को हानि पहुँचाती है और भवनों व स्मारकों को क्षति पहुँचाती है। सन् 1950 के पश्चात् यह एक निरन्तर विश्वव्यापी गम्भीर समस्या बन गई है, विशेषकर उत्तर-पूर्वी अमरीका, कनाड़ा तथा पश्चिमी यूरोप विशेष स्केण्डेनेवियन देशों में 1980 के दशक के मध्य में जर्मनी के विशेषज्ञों ने आकंलन किया कि उनके यहाँ के एक-तिहाई वृक्ष अम्ल वर्षा के कारण मर रहे हैं, जुलाई 1982 में स्टॉकहोम में अम्ल वर्षा से ही सम्बन्धित 33 राष्ट्रों का जब एक संयुक्त राष्ट्रीय सम्मेलन चल रहा था तो उसी समय वहाँ पर सप्ताह भर अम्ल वर्षा होती रही। इस सम्मेलन का प्रमुख विषय-विश्व के सर्वाधिक पारिस्थितिक संकट, अम्ल वर्षा की रोकथाम के बारे में वैज्ञानिकों एवं विशेषज्ञों के प्रयासों को सही दिशा देना था।

अम्ल वर्षा का स्वरूप - अम्लीयता को नापने की इकाई पी-एच. (pH) मानी गई है। पी-एच. स्केल का विस्तार 0 से 14 तक निर्धारित है। किसी उदासीन घोल का पी-एच मान 7 माना गया है, जैसे - दूध, 7 से नीचे इस मान को अम्लीयता एवं 7 से ऊपर क्षारीयता को प्रकट करता है, अम्लीयता का मुख्य कारण वातावरण में कार्बन डाईऑक्साइड गैस की उपस्थिति है, जो कार्बोलिक अम्ल (H_2CO_3) तैयार करती है। कार्बोलिक अम्ल एक मन्द अम्ल है, जो जल में थोड़ी बहुत मात्रा में विघटित हो जाती है, किन्तु इस अम्ल से पर्यावरण को किसी तरह की हानि नहीं होती है। यहीं कारण है कि वर्षा के जल को शुद्ध जल माना जाता है, जिसका पी-एच मान 5.6 होता है। वर्षा के जल में अम्लीयता की वृद्धि का मुख्य कारण सल्फर डाई ऑक्साइड एवं नाइट्रोजन डाईऑक्साइड गैस है, जिनकी प्राप्ति ताप विद्युत संयंत्रों, निकिल के प्रगालकों, जीवाश्म ईंधन जलाने और स्वचालित वाहनों के धुँए से होती है। ये गैसें निरन्तर वायुमण्डल में प्रवेश करती जाती है और उसे दूषित करने का मुख्य कारक बनती हैं। वातावरण के जलवाष्प के सम्पर्क में आने पर ये गैसें क्रमशः सल्फ्यूरिक अम्ल एवं नाइट्रिक अम्ल बनाती है। इस क्रिया को 'अम्लीकरण' कहा जाता है। इन्हीं अम्लों के वर्षा के जल में मिल जाने से जल अम्लीय हो जाता है और यह अम्ल वर्षा जल अथवा हिम के पिघलने के साथ धरातल पर पहुँचकर जैव-मण्डल को क्षति पहुँचाता है।

अम्ल वर्षा आर्द्र और शुष्क दोनों प्रकार की होती है। जिसे अम्ल वर्षा न कहकर **'अम्ल विक्षेपण'** कहा जाना अधिक उपयुक्त प्रतीत होता है। आर्द्र विक्षेपण पर्यावरण के लिए अधिक घातक होता है।

अम्ल वर्षा लगभग 70 प्रतिशत सल्फर के ऑक्साइड और 30 प्रतिशत नाइट्रोजन के ऑक्साइड के फलस्वरूप होती है। अम्ल वर्षा का प्रभाव व्यापक क्षेत्र पर पड़ता है और इसके उद्गम स्रोतों से हजारों किलोमीटर दूर के क्षेत्रों में भी इसका दुष्प्रभाव देखा जा सकता है। कुछ वैज्ञानिकों का मानना है कि पहाड़ों की बर्फ भी तेजाबी वर्षा का एक बड़ा स्त्रो है। अमरीका के जल विज्ञान संस्थान के वैज्ञानिकों ने यह सिद्ध किया है कि बसन्त ऋतु में बर्फ पिघलने के समय पहाड़ी झरनों की अम्लीयता में वृद्धि हो जाती है। अम्ल वर्षा का प्रभाव विश्व के उन क्षेत्रों में अधिक देखने को मिलता है, जहाँ औद्योगिक विकास अधिक हुआ है। इस तरह पश्चिमी देशों सहित यूरोप के औद्योगिक देशों एवं ऐसे विकासशील देशों में, जहाँ औद्योगिक विकास अधिक हुआ है।

विभिन्न स्थानों पर हुई अम्ल वर्षा का pH मान

सन्	स्थान/देश	pH मान
1958	यूरोप	5.0
1962	नीदरलैण्ड्स	4.5
1966	स्वीडन	4.5
1974	नार्वे	2.7 तथा 3.5
1974-75	मुम्बई	4.8

अम्ल वर्षा की सबसे बड़ी विडम्बना यह है कि गलती कोई और करता है और उसका परिणाम कोई और भुगतता है एक जगह की चिमनी धुआँ उगलती है और दूसरी जगह के लोगों को अम्ल वर्षा प्राप्त होती है और इसके उद्गम स्रोत से हजारों किलोमीटर के क्षेत्र में भी इसका दुष्प्रभाव देखा जा सकता है। यही कारण है कि अमरीका के 70 प्रतिशत प्रदूषक पदार्थ हवा में उड़कर कनाडा में पहुँच जाते हैं एवं वहाँ अम्ल वर्षा करते हैं। नॉर्वे का भी कहना है कि वहाँ की 10 प्रतिशत अम्ल वर्षा पड़ौसी देशों से प्रदूषण आने के कारण होती है। स्वीडन भी अपने प्रदूषण के लिए ब्रिटेन एवं जर्मनी को जिम्मेदार मानता है।

भारत में अम्ल वर्षा -भारत भी अम्ल वर्षा की चपेट से अछूता नहीं रह गया है। भारत में कोयले व पेट्रोलियम के दहन तथा धातुओं के विगलन के कारण नि:सृत सल्फर डाई-ऑक्साइड गैस ही अम्ल वर्षा का मुख्य कारण है सन् 1982-83 की सर्दियों में कलकत्ता, मुम्बई, कानपुर, मद्रास और दिल्ली की वायु में सल्फर डाई ऑक्साइड का घनत्व क्रमश: 418, 148, 307, 145 एवं 324 माइकोग्राम प्रतिघन मीटर था। यही कारण है कि मुम्बई, कलकत्ता, दिल्ली, मद्रास, कानपुर, अहमदाबाद, हैदराबाद आदि औद्योगिक नगरों में अम्ल वर्षा की सम्भावना बढ़ गई है। बम्बई में तो अम्ल वर्षा हो भी चुकी है। राष्ट्रीय पर्यावरण अभियांत्रिकी अनुसंधान संस्थान (नीरी), नागपुर द्वारा किए गए एक सर्वेक्षण के अनुसार मुम्बई में सबसे अधिक सल्फर डाई ऑक्साइड वातावरण में विमुक्त होती है। सन 1979 में भारत में 125

मिलियन टन कोयले का उत्पादन किया गया था। जिसके दहन से 1.10 मिलियन टन सल्फर डाई ऑक्साइड गैस वातावरण में पहुँचती थी, इसी तरह 35 मिलियन टन पेट्रोलियम के उपभोग 2.4 मिलियन टन सल्फर डाई ऑक्साइड गैस निकली। गुजरात जल प्रदूषण बोर्ड के प्रो.आर. एस. मेहता के अनुसार, सन् 1979 में कोयले व पेट्रोलियम के दहन से 3.20 मिलियन टन सल्फर डाई-ऑक्साइड वातावरण में मिल गई। एक आंकलन के अनुसार सन् 2000 तक यह बढ़कर 13.198 मिलियन टन तक हो जाएगी।

भारत में अम्लीय प्रदूषण का दूसरा सबसे बड़ा स्रोत धातुओं (ताँबा, सीसा एवं जस्ता) का विगलन है। ताँबे के विगलन से 11,000 टन और जस्ते से 21,000 टन सल्फर डाई-ऑक्साइड गेस नि:सृत होती है। साथ ही गंधक का तेजाब बनाने वाले संयंत्रों तथा कागज उद्योग द्वारा भी सम्पूर्ण सल्फर डाई ऑक्साइड का 4 प्रतिशत सल्फर डाई ऑक्साइड गैस निकाली जाती है, अन्य उद्योगों और घरेलू ईंधन के दहन से भी ये गैसें निकलकर वातावरण में घुलती रहती हैं। मुम्बई एवं ट्राम्बे में वर्षा जल का पी-एच मान क्रमश: 4.45 एवं 4.85 आँका गया है। जबकि कलकत्ता, मद्रास एवं दिल्ली में औसत स्तर क्रमश: 5.80, 5.85 एवं 6.21 आँका गया है। भारत में अम्ल वर्षा का प्रभाव ऐतिहासिक इमारत ताजमहल पर भी पड़ रहा है। जिसका मुख्य कारण ताजमहल से 40 किलोमीटर दूर स्थित मथुरा तेल शोधक कारखानों से नि:सृत गैसें हैं, जिसके प्रभाव से श्वेत-धवल संगमरमर अब पीला पड़ने लगा है। इस तेल शोधक कारखाने के अलावा ताजमहल के चतुर्दिक 250 अन्य छोटे-बड़े उद्योगों और रेलवे यार्डो के विषैले धुएं ने इस समस्या को और भी बढ़ा दिया है। प्रो. दवे के अनुसार मथुरा तेलशोधक कारखाने के धुंए से 20-30 टन सल्फर डाई ऑक्साइड 100-150 टन कार्बन मोनो-ऑक्साइड 60-100 टन हाइड्रोकार्बन, 100 टन नाइट्रोजन ऑक्साइड और बेनोडियम निकिल, कैडमियम और क्रोमियम जैसे ट्रेस मेटल निकल रहे हैं। अक्टूबर से मार्च तक उत्तरी-पश्चिमी हवा से ये सारे प्रदूषक तत्व मथुरा से आगरा पहुँचते हैं और सल्फर डाईऑक्साइड वातावरण की नमी पाकर सल्फरस और सल्फ्यूरिक अम्ल बनाते हैं। इन दोनों में पत्थर गलाने की बड़ी शक्ति है। श्री दवे के अनुसार अधिकांश उष्ण कटिबंधीय वायु में सल्फर डाईऑक्साइड की तरह अम्ल के कण विकरित नहीं होते और 100 से 300 किलोमीटर दूर तक जा सकते हैं। इसलिए इसका प्रभाव दिल्ली के लाल किले पर भी पड़ सकता है। श्री दवे का कहना है कि यदि अम्लता बढ़ती गई तो 50 से 100 वर्ष की अवधि में ताजमहल के संगमरमर को इतनी घातक क्षति पहुँचेगी कि फिर वह लाख सुधारे सुधर नहीं सकेगी।

अम्ल वर्षा के दुष्प्रभाव - निरन्तर अनसुंधानों से इस बात की पुष्टि हो चुकी है अम्ल वर्षा का प्रभाव सम्पूर्ण परितंत्र (Ecosystem) पर पड़ता है, वैसे वैज्ञानिकों ने अम्ल वर्षा के दुष्प्रभावों को निम्नलिखित पाँच वर्गों में विभाजित किया है :-

1. वनों, खेती, नदियों व झीलों के खनिज संतुलन में कमी व होने वाले परिवर्तन
2. फसलों, वनोपज एवं जलीय तंत्रों की उत्पादकता में कमी
3. स्थलीय और जलीय तंत्रों के जाति वैविध्य तथा प्रतिरोध में कमी

4. महत्वपूर्ण मृदीय सूक्ष्म जीवों की सक्रियता में कमी

5. भौतिक पदार्थों का क्षरण।

1. वनों, खेतों, नदियों और झीलों के खनिज संतुलन में कमी से होने वाले परिवर्तन - अम्ल वर्षा के कारण वनों, खेतों, नदियों एवं झीलों के खनिज संतुलन में कमी से अनेक तरह के परिवर्तन दृष्टिगोचर हो रहे हैं। न्यूयार्क राज्य की 200 झीलें अम्लीयता के कारण मृत घोषित की जा चुकी है। इनमें कोई जलचर जीवित नहीं बचा है। स्वीडन की लगभग 4,000 तथा नॉर्वे की लगभग 1,500 झीलें मछली रहित हो चुकी है। कनाडा में लगभग 200 झीलों में ट्राउट और बस्म मछली नदारद हो चुकी है। इस शताब्दी के समाप्त होते-होते कनाडा की 48,000 झीलें बेकार हो जाएंगी।

अम्लीयता के कारण झीलों में मछलियों की मृत्यु हो जाती है। क्योंकि अम्लीय जल में वे अपने शरीर के लवण-स्तर को संतुलित नहीं रख पाती। अम्लीय झीलों में एल्यूमिनियम, मैंगनीज, जस्ता, कैडमियम, सीसा एवं निकिल की सान्द्रता में वृद्धि हो जाती है। जिसका जल-जीवन और वनस्पतियों पर घातक प्रभाव पड़ता है, जिससे पारिस्थितिक असंतुलन पैदा हो रहा है। अम्ल वर्षा के कारण कई देशों की वनस्पतियाँ भी समाप्त होती जा रही है। जर्मनी का 2,50,000 वर्ग किमी क्षेत्रफल अम्ल वर्षा से प्रभावित है। जिसमें से 80,000 वर्ग किमी क्षेत्र वनाच्छादित है, जिसकी वनस्पतियाँ नष्ट होती जा रही है। अम्ल वर्षा के कारण चेकोस्लोवाकिया के वन भी नष्ट हो रहे है। वनों के नष्ट होने से पारिस्थितिक असंतुलन पैदा हो रहा है।

2. फसलों, वनोपज एवं जलीय तंत्रों की उत्पादकता में कमी - वनों और फसलों पर अम्ल वर्षा का बिल्कुल प्रत्यक्ष प्रभाव पड़ता है। अम्लीय विषाता पत्तियों को पूर्णतया विनाश कर देती है। इनके प्रभाव से पेड़-पौधे अपना भोजन भी नहीं बना पाते हैं। अम्ल युक्त वर्षा का जल जब धरातल के भीतर प्रवेश कर जाता है तो मृदा अम्लीय हो जाती है। मिट्टी की ऊपरी सतह के पोषक तत्वों का भी विनाश हो जाता है। जबकि दूसरी तरफ मिट्टी की गुणवत्ता में कमी हो जाने के फलस्वरूप उत्पादन पर भी प्रतिकूल प्रभाव पड़ता है।

3. स्थलीय एवं जलीय तंत्रों के जाति वैविध्य एवं प्रतिरोध में कमी - अम्ल वर्षा के प्रभाव से झीलों के जल के अम्लीय कणों की प्रक्रिया के कारण उनमें मछलियों की संख्या क्रमश: समाप्त होती जा रही है। इसका प्रभाव मछलियों के प्रजनन क्षमता पर पड़ता है। सम्पूर्ण जलीय जैवमण्डल इसके घातक प्रभाव के कारण मछलियों के लिए भोजन की भी कमी होती जाती है। भारी अम्ल वर्षा से एक दिन में हजारों मछलियाँ समाप्त हो जाती है। मछलियों के अलावा छोटे कीड़े-मकोड़े एवं सूक्ष्म जलीय पादप भी समाप्त हो रहे हैं। यही नहीं जल में निवास करने वाले जीवाणु तथा कवक भी अम्लीयता में वृद्धि के कारण पूर्णतया समाप्त हो गए हैं, हरित शैवालों की संख्या भी अम्लीयता से अप्रभावित नहीं रह पाती।

4. महत्वपूर्ण मृदीय सूक्ष्म जीवों की सक्रियता में कमी - अम्लीयता के प्रभाव से सूक्ष्म जीवों की सक्रियता में भी कमी आ गई है। अम्लीयता के कारण जल एवं थल दोनों में

विद्यमान सूक्ष्म जीव विषाक्त हो जाते हैं। इन विषाक्त कीड़े-मकोड़ों को खाने वाली चिड़ियों का स्वास्थ्य भी प्रभावित हो रहा है। कीड़ों की मृत्यु से चिड़ियों के भोजन में भी कमी आती जा रही है।

5. भौतिक पदार्थों का क्षरण – अम्ल वर्षा से कलाकृतियों, ऐतिहासिक स्मारकों एवं अन्य सुन्दर भवनों को भी क्षति पहुँचनी प्रारम्भ हो गई है। विगत 200 वर्षों में जो भवन प्राकृतिक कोप से अप्रभावित और सुरक्षित थे। विगत कुछ ही दशकों में उनका रंग बदलने लगा है। ऐसे कला स्मारकों में भारत का ताजमहल, यूनान की एक्रीयोपोलिस की मूर्ति एवं अमरीका का लिंकन स्मारक मुख्य है जो अम्ल वर्षा के कारण पीले होते जा रहे हैं और इनकी सुन्दरता समाप्त होती जा रही है। होता यह है कि जब किसी इमारत पर अम्ल वर्षा होती है तो उसका धीरे-धीरे क्षरण होने लगता है, जिसे 'स्टोन कैंसर' कहा जाता है, **'स्टोन कैंसर'** इमारत को जर्जर अवस्था में ला देता है।

अम्ल वर्षा से जुड़ी एक गम्भीर समस्या **'अम्ल शाक'** की है। ठण्डे स्थानों पर वर्षा से जब कभी भी किसी कारणवश प्रदूषकों के सम्पर्क से ढेर सारी अम्लीय बर्फ पिघलकर आ जाती है। तो उसका pH मान अचानक ही बहुत नीचे गिर जाता है। इस घटना को ही **'अम्ल शाक'** कहते हैं। अम्ल शाक से हजारों की संख्या में जलीय प्राणी विशेष रूप से मछलियाँ एक साथ ही मर जाती है।

अम्ल वर्षा की रोकथाम – अम्ल वर्षा का इतना अधिक व्यापक प्रभाव है कि वैज्ञानिक इसकी रोकथाम करने हेतु अत्यन्त ही चिन्तित दिखाई दे रहे हैं जिसके तहत अनेक शोध, सम्मेलन एवं संधियाँ हो रही हैं। जून 1983 में स्वीडन में एक बैठक बुलाई गई थी। जिसमें फिनलैण्ड, स्वीडन, कनाड़ा, नार्वे, जर्मनी, डेनमार्क, आस्ट्रिया, स्विट्जरलैण्ड ने एक संधि पर हस्ताक्षर किए और यह निर्णय लिया कि सन् 1993 तक सल्फर डाईऑक्साइड की मात्रा में 30 प्रतिशत की कमी लाई जाएगी।

सन् 1985 में अंतर्राष्ट्रीय स्तर पर एक संधि की गई थी। जिसमें विभिन्न देशों द्वारा सल्फर के निष्कासन में 30 प्रतिशत की कमी लाने की बात पर बल दिया गया था। यह कमी सन् 1990-93 के मध्य की जानी थी। सोफिया (बुल्गारिया) में 1 नवम्बर, 1988 को विश्व के लगभग 25 देशों ने एक अन्तर्राष्ट्रीय समझौते पर हस्ताक्षर किए, जिसमें कारखानों से नि:सृत नाइट्रोजन के ऑक्साइडों को कम करने की बात पर बल प्रदान किया गया था। संयुक्त राज्य अमरीका एवं कनाड़ा इस बात पर विशेष जोर दे रहे हैं। इन देशों ने एक नई तकनीक का उपयोग वाहनों में करना प्रारम्भ कर दिया है। जिसे 'थ्री वे केटेलिटिक कनवर्टर' कहा गया है। स्वीडन में सन् 1989 में निर्मित कारों एवं अन्य वाहनों में इस तकनीक का पूर्ण ध्यान रखा गया है। सन् 2000 तक 'केटेलिटिक कनवर्टर' तकनीक का उपयोग विश्व के सभी देशों में किए जाने की योजना है। इस तकनीक से वाहनों से नि:सृत हाइड्रोकार्बन्स की मात्रा में कमी की जा सकेगी। इसकी कमी के लिए आवश्यक है कि वाहनों को मध्यम गति से चलाया जाए।

कारखानों से निकलने वाली सल्फर डाई ऑक्साइड के प्रभाव को कम करने के लिए आवश्यक है कि चिमनियों की ऊँचाई 200 मीटर से ऊँची एवं उससे नि:सृत गैस की गति 80 किमी/घण्टा रखी जाए, जिससे 600 मीटर की ऊँचाई पर गैस वायुमण्डल में जाकर विस्तृत क्षेत्र में विसर्जित हो जाए।

वैज्ञानिकों की राय है कि झीलें अम्लीकृत हो गई हैं। उनमें क्षारीयता लाने वाले पदार्थ, जैसे-चूना मिलाना लाभकर होगा।

यूरोप में युवकों ने 'यूरोपीय यूथ फॉर एक्शन' नामक एक संस्था का गठन किया है। यह संस्था अम्ल वर्षा को रोकने का प्रयास करती है। इटली, ब्रिटेन, स्पेन आदि देशों में भी इस तरह की पर्यावरण जागरूकता अधिक है। भारत में भी इसी तरह की जागरूकता की आवश्यकता है। इन सभी प्रयासों के बावजूद भी सन् 2050 तक वातावरण में 7 अरब टन कार्बन डाई ऑक्साइड की वृद्धि प्रतिवर्ष होती रहेगी। अत: सबसे बड़ी आवश्यक बात यह है कि तेल एवं कोयले के उपयोग को कम करने पर बल प्रदान किया जाए तथा विद्युत ऊर्जा एवं परमाणु ऊर्जा के उपयोग में वृद्धि की जाए। कल-कारखानों की अवशिष्ट गैसों को वायुमण्डल में न फैलाकर भू-गर्भ में प्रविष्ट करने का प्रयास किया जाए, ताकि अम्ल वर्षा में वृद्धि करने वाली गैसें वायुमण्डल में न फैलने पाएं और वायुमण्डल शुद्ध रहें।सबसे मुख्य प्रश्न यह है कि कानून बनाने, सम्मेलन एवं बैठक आयोजित करने और प्रस्ताव पारित करने से अम्ल वर्षा को नहीं रोका जा सकता। बल्कि इसकी रोकथाम हेतु आवश्यक है कि हम जहाँ हैं, वहीं से अम्ल वर्षा को उत्पन्न करने वाले पदार्थों की रोकथाम करें अन्यथा हम अपना विनाश अपने आँखों के सामने होते देखते रह जाएंगे और अन्तत: कुछ नहीं कर पाएंगे।

2. वैश्विक तापवृद्धि अथवा 'ग्रीन हाउस' प्रभाव (Global warming or Green house effect) का गहराता संकट विश्व के सभी राष्ट्रों के समक्ष एक गम्भीर चुनौती है। समुद्रतटीय राष्ट्र तो और अधिक परेशान है। वैश्विक तापवृद्धि तथा ग्रीन हाउस प्रभाव अति गम्भीर पर्यावरणीय समस्या है। क्योंकि इस प्रभाव से आर्कटिक सागर और अंटार्कटिका महाद्वीप के विशाल हिमखण्ड के पिघल जाने से समुद्र के जल-स्तर में वृद्धि होगी। फलत: अधिकांश भू-भाग जल में समाहित हो जाएंगे। वैज्ञानिकों के अनुसार पृथ्वी के वातावरण में कार्बन डाई ऑक्साइड मीथेन एवं क्लोरोफ्लोरो कार्बन (सी.एफ.सी.) की मात्रा में वृद्धि हो रही है। यही कारण है कि विगत एक सौ वर्षों में वायुमण्डल में प्राणवायु ऑक्सीजन कम हुई है। सभी देशों ने इस तथ्य को स्वीकार कर लिया है कि ये गैसें सूर्य की गर्मी को पृथ्वी पर ही कैद कर रही है। जिससे धरातल के तापमान में वृद्धि हो रही है और पृथ्वी पर **ग्रीन हाउस** प्रभाव (Green house effect) की प्रक्रिया प्रारम्भ हो गई है।

'ग्रीन हाउस' (Green House) का अभिप्राय है - ऐसा हाउस (गृह या कमरा) जिसकी छतें एवं दीवारें काँच या पारदर्शी प्लास्टिक जैसे-ऊष्मारोधी पदार्थों से बनी हो और यदि उसमें कोई पौधा लगाया जाए तो वह हरा-भरा (ग्रीन) रहे। इस प्रकार के गृहों या कमरों का प्रयोग शीतोष्ण कटिबंधीय क्षेत्रों में सब्जियों, फसलों एवं फलदार वृक्षों को उगाने के लिए होता

है। शीत ऋतु में ऐसे गृहों/कमरों में ग्रीष्म ऋतु में पैदा होने वाली सब्जियाँ एवं फसलें उगाई जाती है। इन कमरों में सूर्य की किरणें ऊष्मारोधी दीवारों को भेदकर कमरे के ताप को बढ़ा देती है। किन्तु कमरे से बाहर की ओर ऊष्मा का विकिरण नगण्य होता है। इस प्रकार सूर्य की ऊष्मा अन्दर प्रवेश कर वहीं अटक जाती है। फलत: शीत ऋतु में भी कमरे का तापक्रम बाह्य वातावरण की अपेक्षा अधिक रहता है।

सूर्य की ऊष्मा से गरम होने के बाद जब पृथ्वी ठण्डी होने लगती है तब ऊष्मा पृथ्वी से बाहर की ओर विकरित होती है, किन्तु वायुमण्डल में विद्यमान कार्बन डाइऑक्साइड, कार्बन मोनोऑक्साइड, मीथेन, क्लोरोफ्लोरो कार्बन (सी.एफ.सी.) आदि गैसें इस ऊष्मा का कुछ अंश शोषित कर लेती हैं और पुन: भूसतह को वापस कर देती है। इस प्रक्रिया में निचले वायुमण्डल में अतिरिक्त ऊष्मा ज़मा होती जाती है। इसलिए विगत वर्षों में इन गैसों की मात्रा बढ़ जाने के कारण पृथ्वी पर तापक्रम में वृद्धि हुई है। इसी तापमान वृद्धि के प्रभाव को 'ग्रीन हाउस प्रभाव' कहा जाता है।

वैसे तो वायुमण्डल में गैसों के जमाव पर विधिवत अनुसंधान कार्य सन् 1958 से ही प्रारम्भ हो गया था, किन्तु ठोस प्रमाण सन् 1988 में मिला। नेशनल एरोनाटिक्स एण्ड स्पेस एडमिनिस्ट्रेशन (नासा), अमरीका ने विगत 100 वर्षों के तापक्रम का अध्ययन किया है जिससे ज्ञात हुआ है कि तब से अब तक पृथ्वी के औसत तापमान में $0.6-1.2^0$ से. की वृद्धि हुई है। इसके अतिरिक्त अण्टार्कटिका महाद्वीप एवं आर्कटिक सागर में बर्फ की वार्षिक सीमा में ह्रास एवं कनाड़ा, अमरीका एवं यूरोप के भागों में ग्लेशियरों की संख्या और ऊँचाई में कमी पृथ्वी पर बढ़ते तापमान की पुष्टि करते हैं। आज से लगभग 40 वर्ष पूर्व विद्युत-पंखे गर्मियों में नहीं चलते थे, किन्तु पंखे के बिना रहना आज सम्भव नहीं है। नई दिल्ली में आयोजित 'अन्तर्राष्ट्रीय ऊर्जा सम्मेलन' (1990) में वैज्ञानिकों ने इस तथ्य को स्वीकार किया कि ग्रीन हाउस गैसों (Green house gases) का स्तर जितना बढ़ता जाएगा, उतना ही ज्यादा वह सूर्य की गर्मी को अवशोषित कर वातावरण का तापक्रम बढ़ाती जाएंगी, फलत: जलवायु में जो भयंकर परिवर्तन होंगे उससे बाढ़, सूखा जैसा प्राकृतिक प्रकोप बढ़ेगा और ध्रुवक्षेत्रों की बर्फ के पिघलने से भारत के तटवर्ती क्षेत्र, बांग्लादेश तथा मालद्वीप जैसे अनेक देशों के काफी भूभाग जलमग्न हो जाएंगे।

ग्रीन हाउस गैसों की वृद्धि के कारण

वायुमण्डल में ग्रीन हाउस गैसों की वृद्धि के निम्नलिखित तीन मुख्य कारण है- (i) औद्योगीकरण, (ii) वनोन्मूलन (iii) क्लोरो फ्लोरो कार्बन गैसें

(1) औद्योगीकरण (Industrialization) – आज उद्योगों में ईंधनों, कोयला, पेट्रोलियम पदार्थों आदि का उपयोग काफी बढ़ गया है। अनुमानत: विश्व में प्रतिवर्ष लगभग 4 अरब टन जीवाश्म ईंधन की खपत हो रही है। फलत: विभिन्न प्रकार की गैसें वायुमण्डल में पहुँच रही हैं जिसमें कार्बन डाई ऑक्साइड प्रमुख ग्रीन हाउस गैस हैं, वुड्स रिसर्च सेन्टर मेसाचुएट्स, अमेरीका की एक रिपोर्ट के अनुसार लगभग 1 खरब टन से 2.6 खरब टन के मध्य

कार्बन डाई ऑक्साइड प्रतिवर्ष वायुमण्डल में पहुँचती रही है, सन् 1980 में अमरीका, एशिया व अफ्रीका के उष्ण क्षेत्रों से क्रमश: 66.5 करोड़, 62.1 करोड़ व 37.3 करोड़ टन कार्बन डाई ऑक्साइड वायुमण्डल में पहुँची है।

कार्बन डाई ऑक्साइड के अतिरिक्त मीथेन और क्लोरोफ्लोरो कार्बन भी 'ग्रीन हाउस' गैसें हैं। मीथेन गैस क्षोभमण्डल (Troposphere) द्वारा अवशोषित कर ली जाती है। इस गैस के उत्सर्जन एवं आत्मसात के सम्बन्ध में तथ्य पूर्ण खोज अभी जारी है। किन्तु यह निर्विवाद है कि यह गैस धरातल के तापमान को बढ़ाने में सहायक है। क्लोरोफ्लोरो कार्बन (सी.एफ.सी.) एक महत्वपूर्ण ग्रीन हाउस गैस है। कार्बन डाई ऑक्साइड के बाद पृथ्वी के तापमान को बढ़ाने वाली गैस यही है जो ओजोन पर्त के क्षरण के लिए मुख्य रूप से जिम्मेदार है। इस गैस का आविष्कार सन् 1928 में हुआ। यह अक्रिय, गंधहीन, अज्वलनशील, जहर न फैलाने वाली तथा लम्बी अवधि तक ज्यों का त्यों बनी रहने वाली गैस (रसायन) है। इस गैस परिवार के कई सदस्य है - सी.एफ.सी. - 11,-12, -113, -114, -115 आदि। इनके अलग - अलग उपयोग है। सन् 1950 के बाद व्यापक स्तर पर खासकर औद्योगिक क्षेत्रों में उपयोग होने लगा है। यहाँ तक कि एअर कंडीशनिंग व रेफ्रीजरेशन प्रणालियों, एण्टीबायोटिक औषधियों, इलेक्ट्रॉनिक उद्योगों व फोम निर्माण में इसका प्रयोग होने लगा है।

पृथ्वी की सतह से लगभग 40 किमी ऊपर वायुमण्डल में ओजोन गैस की मोटी पर्त है जो सूर्य की हानिकारक पराबैंगनी किरण की अधिकांश मात्रा को सोख लेती है और जीव-जन्तुओं के लिए सुरक्षा-कवच का काम करती है। यह मोटी पर्त पृथ्वी की जलवायु एवं मौसम प्रणाली को भी नियंत्रित करती है। वृहद औद्योगीकरण के परिणामस्वरूप मानव निर्मित कुछ रासायनिक यौगिकों जैसे सी.एफ.सी. द्वारा इस सुरक्षा कवच का क्षरण प्रारम्भ हो गया है। औद्योगिक प्रतिष्ठानों से उत्सर्जित यह सी.एफ.सी. रसायन (गैस) हवाओं के साथ समताप मण्डल में पहुँचता है। वहाँ सूर्य के पराबैंगनी विकिरण द्वारा प्रकाशीय विघटन की प्रक्रिया में इनसे क्लोरीन के परमाणु मुक्त हो जाते हैं, ये परमाणु ही ओजोन के वास्तविक शत्रु हैं। ये परमाणु ओजोन गैस को विघटित करके क्लोरीन-मोनो ऑक्साइड और ऑक्सीजन बनाते हैं, क्लोरीन का एक परमाणु ओजोन के एक लाख अणुओं को नष्ट करने की क्षमता रखता है। इस प्रकार सी.एफ.सी. रसायन (गैस) ने सुरक्षा कवच में छिद्र करके मनुष्य के साथ-साथ अन्य छोटे-बड़े जीव-जन्तुओं को भी खतरे में डाल दिया है। अंटार्कटिका महाद्वीप में वायुमण्डल (ओजोन पर्त) में पाया गया छेद बढ़ते - बढ़ते एक महाद्वीप जितना हो गया है। इससे सूर्य की पराबैंगनी किरणें सीधे पृथ्वी पर पहुँचने के कारण धरातल के तापमान में वृद्धि कर रही है। साथ ही इसका कुप्रभाव मानव की त्वचा और आँखों पर भी दिखाई पड़ रहा है। वैज्ञानिकों के अनुसार इस छिद्र में हर एक सेण्टीमीटर की वृद्धि से लगभग 40,000 व्यक्ति पराबैंगनी किरणों से उत्पन्न रोगों की चपेट में आ सकते हैं। वैज्ञानिकों ने चेतावनी दी है कि यदि यह छेद बढ़ता गया और इस छेद पर यदि पैबन्द नहीं लगा तो इस पृथ्वी को 'ग्रीन हाउस' बनने में अधिक समय नहीं लगेगा, फलत: जलवायु व मौसम प्रणाली में परिवर्तन के साथ-साथ अनेक नई समस्याएँ पैदा हो सकती हैं जिनका समाधान भविष्य में सम्भव नहीं होगा।

औद्योगीकरण के कारण वातावरण में सल्फर ऑक्साइड (SO_2) गैस की मात्रा में वृद्धि हुई है। औद्योगिक क्षेत्रों के समीपवर्ती भाग में वर्षा का जल धरातल पर पहुँचने से पूर्व वायुमण्डल में फैली गैसों से संयोग करके तेजाब में परिवर्तित हो जाता है जिससे अनेक प्रकार की जैविकीय एवं पर्यावरणीय समस्याएँ खड़ी हो जाती है। फ्रेशवाटर इंस्टीट्यूट मेनीटोवा, कनाडा ने ओण्टरियो के उत्तर-पश्चिम में स्थित एक छोटी सी झील के जल में 10 वर्ष तक तेजाब की मात्रा बढ़ाने के बाद जल का अध्ययन किया जिससे यह ज्ञात हुआ कि तेजाब की मात्रा बढ़ने से मछलियाँ प्रजनन के अयोग्य हो गई। इस प्रकार तालाब पारिस्थितिक तंत्र में उत्पादकों, उपभोक्ताओं और अपघटकों के प्रभावित होने के कारण सन्तुलन बिगड़ गया। इसका प्रभाव अपरोक्ष रूप से कार्बनडाई ऑक्साइड के उत्सर्जन एवं विघटन पर भी पड़ा। इसके अतिरिक्त यह तेजाबी वर्षा का जल जब मृदा से सम्पर्क करता है तो मृदा में उपस्थित अपघटक की मृत्यु हो जाएगी फलतः वनस्पति एवं जीवों के मृत अवशेष से दुर्गंध फैलना स्वाभाविक है। कार्बन डाई ऑक्साइड, नाइट्रोजन, अमोनिया एवं अन्य विषैली एवं ऊष्मारोधी गैसें वातावरण में पहुँचकर एक तरफ धरती के तापमान को बढ़ा देंगी व दूसरी तरफ नाइट्रोजन एवं अमोनिया गैस का विघटन न होने के कारण मिट्टी अनुपजाऊ होती जाएगी जिससे पौधों के जनन एवं संवर्धन कुप्रभावित होंगे, पेड़-पौधों तथा पशु -पक्षियों की अनेक प्रजातियाँ विलुप्त हो जाएगी व जैव भू-रासायनिक चक्र का सन्तुलन बिगड़ जाएगा। इस प्रकार ऊर्जा के उत्पादकों (हरे पौधों) के नष्ट होने पर 'ग्रीन हाउस' गैसों में आश्चर्यजनक वृद्धि हो जाएगी।

(2) वनोन्मूलन (Deforestation) - आज के औद्योगिक युग में प्रकृति प्रदत्त संसाधनों की लगातार कमी होती जा रही है। जिस गति से वन-क्षेत्र सिकुड़ रहे हैं, उस गति से वनों का संरक्षण नहीं हो रहा है। फलतः वन विलुप्त होते जा रहे हैं। विश्व में प्रतिवर्ष लगभग 6 करोड़ हेक्टेयर क्षेत्र के वनों का विनाश होता है। अकेले भारत में ही प्रतिवर्ष 16 लाख हेक्टेयर क्षेत्र में वन उजड़ रहे हैं। यही कारण है कि भारत में अब लगभग 19 प्रतिशत भूभाग में ही प्राकृतिक वन शेष है। यदि वन-कटाव को नहीं रोका गया, तो इस शताब्दी के अन्त तक बहुत कम वन शेष रह जाएंगे। उपग्रह से प्राप्त चित्रों से पता चलता है कि भारत में 1975-1985 के मध्य वनों के क्षेत्रफल में पर्याप्त कमी आई है। इसका परिणाम यह हुआ है कि देश की 15,000 पेड़-पौधों तथा 75,000 पशु-पक्षियों की अनेक प्रजातियों के विलुप्त होने और प्रतिवर्ष करोड़ों टन मिट्टी के बहने के साथ ही साथ वातावरण में कार्बन डाई ऑक्साइड की मात्रा में वृद्धि हुई है।

पेड़-पौधे वायुमण्डल में कार्बन - चक्र को सन्तुलित करने का काम करते हैं। हरे पौधे प्रकाश-संश्लेषण की क्रिया द्वारा वातावरण में कार्बन डाई ऑक्साइड को ग्रहण करके अपने लिए कार्बनिक भोज्य-पदार्थ का निर्माण करते हैं और श्वसन क्रिया में ऑक्सीजन गैस उत्सर्जित करते हैं। फलतः कार्बन डाईऑक्साइड में न तो वृद्धि ही होती है और न ऑक्सीजन की कमी। इस प्रकार वन-विनाश से कार्बन डाई ऑक्साइड की वृद्धि दो रूपों में होती है - (1) वृक्षों के अभाव के कारण प्रकाश संश्लेषण क्रिया में कमी आने से कार्बन डाई ऑक्साइड का विघटन न होना और (2) वृक्षों का ईंधन के रूप में जलने से अतिरिक्त कार्बन डाई ऑक्साइड का वायुमण्डल में पहुँचाना।

वुड्स रिसर्च सेन्टर मेसाचुएट्स के प्रसिद्ध वैज्ञानिक **रिचर्ड हटन** के अध्ययन के अनुसार पृथ्वी व पेड़-पौधों में कुल 2000 खरब टन कार्बन डाई ऑक्साइड निहित है जो वातावरण की कुल कार्बन डाई ऑक्साइड के लगभग तीन गुना है। जब वृक्षों को काटा जाता है तो पृथ्वी के अन्दर का कुछ कार्बन ऑक्सीकृत होकर वायुमण्डल में प्रवेश कर जाता है। फलतः वायुमण्डल में कार्बन डाई ऑक्साइड की मात्रा लगातार बढ़ती जाती है। 1958 ई. के पश्चात् से इस गैस की मात्रा में लगभग 9 प्रतिशत की वृद्धि हुई है। सन् 1958 से आज तक वन-कटाव के कारण 90-280 खरब टन कार्बन डाई-ऑक्साइड वायुमण्डल में पहुँची है। जबकि कोयला एवं पेट्रोल के जलने से 150 - 190 खरब टन कार्बन डाई ऑक्साइड ने वातावरण में अपना स्थान ग्रहण किया है। 50 वर्ष पहले तक वन-कटाव के कारण वायुमण्डल में आने वाली कार्बन डाई ऑक्साइड की मात्रा कोयले व पेट्रोल के जलने से निकली कार्बन डाई ऑक्साइड की मात्रा से कम थी, किन्तु आज स्थिति इसके ठीक विपरीत है विगत वर्षों में वृक्षों के अंधाधुन्ध विनाश के कारण वायुमण्डल में प्रवेश करने वाली कार्बन डाई ऑक्साइड की मात्रा घटती-बढ़ती रही है। वैज्ञानिक रिचर्ड हटन के अनुसार वनों के विनाश के कारण 1-2.5 खरब टन के मध्य कार्बन डाई ऑक्साइड प्रतिवर्ष वायुमण्डल में पहुँचती रही है। इस प्रकार वनों के विनाश के कारण वायुमण्डल में अतिरिक्त कार्बन डाई ऑक्साइड पहुँचकर पृथ्वी के तापमान में वृद्धि में सहायक है।

(3) क्लोरो फ्लोरो कार्बन (सी.एफ.सी.) का प्रयोग - ग्रीन हाउस प्रभाव का एक प्रमुख कारण क्लोरोफ्लोरो कार्बन गैसें हैं, जिनका प्रयोग रेफ्रिजरेटरों तथा स्वचालित वाहनों के एयरकंडीशनरों, गद्देदार सीट या सोफा में काम आने वाले फोम और रेग्जीन तथा खुशबूदार कॉस्मेटिक, एयरोसोल, स्प्रे के निर्माण में किया जाता है। वर्तमान समय में छोटे-छोटे इलेक्ट्रॉनिक उपकरणों की सफाई में भी इन गैसों का प्रयोग होने लगा है। कुछ वैज्ञानिकों का मत है कि क्लोरोफ्लोरोकार्बन एवं हेलोन गैसों का ग्रीन हाउस प्रभाव की वृद्धि में 90 प्रतिशत तक योगदान सम्भव है क्योंकि ये गैसें वायुमण्डल में स्थित जीव रक्षक ओजोन परत को नष्ट करती है।

अतः पृथ्वी के गर्म होने की प्रक्रिया प्रारम्भ हो चुकी है, किन्तु यह कहने की स्थिति में कोई दोष नहीं है कि इससे कौन-कौन से देश कितने प्रभावित होंगे तथा 'ग्रीन हाउस' गैसों के उत्सर्जन में किस देश की सहभागिता कितनी है। ज्ञातव्य है कि पश्चिम के विकसित देश ही विश्व में सर्वाधिक जीवाश्म ईंधन का उपयोग करते हुए बड़े पैमाने पर औद्योगीकरण की प्रक्रिया में प्राकृतिक संसाधनों का अबोध गति से विदोहन करते हुए कार्बन डाई ऑक्साइड उत्सर्जित करते हैं जो पृथ्वी के गर्म होने का मुख्य कारण है, किन्तु विगत कुछ वर्षों से योजनाबद्ध रूप से इन देशों ने लगातार यह प्रचार करना प्रारम्भ कर दिया है कि पृथ्वी के गर्म होने का मुख्य कारण विकासशील देशों में होने वाले वन - विनाश, पशुपालन तथा चावल की सिंचित खेती से निकलने वाली गैसें (मीथेन) हैं, इस प्रचार के कारण अब सम्पूर्ण जिम्मेदारी विकासशील देशों पर आ गई है। 'संयुक्त राष्ट्र पर्यावरण कार्यक्रम' (U.N.E.P.) और 'विश्व संसाधन संस्थान' (W.R.I.) के संयुक्त रूप से प्रकाशित एक रिपोर्ट 'विश्व संसाधन 1990-91' के अनुसार भारत, चीन तथा ब्राजील चोटी के उन पाँच देशों में हैं जो 'ग्रीन हाउस' गैसों के उत्सर्जन के लिए

उत्तरदायी हैं। इस रिपोर्ट में कहा गया है कि भारत 47.7 करोड़ टन कार्बन डाई ऑक्साइड तथा 52 लाख टन मीथेन गैस के निर्माण के लिए जिम्मेदार है।

ग्रीन हाउस प्रभाव के दुष्परिणाम

ग्रीन हाउस प्रभाव से उत्पन्न संकट मात्र किसी एक देश की समस्या नहीं है। बल्कि यह एक विश्वव्यापी पर्यावरणीय समस्या है। ग्रीन हाउस प्रभाव के कारण अब तक वायुमण्डल में 36 लाख टन कार्बन डाई-ऑक्साइड गैस की वृद्धि हो चुकी है एवं 24 लाख टन ऑक्सीजन गैस समाप्त हो चुकी है। वायुमण्डल में कार्बन डाई-ऑक्साइड की मात्रा में वृद्धि के कारण विगत 50 वर्षों में पृथ्वी के औसत तापमान में 1^0 सेल्सियस तापमान की वृद्धि हो चुकी है। और अनुमान है कि ग्रीन हाउस प्रभाव की यही स्थिति रही तो सन् 2050 ई. तक पृथ्वी के तापमान में 4^0 से.से 5^0 से. तक की वृद्धि हो सकती है किन्तु यदि पृथ्वी के तापमान में मात्र 3.6^0 से. तक की वृद्धि हो जाए तो आर्कटिक एवं अण्टार्कटिका के विशाल हिमखण्ड पिघल जाएंगे जिससे समुद्र के जल स्तर में 10 इंच से 5 फुट तक की वृद्धि हो सकती है। जिसका परिणाम यह होगा कि प्राय: सभी समुद्र तटीय नगर डूब जाएंगे। इस स्थिति में बम्बई, कलकत्ता, मद्रास, पणजी, विशाखापटनम, कोचीन, त्रिवेन्द्रम आदि भारतीय नगर भी समुद्र में डूब जाएंगे, बांग्लादेश के भी बहुत से तटवर्ती भाग जलमग्न हो जाएंगे। न्यूयार्क, लॉस एंजिल्स, पेरिस, लंदन, रियाडिजेनरो आदि बड़े नगर भी जलमग्न हो जाएंगे अब तो इसका प्रभाव देखने में भी आ रहा है। कुछ हजार वर्षों के दौरान हॉलैण्ड 12 फुट समुद्र में धंस चुका है। वेनिस नगर को बचाने के लिए 1.2 मील लम्बी समुद्री दीवार बनाई जा रही है। अमरीकी पत्रिका 'वर्ल्डवाच' के अनुसार भारत के दक्षिण में स्थित मालद्वीप को सबसे अधिक खतरा है। न्यू आर्लियन्स, शंघाई एवं न्यूयॉर्क निवासियों को सुरक्षित स्थानों पर पहुँचाना पड़ेगा।

ग्रीन हाउस प्रभाव का खतरा मात्र समुद्री जल में वृद्धि ही नहीं अपितु पृथ्वी के तापमान में अतिशय वृद्धि से मौसम में भी भारी बदलाव आएगा। कहीं सूखा पड़ेगा, कहीं गर्म हवाएं चलेंगी, कहीं तूफान एवं कहीं बाढ़ आएगी। ग्रीन हाउस प्रभाव ने अपना रंग अभी से दिखाना प्रारम्भ कर दिया है, जैसे-बांग्लादेश में समय-समय पर आए भयंकर तूफान एवं विगत वर्षों में आई बाढ़, जिसमें हजारों लोग मारे गए, अमरीका के कैलीफोर्निया से लेकर जार्जिया तक में सूखा पड़ा, जिसमें अनाज उत्पादन घटकर 70 प्रतिशत रह गया और हजारो मवेशी मारे गए। 1987 में भारत में पड़े भयंकर सूखे का परिणाम अभी भी हमारी आँखों के सामने है, कैरेबियन देशों में सैकड़ों की जान लेने वाले समुद्री तूफान, मोजाम्बिक में पड़ा अकाल जिसने हजारों लोगों को भूख से तड़पा-तड़पाकर मार डाला आदि अनेक ऐसी आपदाएं घट चुकी हैं, जो मानवी करतूतों का परिणाम हैं और उन करतूतों से उत्पन्न हुए ग्रीन हाउस प्रभाव का परिणाम है।

अमरीका के राष्ट्रीय उड्डयन एवं अंतरिक्ष प्रशासन (नासा) के **डॉ. जेम्स हेनसन** ने जून 1988 में अमरीका की सीनेट कमेटी के समक्ष यह घोषणा की कि विगत शताब्दी में सन् 1988 के प्रथम 5 माह ग्रीन हाउस प्रभाव के कारण अत्यधिक गर्म रहे हैं। इसी तरह जून 1988 में टोरंटो सम्मेलन में पर्यावरण संरक्षण विषय पर 48 राष्ट्रों के 300 वैज्ञानिकों ने विचार-विमर्श

किया एवं पर्यावरण में परिवर्तन एवं उसके सम्भावित खतरों के बारे में अत्यधिक चिन्ता व्यक्त की है। इन वैज्ञानिकों के अनुसार मौसम में बदलाव से अत्यधिक गर्मी, सूखा, पानी की कमी एवं बर्फीली चोटियों का पिघलना तथा समुद्र का जल स्तर ऊँचा उठ जाना, जिससे समुद्र तट के पास बसे नगरों का डूब जाना आदि सम्भावित खतरे हैं। परिणामस्वरूप फसलों पर इसका प्रतिकूल असर पड़ेगा एवं शारीरिक विकार पैदा होंगे। नई दिल्ली में आयोजित अन्तर्राष्ट्रीय ऊर्जा बचत सम्मेलन में भी वैज्ञानिकों ने उक्त तथ्य को स्वीकार किया है। वैज्ञानिकों का मानना है कि 'ग्रीन हाउस' गैसों का स्तर जितना बढ़ता जाएगा, उतनी ही अधिक सूर्य की गर्मी को अवशोषित कर वातावरण का तापमान बढ़ता जाएगा। 'ग्रीन हाउस' प्रभाव के जो भी परिणाम सामने आ रहे हैं, वे कुल मिलाकर जलवायु विशेषज्ञों की परिकल्पना एवं भूमण्डलीय मॉडलों के संकेतों से मेल खाते हैं। इन विशेषज्ञों का कहना है कि सबसे अधिक गरमाहट जाड़ों के मौसम में ऊँचे अक्षांशों पर महसूस की जाएगी। इन मॉडलों के अनुसार इन अक्षांशों पर गरमाहट निचले वायुमण्डल के गरमाने के साथ ऊपरी वायुमण्डल ठण्डा हो जाएगा एवं निचले अक्षांशों पर जमीन में अवक्षेप एवं नमी में कमी आएगी। इस तरह उपर्युक्त अवलोकनों एवं ग्रीन हाउस गैसों की बढ़ती मात्रा को देखते हुए इतना तो निश्चित ही स्पष्ट हो चुका है कि आर्हिनियस द्वारा लगभग एक शताब्दी पूर्व की गई यह भविष्यवाणी कि ग्रीन हाउस प्रभाव से कार्बन डाई-ऑक्साइड में अतिशय वृद्धि होगी। जिससे वायुमण्डल का संतुलन बिगड़ जाएगा और धरती का तापमान बढ़ जाएगा, सत्य हो रही है। कुछ वैज्ञानिकों का अनुमान है कि आज से लगभग साढ़े छः करोड़ वर्ष पूर्व भी पृथ्वी ग्रीन हाउस प्रभाव की चपेट में आ चुकी थी। पृथ्वी पर 12 करोड़ वर्षों तक राज्य करने वाले डायनोसौर नामक दैत्याकार जीवों के समाप्त होने का कारण सम्भवतः यह ग्रीन हाउस प्रभाव ही था। वैज्ञानिकों का मानना है कि उस समय एक क्षुद्र ग्रह पृथ्वी के उस भाग से टकराया, जहाँ कार्बन की अधिकता वाली चट्टानें थी। घर्षण की गर्मी से कार्बन, कार्बन डाई-ऑक्साइड में परिवर्तित होकर अत्यधिक मात्रा में वायुमण्डल में प्रवेश कर गई जिससे तत्काल ग्रीन हाउस प्रभाव पैदा हो गया एवं डायनोसौर पूर्णतया समाप्त हो गए। इन वैज्ञानिकों का अनुमान है कि उस समय पृथ्वी लगभग 10 हजार वर्षों तक ग्रीन हाउस प्रभाव से ग्रसित रही।

ग्रीन हाउस प्रभाव से बचाव

यदि पृथ्वी को गर्म होने से बचाना है, तो वायुमण्डल की ओर जाने वाली कार्बन डाई ऑक्साइड, मीथेन और क्लोरोफ्लोरो कार्बन गैसों की मात्रा कम करनी पड़ेगी। यदि कार्बन डाई ऑक्साइड का उत्सर्जन लगभग 3 अरब टन प्रतिवर्ष कम कर दिया जाए, तब जाकर कुछ वर्षों के लिए कार्बन डाई ऑक्साइड का स्तर स्थिर किया जा सकता है, क्योंकि कार्बन डाई ऑक्साइड का एक अणु औसतन 100 वर्ष तक वायुमण्डल में रहता है। उसके पश्चात् ही पेड़-पौधों अथवा समुद्र आदि की प्राकृतिक प्रक्रिया द्वारा उसका अवशोषण होता है। इसीलिए ग्रीन हाउस प्रभाव के खतरों से बचने के लिए यह आवश्यक हो जाता है कि एक तरफ जहाँ जीवाश्म ईंधन के दहन में कमी की जाए। वहीं दूसरी तरफ वनों का विस्तार एवं पुनर्स्थापना की जाए जिससे ग्रीन हाउस गैसों का शोषण अधिक से अधिक हो सके।

3. ओजोन परत का क्षरण (Depletion of Ozone Layer)

पृथ्वी के धरातल से 20–30 किलोमीटर की ऊँचाई पर वायुमण्डल के स्ट्रैटोस्फीयर क्षेत्र में ओजोन गैस की एक मोटी परत पायी जाती है। जिसे 'ओजोन परत' या 'ओजोन मण्डल' कहते हैं। ओजोन गैस की यह पट्टिका पर्यावरण की रक्षक है। यह समूचे पर्यावरण को सुरक्षा प्रदान करती है। यह पट्टिका सूर्य के घातक पराबैंगनी विकिरण को पृथ्वी की सतह पर पहुँचने से रोकने में पर्दे का काम करती है। इसके क्षतिग्रस्त होने से सूर्य की पराबैंगनी किरणें पृथ्वी पर पहुँचकर पर्यावरण को भारी नुकसान पहुँचाती है जिससे जीव-जन्तुओं का अस्तित्व भी प्रभावित हो सकता है। इसके होने या न होने या फिर क्षतिग्रस्त होने का पर्यावरण के लिए विशेष महत्व है।

वायुमण्डल में ओजोन परत का निर्माण – वायुमण्डल में ओजोन परत का निर्माण प्रकृति की अद्भुत कारीगरी का एक ज्वलंत उदाहरण है। पृथ्वी के निर्माण काल में वायुमण्डल में न तो ऑक्सीजन गैस थी और न ओजोन गैस का यह आवरण था। **जैव विकास** के सिद्धान्त के अनुसार प्रारम्भिक वायुमण्डल में सिर्फ नाइट्रोजन, हाइड्रोजन, कार्बन-डाई-ऑक्साइड, क्लोरीन तथा जलवाष्प ही उपस्थित थी। कालक्रम में रासायनिक प्रतिक्रियाओं के फलस्वरूप वायुमण्डल में अमीनो अम्ल तथा जैव आणविक घटकों का निर्माण हुआ। तदुपरांत जलवाष्प के ऑक्सीजन और हाइड्रोजन, कार्बन डाई-ऑक्साइड के ऑक्सीजन और कार्बोहाइड्रेट में परिणत होने से वायुमण्डल में ऑक्सीजन का निर्माण हुआ और उसके बाद ओजोन गैस की रचना हुई।

ओजोन आवरण का महत्व – जीव-जन्तु एवं वनस्पति समुदाय के लिए ओजोन आवरण का अत्यधिक महत्व है। ओजोन आवरण पृथ्वी की रक्षक – छतरी है जो पराबैंगनी किरणों से पृथ्वी पर रहने वाले जीव-जन्तुओं तथा पेड़-पौधों की कवच की भाँति रक्षा करती है, अन्यथा वायुमण्डल में इस परत की अनुपस्थिति से पराबैंगनी किरणें बेरोकटोक धरातल पर पहुँचकर जीव-जन्तुओं तथा वनस्पति समुदायों को झुलसा देती। पृथ्वी पर जीवन असम्भव हो जाता। इसकी प्रखरता से छोटे-छोटे जीव-जन्तु जल्द ही मर जाते और सूक्ष्म जीव तथा विषाणु तो तत्काल ही मर जाते। इसके प्रभाव से पौधों मे प्रकाश संश्लेषण (Photo synthesis) की क्रिया लगभग बन्द हो जाती और पेड़-पौधों की वृद्धि रूक जाती। पराबैंगनी किरणों का जीव-जन्तुओं पर आनुवंशिक प्रभाव भी पड़ता है। इससे जीवों में आनुवंशिक विकृति होने लगती। इसके प्रभाव से मनुष्य की त्वचा झुलस जाती और त्वचा कैंसर की संख्या में तीव्र दर से वृद्धि होने लगती। त्वचा की सबसे ऊपरी सतह की कोशिकाएं टूटकर क्षतिगस्त हो जाती है और हिस्टेमीन नामक रसायन, जो इन क्षतिगस्त कोशिकाओं से उत्पादित होते हैं इसके प्रभाव से निमोनिया, ब्रोंकाइटिस तथा अल्सर जैसे रोगों की संख्या में वृद्धि होने लगती। शरीर के प्रतिरोधी तंत्र कमजोर पड़ने लगते। फलत: रोगों के विरूद्ध लड़ने की शारीरिक क्षमता नष्ट हो जाती। इसके प्रभाव से आँखों में सूजन आ सकती थी। उसमें धाव भी हो सकते थे। पराबैंगनी किरणों के प्रभाव से साँस सम्बन्धी अनेक बीमारियों का भी उद्भव हो सकता था।

ओजोन परत के क्षरण का कारण – इस समय वायुमण्डल में कुछ ऐसे रसायनों की मात्रा काफी बढ़ गई है। जिनके दुष्प्रभाव से ओजोन परत को खतरा उत्पन्न हो गया है। ऐसे रसायनों

में क्लोरो-फ्लोरो कार्बन्स (सी.एफ.सी.) यौगिक व क्लोरीन गेस मुख्य है। ऐसे रसायन ओजोन मण्डल तक पहुँचकर ओजोन परत को क्षतिग्रस्त कर रहे हैं। ये रसायन ओजोन परत की ओजोन गैस को ऑक्सीजन के रूप में विघटित कर देते हैं जिससे ओजोन परत का ह्रास होने लगता है। इसी का परिणाम है कि आज ओजोन परत में कई जगह छिद्र हो गए हैं। क्लोरो-फ्लोरो कार्बन क्लोरीन, फ्लोरीन तथा कार्बन के यौगिक हैं। इनका प्रयोग मुख्य रूप से रेफ्रीजरेशन उद्योग में होता है। इसके अलावा इसका इस्तेमाल प्लास्टिक के फोम बनाने वाले उद्योगों, एअर कण्डीशनर्स, विमानों में विमान प्रणादक (प्रोपेलर) के रूप में, छोटे-छोटे इलेक्ट्रॉनिक सर्किटों को साफ करने में तथा पॉलीयूरीथेन के निर्माण में होता है। इन स्त्रोतों से सी.एफ.सी. की काफी मात्रा बिना प्रयुक्त हुए जैसी की तैसी निकल जाती है और वायुमण्डल में इकट्ठा होते-होते अन्त में ओजोन परत तक पहुँचकर उसका विघटन कर देती हैं। सूर्य की पराबैंगनी किरणें वायुमण्डल में विद्यमान सी.एफ.सी. को तोड़ देती हैं और अलग हुई क्लोरीन ओजोन के लिए घातक बन जाती है। इसके अतिरिक्त विभिन्न औद्योगिक इकाइयों में सीधे क्लोरीन का इस्तेमाल होता है जो ओजोन परत को नुकसान पहुँचाती है। क्लोरीन गैस का एक परमाणु ओजोन के अणु से क्रिया करके उसे ऑक्सीजन में बदल देता है। इस प्रकार बनी ऑक्सीजन सूर्य की घातक परीबैंगनी किरणों से बचाव नहीं कर पाती। ओजोन के अणु का तोड़ने की यह क्रिया श्रृंखला अभिक्रिया के रूप में होने लगती है। तात्पर्य यह है कि क्लोरीन का एक परमाणु ओजोन अणु को लगातार तोड़ता रहता है। इस श्रृंखला में ओजोन के हजारों-लाखों अणु टूटते रहते हैं। ज्ञातव्य है कि क्लोरीन का एक परमाणु 1,00,000 ओजोन अणुओं को नष्ट करने में सक्षम है। इन घातक रसायनों के प्रभाव से ओजोन पट्टिका में कई जगह छिद्र हो गए हैं।

क्लोरीन की ओजोन के साथ होने वाली श्रृंखला अभिक्रिया निम्नलिखित प्रकार हैं-

$O_3 + Cl \quad ClO + O_2$

$ClO + O \quad Cl + O_2$

अत: परिणामी अभिक्रिया

$O_3 + Cl \quad O_2 + O_2$ हुई

नाइट्रोजन के ऑक्साइड भी इसी प्रकार की श्रृंखला अभिक्रिया द्वारा ओजोन परत को क्षति पहुँचाते हैं -

NO_2 + U.V. light $\quad NO + O$

$NO + O_3 \quad NO_2 + O_2$

$NO_2 + O \quad NO + O_2$....

परिणामी अभिक्रिया

$O_3 + Cl \quad O_2 + O_2$ हुई

सर्वप्रथम, ओजोन क्षरण की जानकारी मई 1985 में उस समय हुई जब एक अमरीकी वैज्ञानिक जी. **फोरमैन** ने 'ब्रिटिश एण्टार्कटिक सर्वे' (बी.ए.एस.) पर अपना एक विस्तृत प्रतिवेदन 'नेचर' नामक विज्ञान पत्रिका में प्रकाशित किया। इस वैज्ञानिक ने अण्टार्कटिका के 'हेली बे एरिया' में अपना वैज्ञानिक अध्ययन वर्ष 1957 से 1985 तक करने के बाद अपना प्रतिवेदन प्रकाशित किया था। प्रतिवेदन में बताया गया है कि स्ट्रैटोस्फीयर में पाई जाने वाली ओजोन गैस में निरन्तर कमी होती जा रही है। गर्मी के महीने में ओजोन का ह्रास अपेक्षाकृत तेजी से होता है। अमरीकी वैज्ञानिक जी. फारमैन ने अपने प्रतिवेदन द्वारा आगाह किया है कि यदि ओजोन का क्षरण इसी गति से होता रहा, तो 70-100 वर्षों में ओजोन परत का 11 से 16 प्रतिशत भाग नष्ट हो जाएगा। जिसके प्रभाव से लोगों में त्वचा कैंसर होने की सम्भावना बढ़ जाएगी तथा पर्यावरण 'ग्रीन हाउस प्रभाव' की त्रासदी झेलने के लिए मजबूर होगा। सारी की सारी पर्यावरणीय परिस्थितियाँ बदली नजर आएगी। एक वैज्ञानिक प्रतिवेदन के अनुसार, वायुमण्डल में ओजोन मण्डल का ह्रास जारी है। ह्रास की यह दर प्रति दशक उत्तरी और दक्षिणी-मध्य अक्षांश में लगभग 5 प्रतिशत है। रिपोर्ट में कहा गया है कि पर्यावरण में क्लोरीन गैस के स्तर का निरन्तर बढ़ना जारी है। हालाँकि यह दर 1980 के 2.9 प्रतिशत की तुलना में 1994 में अपेक्षाकृत 1.6 प्रतिशत ही बढ़ी। पर्यावरण विशेषज्ञों के हवाले से कहा गया है कि वर्ष 1998 के आस-पास पृथ्वी के उत्तरी-मध्य अक्षांश पर गर्मियों के दौरान ओजोन मण्डल का नुकसान 1.5 प्रतिशत तथा जाड़ों में 2.5 प्रतिशत तक होने की आशंका है जबकि दक्षिणी गोलार्द्ध में पूरे वर्ष लगभग 2.5 प्रतिशत ह्रास की सम्भावना से इन्कार नहीं किया गया है। इसलिए ओजोन परत की सुरक्षा पर आज विशेष ध्यान देने की जरूरत है। इसके लिए विश्व-स्तर पर प्रयास किए जाने चाहिए।

ओजोन परत के संरक्षण के उपाय - ओजोन कवच की सुरक्षा के लिए यह आवश्यक है कि इसके क्षरण के लिए उत्तरदायी घातक रसायनों, जैसे-क्लोरो-फ्लोरो कार्बन्स तथा क्लोरीन गैस की आवश्यकता से अधिक मात्रा वातावरण में न घुल पाए। इसके लिए इन रसायनों के प्रयोग पर शीघ्र प्रतिबन्ध लगाए जाने की आवश्यकता है। विभिन्न औद्योगिक इकाइयों में इन रसायनों के स्थान पर दूसरे रसायनों का प्रयोग किया जाना चाहिए। इस समय ओजोन परत का जितना ह्रास हो रहा है। उसे देखते हुए इसे रोकने के लिए विश्व स्तर पर प्रयास किए जाने चाहिए। विश्व के वैज्ञानिक के लिए यह एक चुनौती भरा कार्य है। सौभाग्य है हम सभी प्राणियों का कि आज इस परत को क्षतिग्रस्त होने से बचाने के लिए विश्व के पर्यावरण वैज्ञानिकों ने एक मंच पर इकट्ठा होकर प्रयास करने शुरू कर दिए हैं तथा राजनीतिक दलों में भी इसकी चर्चा हांने लगी है। यह किसी एक देश की समस्या नहीं, अपितु इसके दुष्प्रभाव से समूचे विश्व का पर्यावरण प्रभावित होगा। पराबैंगनी विकिरण का खतरा समूचे विश्व को झेलना है, अत: सभी राष्ट्रों के ओजोन सुरक्षा कवच को बचाने के लिए मिल जुलकर प्रयास करने हैं।

ओजोन कवच को बचाने के अन्तर्राष्ट्रीय प्रयास - पर्यावरण पर क्षतिग्रस्त ओजोन कवच के बढ़ते खतरों को देखते हुए सर्वप्रथम 1985 में वियना में वैज्ञानिकों ने एक सम्मेलन आयोजित किया। जिसका मुख्य ध्येय इस समस्या की तरफ पूरे विश्व का ध्यान आकर्षित करना था। इस सम्मेलन में चर्चा का विषय था 'द वियना कन्वेन्शन ऑन द प्रोटेक्शन ऑफ द ओजोन

लेयर' इसके बाद 1987 में मांट्रियल में एक दूसरा सम्मेलन बुलाया गया। जिसमें 48 देशों के प्रतिनिधियों ने पुन: एक मंच पर इकट्ठा होकर इस पर अपनी चिन्ता जाहिर की। इन सम्मेलनों में क्लोरो-फ्लोरो कार्बन्स (सी.एफ.सी.) की समाप्ति पर भी जोर दिया गया। इन अन्तर्राष्ट्रीय सम्मेलनों का वर्णन इस प्रकार है :-

(i) **मांट्रियल समझौता** - ओजोन मण्डल की सुरक्षा के मुद्दे पर विचार-विमर्श करने के लिए वर्ष 1987 में मांट्रियल में बुलाई गई 48 देशों के प्रतिनिधियों की बैठक में एक समझौते पर सहमति हुई जिसे 'मांट्रियल समझौता' कहा गया। इस समझौते में यह प्रावधान किया गया कि सभी देश अपने-अपने यहाँ चरणबद्ध तरीके से सन् 2000 तक सी.एफ.सी. के प्रयोग पर पूरी तरह प्रतिबन्ध लगाएंगे। भारत ने भी मांट्रियल समझौते के प्रावधान के अनुरूप इस मुददे को सुलझाने की अपनी वचनबद्धता व्यक्त की है। इस बैठक की रिपोर्ट में कहा गया है कि यदि विकसित तथा विकासशील देश मिलकर सी.एफ.सी. का प्रयोग प्रतिवर्ष कम कर दें, तो आने वाले कुछ वर्षों में सी.एफ.सी. की कुल मात्रा में 50 प्रतिशत की कमी हो जाने की सम्भावना हो सकती है। इसके अलावा रिपोर्ट में यह मत भी व्यक्त किया गया है कि यदि सी.एफ.सी. का उत्पादन आज से (यानी मांट्रियल सम्मेलन के दिन से) ही कम होने लगे तो भी ओजोन परत का सर्वाधिक ह्रास 1998 के आस-पास- हुआ होगा तथा औद्योगिक क्षेत्र में क्लोरीन गैस की प्रचुरता 1998 तक अत्यधिक होने की आशंका व्यक्त की गई है। विशेषज्ञों ने चेतावनी दी है कि यदि मांट्रियल समझौते का व्यावहारिक कार्यान्वयन नहीं किया गया, तो क्लोरीन गैस का स्तर आगामी 50 वर्षों में समताप मण्डल पर लगभग 9 प्रतिशत तक बढ़ जाएगा।

(ii) **पृथ्वी सम्मेलन** - मांट्रियल सम्मेलन के बाद मार्च 89 में फ्रांस के तत्कालीन प्रधानमंत्री ने पुन: ओजोन परत की सुरक्षा के सम्बन्ध में विचार-विमर्श करने के लिए 24 देशों का एक सम्मेलन बुलाया था जिसमें अमरीका के तत्कालीन राष्ट्रपति जॉर्ज बुश सहित भारतीय प्रधानमंत्री राजीव गांधी ने भी शिरकत की थी। इसी बीच 123 देशों की एक बैठक तत्कालीन ब्रिटिश प्रधानमंत्री मारग्रेट थैचर ने बुलाई और बाद में ब्राजील में 'पृथ्वी सम्मेलन' हुआ। इन सम्मेलनों की सबसे बड़ी उपलब्धि यह रही कि सी.एफ.सी. की समाप्ति के लिए समय सीमा का निर्धारण हो गया कि सन् 2000 तक इसके प्रयोग पर रोक लग जानी चाहिए। ऐसा इसलिए सम्भव हो सका, क्योंकि इस बात का पता सभी को था कि ओजोन कवच बुरी तरह क्षतिग्रसत हो रहा है। जिसे रोकने के लिए तत्काल ठोस उपाय करने की जरूरत है। जिससे इसके क्षरण पर रोक लग सके और यही कारण था कि इन सम्मेलनों में उत्तर-दक्षिण के मुद्दे भी गौण रहे। चूँकि विकसित देशों पर ओजोन कवच को नुकसान पहुँचाने के लिए अधिकतम उत्तर-दायित्व है। अत: इन देशों में सी.एफ.सी. की समाप्ति पर विशेष रूप से जोर दिया जा रहा है। वास्तव में, इन देशों के सहयोग के बिना ओजोन को नुकसान पहुँचाने वाले रसायन की समाप्ति के बारे में बातचीत करना भी निरर्थक होगा। हालाँकि विकासशील देशों में भी ओजोन कवच को हो रहे नुकसान से स्वास्थ्य सम्बन्धी चिन्ताएं बढ़ रही हैं। ज्ञातव्य हो कि आस्ट्रेलिया, कनाडा, न्यूजीलैण्ड तथा 10 अन्य यूरोपीय देशों ने सन् 1997 तक अपने-अपने देशों में सी.एफ.सी. के प्रयोग पर

पूर्ण प्रतिबन्ध लगाने की बात कही है। विकसित देशों ने भी सी.एफ.सी. के नए विकल्प तलाशने शुरू कर दिए हैं। गत वर्ष संयुक्त राष्ट्र महासभा ने एक प्रस्ताव के तहत 16 सितम्बर को प्रतिवर्ष **'अन्तर्राष्ट्रीय ओजोन दिवस'** मनाने का निर्णय लिया। इसी दिन वर्ष 1987 में **'मांट्रियल समझौते'** पर विश्व के तमाम देशों ने दस्तखत किए थे। इस समझौते के अनुसार, सदस्य देश एक चरणबद्ध कार्यक्रम के तहत सी.एफ.सी. की समाप्ति पर सहमत थे।

ओजोन परत के संरक्षण की एक नई प्रविधि – कैलीफोर्निया विश्वविद्यालय के भौतिक वैज्ञानिक **डॉ0 एल्फ्रेड वाई0 योंग** ने सूर्य की घातक पराबैंगनी किरणों को पृथ्वी की सतह पर पहुँचने से रोकने वाली धरती की जीवनरक्षक ओजोन परत को बचाने की एक नई प्रविधि खोज निकाली है। प्रोफेसर योंग का कहना है कि हीलियम के गुब्बारे से निकलने वाले विद्युत आवेशों से ओजोन क्षरण को रोका जा सकता है। प्रोफेसर योंग ने अपने शोध के दौरान यह पाया है कि हीलियम से निकलने वाले विद्युत आवेश ओजोन नाशक क्लोरा-फ्लोरो कार्बन्स से निकलने वाली क्लोरीन गैस को निष्प्रभावी बना देते हैं, जिसके कारण क्लोरीन गैस ओजोन परत को नुकसान नहीं पहुँचा पाती।

प्रोफेसर योंग ने अपने प्रयोग के दौरान एक चैम्बर में क्लोरीन गैस भरकर उसे आवेशित किया। इस आवेशित क्लोरीन को जब ओजोन के सम्पर्क में लाया गया तो दोनों में कोई क्रिया नहीं हुई। इसके बाद प्रोफेसर योंग ने यह निष्कर्ष निकाला कि यदि क्लोरीन गैस को आवेशित कर उसे निष्प्रभावी बना दिया जाए तब न केवल ओजोन परत के और अधिक क्षरण को रोका जा सकता है, बल्कि ओजोन परत को जो नुकसान पहुँचा है, उसकी भरपाई भी हो सकती है, क्योंकि सूर्य नए ओजोन परमाणु का निर्माण करता है। योंग ने यह बात एक शोध-पत्रिका में प्रकाशित अपने लेख में कहीं हैं, योंग का कहना है कि आवेशित क्लोरीन का वायुमण्डल से इसे हटाना बहुत आसान है। उन्होंने कहा है कि सौर-ऊर्जा से उड़ान भरन वाले गुब्बारे वायुमण्डल में ले जाए जाएंगे। इन गुब्बारों से विद्युत आवेश छोड़कर क्लोरीन को निष्क्रिय कर दिया जाएगा। उन्होंने कहा कि उत्तरी और दक्षिणी ध्रुव के ऊपर वायुमण्डल में मौजूदा क्लोरीन को हटाने के लिए रेडियो तरंगों का भी प्रयोग किया जा सकता है।

4

हम और हमारा पर्यावरण

सौभाग्य से, यह नयी वास्तविकता इस सदी के नये विकास से अधिक सकारात्मकता से जुड़ी है। अब हम विश्व में पहले की अपेक्षा सूचना व सामग्री का शीघ्रतर प्रेषण कर सकते हैं। हम संसाधनों का अल्प विनियोग करके अधिक अनाज व अधिक सामग्री का उत्पादन कर सकते हैं। हमारा विज्ञान और तकनीकी ज्ञान, हमें प्राकृतिक तंत्र को गहनता से देखने और बेहतर तरीके से समझने की क्षमता देता है। अंतिरक्ष से हम पृथ्वी का उस एक जीव की भांति दर्शन व अध्ययन कर सकते है जिसका स्वास्थ्य उसके अन्य सभी भागों के स्वास्थ्य पर निर्भर होता है। हम मानवीय क्रियाओं के साथ प्राकृतिक नियमों का सामंजस्य करने तथा क्रियाविधि को उन्नत बनाने की क्षमता रखते हैं। इन स्थितियों में हमारी सांस्कृतिक एवं अध्यात्मिक धरोहर ही हमारे आर्थिक लाभ एवं जीवनाधिकार को सम्बल प्रदान कर सकती है। आयोग यह विश्वास करता है कि मानव अपने भविष्य को अधिक समृद्ध, अधिक न्यायोचित और अधिक सुरक्षित बना सकता हैं। हमारा ? सबका भविष्य नामक हमारा यह प्रतिवेदन सदा बढते हुए पर्यावरणीय क्षय व निर्धनता की भविष्यवाणी नहीं है और न ही सदा घटते हुए संसाधनों के बीच सदा अधिक होते प्रदुषित संसार की कठिनाइयों का विचरण है। बजाय, इसके, हम आर्थिक विकास के नवयुग की संभावनाएँ देखते हैं जो कि समुचित विकास की नीतियों पर आधारित हों और पर्यावरणीय संसाधनों के आधारों का विस्तार करें। हम विश्वास करते है कि व्यापक गरीबी में डूबे हुए विकासशील विश्व के एक बड़े भाग को राहत पहुँचाने के लिए ऐसी वृद्धि अत्यन्त आवश्यक हैं। भविष्य के लिए, आयोग की आज्ञा राजनैतिक निर्णयों की क्रियान्विति पर निर्भर हैं जिनके द्वारा

समुचित मानवीय प्रगति और मानवीय उत्तरजीविका को सुनिश्चित करने के लिए अब पर्यावरणीय संसाधनों का व्यवस्थापन प्रारंभ होगा। हम कोई भविष्यवाणी नहीं कर रहे हैं बल्कि चेतावनी जारी कर रहे हैं। कि विज्ञान के सर्वोत्तम एवं नवीनतम प्रमाणों पर आधारित एक अत्यावश्यक चेतावनी, कि प्राकृतिक संसाधनों को आज और भावी पीढ़ी के लिए सुरक्षित बनाये रखने का आवश्यक निर्णय लेने का समय आ गया है। हम क्रियान्वयन हेतु कोई विस्तृत कार्य योजना नहीं अपितु एक मार्ग प्रस्तुत कर रहे हैं जिससे कि विश्व की जनता सहयोग की परिधि को बढ़ा सके। पर्यावरण शब्द दो शब्दों परि+आवरण से मिलकर बना है जिसका अर्थ परि=चारो ओर, आवरण-घेरा यानि हमें चारो और से घेरने वाला पर्यावरण ही है। प्राचीन काल में मानव बहुत सीधा-साधा जीवन व्यतीत करता था, उस समय पर्यावरण के बारे में इतना सब नहीं समझता था। लेकिन मानव ने जब से उत्पादन क्षमता बढाई है, विश्व में पर्यावरण की एक नई समस्या उभरकर हमारे सामने आई है। मनुष्य ने पर्यावरण को जब तक अपने हिस्सेदार की तरह समझकर अनुकूल रखा तो लाभ भी लिया। लेकिन जब से मानव ने पर्यावरण के साथ अल्पावधि लाभ हेतु इसके साथ छेड़छाड़ की ओर अदूरदर्शिता से प्राकृतिक सम्पदाओं का उपयोग किया और उसे नष्ट किया तभी से वातावरण में अवांछित परिवर्तन हुए जिसके बारे में मानव ने कभी सोचा नहीं और यह हानि उठानी पड़ी है।

मानव ने बिना सोच-विचार के अपनी सुविधा हेतु मोटर-वाहनों का प्रयोग औद्यौगीकरण,कृषि,जनसंख्या वृद्धि, बढ़ती आवश्यकताएँ, वनों की कटाई, वन्य जीवों का शिकार, प्लास्टिक उद्योग, परमाणु परीक्षण आदि से वातावरण में अनचाहे परिवर्तन हुए है और हमारी भूमि, जल व वायु के भौतिक, रासायनिक व जैविक गुणों में ऐसा परिवर्तन हुआ है जो कि पूरी मानव सभ्यता के लिए अलाभकारी सिद्ध हुआ है।

पर्यावरण की प्रकृति निरन्तर परिवर्तनशील रही हैं जिसके अर्न्तगत वर्तमान में पर्यावरण का अध्ययन विज्ञान एवं समाज विज्ञानों की विभिन्न शाखाओं में किया जा रहा है। फलस्वरूप इसकी प्रकृति बहुविषयी (Multidisciplinary)हो गई हैं। प्रारम्भ में पर्यावरण का अध्ययन प्राकृतिक विज्ञानों में ही किया जाता था लेकिन पर्यावरण के घटकों के तीव्रगति से दोहन से पर्यावरण की सुरक्षा एवं पारिस्थितिक तंत्र के सन्तुलन को बनाये रखने के लिए इसके अध्ययन का क्षेत्र विस्तृत किया गया ताकि प्राकृतिक विज्ञानों के साथ-साथ प्राकृतिक उपक्रमों एवं मानवीय क्रियाकलापों का अध्ययन समाज विज्ञानों में भी किया जा सके। इस दृष्टि से वर्तमान में समाजशास्त्र, राजनीतिविज्ञान, इतिहास एवं साहित्य में भी पर्यावरण अध्ययन का समावेश किया गया है। इसके कारण पर्यावरण अध्ययन की प्रकृति बहुविषयी बन गई है। ये सभी विषय मिलकर पर्यावरण में मानव की भूमिका एवं इसके क्रियाकलापों से तद्जनित भूदृश्य (Landscape) को समझने में सहायता करते है।

विज्ञान एवं समाज विज्ञानों की विभिन्न शाखाओं में किये गये पर्यावरण के विशेष पक्षों के अध्ययन द्वारा इसकी स्पष्ट व्याख्या सम्भव हुई है। प्रारम्भ में विज्ञान विषय में केवल पर्यावरण की संघटनात्मक प्रकृति का अध्ययन किया जाता था जो विभिन्न शाखाओं के विषय क्षेत्र तक ही सीमित था। उदाहरणार्थ, वनस्पति विज्ञान में वनस्पति एवं जलवायु, जल मृदा आदि

पर्यावरणीय तत्वों के सम्बन्धों का अध्ययन किया जाता था। इस आधार पर विभिन्न जीवो (Biomes)का अध्ययन इसमें सम्मिलित किया गया। इसी प्रकार प्राणीशास्त्र में विश्व के जीव-जन्तुओं की विविध जातियों (Species) के विकास, स्थानान्तरण एवं वर्तमान वितरण का अध्ययन किया जाता है। रसायनशास्त्र में रासायनिक विश्लेषणों तथा भौतिक शास्त्र में तापीय एवं रेडियोधर्मिता तकनीकी का अध्ययन किया जाता हैं।

मानव पर्यावरण का प्रमुख घटक है, जो अपने कार्यों द्वारा इसे परिवर्तित करता है तथा स्वंय भी प्रभावित होता है। स्पष्ट है कि पर्यावरण सदैव परिवर्तनशील रहता है, जिसमें मानवीय एवं प्राकृतिक दोनों शक्तियों की भूमिका रहती है। यह निर्धारित करना कठिन हैं कि पर्यावरण में होने वाला कोई भी परिर्वतन पूर्ण रूप से प्राकृतिक कारकों का परिणाम है, या मानवीय योगदान है। इस प्रकार पर्यावरण किसी स्वतन्त्र कारक का प्रभाव न होकर विभिन्न कारकों (जैविक-अजैविक) का अन्त:क्रियात्मक प्रभावकारी योग है, जो स्वंय परिवर्तनशील रहते हुए प्रत्येक कारक को भी प्रभावित करता है। पर्यावरण के कारक विभिन्न श्रृंखलाओं (Chains) पारिस्थितिकीय चकों तथा तंत्रों (Systems) के द्वारा परस्पर एक-दूसरे से संयोजित रहते हुए सन्तुलन की दशा को बनाये रखते हैं।

पर्यावरण एक खुला तन्त्र है, जो सदैव परिवर्तनशील रहता हैं। इसके विभिन्न अजैविक घटकों के मध्य जीवों का परस्पर सहवास होता है, क्योंकि पर्यावरण तथा जीव एक-दूसरे से जुड़े हुए हैं। ये जीव पर्यावरणीय परिवर्तनों के प्रकृति अनुकूलन कर लेते हैं। जीव अनुकूलन करके ही पर्यावरण से अनुक्रिया करते हैं, जिसके परिणामस्वरूप जीवमण्डलीय पारिस्थितिक तन्त्र इनसे प्रभावित होता है। पर्यावरण की प्रकृति विषय के विकास के साथ परिवर्तित होती रही हैं। इसमें प्रारम्भ में केवल भौतिक संघटकों को ही सम्मिलित किया गया जिसका गाउडी ने पुरजोर समर्थन किया लेकिन बाद में जैविक संघटकों को भी सम्मिलित किया गया तथा इनमें मानव को केन्द्रीय स्थान दिया गया।

पर्यावरण और पारिस्थतिकीय परिभाषाएँ-

अंग्रेजी भाषा के Ecology शब्द की व्युत्पत्ति ग्रीक भाषा के Oikos तथा Logos दो शब्दों से हुई है। Oikos का अर्थ होता है- 'आवास का स्थान' (Habitation) तथा Logos का अर्थ होता है-अध्ययन (Study of)। इस प्रकार Ecology का शाब्दिक अर्थ-आवारा के स्थान का अध्ययन या आवास का अध्ययन होता है।

जर्मन के जन्तु वैज्ञानिक हीकेल (Haeckel)ने सर्वप्रथम सन् 1866 में पारिस्थितिकी की ज्ञान की पृथक शखा के रूप में पहचान की। हीकेल महोदय ने पारिस्थिकी के लिये Oeckologic शब्द का प्रयोग प्राणियों के कार्बनिक व अकार्बनिक पर्यावरण के साथ सम्बन्धों से अर्थ में किया।

एनसाइक्लोपीडिया ऑफ एनवायर्नेमेण्टल साइंस के अनुसार- ''पारिस्थितिकी मानव के अन्य प्राणियों तथा समस्त पर्यावरण के साथ सन्तुलन की एक आदर्श अवस्था है।''

ए.जी.टेंसले के अनुसार- ''पर्यावरण के जैविक एवं अजैविक तत्त्वों के सकल अन्तर्ग्रथित स्वरूपों का ही परिणाम पारिस्थितिकी तंत्र है। वर्तमान में पारिस्थितिकी तंत्र पारिस्थितिकी विज्ञान के अध्ययन का महत्त्वपूर्ण पहलू भी है।''

जीव विज्ञान के पेंग्विन (Pengwin) **शब्दकोश** के अनुसार-''पारिस्थितिकी जीव व वनस्पति समूहों के अपने आस-पास के सजीव व अजीव पर्यावरणीय कारकों के साथ सम्बधों का अध्ययन हैं।''

जोर्स के अनुसार- ''किसी विशेष इकाई में घटित पर्यावरण के तत्वों एवं सम्पूर्ण जीवों के मध्य जटिल घटनाओं को पारिस्थितिकी कहा जाता है।''

ओडम के अनुसार- ''पारिस्थितिकी वह आधारभूत इकाई है जिससें जैविक और अजैविक वातावरण एक-दूसरे पर अपना प्रभाव डालते हुऐ पारस्परिक अनुक्रिया से ऊर्जा और रासायनिक पदार्थों के निरन्तर प्रवाह से तंत्र की कार्यात्मक गतिशीलता बनाये रखते हैं।'' दूसरे शब्दों में किसी भी समुदाय के जैविक सदस्यों और उनके अजैविक वातावरण में ऊर्जा प्रवाह और खनिज पदार्थ चक्र को पूरा करने के लिये लगातार रचनात्मक और कार्यात्मक पारस्परिक अनुक्रियायें होती रहती हैं, इन्हीं अनुक्रियाओं के सम्पूर्ण प्रभाव को पारिस्थितिकी कहते हैं।

टेलर के अनुसार- पारिस्थितिकी समस्त प्राणियों के पर्यावरण के साथ सम्बन्धों के अध्ययन का विज्ञान है।

टुर्क एवं **विट्स** के अनुसार- जीवित तन्त्रों तथा पर्यावरण के बीच सम्बन्धों का अध्ययन पारिस्थितिकी विज्ञान है।

फिलिप हेण्डलर के अनुसार- पारिस्थितिकी जीवों तथा उनके पर्यावरण के परस्पर सम्बन्धों का विज्ञान है।

पारिस्थितिकी की सुस्पष्ट, संक्षिप्त तथा व्यापक रूप में स्वीकृत परिभाषा निम्नवत् है-

पारिस्थितिकी प्राणी जगत व वनस्पति जगत के मध्य तथा उनके पर्यावरण के साथ सम्बन्धों का अध्ययन है।

पर्यावरण से अभिप्राय एक ऐसी परिवृति (Set of Surroundings) से है जो जन्तु तथा वनस्पति समुदाय को प्रभावित करती है, इस परिवृति में भौतिक तत्वों की प्रधानता होती है। पर्यावरण अंग्रेजी शब्द Environment का भाषान्तर पुनरूक्ति हैं जो दो शब्दों Environ तथा ment के सामंजस्य से उत्पन्न हुआ हैं, जिनका अर्थ क्रमश: Encircle या Enclose है अर्थात आसपास (Surrounding) से घेरे हुए। कतिपय पारिस्थितिक वैज्ञानिकों (Ecologists) ने पर्यावरण के लिए Environment शब्द के स्थान पर Habitat या Milieu शब्द का प्रयोग किया हैं जिसका अभिप्राय समस्त परिवृत्ति से है। ए.एन. स्ट्रेहलर (1976) के अनुसार मनुष्य का अस्तित्व जीव-जन्तुओं तथा पादप समुदाय के साथ संभव माना है। पार्क (Chris Park) के अनुसार, ''पर्यावरण उन दशाओं का योग कहलाता है जो मानव को निश्चित समयावधि में

नियत स्थान पर आवृत्त करती है।" जर्मन वैज्ञानिक **फिटिंग** (Fitting) के अनुसार, "पर्यावरण जीवों के परिवृत्तीय कारकों का योग (The totality of millien factors of an organisation) है। इसमें जीवन की परिस्थितियों के सम्पूर्ण तथ्य आपसी सामंजस्य से वातावरण बनाते हैं।"

टेंसले (Tansley 1926) नामक प्रसिद्ध पादप परिस्थितिविद् ने बताया हैं कि प्रभावकारी दशाओं का वह सम्पूर्ण योग पर्यावरण कहलाता हैं, जिसमें जीव-जन्तु रहते हैं।

पर्यावरण भौतिक तथा जैविक परिस्थितियों का सम्मिलित आवरण है, जो सम्पूर्ण जीवमण्डल को घेरे हुए है तथा जीव-जन्तुओं तथा पेड़-पौधों की उत्पत्ति तथा वृद्धि को सीमित करता है। विश्व शब्दकोश (The Universal Encyclopedia) में पर्यावरण की परिभाषा निम्न रूप से दी हैं- "पर्यावरण उन सभी दशाओं, प्रणालियों तथा प्रभावों का योग हैं जो जीवों व उनकी प्रजातियों के विकास, जीवन एवं मृत्यु को प्रभावित करता हैं।" डॉ. डेनिस ने पर्यावरण को परिभाषित करते हुए लिखा हैं कि "मनुष्य के सम्बन्ध में पर्यावरण से अभिप्राय भूतल पर मानव के चारों ओर फैले उन सभी भौतिक स्वरूपों से हैं। जिनसे वह निरन्तर प्रभावित होता रहता है।" अत: पर्यावरण भौतिक एवं जैविक संकल्पना हैं जिससे पृथ्वी के अजैविक तथा जैविक संघटको को, समाहित किया जाता है।

पर्यावरण का विषय क्षेत्र

पर्यावरण अध्ययन की विषय वस्तु में पर्यावरण एवं परिस्थितिकी के विविध घटकों, इनके पारिस्थितिकीय प्रभावों, मानव पर्यावरण अन्तर्सम्बन्धों आदि का अध्ययन सम्मिलित किया जाता है। साथ ही इसमें पर्यावरणीय अवनयन, प्रदूषण, जनसंख्या, नगरीयकरण, औद्योगीकरण तथा इनके पर्यावरण पर प्रभावों, संसाधन उपयोग एवं पर्यावरण संकट, पर्यावरण संरक्षण एवं प्रबन्धन के विभिन्न पक्षों का भी अध्ययन किया जाता हैं। वर्तमान में पर्यावरण अध्ययन का क्षेत्र व्यापक हो गया है जिसमें जीवमण्डलीय वृहद् पारिस्थितिक तन्त्र के तीनों परिमण्डलों, स्थलमण्डल, जलमण्डल एवं वायुमण्डल के संघटन एवं संरचना का अध्ययन सम्मिलित हैं। पर्यावरण में स्थल, जल, वायु एवं जीवमण्डल के अन्तर्सम्बन्धों का अध्ययन किया जाता है जिसमें सम्पूर्ण मानवीय क्रियाओं का निधार्रण होता है। इस प्रकार पर्यावरण भौतिक तत्त्वों का ऐसा समूह हैं जिसमें विशिष्ट भौतिक शक्तियाँ कार्य करती हैं एवं इनके प्रभाव दृश्य एवं अदृश्य रूप में परिलक्षित होते हैं। 20 वीं शताब्दी के अन्तिम दशकों में पर्यावरण की प्रकृति में पर्यावरण के भौतिक एवं जैविक घटकों को सम्मिलित रूप से अध्ययन किया जाने लगा तथा इनकी प्रभावकारी दशाओं का पारिस्थितिकीय विश्लेषण भी आरम्भ हुआ। वर्तमान में पर्यावरण की प्रकृति परिवर्तित स्वरूप में अग्रसर हो रही हैं तथा निम्नलिखित तथ्यों के अध्ययन को समावेशित किया जा सकता हैं:-

(1) स्थानिक प्रगाली-(Spatial System)- एक प्रदेश का पर्यावरण दूसरे प्रदेश के भूगोल से प्रभावित होता है तथा उसे प्रभावित करता हैं। क्योंकि विभिन्न परस्पर स्थानिक सम्बन्ध रखते हैं।

(2) स्थानिक विश्लेषण-(Spatial Analysis)- स्थानिक विश्लेषण के द्वारा किसी भौगोलिक प्रदेश के पर्यावरण की अवस्थितिय भिन्नताओं को समझा जा सकता है।

(3) पारिस्थितिक प्रणाली-(Ecological System)- इसमें मानव एवं पर्यावरण के पारस्परिक प्रभावों के अध्ययन के साथ ही मानव द्वारा अपनाये अनुकूलन तथा रूपान्तरण का भी अध्ययन किया जाता है।

(4) पारिस्थितिकय विश्लेषण-(Ecological Analysis)- इसमें किसी भौगोलिक प्रदेश के पर्यावरण के तत्वों और मनुष्य के मध्य जैविक एवं आर्थिक सम्बन्धों के समाकलित अध्ययन का मूल्यांकन किया जाता है।

(5) प्राकृतिक आपदाओं का अध्ययन-(Study of Natural Disasters)- ज्वालामुखी, भूकम्प, बाढ़, सूखा, चक्रवातीय तूफान आदि को पर्यावरणीय अध्ययन में महत्व मिला हैं।

(6) पर्यावरण में मानवकृत परिवर्तनों की भविष्यवाणी के लिए वैज्ञानिक (भौगोलिक) विकास(The Development of Scientific (Geographic) forecasts of Anthropogenic Changes in the environment)- को भी महत्त्व मिला हैं।

(7) प्रादेशिक समिश्र विश्लेषण-(Regional Complexes Analysis)- इसके द्वारा किसी पर्यावरण की क्षैत्रिय भिन्नताओं की प्रादेशिक इकाइयों में पारिस्थिक विश्लेषण और स्थानिक विश्लेषण दोनों का समिश्र अध्ययन होता हैं।

(8) जैवमण्डल का अध्ययन-(Study of Biosphere)- वर्तमान समय में जैवमण्डलीय वृहद् पारिस्थिक तंत्र का पर्यावरण के अभिन्न घटक के रूप में अध्ययन किया जाता है।

पर्यावरण के घटक

पर्यावरण में जीवों का अस्तित्व कायम रहता है, यह पर्यावरण अनेक तत्वों से मिलकर बना है, इन कारकों का प्रभाव जीवधारियों पर परिलक्षित होता है। पर्यावरणीय कारकों के प्रभाव के परिणामस्वरूप जीवधारियों में प्रयुक्त क्रिया-कलापों के कई अनुकूलन उत्पन्न हो जाते है जिससे वे जीव जीवित रह पाते हैं। पर्यावरण को अनेक कारकों के अन्तर्गत वर्गीकृत किया जा सकता है। उदाहरणार्थ- मिट्टी, जल, वायु, जलवायु के तत्व आदि। अत: मनुष्य को प्रभावित करने वाले बाह्म बलों या परिस्थिति को पर्यावरण के कारक कहते हैं। दूसरे शब्दों में पर्यावरण का प्रत्येक भाग या अंग जो प्रत्यक्ष या अप्रत्यक्ष से जीव-जन्तुओं के जीवनकाल को प्रभावित करते हैं, उसे कारक कहते हैं।

प्रसिद्ध पर्यावरणविद् डौबेनमिर (**1959**) ने पर्यावरण के सात तत्त्व- जल, मिट्टी, वायु, ताप, प्रकाश, अग्नि तथा जैविक तत्त्व आदि बताये हैं।

प्रसिद्ध वनस्पतिवेत्ता ओस्टिंग (Osting 1948) ने पर्यावरण के निम्न घटक वर्णित किये हैं-

(1) पदार्थ या तत्व (Materials)-मृदा एवं जल

(2) दशायें (Conditions)-तापक्रम एवं प्रकाश

(3) बल(Forces)-वायु एवं गुरूत्व

(4) जीव जगत (Organism)-वनस्पति एवं जीव-जन्तु

(5) समय (Time)

1 उच्चावच (Relief)

पृथ्वी पर धरातलीय आकृतियाँ पर्यावरण के प्रभाव की सीमा निर्धारित करती हैं, मुख्य रूप से धरातलीय आपकृतियों का प्रभाव जलवायु पर दृष्टिगत होता है तथा जलवायुवीय दशाओं के आधार पर ही भौतिक एवं सांस्कृतिक वातावरण की प्रकृति निश्चित होती है। धरातलीय भूआकृतियों को मुख्य रूप से तीन भागों में वर्गीकृत किया जा सकता है। पर्वत, पठार तथा मैदान। पृथ्वी के धरातल का 26% भाग पर्वत, 33% भाग पठार तथा 41% भाग मैदानी है। जबकि भारत का 29.3 % भाग पर्वतीय 27.77 % भाग पठारी तथा 43 % मैदानी है। पर्वतीय भाग असम होते हैं तथा जलवायु भी कठोर होती है। यहाँ प्रत्येक आर्थिक क्रिया सुगमतापूर्वक सम्पादित नहीं हो सकती है, यहाँ पर पारिस्थितिकीय सन्तुलन अच्छा पाया जाता है। पर्वतों पर घुमम्कड़ पशुचारण (Nomadic herding), एकत्रीकरण (Food gathering), शिकार तथा स्थानान्तरित कृषि मुख्य व्यवसाय हैं। पठारी भाग धरातल के मुख्य भू-आकार हैं। इनके द्वारा पृथ्वी का एक विशाल भाग आवृत्त है। यह क्षेत्र धरातल से एकदम ऊँचा उठा हुआ समतल सतहं वाला भाग होता हैं, जहाँ चाटियों का अभाव पाया जाता हैं। पठार क्षेत्र भी मानव जीवन के लिए कठोर परिस्थितियाँ प्रदान करता है। मैदानी भाग मानव जीवन के लिए अनुकूल परिस्थितियाँ उपलब्ध करता है। विदित हैं कि विश्व की प्रमुख सभ्यताएँ मैदानों में ही विकसित हुई हैं। मैदानी क्षेत्रों में आर्थिक व्यवसायों के लिए भी अनुकूल दशायें उपलब्ध हैं। विश्व की प्रमुख सभ्यताएँ सिंधु गंगा, मिश्र में नील नदी, इराक में मैसोपोटामियां चीन में ह्वांगों, मेक्सिकों में माया तथा पीरू में इंका आदि विकसित हुई हैं।

2. अवस्थिति (Location)

अवस्थिति एक ऐसा महत्वपूर्ण कारक है जिसका पर्यावरण के अंग के रूप में भौगोलिक अध्ययन किया जाता है। अवस्थिति स्थित होती है, परन्तु समय के साथ उसकी सापेक्षिक महत्ता परिवर्तित होती रहती है। अवस्थिति का महत्व स्पष्ट करते हुए हटिंग्टन महोदय ने बताया है कि, ग्लोब-आकृति की गतिशील पृथ्वी पर अवस्थिति भूगोल को समझने के लिए कुंजी है। भूगोलशास्त्र में अवस्थिति को अग्र तीन रूपों में वर्णित किया गया है-

(i) ज्यामितिय अवस्थिति (Geometric Location)

(ii) सामुद्रिक एवं स्थलीय स्थिति (Oceanic and Continental Location)

(iii) निकटवर्ती देशों के सन्दर्भ में स्थिति (Vicinal Location)

(i) ज्यामितिय अवस्थिति (Geometric Location)- यह किसी भौगोलिक प्रदेश की अक्षांश व देशांतरीय स्थिति होती है जिसके द्वारा उक्त प्रदेश की भू-सन्दर्भ (Georeference) में जानकारी प्राप्त होती है। उदाहरण के लिए, भारत के राजस्थान राज्य की भूसन्दर्भ स्थिति 23°3' से 30°12' उत्तरी अक्षांश व 69°30' से 78°17' पूर्वी देशान्तरों के मध्य है। इसी प्रकार भारत को भूसन्दर्भ (Georeference) स्थिति 8°4' से 37°6' उत्तरी अक्षांश तथा 68°7' से 97°25' पूर्वी देशान्तरो के मध्य है। ग्रीक विद्वानों ने सम्पूर्ण पृथ्वी को ज्यामितिय आधार पर तीन प्रमुख ताप कटिबन्धों में विभाजित किया है जो क्रमश: ऊष्ण कटिबन्धीय 23°30' उत्तरी से 23°30' दक्षिणी अक्षांश, उपोष्ण कटिबन्ध 23°30' उत्तरी से 66°30' व 23°30' दक्षिण से 66°30' दक्षिण अक्षांश व शीत कटिबन्ध 66°30' से 90° उत्तरी व 66°30' से 90° दक्षिणी अक्षांशों के मध्य विस्तृत है। उपरोक्त अवस्थिति कारक का प्रत्यक्ष प्रभाव मृदा, कृषि तथा वनस्पति संसाधन पर परिलक्षित होता है। ज्यामितिय अवस्थिति का मानव पर प्रभाव के बारे में प्रसिद्ध भूगोलवेत्ता बोदिन (Bodin) ने कहा है कि उत्तरी क्षेत्रों के मनुष्य शारीरिक शक्ति सम्पन्न एवं दक्षिणी क्षेत्रों के तकनीकी ज्ञान में एवं उच्च व्यवसायी हैं, जबकि मध्यवर्ती क्षेत्रों के मनुष्य राजनीति के नियंत्रण में श्रेष्ठ माने गये हैं स्थिति प्रमुखतया जलवायु को नियन्त्रित कर मानव द्वारा सम्पादित आर्थिक क्रिया-कलापों को प्रभावित करती हैं।

3. जैविक कारक (Biotic Factor)

विभिन्न जीव-जन्तु और मनुष्य के आर्थिक कार्यों को प्रभावित करते हैं, जन्तुओं में गतिशीलता की दृष्टि से वनस्पति से श्रेष्ठता होती हैं। वे अपनी आवश्यकताओं के अनुसार प्राकतिक वातावरण से अनुकूलन (Adapation) कर लेते हैं। जीव-जन्तुओं में स्थानान्तरणशीलता का गुण होने के कारण वे अपने अनुकूल दशाओं वाले पर्यावरण में प्रवास (Migration) भी कर जाते हैं। फिर भी इन पर पर्यावरण का प्रत्यक्ष प्रभाव दृष्टिगत होता हैं। समान दशाओं वाले वातावरण के प्रदेशों में जन्तुओं में भिन्नता मिलती हैं। मरूस्थलीय वातावरण के जन्तुओं में भिन्नता मिलती हैं, उदाहरणार्थ थार एवं अरब के ऊँटों में भिन्नता मिलती हैं।

4. जलवायु (Climate)

जलवायु पर्यावरण को नियंत्रित करने वाला प्रमुख कारक हैं, क्योंकि जलवायु से प्राकृतिक वनस्पति, मिट्टी, जलराशि तथा जीव-जन्तु प्रभावित होते हैं। कुमारी सैम्पलने कहा हैं कि "पर्यावरण के सभी भौगोलिक कारकों में जलवायु सर्वाधिक महत्वपूर्ण घटक है। सभ्यता के आरम्भ और उद्‌भव में जहाँ तक आर्थिक विकास का सम्बन्ध रहता हैं, जलवायु एक वृहत् शक्तिशाली तत्त्व हैं।" जलवायु मानव की मानसिक एवं शारीरिक क्रियाओं पर प्रभाव डालती हैं। प्रो. एल्सवर्थ हटिंग्टन के अनुसार, "मानव पर प्रभाव डालने वाले तत्वों में

जलवायु सर्वाधिक प्रभावशाली हैं क्योंकि यह पर्यावरण के अन्य कारकों को भी नियंत्रित करता हैं। '' पृथ्वी पर मानव चाहे स्थल पर या समुद्र पर, मैदान में पर्वत पर, वनों में, या मरूस्थल में कहीं पर भी रहे व अपने आर्थिक कार्य करे, उसे जलवायु प्रभावित करती हैं। जलवायु के पाँचों तत्व क्रमशः वायुमण्डलीय तापमान (Temperature) एवं सूर्यताप (Insolation), वायुभार (Atmospheric pressure), पवनें(Winds),आर्द्रता (Humidition), तथा वर्षा (Precipitation)आदि मानव को प्रभावित करतें हैं। तापमान जलवायु के महत्वपूर्ण कारक के रूप में वनस्पति को सर्वाधिक प्रभावित करता हैं।

5. प्राकृतिक वनस्पति

प्राकृतिक वनस्पति जलवायु उच्चावच तथा मृदा के सामंजस्य से पारिस्थितिकीय अनुक्रम (Ecological Succession) के अनुसार अस्तित्व में आती हैं। प्राकृतिक वनस्पति पर्यावरण के महत्वपूर्ण कारक के रूप में पारिस्थितिक तंत्र को सर्वाधिक प्रभावित करती हैं, जिसे जलवायु सर्वाधिक नियंत्रित करती हैं। अन्य कारकों में जलापूर्ति (Water Supply), प्रकाश (Light), पवनें (Winds) तथा मृदायें (Soils)प्रमुख हैं, जो प्राकृतिक वनस्पति के विकास को प्रभावित करते हैं। वनस्पति के कुछ प्रमुख समुदाय होतें हैं, जिन्हें पादप साहचर्य (Plant association) कहते हैं। प्राकृतिक वनस्पति के चार प्रमुख वर्ग माने गये हैं-(i) वन (ii)घास प्रदेश (iii) मरूस्थलीय झाड़ियाँ तथा (iv) टुण्ड्रा वनस्पति। वनों मे ऊष्ण कटिबन्धीय चौड़ी पत्ती वाले सदाबहार वन (Tropical Evergreen Broad Leaved Forest), ऊष्ण कटीबन्धीय चौंड़ी पत्ती के पर्णपात्ती वन (Tropical Deciduous Broad Leaved Forest), शीतोष्ण चौड़ी पत्ती के पर्णपाती वन(Tropical Deciduous Broad Leaved Forest), शीतोष्ण मिश्रित वन (Temperate Mixed Forest)तथा शीतोष्ण शंकुधारी वन (Temperate Coniferous Forest) प्रमुख हैं। जन्तुओं के सामान्य वर्ग पर्यावरणीय लक्षणों के अनुसार ही विकसित होते हैं। जैसे घास के मैदान में चरने वाले (Grazing) पशु रहते हैं, जबकि वनों में मुख्य रूप से पेड़-पौधों की टहनियाँ खाने वाले (Brolosing) पशु रहते हैं, पृथ्वी पर जीव जन्तुओं का वितरण वनस्पति की प्रभावशीलता के अनुसार हैं, जिसे जलवायु, मृदा, उच्चावच आदि तत्व नियंत्रित करते हैं। पृथ्वी पर विभिन्न प्रकार की जलवायु दशाओं एवं वनस्पति जगत के प्रकार के अनुसार चार प्रदेशों के जन्तु पाये जाते हैं-

(i) **वनों के जन्तु** (Forest Animals)-ऊष्ण कटिबन्धीय वर्षा प्रचुर सघन वनों में वृक्षों पर रहने वाले जन्तु इस वर्ग में सम्मिलित हैं। यहाँ वानर,छिपकली, पक्षी, विभिन्न प्रकार के सर्प तथा कीट-पतंगे प्रमुख हैं। कांगो, अमेजन जैसी नदियों में घड़ियाल, मगरमच्छ आदि जलचर रहते हैं। मानसूनी तथा उषोष्ण कटिबन्धीय वनों में हाथी, गैंडा, जिराफ, हिरन, भैंसा, भेंड़िया, सियार तथा लोमड़ी आदि थलचर पाये जाते हैं।

(ii) **घासभूमि के जन्तु** (Grassland Animals)-ऊष्ण तथा शीतोष्ण घास प्रदेशों में चरने वाले हिरन, जंगली चौपाये, नील गाय, जंगली भैंसा(Bison), स्प्रिंगवांक आदि शाकाहारी

जीव प्रमुख हैं। इनका भक्षण करने वाले माँसाहारी जीवों (Carnivores) में तेंदुआ, चीता, शेर प्रमुख हैं।

(iii) **मरूस्थलों के जन्तु** (Desert Animals)–मरूस्थलों में मरूभिद् (Xerophyte) वनस्पति मिलती हैं जिसमें काँटेदार झाड़ियाँ, बबूल, नागफनी वर्ग के पौधे मुख्य हैं। यहाँ खरगोश, लोमड़ी, छिपकली, सर्प आदि जंगली तथा गधे, घोड़े, भेड़, बकरी आदि पालतू जानवर मिलते हैं।

(iv) **टुण्ड्रा के जन्तु** (Tundra Animals)–शीत दशाओं वाले इस क्षेत्र में मस्क, कैरिब, हिरण, खरगोश, ध्रुवीय भालू, कुत्ते, रेण्डियर आदि मिलते हैं।

6. मृदा कारक (Edaphic Factor)

मृदा धरातलीय सतह का ऊपरी आवरण हैं जो सेंटीमीटर से लेकर एक-दो मीटर तक गहरी होती है। मृदा की रचना मूल पदार्थ (Parent material) में परिवर्तनों के परिणामस्वरूप होती हैं, जो विभिन्न प्रकार की जलवायु में जैविक कारकों के सम्पर्क से एक निश्चित अवधि में निर्मित होती हैं। मृदा निर्माण में उच्चावच (Relief) तथा ढाल की भी महत्वपूर्ण भूमिका होती हैं। मृदा में वनस्पति एवं जीव--जन्तुओं के अवशेष मिलते रहते हैं, जिसे जैव तत्व (Humus) कहते हैं। जैव तत्व के कारण मृदा का रंग काला होता हैं। मानव अपनी क्रियाओं द्वारा मृदा को निरन्तर प्रभावित करता रहता हैं। पृथ्वी पर शाकाहारी एवं मांसाहारी, जीव-जन्तु प्रत्यक्ष-अप्रत्यक्ष रूप से मृदा पर निर्भर राहते हैं, शाकाहारी अपना भोजन कृषि द्वारा तथा मांसाहारी शाकाहारीयों द्वारा प्राप्त करते हैं। अत: मानवीय उपयोग की दृष्टि से मृदा आवरण किसी भी देश की मूल्यवान प्राकृतिक सम्पदा होती हैं।

पर्यावरण का महत्त्व (Importance of Environment)

1. पर्यावरण के अध्ययन के द्वारा हमें वन, वृक्ष, नदी--नाले आदि का हमारे जीवन में क्या महत्व हैं, इसकी उपयोगिता की जानकारी होती हैं।

2. पर्यावरण अध्ययन से पर्यावरण के प्रति चेतना जागृत होने, सकारात्मक अभिवृत्तियाँ तथा पर्यावरण के प्रति भावनाओं का विकास होता हं।

3. वर्तमान में विश्व में बढ़ते पर्यावरणीय प्रदूषण की जानकारी, इसके प्रभाव तथा सामान्य जनता के प्रदुषण के प्रति उत्तरदायित्व तथा कर्त्तव्य आदि के बारे में पर्यावरण अध्ययन अपना महत्वपूर्ण योगदान रखता हैं।

4. पर्यावरण अध्ययन आधुनिक समय में सर्वसाधारण को पर्यावरणीय समस्याओं की जानकारी, इनके बारे में विस्तृत विश्लेषण तथा समस्याओं के समाधान में उपयोगी योगदान प्रदान करता हैं।

5. पर्यावरणीय अध्ययन का महत्व उन क्षेत्रों में अधिक हैं जहाँ शिक्षा एवं ज्ञान का उच्च स्तर पाया जाता हैं। अज्ञान तथा अशिक्षा वाले क्षेत्रों में पर्यावरणीय सुरक्षा तथा संरक्षण के प्रति जनसाधारण में उदासीनता पायी जाती हैं।

6. पर्यावरण अध्ययन के द्वारा जनसाधारण को विभिन्न प्रदूषणों की उत्पत्ति, उनसे होने वाली हानि तथा संरक्षण के प्रति जनसाधारण में उदासीनता पायी जाती हैं।

7. शहरीकरण एवं नगरीयकरण की प्रवृत्ति से उत्पन्न समस्याओं के बारे में ज्ञान प्राप्त होता हैं।

8. वर्तमान समय में परिवर्तन के विभिन्न साधनों की बढ़ती संख्या के कारण प्रदुषण का स्तर तीव्र गति से बढ़ता जा रहा हैं। पर्यावरणीय अध्ययन का परिवहन द्वारा उत्पन्न प्रदूषण की रोकथाम में विशेष महत्व हैं।

9. हमारी संस्कृति जिसके अहिंसा, जीवों के प्रति दयाभाव, प्रकृति-पूजन आदि मुख्य मूलाधार हैं, पर्यावरण अध्ययन संस्कृति के इन मूलाधारों के संरक्षण में सहायक हैं।

10. औद्योगिकरण से उत्पन्न पर्यावरणीय प्रदूषण को रोकने तथा इससे उत्पन्न समस्याओं के समाधान में पर्यावरणीय अध्ययन का महत्वपूर्ण योगदान हैं।

11. वर्तमान समय की विश्व की मुख्य समस्या जनसंख्या वृद्धि हैं। पर्यावरण अध्ययन हमें जनसंख्या नियन्त्रण के विभिन्न उपायों के बारे में जानकारी प्रदान करता हैं।

पर्यावरण का प्रश्न मनुष्य के असित्व से उसी प्रकार जुड़ा है, जिस प्रकार आर्थिक विकास की उन्नति। अत: आर्थिक विकास के प्रयासों में इस बुनियादी तथ्य को ध्यान में नहीं रखते तो वे प्रयास वस्तुत: विकास को नहीं अपितु विनाश को ही आमंत्रित करते है। जिस वन सम्पदा से मानव को विभिन्न प्रकार से लाभ उसके विकास हेतु होते रहे है, उन्हें नजरअंदाज कर उनसे होने वाले लाभ से वंचित रह जायेंगे। आज व्यक्ति अपनी तात्कालिक आवश्यकताओं की पूर्ति हेतु वनों का शोषण करने में बिल्कुल नहीं हिचकिचाता।

विकास के नाम पर यही सब करने की बात नहीं इससे विनाश अवश्य-भावी है, क्योंकि 'इकोनोमी' और 'इकोलोजी' की परस्पर घनिष्ठता की समझ देशवासियों को नहीं है। प्राचीन धर्म ग्रंथों में उल्लेख उपलब्ध है कि भारतीयों का तो प्रकृति से गहरा संबंध रहा है। हमारी संस्कृति का मूल आयाम है कि हम पोषण करते हैं परन्तु शोषण व बिध्वंस नहीं करते। दोहन से पूर्व और उपरान्त पोषण से संतुलन बना रहता है। लेकिन दोहन बगैर पोषण से शोषण होकर विध्वंस जैसी स्थिति बन जाती है। आज हम निरंतर वनों का दोहन नहीं शोषण करने में लगे हुए हैं जिससे मनुष्य एवं वन सम्पदा में असंतुलन द्रुतगति से बढ़ रहा है।

आज आवश्यकता इस बात की है कि वन और वनों से प्राप्त होने वाली उपयोगिता को दृष्टि में रखते हुए जनसाधारण के दृष्टिकोण व अभिवृत्तियों को ऐसे ढंग से विकसित करें कि वन-प्रकृति उपादेयता के प्रति रुचि बढ़े। यदि हमने प्रकृति को अपने से अलग-थलग करने का

प्रयास किया तो बढ़ते हुए इस प्राकृतिक-असंतुलन के परिणाम देश के लिए अत्यंत घातक सिद्ध हो सकते हैं। अत: वनों एवं प्रकृति के इस बहुआयामी स्वरूप के बारे में शिक्षित करते हुए संतुलित रखने हेतु दृष्टिकोण का विकास करना वांछित है।

वनों को सुरक्षित रखते हुए उनसे प्राप्त होने वाले विभिन्न प्रकार के लाभों के बारे में जनसाधारण को शिक्षित-दीक्षित एव सचेत करने के उपागम से ही हम इन्हें सुरक्षित रखने के उदेश्य की पूर्ति करने में सफल हो सकते हैं। कानून एवं व्यवस्था के अधिनियमों के साथ-ही-साथ स्थानीय जनसमुदायों को वनों के संरक्षण एवं उसके विकास के महत्त्व को हदयंगम करवाने की परम आवश्यकता है।

भारतीय, पश्चिम के भौतिक विकास की अंधी दौड़ और चकाचौंध से भारतीय मूल्यों मे प्रतिकूल स्वार्थी बनता ही जा रहा है। अपनी विभिन्न प्रकार की तात्कालिक आवश्यकताओं की पूर्ति करने हेतु वन-साधनों का निर्दयता से शोषण करने में संलग्न होता जा रहा है। समय रहते इस प्रकार वनों के शोषण को अविलंब रोकने हेतु प्रभावी जनमत के निर्माण करने की महती आवश्यकता है, जिससे वन सुरक्षित रह सकें और हम और हमारी आने वाली पीढ़ी इसका दोहन कर उपयोग कर सके। इस पुनीत कार्य हेतु जनसाधारण को शिक्षित करने से ही उद्देश्यों की पूर्ति संभव है। इस प्रसंग में हमें पर्यावरण व उनकी शिक्षा स्थानीय लोगों एवं वनों के समीप रहने वाले समाज को वनों से व्यावहारिक लाभ के बारे में ज्ञान प्रदान कर, उनमें प्राचीन मूल्यों के अन्तर्गत ही सोचने की अभिवृत्तियों का सफल विकास किया जाना चाहिए, ताकि वे वनों के साथ शोषण करने की प्रवृत्ति को स्वयं ही त्याग सकें।

बीसवी शताब्दी के मध्य में हमने हमारे ग्रह पृथ्वी को अंतरिक्ष से प्रथम बार देखा। इतिहासवेत्ता इस घटना का जनमानस पर उतना व्यापक प्रभाव अंत में ही अनुभव कर पाये जितना कि पृथ्वी ब्रह्मण्ड का केन्द्र नहीं है, यह कहकर सोलहवीं शताब्दी में कोपरनिकस ने मानव की स्वकल्पना को भंग कर एक क्रान्ति पैदा कर दी थी। अंतरिक्ष से हमें पृथ्वी एक छोटी व कोमल गेंद-सी दिखाई देती है जिस पर मानवीय कृत्तियों व कृत्यों का नहीं अपितु बादलों, महासागरों, हरयाली व मृदा के शिल्प सौन्दर्य का आधिपत्य हैं। इस प्राकृतिक वातावरण में मानव के क्रिया कलापों के सुसंचालन की मानवीय अक्षमता के कारण ही मूलत: सौर मण्डल में परिवर्तन आ रहे हैं। ऐसे अनेक परिवर्तनों में जीवन के लिए चेतावनी भरे संकट निहित होते हैं। इस नयी हकीकत से हम पलायन नहीं कर सकते। इसलिए हमें इसे स्वीकारना व नियंत्रित करना पडे गा।

सौभाग्य से, यह नयी वास्तविकता इस सदी के नये विकास से अधिक सकारात्मकता से जुड़ी है। अब हम विश्व में पहले की अपेक्षा सूचना व सामग्री का शीघ्रतर प्रेषण कर सकते हैं। हम संसाधनों का अल्प विनियोग करके अधिक अनाज व अधिक सामग्री का उत्पादन कर सकते हैं। हमारा विज्ञान और तकनीकी ज्ञान, हमें प्राकृतिक तंत्र को गहनता से देखने और बेहतर तरीके से समझने की क्षमता देता है। अंतिरक्ष से हम पृथ्वी का उस एक जीव की भांति दर्शन व अध्ययन कर सकते है जिसका स्वास्थ्य उसके अन्य सभी भागों के स्वास्थ्य पर निर्भर होता है। हम मानवीय क्रियाओं के साथ प्राकृतिक नियमों का सामंजस्य करने तथा क्रियाविधि को उन्नत

बनाने की क्षमता रखते हैं। इन स्थितियों में हमारी सांस्कृतिक एवं अध्यात्मिक धरोहर ही हमारे आर्थिक लाभ एवं जीवनाधिकार को सम्बल प्रदान कर सकती है। आयोग यह विश्वास करता है कि मानव अपने भविष्य को अधिक समृद्ध, अधिक न्यायोचित और अधिक सुरक्षित बना सकता हैं। हमारा सबका भविष्य नामक हमारा यह प्रतिवेदन सदा बढते हुए पर्यावरणीय क्षय व निर्धनता की भविष्यवाणी नहीं है और न ही सदा घटते हुए संसाधनों के बीच सदा अधिक होते प्रदुषित संसार की कठिनाइयों का विचरण है। बजाय, इसके, हम आर्थिक विकास के नवयुग की संभावनाएँ देखते हैं जो कि समुचित विकास की नीतियों पर आधारित हों और पर्यावरणीय संसाधनों के आधारों का विस्तार करें। हम विश्वास करते है कि व्यापक गरीबी में डूबे हुए विकासशील विश्व के एक बड़े भाग को राहत पहुँचाने के लिए ऐसी वृद्धि अत्यन्त आवश्यक हैं।

भविष्य के लिए, आयोग की आज्ञा राजनैतिक निर्णयों की क्रियान्विति पर निर्भर हैं जिनके द्वारा समुचित मानवीय प्रगति और मानवीय उत्तरजीविका को सुनिश्चित करने के लिए अब पर्यावरणीय संसाधनों का व्यवस्थापन प्रारंभ होगा। हम कोई भविष्यवाणी नहीं कर रहे हैं बल्कि चेतावनी जारी कर रहे हैं। कि विज्ञान के सर्वोत्तम एवं नवीनतम प्रमाणों पर आधारित एक अत्यावश्यक चेतावनी, कि प्राकृतिक संसाधनों को आज और भावी पीढ़ी के लिए सुरक्षित बनाये रखने का आवश्यक निर्णय लेने का समय आ गया है। हम क्रियान्वयन हेतु कोई विस्तृत कार्य योजना नहीं अपितु एक मार्ग प्रस्तुत कर रहे हैं जिससे कि विश्व की जनता सहयोग की परिधि को बढ़ा सके।

विश्व को चुनौती

सफलताएँ एवं असफलताएँ-

सफलता व आशाजनक चिन्ह देखने वाले अनेक बिन्दु पा सकते हैं, जैसे शिशु-मृत्यु की दर में कमी, जीवन-संभावना की वृद्धि, शिक्षित वयस्कों का विश्व में बढ़ता अनुपात, विद्यालयी बालकों का बढ़ता अनुपात और जनसंख्या वृद्धि की तुलना में विश्व में बढ़ता अन्न उत्पादन। किन्तु इन उपलब्धियों के उत्पादक साधनों ने ऐसी प्रवृत्तियाँ दी हैं जिन्हें यह धरती और इसके निवासी लम्बे समय तक सहन नहीं कर सकते। इन प्रवृत्तियों को परम्परागत रूप से विकास की असफलताएँ और मानवीय पर्यावरण के व्यवस्थापन की कमियाँ कहा जाता है। विकास का एक पक्ष यह है कि पूर्ण संख्या के आधार पर पहले की अपेक्षा अभी विश्व के अधिक लोग भूखे सोते है और इनकी संख्या निरन्तर बढ रही है। इसी प्रकार संख्यात्मक दृष्टि से शिक्षा की सुविधा, शुद्ध पेय जल की उपलब्धता, सुरक्षित व मजबूत घर, प्रति व्यक्ति ईंधन की मात्रा में कमी हो रही है। धनी और निर्धन देशों के बीच खाई घटने की अपेक्षा बढती जा रही है और इस बात की बहुत कम संभावना हैं कि वर्तमान प्रवृत्तियाँ और संस्थागत व्यवस्थाएँ इस प्रक्रिया को उलट सकेंगी।

कुछ पर्यावरणीय प्रवृत्तियाँ ऐसी भी हैं जो पृथ्वी के मौलिक परिर्वतनों के प्रति सावधान करती है और मानव सहित अनेक जीव-प्रजातियों के जीवन को सचेत करती हैं। प्रतिवर्ष 60 लाख **हैक्टयर्स** उपजाऊ शुष्क भूमि अनुपयोगी रेगिस्तान में बदल जाती हैं। तीन दशक बाद, यह

भूमि लगभग सऊदी अरब के क्षेत्रफल के बराबर होगी। प्रतिवर्ष 110 लाख हैक्टयर्स वन नष्ट किये जा रहे हैं और तीन दशक में यह भूमि लगभग भारत के क्षेत्रफल के समान होगी। इस वन का अधिकतर भाग निम्न श्रेणी के खेतों में बदला जाता हैं जो किसानों की आजीविका के लिए अपर्याप्त सिद्ध होते हैं। यूरोप में अम्लीय वर्षा से वन व झीलों का विनाश हो रहा है और राष्ट्र की वास्तु-कला व कलात्मक धरोहर नष्ट हो रही है। इससे वृहद क्षेत्र की मृदा अम्लीय हो जाती है जिसके सुधार की कोई उपयुक्त संभावना नहीं है। जीवाश्मिक ईधन के दहन से वायुमण्डल में कार्बन-डाइ-आक्साइड की मात्रा बढ रही है जो विश्व के तापमान को धीर-धीरे बढा रही है। आगामी शताब्दी के आरंभ में, यह ग्रीन हाउस प्रभाव विश्व के औसत तापमान को इतना बढा सकता है कि हमें कृषि उत्पादन के क्षेत्र बदलने पड़े, समुद्री जल स्तर बढकर तटीय नगरों में बाढ ला दे तथा राष्ट्रीय अर्थव्यवस्था चरमरा जाये। अन्य औद्योगिक गैसों से पृथ्वी के सुरक्षा कवच ओजोन को इतना खतरा है कि मानव व जन्तुओं में तेजी से कैंसर रोग बढ़ेगा तथा महासागरों की खाद्य-श्रृंखला तथा भू-जल स्तर को इतना विषैला बना देते हैं कि उन्हे शुद्ध ही न किया जा सके।

राष्ट्रीय सरकारों एवं बहुआयामी संस्थानों में यह अनुभूति बढ़ रही है कि पर्यावरणीय समस्याओं तथा आर्थिक विकास के मसलों को पृथक करना असंभव है। अनेक प्रकार के विकास कार्य आधारभूत पर्यावरणीय संसाधनों को ही नष्ट कर देते हैं और पर्यावरणीय अध: पतन से आर्थिक विकास अवरूद्ध हो जाता है। विश्व की पर्यावरणीय समस्याओं का एक प्रमुख कारण एवं प्रभाव गरीबी है। इसलिए विश्व की गरीबी और अन्तर्राष्टीय विषमता के कारणों का विस्तृत परिदृश्य में दिग्दर्शन किये बिना पर्यावरणीय समस्याओं का समाधान खोजने का प्रयास व्यर्थ सिद्ध होगा। खाद्यान्नों की पूर्ति हेतु पूरे देश की कृषकों पर ही निर्भर रहना पड़ता है। बढ़ी हुई जनसंख्या की पूर्ति हेतु हमें कृषि पैदावार में वृद्धि करनी पड़ेगी। भारतीय कृषक आर्थिक दृष्टि से बहुत कमजोर है। यही कारण है कि कृषि पैदावार में वृद्धि उस अनुपात में नहीं हो रही है जितनी होनी चाहिए। यदि हमारे किसान भाइयों को विभिन्न प्रकार की पैदावार व खाद्यान्न लगाने के बारे में सही प्रकार से सूचना एवं नये ज्ञान को प्रदान किया जाता है तो फसलों में निश्चित रूप से वृद्धि होगी ही। अतिवृष्टि, कमवृष्टि या टिडियों व कीड़ों द्वारा नष्ट हो जाना आदि कारण रहते हैं। अत: इस प्रश्न के निदानात्मक एवं उपचारात्मक कार्यक्रम राष्ट्रीय एवं अन्तर्राष्ट्रीय स्तर की संस्थाओं द्वारा संचालित होते हैं, उसका पूर्ण लाभ उठाने हेतु उत्प्रेरित किया जाना चाहिए। अन्तर्राष्ट्रीय बाजार में जिस प्रकार की फसल की अधिक मांग हो उसे पैदा किया जाय जिससे अपनी पैदावार अधिक रकम में निर्यात कर कम पैसों में अन्य वस्तुओं की पूर्ति की जा सके । इससें भारतीय किसानों से गरीबी का नाता दूर हो सकेगा।

ग्रामीण समाज का सामाजिक एवं आर्थिक विकास बहुत कुछ ऊर्जा पर निर्भर करने लगा है। अत: ग्रामीण जनता को अनौपचारिक रूप से शिक्षित किया जाय और प्रदूषण नियंत्रण के लिए सौर-ऊर्जा, बायोगैस, निर्धूम चूल्हें, पवन चक्कियों आदि ऐसे विकल्पों को काम में लेने हेतु प्रोत्साहित करें जिससे भौतिकवादी युग में उनकी भौतिक स्थिति में भी बढ़ोतरी हो सके। वनों के नष्ट करने की समस्या को गंभीरता से लेते हुए हमें शैक्षिक कार्यक्रमों की व्यूह-रचना करने की महती आवश्यकता है। उन कार्यक्रमों के अन्तर्गत वनों के आस-पास रहने वाले समाज

को सामाजिक कार्यक्रमों के संगठन व संचालन कर उन्हें वनों से लाभ एवं परम्परागत हमारे नाते-रिश्तों के संबंध में अवबोधन कराने का सफल प्रयास करें। जंगलों को समाप्त करने से वर्तमान एवं भविष्य में होने वाले भयंकर आर्थिक, सामाजिक एवं व्यक्तिगत खतरों के बारे में अवगति प्रदान कर उनमें रुचि एवं अभिवृत्तियों का सफलता से विकास करें कि वे वनों से भावात्मक सहसंबंध स्थापित कर सकें।

इस प्रकार से पर्यावरण का महत्त्व समाज के लिए अत्यन्त उपयोगी माना गया है। पर्यावरण शिक्षण मानव जीवन के लिए लाभप्रद हैं, इसीलिए कोठारी आयोग ने शिक्षण जगत में पर्यावरण की शिक्षा को अनिवार्य करने की सिफारिश की हैं।

▣▣▣

5

पारिस्थतिकीय तंत्र

पर्यावरण प्रदूषण वर्तमान युग का एक बहुचर्चित विषय व आधुनिक सभ्यता द्वारा उत्पन्न एक भयावह समस्या है। एक स्वस्थ एवं सन्तुलित पर्यावरण में बाहरी अवांछित तत्त्वों के द्वारा उत्पन्न असन्तुलन की दशा को पर्यावरण प्रदूषण कहते हैं, जिसमें जीव जन्तुओं एवं मानव के लिए जीवन की अनुकुल दशाएँ घटती जाती हैं। प्रदूषण (Pollution)का शाब्दिक अर्थ है 'गन्दा या अस्वच्छ करना, अपवित्र करना।' सामान्य शब्दों में प्रदूषण पर्यावरण के जैविक तथा अजैविक तत्त्वों के रासायनिक, भौतिक तथा जैविक गुणों में होने वाला वह अवांछनीय परिवर्तन हैं जो कि मानवीय क्रिया-कलापों के परिणामस्वरूप उत्पन्न होता है।

पर्यावरण प्रदूषण में मनुष्य की प्रमुख भूमिका होती हैं, जबकि पर्यावरण अध्ययन में मानवीय तथा प्राकृतिक प्रक्रमों का सम्मिलित योग होता है। इस प्रकार प्रदूषण स्थानीय स्तर पर पर्यावरणीय गुणवत्ता में ह्रास करता है जबकि पर्यावरण अवनयन द्वारा स्थानीय, प्रादेशिक तथा विश्वस्तर पर पर्यावरण की गुणवत्ता में ह्रास तथा अवनयन होता है। संयुक्त राज्य अमेरिका (U.S.A) में राष्ट्रपति विज्ञान समिति की पर्यावरण प्रदूषण उपसमिति ने 1965 के प्रतिवेदन में प्रदूषण को निम्न रूप में परिभाषित किया है-

''प्रदूषण मानवीय क्रिया-कलापों का ऐसा उप उत्पाद है, जिसने प्रत्यक्ष या अप्रत्यक्ष रूप से ऊर्जा प्रतिरूपों, विकिरण स्तरों, जीवों के भौतिक व रासायनिक संगठनों तथा जीवों की

बहुलता में हुए इनके प्रभावों में ऐसा वातावरणीय प्रतिकूल परिवर्तन किया है जिससे मानव को प्रत्यक्ष रूप में परोक्ष रूप में उत्पन्न जल संसाधन, जलापूर्ति, कृषि व जैविक उत्पादों, मानव के भौतिक स्वामित्व, मनोरंजन के अवसरों व नैसर्गिक सुन्दरता के आकलन को प्रभावित किया है।" ओडम (E.P.Odum) के अनुसार "हवा, जल एवं मृदा के भौतिक, रासायनिक एवं जैविक गुणों के किसी ऐसे अवांछनीय परिवर्तन से जिससे मनुष्य स्वयं को तथा सम्पूर्ण परिवेश के प्राकृतिक जैविक एवं सांस्कृतिक तत्त्वों को हानि पहुँचती है, प्रदूषण कहते हैं।" (Pollution is undesirable change in the physical, chemical or biological characteristics of our air, land, water that will harmfully affect human life, our industrial process, living condition and cultural assets or deteriorates our raw material resurces.)

मेसाचुसेटस् तकनीकी संस्थान (MIT, 1970) के अनुसार प्रदूषण "वस्तुओं के उत्पादन एवं उपभोग की प्रत्येक अवस्था में अपशिष्ट पदार्थों का सृजन होता है। ये अवशिष्ट पदार्थ तत्कालीन समय में प्रदूषक या पर्यावरणीय समस्या होते हैं। जब इनका वायुमण्डलीय, महासागरीय अथवा पार्थिव पर्यावरण पर प्रतिकूल प्रभाव पड़ता है।" वेब्स्टर (Webster) शब्दकोश के अनुसार, "प्रदूषण मानवीय गतिविधियों के सह उत्पाद होते हैं जो पर्यावरण पर हानिकारक प्रभाव डालते हैं।" एम. वाल्टर (M. Walter) के अनुसार, "प्रदूषण पर्यावरण में पायी जाने वाली अवांछित अपद्रव्यताएँ (Unwanted Impurities) होती हैं।"

डेस्मान (R.E. Dasman, 1975) के अनुसार उस दशा या स्थिति को प्रदूषण कहते हैं जब मानव द्वारा पर्यावरण में विभिन्न तत्त्वों एवं ऊर्जा का उस सीमा तक सान्द्रण या संग्रह हो जाये कि पारिस्थितिक तन्त्र द्वारा आत्मसत् (Absorbed) करने की क्षमता से अधिक हो जाते हैं।

उपर्युक्त परिभाषाओं से यह स्पष्ट होता है कि प्रदूषण मानवीय क्रिया-कलापों द्वारा उत्पन्न अवशिष्ट पदार्थ (Wastes) पदार्थ तथा उनके निस्तारण (Disposal) से उत्पन्न प्रतिकूल प्रभाव होते हैं जिनसे स्वयं मानव सहित अनेक जीव-जन्तु प्रभावित होते हैं। मानवीय क्रियाओं के दौरान उपयोगित (Used) तथा उपयोग करने के उपरान्त छोड़ा गया अपशिष्ट प्रदूषक (Pollutant) कहलाता है। प्रदूषकों की प्रकृति समय के साथ परिवर्तित होती रहती है। इन प्रदूषकों के अतिरिक्त मानव व जीवों के उपापचयी उप उत्पाद भी सजीवों के जीवन के जन्मजात प्रदूषक हैं।

प्रदूषक(Pollutant)-जीवमण्डल में संचरित विविध पारिस्थितिक तन्त्रों की प्राकृतिक सन्तुलन की अवस्था में असन्तुलन उत्पन्न करने वाले कारकों या तत्त्वों को प्रदूषक कहते हैं। सामान्य भाषा में उपयोग के उपरान्त अवशिष्ट रूप में फेंके गये तत्त्वों को प्रदूषक कहते हैं। ये मानवीय क्रिया-कलापों के उप उत्पाद होते हैं। जो तकनीकी विकास व उच्च स्तरीय जीवन के सहगामी परिणाम होते हैं। प्रदूषक तत्त्व तथा निस्तारण की प्रक्रिया में विकसित एवं विकासशील देशों में भिन्नता पायी जाती है। उत्त्पत्ति के स्रोत के आधार पर प्रदूषक दो प्रकार के होते हैं-

(1) प्राकृतिक प्रदूषक (Natural Pollutants)

(2) मानव निर्मित प्रदूषक (Man-made Pollutants)

प्रदूषक तत्त्वों की दृश्यता (Visibility) के आधार पर प्रदूषक दो प्रकार के होते हैं-

(1) दृष्टिगत प्रदूषक (Visible Pollutants)

(2) अदृश्य प्रदूषक (Non-visible Pollutnats)

प्रदूषकों की प्रकृति एवं अवस्था के अनुसार इन्हें छः भागों में विभक्त किया जा सकता हैं-

(1) ठोस अपशिष्ट (Solid Wastes)

(2) द्रव अपशिष्ट (Liquid Wastes)

(3) गैसीय अपशिष्ट (Gaseous Wastes)

(4) भारहीन अपशिष्ट (Weightless Wastes)

(5) ताप अवशिष्ट (Heat Wastes)

(6) ध्वनि अपशिष्ट (Noise Wastes)

कचरा

(1) ठोस अपशिष्ट (Solid Wastes)- ये औद्योगिक घरेलू अपशिष्ट होते हैं, जिन्हें सामान्य भाषा में कूड़ा कर्कट (Garbage) कहते हैं। ये कचरा रसोई, मांसघरों, डिब्बा, बोतल उद्योग आदि से निसृत होता है। उद्योगों व घरों से प्राप्त राख, इमारतें तोड़ने के उपरान्त उपलब्ध मलबा, प्लास्टिक, मृत जन्तुओं के कंकाल, खनिज खानों से निकले अपशिष्ट आदि इनमें सम्मिलित किये जाते हैं।

(2) द्रव अपशिष्ट (Liquid Wastes)-इनमें घरों से निकले जल, मलमूत्र व इसके साथ बहकर आये मृदा कणों को सम्मिलित किया जाता है। इस प्रकार के सान्द्रण में घुलित ऑक्सीजन से कार्बनिक पदार्थों का ऑक्सीकरण हो जाता है। विभिन्न उद्योग बड़ी मात्रा में अम्लीय एवं क्षारीय द्रव निःस्तृत करते हैं।

(3) गैसीय अपशिष्ट (Gaseous Wastes)-इनमें Co, So_2, No_2 तथा धूम कोहरे (Smoggases) में मिश्रित हाइड्रोकार्बन गैसें सम्मिलित हैं जो विभिन्न औद्योगिक संस्थानों से निःसृत होती है।

(4) भारहीन अपशिष्ट (Weightless Wastes)-इनमें अदृश्य ऊर्जा अपशिष्ट (Non-visible Energy Wastes) को सम्मिलित किया जाता है, जिनमें ताप ध्वनि तथा रेडियोधर्मी अपशिष्ट समाहित है।

(5) ताप अवशिष्ट (Heat Wastes)-विभिन्न औद्योगिक संस्थानों से निःसृत अत्यधिक गर्म जल, द्रव अपशिष्ट व तप्त गैसें सम्मिलित हैं।

(6) ध्वनि अपशिष्ट (Noise Wastes)–अवांछनीय ध्वनि इस वर्ग का प्रमुख अपशिष्ट है जो अदृश्य भी होती है। पारिस्थितिकीय दृष्टिकोण से ओडम (E.P.Odum) ने प्रदूषकों को निम्न दो वर्गों में विभक्त किया है-

(1) अविघटनीय प्रदूषक (Non Degradable Pollutants)

(2) जैव विघटनीय प्रदूषक (Biodegradable Pollutants)

(1) अविघटनीय प्रदूषक (Non Degradable Pollutants)–ये मानव निर्मित ऐसे औद्योगिक पदार्थ होते हैं, जो प्राकृतिक (भौतिक), रासायनिक व जैव रासायनिक क्रियाओं द्वारा विघटित नहीं होते हैं। जिस कारण पारिस्थितिक तन्त्र में इनका पुन: चक्रीकरण (Recycling) नहीं हो पाता हैं। परिणामस्वरूप ये तत्त्व एकत्रित होकर खाद्य शृंखला द्वारा व जैव भूरासायनिक चक्रों द्वारा जीवों में प्रविष्ट होकर हानिकारक प्रभाव प्रकट करते हैं। इनमें एल्यूमिनियम एवं टिन के डिब्बे, पारा के लवण, फिनोलिक यौगिक, डी.डी.टी., बी. एच.सी., एल्ड्रीन तथा टोक्साफीन प्रमुख हैं।

(2) जैव विघटनीय प्रदूषक (Biodegradable Pollutants)–ये प्रदूषक अधिकांशत: जीव-जन्तुओं और वनस्पतियों की जैविक क्रियाओं के परिणामस्वरूप उत्पन्न होते हैं। इनकी रासायनिक संरचना अधिक स्थायी नहीं होती है, जिस कारण ये प्राकृतिक प्रक्रियाओं द्वारा आसानी से विघटित हो जाते हैं। इनमें घरेलू अपशिष्ट जैसे मल-मूत्र, अन्न, शाक व फलों के अंश आदि सम्मिलित हैं। इनका अनुपात विघटन दर से अधिक होने पर ये प्रदूषण का कार्य करने लग जाते हैं।

प्रदूषण के स्त्रोत (Sources of Pollution)–प्रदूषण करने वाले प्रदूषकों के स्त्रोत उत्पत्ति के आधार पर दो प्रकार के होते हैं-

(1) प्राकृतिक स्त्रोत (Natural Sources)

(2) मानवीय स्त्रोत (Human Sources)

(1) प्राकृतिक स्त्रोत (Natural Sources)–इस वर्ग में प्राकृतिक क्रियाओं के दौरान नि:सृत प्रदूषक तत्त्वों को सम्मिलित किया जाता है। इनमें ज्वालामुखी राख एवं धूल, भूकम्पीय घटनाओं के दौरान आने वाले धरातलीय परिवर्तन से उत्पन्न तत्त्व, बाढ़, सूखा, मृदा अपरदन, चक्रवाती तूफान आदि से उत्पन्न तत्त्व प्रमुख हैं।

(2) मानवीय स्त्रोत (Human Sources)–प्रदूषण के मानव जनित स्त्रोतों में निम्नलिखित को सम्मिलित किया जाता है-

(i) औद्योगिक बहि:स्राव (Industrial Effluents)

(ii) घरेलू बहि:स्राव (Domestic Effuents)

(iii) वाहित मल (Sewage)

(iv) कृषि बहि:स्राव (Agricultural Effluents)

(v) तेलीय स्रोत (Oil Pollutants)

(vi) तापीय स्रोत (Thermal Pollutants)

(vii) रेडियोधर्मी अपशिष्ट (Radioactive Wastes)

(viii) दहन क्रिया (Combustion Process)

(ix) नगरपालिका अपशिष्ट (Municipal Wastes)

(x) खनन अपशिष्ट (Mining Wastes)

(xi) परिवहन के साधन (Means of Transportation)

(xii) मनोरंजन के साधन (Means of Entertainment)

(xiii) सामाजिक क्रिया-कलाप (Social Activities)

प्रदूषण के प्रकार (Types of Pollutants)-प्रकृति में विभिन्न रूपों में प्रदूषण पाये जाते हैं, जिनका वर्गीकरण प्रदूषक तत्त्वों, प्रदूषण के स्रोतों तथा विसरण प्रक्रिया के आधार पर किया जा सकता है। इस आधार पर निम्न प्रकार के प्रदूषण पाये जाते हैं-

(1) प्रदूषण के स्वरूप के आधार पर दो प्रकार का पर्यावरण प्रदूषण होता है। प्रथम, भौतिक या प्राकृतिक प्रदूषण तथा द्वितीय, सामाजिक या सांस्कृतिक प्रदूषण। भौतिक प्रदूषण पर्यावरण के भौतिक घटकों जल, वायु, मृदा आदि में पाया जाता है। जिस आधार पर इन्हें जल प्रदूषण, वायु प्रदूषण एवं भूमि प्रदूषण कहा जाता है। इसी प्रकार सामाजिक या सांस्कृतिक प्रदूषण को भी निम्न रूपों में विभक्त किया जा सकता है-(1) आर्थिक प्रदूषण (गरीबी व बेरोजगारी), (2) राजनीतिक प्रदूषण (युद्ध), (3) धार्मिक प्रदूषण (धार्मिक आय पर हिंसा), (4) सामाजिक प्रदूषण (अपराध, लूट, डकैती आदि)। इसी प्रकार क्षेत्रीय आधार पर नगरीय प्रदूषण, ग्रामीण प्रदूषण, औद्योगिक क्षेत्रों का प्रदूषण, कृषि प्रदूषण तथा धार्मिक पर्यटक स्थलों का प्रदूषण आदि रूपों में विभक्त किया जा सकता है-

(1) तापीय प्रदूषण, (2) रेडियो एक्टिव प्रदूषण।

1. तापीय प्रदूषण (Thermal Pollution)-अनेक कारणों औद्योगिकीकरण, नगरीकरण, वनोन्मूलन, ग्रीन हाऊस गैसों की बढ़ती मात्रा आदि के कारण वायुमण्डल के तापमान में लगातार वृद्धि होती जा रही है, इसे तापीय प्रदूषण कहते हैं।

औद्योगिकण, ओजोन परत के क्षय, ग्रीन हाऊस गैसों की बढ़ती मात्रा आदि के कारण विश्व तापन (Global Warming) की समस्या बढ़ती जा रही है। बढ़ते तापमान के कारण

वर्षा में कमी आती है। पृथ्वी का शुद्ध जल जो कि हिमनदों के रूप में हैं, बढ़ते तापमान के कारण हिमनद पिघल रहे हैं। इसी कारण प्राकृतिक प्रकोपों में वृद्धि, पर्यावरण में ऑक्सीजन की कमी, समुद्र जल स्तर में कमी, ओजोन परत में क्षय आदि के प्रभाव पर्यावरण पर पड़ रहे हैं। नाभिकीय रिएक्टर व परमाणु संयंत्रों से निकलने वाले गर्म जल समुद्रों में बहा दिया जाता हैं जिससे समुद्री जीव मरने लगते हैं। इस प्रकार समुद्र का पारिस्थितिक तंत्र भी तापीय प्रदूषण से प्रभावित होता है। वैश्विक तापमान में वृद्धि के बढ़ते दुष्प्रभावों को कम करने हेतु ग्रीन हाऊस गैसों पर नियंत्रण आवश्यक है। CO_2 के प्रभाव को कम करने के लिए वृक्षारोपण आवश्यक है। औद्योगिक क्षेत्रों से निकलने वाली हानिकारक गैसों व गर्म जल की उचित व्यवस्था की जानी चाहिए। तापीय प्रदूषण को कम करने के लिए जनजागृति व अन्तर्राष्ट्रीय प्रयासों की आवश्यकता है।

2. रेडियोएक्टिव प्रदूषण (Radioactive Pollution)–परमाणु ऊर्जा संस्थानों के कारण विकिरणों द्वारा फैलाने वाला प्रदूषण रेडियोएक्टिव प्रदूषण कहलाता है। इसको ज्ञानेन्द्रियों द्वारा महसूस नहीं किया जा सकता है केवल वैज्ञानिक यंत्रों द्वारा ही मापा जा सकता है। अत: यह अधिक हानिकारक रूप ले सकता है। नाभिकीय विघटन द्वारा परमाणु ऊर्जा प्राप्त होती है। ईंधन के जल जाने पर बचे हुए पदार्थ को नाभिक कचरा कहते हैं। इस प्रकार परमाणु भट्टी से विकिरण व रेडियो सक्रिय अपशिष्ट दो रूपों में प्रदूषण फैलता है।

संरचना की दृष्टि से विकिरण, विद्युत चुम्बकीय विकिरण आदि प्रकाश किरणें, एक्सकिरणें, पैहाबैंगनी-किरणें व कणीय विकिरण आदि तथा अल्फा, बीटा व न्यूट्रॉन किरणे आदि प्रमुख हैं ये दो प्रकार की होती है। प्रभाव की दृष्टि से आयनीकारी व अनआयनीकारी विकिरण होते हैं। जिन समस्थानिक पदार्थों के अपघटन से आयनीकरण विकिरण निकलती है, रेडियोधर्मी कहलाते हैं। पर्यावरण में विकिरण प्राकृतिक व मानव निर्मित होते हैं। प्राकृतिक विकिरणों में रेडियम का उत्पाद रेडॉन व मानव निर्मित विकिरणों में हाइड्रोजन का समस्थानिक ट्रिटियम काफी प्रदूषक है। नाभिकीय विस्फोट, नाभिकीय रिएक्टर, नाभिकीय ऊर्जा, अन्य नाभिकीय प्रतिष्ठान, वैज्ञानिक अनुसन्धान इकाईयाँ आदि रेडियोधर्मी प्रदूषण के स्रोत हैं। नाभिकीय विस्फोट जिसमें नाभिकीय विखण्डन व नाभिकीय संलयन होता है, के समय रेडियोधर्मी धूल पृथ्वी पर बिखर जाती हैं। इसे रोडियोधर्मी निक्षेप (Radioactive fallout) कहते हैं। नाभिकीय विस्फोट में रोडियोधर्मी यूरेनियम (U^{235}), प्लूटोनियम (Pu^{239}), हाइड्रोजन, लिथियम, बेरेलियम आदि का प्रयोग होता है। नाभिकीय शक्ति संयंत्र रिएक्टर व अनुसन्धान प्रयोगशालाओं में काम आने वाली शीतलकों में भी रेडियोधर्मी समस्थानिक होते हैं। भारत में नरोरा, तारापुर, कलपक्कम कैगा व रावतभाटा में ऐसे संयत्र स्थित हैं जो कि 1700 मेगावाट के लगभग विद्युत उत्पन्न करते हैं।

प्रभाव (Effect)–विकिरण का वातावरण व जीवों के शरीर पर बहुत अधिक प्रभाव पड़ता है। विकिरण गुणसुत्रों व जीनों में पहुँचकर घातक उत्परिवर्तन पैदा कर सकते हैं। विकिरणों से ल्यूकोमिया, अस्थि कैंसर, बंधयता, आदि कायिक प्रभाव हो सकते हैं। 1000 से अधिक रोंटजन से अधिक विकिरण से आंत्र मृत्यु व 3000 रोटेजन से अधिक विकिरण से 'केन्द्रीय तंत्रिका तंत्र की मृत्यु' हो जाती है। डी.एन.ए. को प्रभावित कर वंशानुगत रोग हो सकते

हैं। नाभिकीय विस्फोट से ओजोन परत में क्षय के कारण पृथ्वी पर आने वाली पैराबैंगनी किरणों से त्वचा कैंसर की सम्भावनाएँ बढ़ जाती है। रेडियोधर्मी प्रदूषण मनुष्य के आवश्यक जीवीपोषी तंत्र व आहार श्रृंखला को भी प्रभावित करता है। रेडियोधर्मी निक्षेप से वायु, जल व मृदा भी प्रदूषित होती है। विकिरण हिरोशिमा व नागासाकी आज भी विकिरण से प्रभावित है। जनन क्षमता को भी प्रभावित करती है। 1986 में सोवियत संघ के उक्रेन प्रान्त में चेरेनोबिल परमाणु बिजलीघर में परमाणु दुर्घटना हुई जिससे भी मानव जीवन काफी प्रभावित हुआ।

विकिरण के दुष्प्रभावों पर नियंत्रण-विकिरणों के दुष्प्रभाव कम करने के लिए सभी देश सतत् प्रयत्नशील हैं। इसके लिए वातावरण में विकिरण की मात्रा कम करके व विकिरण के प्रति प्रतिरोधक क्षमता पैदा करने वाली दवाओं का पता लगाया जा रहा है। वातावरण में विकिरण की मात्रा को कम करने के उद्देश्य से परमाणु बिजली घरों में चारों ओर एक हरी पट्टी (Green Belt) का निर्माण करवाया जाना चाहिए। रेडियो सक्रिय पदार्थों का रिसाव अनुज्ञेय सीमा में होना चाहिए। नाभिकीय भट्टी में पैदा हुए रेडियो सक्रिय अपशिष्टों का निपटान ऐसा हो कि पर्यावरण दूषित न हो। बिजली घर ऐसे स्थानों पर होने चाहिए जहाँ आस-पास मानव आवास न हो और आपातकालीन स्थिति में आम जनता को नुकसान न हो।

भारत की विभिन्न सांस्कृतिक परम्परा में पेड़ों को पूजनीय समझा जाता रहा है। पेड़ों की मानव समाज को बहुत बड़ी देन है। इनके कारण हमें शुद्ध वायु मिलती है, ये ही वर्षा के कारण बनते हैं। इन्हीं के कारण हम फल, फूल, ईंधन, कागज एवं छाया आदि प्राप्त करते हैं। पेड़ वस्तुत: उदारमना दानवीर की तरह हमारे के लिए उपयोगी हैं, परन्तु हम उन्हें बड़ी बेरहमी से काटते ही जा रहे हैं। पं. नेहरू ने, जो पर्यावरणीय शुद्धता पर अधिक जोर देते थे, एक बार कहा था कि पेड़ काटने वालों को जेल में डाल देना चाहिए, जिससे उनकी आंखे हरियाली के लिए जीवन पर्यन्त तरसती रहें और वे पड़ों के महत्त्व को समझ सकें। हमारे प्रिय नेता श्री राजीव गांधी ने भी बन संरक्षण के बारे में कहा- ''मैं बड़ी बेसब्री से इस बात का इन्तजार कर रहा हूँ कि वनरोपण तथा वन संरक्षण में राज्यों में एक नई चेतना जागृत हो।''

वन संरक्षण कोई ऐसी बात नहीं है जिसे हम जनता पर थोप सकें। वन संरक्षण को हमारे विचारों का एक हिस्सा बनाना चाहिए तथा शिक्षा के प्रारंभिक स्तर से इसे सम्मिलित किया जाना चाहिए तभी हमारे बच्चे अपने दिल से महसूस कर सकेंगे कि वनों का संरक्षण और सुरक्षा उनका प्रथम कर्त्तव्य है। विरासत में मिली यह भावना पीढ़ी-दर-पीढ़ी फैलती रहनी चाहिए। लेकिन हम आज भी अपने स्वार्थवश अभिवृद्धित जनसंख्या की आवश्यकताओं की संपूर्ति के लिए वनों को साफ कर रहे हैं। संरक्षित वनों को नष्ट कर बाढ़, अकाल जैसी दैवी आपदाएं प्रतिवर्ष भुगतने को मिल रही हैं। भूमि का बहुत बड़ा हिस्सा भू-स्खलन हो गया है, यह वनों के काटने के फलस्वरूप ही हुआ है।

इसी प्रकार देहरादून की सहस्त्रधारा (एक हजार झरनों) में केवल 300 झरनों से ही पानी मिल रहा है। जिसका एकमात्र कारण वृक्षों की निर्दयतापूर्वक कटाई ही है। इतिहास इस बात का साक्षी है कि भारत के सपूतों ने पेड़ों की सुरक्षा हेतु स्वयं को हंसते-हंसते बलिवेदी पर

न्यौछावर कर दिया। 'खेजड़ली' गांव में 'चिपको आंदोलन' भी ग्रामीणों के लिए प्रेरणादायक है। हमें दबाव से नहीं मानसिक स्थिति परिवर्तन करते हुए ग्रामीण समाज व भारतीय समाज को पेड़ों से विभिन्न आर्थिक एवं अन्य लाभों के बारे में अवगत कराना चाहिए। कृषकों एवं अन्य लोगों को भी पेड़ों को लगाने हेतु प्ररित किया जाये। जलाने हेतु ईंधन के रूप में ऐसी लकड़ी के छोटे पौधे लगाने हेतु समझाया जाये जिनकी जड़े बहुत कम गहरी होती है।

ग्रामीण जनता ने वनों को आय के साधनों के रूप में अपनाया हुआ है। दूसरी तरफ वनों से सरकार को भी आय होती है। व्यक्तिगत एवं सरकारी आय से हानि अपेक्षाकृत अधिक होती है। भौतिकवाद में आर्थिक साधनों को बंद करने की बात उनके गले नहीं उतरेगी। इसी प्रकार राज्य सरकार अपनी आय को एकदम बंद नहीं करना चाहेगी। अतः स्थानीय ग्रामीण जनता का विभिन्न प्रकार के ग्रामीण व्यवसायों में संलग्न होकर अपेक्षाकृत अधिक आय प्राप्त करने हेतु प्रेरित किया जाये और राज्य सरकारों को वनों से प्राप्त होने वाली आय जितनी रकम केन्द्र सरकारों को अतिरिक्त रूप से आवंटन कर देनी चाहिए ताकि वनों की विध्वंस लीला समाप्त हो सके। ग्रामीण कुटीर उद्योग गाँवों के विकास में सहायक सिद्ध हो सकते हैं।

खाद्यान्नों की पूर्ति हेतु पूरे देश की कृषकों पर ही निर्भर रहना पड़ता है। बढ़ी हुई जनसंख्या की पूर्ति हेतु हमें कृषि पैदावार में वृद्धि करनी पड़ेगी। भारतीय कृषक आर्थिक दृष्टि से बहुत कमजोर है। यही कारण है कि कृषि पैदावार में वृद्धि उस अनुपात में नहीं हो रही है जितनी होनी चाहिए। यदि हमारे किसान भाइयों को विभिन्न प्रकार की पैदावार व खाद्यान्न लगाने के बारे में सही प्रकार से सूचना एवं नये ज्ञान को प्रदान किया जाता है तो फसलों में निश्चित रूप से वृद्धि होगी ही। अतिवृष्टि, कमवृष्टि या टिडियों व कीड़ों द्वारा नष्ट हो जाना आदि कारण रहते हैं। अतः इस प्रश्न के निदानात्मक एवं उपचारात्मक कार्यक्रम राष्ट्रीय एवं अन्तर्राष्ट्रीय स्तर की संस्थाओं द्वारा संचालित होते हैं, उसका पूर्ण लाभ उठाने हेतु उत्प्रेरित किया जाना चाहिए। अन्तर्राष्ट्रीय बाजार में जिस प्रकार की फसल की अधिक मांग हो उसे पैदा किया जाय जिससे अपनी पैदावार अधिक रकम में निर्यात कर कम पैसों में अन्य वस्तुओं की पूर्ति की जा सके । इससें भारतीय किसानों से गरीबी का नाता दूर हो सकेगा।

ग्रामीण समाज का सामाजिक एवं आर्थिक विकास बहुत कुछ ऊर्जा पर निर्भर करने लगा है। अतः ग्रामीण जनता को अनौपचारिक रूप से शिक्षित किया जाय और प्रदूषण नियंत्रण के लिए सौर-ऊर्जा, बायोगैस, निर्धूम चूल्हें, पवन चक्कियों आदि ऐसे विकल्पों को काम में लेने हेतु प्रोत्साहित करें जिससे भौतिकवादी युग में उनकी भौतिक स्थिति में भी बढ़ोतरी हो सके।

वनों के नष्ट करने की समस्या को गंभीरता से लेते हुए हमें शैक्षिक कार्यक्रमों की व्यूह-रचना करने की महती आवश्यकता है। उन कार्यक्रमों के अन्तर्गत वनों के आस-पास रहने वाले समाज को सामाजिक कार्यक्रमों के संगठन व संचालन कर उन्हें वनों से लाभ एवं परम्परागत हमारे नाते-रिश्तों के संबंध में अवबोधन कराने का सफल प्रयास करें। जंगलों को समाप्त करने से वर्तमान एवं भविष्य में होने वाले भयंकर आर्थिक, सामाजिक एवं व्यक्तिगत खतरों के बारे में अवगति प्रदान कर उनमें रुचि एवं अभिवृत्तियों का सफलता से विकास करें कि वे वनों से

भावात्मक सहसंबंध स्थापित कर सकें। अनौपचारिक प्रौढ़ शिक्षा केन्द्रों एवं विस्तार सेवा के माध्यम से विभिन्न प्रकार की सामाजिक प्रवृत्तियों में ग्रामीण जनता को संलग्न कर वनों के महत्त्व के बारे में शिथिल किया जाना अधिक उपादेय सिद्ध हो सकता है। वन, पेड़ एवं वन-जीवों की सुरक्षा एवं संरक्षण के बारे में समय-समय पर केन्द्रीय एवं राज्य सरकारों द्वारा पारित अधिनियम एवं कानूनी प्रावधानों तथा संविधान में प्रदत्त अधिकार और कर्त्तव्यों के बारे में ग्रामीण जनता को अवगत कराया जाये। इसके साथ-ही-साथ खेती के विभिन्न आयामों एवं पेड़ों से होने वाले आर्थिक लाभ की ओर 'विस्तार सेवा' तथा सामाजिक संस्थाओं के द्वारा आयोजित कार्यक्रम के माध्यम से ध्यान आकर्षित किया जाये। कुछ महत्त्वपूर्ण घटकों को दृष्टि में रखते हुए शिक्षा की प्रभावी व्यूह-रचना तैयार की जाती है जिसमें समाज को केन्द्र बिन्दु बनाया जाये तो वनों के संरक्षण में आवश्यक रूप से अभिवृद्धि होगी ही।

जंगलों को सुरक्षित रखने से भूमि, जल-प्रदूषण से बचाव, चरागाह का विकास आदि प्रमुख बातों को ग्रामीण समाज हेतु प्रदर्शनियां लगाकर प्रोजेक्ट से स्लाइड्स एवं चल-चित्रों के माध्यम से एवं अनौपचरिक तथा औपचारिक बैठकें प्रौढ़ एवं विस्तार सेवा के माध्यम से सम्पन्न करनी चाहिए। ग्रामीण जनता को शिक्षित करना चाहिए कि कृषि की तुलना में फल, सब्जी आदि को अधिक क्षेत्र-फल पर उगाने से अपेक्षाकृत आय अधिक होगी और पेड़ भी सुरक्षित रहेंगे। ग्रामीण समाज को सुधरी हुई तकनीकी का उपयोग करने हेतु सहयोग एवं उत्प्रेरण दी जाये। ढलान को समतल कर उपजाऊ भूमि बढ़ाने एवं बढिया बीज एवं खाद का आवश्यकतानुसार उपयोग करने के ढंग बताये जाने से आमदनी भी बढ़ेगी और खेतों की सुरक्षा भी होगी। वनों के विस्तार हेतु ग्रामीण महिलाओं के विभिन्न संगठनों एवं समाज-सुधार के संगठनों का अधिक पेड़ लगाने में सहयोग प्राप्त करने का सफल प्रयास किया जाये। खाली समय का सदुपयोग करने हेतु कुटीर उद्योग को प्रोत्साहित करने से प्राचीन मूल्यों की सुरक्षा भी होगी और नगरों में आने वाली भीड़ पर भी रोक लगेगी। सामाजिक-वानिकी के आधुनिक तरीके और सब्जी, मधुमक्खी तथा रेशम कीड़ों के पालन से संबंधित तथ्य श्रव्य-दृश्य सामग्री के द्वारा ग्रामीण समाज को शिक्षित किया जाना चाहिए।

वनों के उचित प्रयोग एवं वन्य-जीवों की सुरक्षा की जानकारी तथा वनों की शोषण से दूर रखने हेतु प्रशिक्षित करना ही मेरी विनम्र धारणा में सही पर्यावरणीय शिक्षा है। स्थानीय समाज, सामाजिक, सांकृतिक एवं अर्थिक पक्ष को दृष्टि में रखते हुए वनों जैविक सुरक्षा तथा उनके संरक्षण के संबंध में समय-समय पर आवश्यक एवं निरन्तर जानकारी अनौपचारिक शिक्षण व्यवस्था, विस्तार सेवा और अन्य सामाजिक संस्थाओं के माध्यम से प्रदान की जाती रहने से अपेक्षाकृत अधिक प्रभावशाली एवं उपादेय सिद्ध हो सकती है।

प्रदूषण एवं पर्यावरणीय गुणवत्ता (Pollution and Environment Quality)

वर्तमान विश्व में पर्यावरण की गुणवत्ता ह्रास चिन्ता का विषय बना हुआ है। विभिन्न स्तर पर बिगड़ते पर्यावरण शोध किये जा रहे हैं। स्वस्थ पर्यावरण उसे कहते हैं जिसमें मानव के स्वास्थ्यवर्धक जीवन व्यतीत करने के लिए अनुकूल दशाएँ विद्यमान होती हैं। पर्यावरण के

जैविक एवं अजैविक कारकअपने प्राकृतिक सन्तुलन के अन्तर्गत पाये जाते हैं तथा मानवीय हस्तक्षेप द्वारा किसी प्रकार की अपद्रव्यताएँ (Impurities) न हो तो उसे स्वस्थ पर्यावरण कहते हैं। केविन आर. कोक्स (Kivin R. Cox) ने अपनी पुस्तक 'पर्यावरणीय गुणवत्ता का भूगोल' (The Geography of Environment Quality) में पर्यावरण की गुणवत्ता के निम्नलिखित आठ आधार बिन्दु वर्णित किये हैं-

(1) किसी भी प्रकार का प्रदूषण न हो,

(2) स्वास्थ्यवर्धक हो,

(3) पर्याप्त नियोजन की सम्भावना हो,

(4) मनोरंजन की पर्याप्त सुविध हो,

(5) उत्तम आवास की व्यवस्था हो,

(6) शिक्षा की सुविधा हो,

(7) आधुनिक सुविधाएँ विद्यमान हों,

(8) पर्याप्त स्वास्थ्य सुविधाएँ उपलब्ध हों।

स्वस्थ पर्यावरण में किसी भी प्रकार का प्रदूषण नहीं पाया जाता है। पर्यावरण के जैविक एवं अजैविक घटकों की सन्तुलित अवस्था में बाहरी अवांछित तत्त्वों के प्रतिष्ट होने से पर्यावरणीय गुणवत्ता में प्रदूषण के रूप में ह्रास आरम्भ हो जाता है, जिसका प्रत्यक्ष प्रभाव जीवों की स्वस्थ दशाओं पर पड़ता है। ये प्रदूषण अनेक रूपों में प्रकट होता है जिसके स्रोत भी अनेक होते है सामान्यत: जल प्रदूषण, वायु प्रदूषण, ध्वनि प्रदूषण, भूमि प्रदूषण तथा रेडियोधर्मी तत्त्वों से उत्पन्न प्रदूषण प्रमुख रूप से पर्यावरण की गुणवत्ता को अवक्रमित कर रहे हैं। भारत की प्रमुख नदियाँ अपने गुणवत्ता के स्तर को खो चुकी हैं, जिनका प्रदूषित होने का यह क्रम जारी है, इसी प्रकार प्रमुख महानगरों से नि:स्तृत औद्योगिक अपशिष्टों से जल तथा विषैली गैसों द्वारा वायु प्रदूषण हो रहा है तथा वायु श्वसन के उपयुक्त नहीं रही है। इसी प्रकार भूमि प्रदूषित हो रहा है जिसका मुख्य कारण वृहत्त मात्रा में औद्योगिक अपशिष्टों का भूमि में निस्तारण करना है। स्पष्ट है कि न केवल भारत जैसे विकासशील देशों में वरन् संयुक्त राज्य अमेरिका जैसे विकसित देशों में भी प्रदूषण द्वारा निरन्तर पर्यावरणीय गुणवत्ता में ह्रास हो रहा है जिसकी पुनर्स्थापना में एक लम्बा समय लगेगा, जब तक पर्यावरण जीवों के लिए प्रयुक्त पोषणीय या संधृत आधार (Sustainable base)खो देगा। पर्यावरणीय गुणवत्ता का द्वितीय पक्ष यह है कि पर्यावरण में मानवीय स्वास्थ्य के अनुकूल दशाएँ विद्यमान होनी चाहिए। पर्यावरण में विभिन्न प्रकार की अपद्रव्यताओं के सान्द्रण से पर्यावरण मानव सहित सम्पूर्ण जीव-जगत के लिए खतरा उत्पन्न कर देता है। इसे बढ़ाने में प्राकृतिक शक्तियों के साथ ही मानवीय गतिविधियों की भी महत्त्वपूर्ण भूमिका है। मानव प्रकृति मे अपनी आर्थिक गतिविधयों द्वारा विभिन्न प्रकार के पारिस्थितिकीय संकट उत्पन्न कर रहा है। विभिन्न प्रकार के प्रदूषण फैला रहा है, तीव्र गति से खनिजों का

अविवेकपूर्ण खनन कर संसाधन संकट को जन्म दे दिया है। अन्धाधुन्ध वनोन्मूलन किया जा रहा है, जिसके परिणामस्वरूप मृदा अपरदन, वन्य जीवों का विलोपन तथा बाढ़ एवं सूखा जैसी प्राकृतिक आपदायें उत्पन्न हो रही हैं। अतः स्पष्ट है कि स्वस्थ पर्यावरण उसके विभिन्न तत्त्वों में प्राकृतिक सन्तुलन बनाये रखा जाना चाहिए।

2. पारिस्थितिकी एवं पर्यावरण का सम्बन्ध

मूलतः पारिस्थितिक तंत्र एक विशिष्ट क्रियात्मक पर्यावरणीय व्यवस्था हैं जिसमें किसी निश्चित स्थान एवं समय वाले पारिस्थितिक घटकों के उसके क्षेत्र के सन्दर्भ में सभी जीवधारियों एवं भौतिक पर्यावरण का सकल सन्तुलन रहता है। यह विभिन्न प्रकार की ऊर्जा द्वारा चलित होता है जिसमें सौर ऊर्जा सर्वाधिक महत्वपूर्ण होती हैं।

पारिस्थितिक तंत्र के अध्ययन में दो प्रमुख पहलू हैं–

(1) जैविक (कार्बनिक) तथा अजैविक (अकार्बनिक) घटकों से बनी तन्त्र की संरचना।

(2) तन्त्र के जैविक घटकों में खाद्य व ऊर्जा सम्बन्धों में समानताएँ एवं विभिन्नताएँ।

एक पारिस्थितिक तन्त्र की संरचना एवं कार्य (Structure and Function of an Ecosystem)–

पारिस्थितिक तन्त्र के दो प्रमुख पहलू संरचना एवं कार्य होते हैं–

संरचना– संरचना में जैविक समुदाय में पायी जाने वाली जातियों की संख्या, जैवसंहति (Biomass), जीवनकाल तथा क्षेत्र को सम्मिलित किया जाता है। इसके अतिरिक्त पोषण, जल, तापक्रम आदि को संरचना के तत्व माना गया है।

कार्य–पारिस्थितिक तन्त्र में निम्न क्रियाएँ सम्पादित होती हैं–

(i) जैव ऊर्जा का प्रवाह

(ii) पोषक चक्र

(iii) पर्यावरण द्वारा जीवों का तथा जीवों द्वारा पर्यावरण का नियमन

पारिस्थितिक तन्त्र के घटक (Components of Ecosystem) –

प्रकृति में परिचालित प्रत्येक पारिस्थितिक तन्त्र की संरचना दो प्रकार के घटकों से होती हैं, जो निम्न हैं–

(i) जैविक घटक (Biotic Components)

(ii) अजैविक घटक (Abiotic Components)

(I) **जैविक घटक (Biotic Components)** -जैविकों को उनके पोषकी सम्बन्धों के आधार पर दो भागों में विभाजीत किया गया है-

(i) **स्वपोषी घटक (Autotrophie Components)**- इनमें स्वयं पोषण करने वाले सभी जीव सम्मिलित हैं। एक स्वपोषी अवयवों में प्रकाश ऊर्जा (Light energy) के उपयोग द्वारा सरल कार्बनिक पदार्थों के संश्लेषण की क्षमता होती है। अर्थात् अपने भोजन का निर्माण स्वयं अकार्बनिक पदार्थों से करते हैं।

पारिस्थितिकी तंत्र के घटक

कार्यशीलता (**Functioning**) के आधार पर पारिस्थितिक तन्त्र के जैविक संघटकों को तीन श्रेणियों में विभाजीत किया जाता हैं-

(1) **उत्पादक (Producers)**- इनमें स्वयं अपना भोजन बनाने वाले हरी पत्ती वाले स्वपोषी पौधे होते हैं, इन्हें प्राथमिक उत्पादक (Primary Producers) कहते हैं। इन स्वपोषी पौधों पर निर्भर जीव-जन्तु एवं मानव को द्वितीयक उत्पादक (Secondary Producers) कहते हैं। प्राथमिक उत्पादक जैविक एवं अजैविक घटकों के मध्य (Intermeditors) होते हैं क्योंकि ये सूर्य से प्राप्त ऊर्जा से प्रकाशसंश्लेषण करके आहार निर्मित करते हैं जिसको बाद में इनकी जड़ों द्वारा अजैविक पदार्थ ग्रहण करते हैं।

(2) **उपभोक्ता (Consumers)**- ये वे परपोषी जीव होते हैं जो स्वपोषी पादपों द्वारा उत्पादित जैविक तत्वों से अपना भोजन बनाते हैं, ये दो प्रकार के होते हैं-

(i) सूक्ष्म उपभोक्ता(**Micro consumers**)- इन्हें अपघटक भी कहते हैं। ये मृत अथवा सजीवों के शरीर में पाये जाने वाले जटिल योगिकों को अपघटन करते हैं तथा उनमें से अकार्बनिक पोषक तत्त्वों को स्वपोषी संघटकों हेतु पर्यावरण में मुक्त करते हैं इनमें मुख्यतया जीवाणु, कवक तथ एक्टिनोमाइसीज सम्मिलित हैं।

(ii) **वृहद उपभोक्ता (Macro consumers)**- वृहद उपभोक्ता वे भक्षपोषी होते हैं जो अपना भोजन दूसरे जीवों को खाकर प्राप्त करते हैं। ये तीन प्रकार के होते हैं-प्राथमिक, द्वितीयक तथा तृतीयक उपभोक्ता।

(A) **प्राथमिक उपभोक्ता (Primary Consumers)**-हरे पौधों की पत्तियाँ अथवा उत्पादकों से भोजन प्राप्त करने वाले समस्त जीव-जन्तु प्राथमिक उपभोक्ता कहलाते हैं। इन्हें शाकाहारी (Herbivores) कहते हैं, इनमें स्थलीय जीव, कीड़े, तीक्ष्णदन्तक (Rodents), गाय, बकरी तथा मानव और जलीय जीवों में विविध प्रकार के मौलस्क प्राणी आते हैं।

(B) **द्वितीयक उपभोक्ता (Secondary Consumers)**-इनमें प्राथमिक उपभोक्ता या शाकाहारी जन्तुओं पर निर्भर माँसाहारी (Carnivores) प्रमुख हैं जैसे-शेर, चीता, मेंढक, छिपकली इत्यादि।

(C) **तृतीय उपभोक्ता (Territiary Consumers)**–इस श्रेणी में वे सर्वहारी (Omnivores) जन्तु आते हैं जो अपना भोजन हरे पौधों, शाकाहायिों एवं माँसाहारियों इत्यादि को खाकर प्राप्त करते हैं। इनमें स्वंय मानव सहित पक्षी, मछलियाँ व कुत्ते, बिल्ली सम्मिलित हैं इन्हें भक्षपोषी भी कहते हैं।

(3) **अपघटक (Decomposers)**–इनमें मुख्यतया सूक्ष्म जीवों (Micro organisms) तथा कवकों (Fungi) का समावेश होता हैं, जो मृत पौधों तथा जन्तुओं सहित अनेक जैविक पदार्थों को सड़ा-गलाकर वियोजित करते हैं। ये जीव वियोजन (Decompostition) के दौरान अपना आहार ग्रहण करते हुए जैविक तत्त्वों की पुर्नव्यवस्था करते हैं। ये वियोजक जीव-जन्तु जटिल जैविक पदार्थों को एक-दूसरे से पृथक् करके सामान्य बनाकर स्वपोषी प्राथमिक उत्पादकों के प्रयोग हेतु पुनः सुलभ करवाते हैं।

पारिस्थिक तंत्र के प्रकार (Types of Ecosystem)

पारिस्थितिक तंत्र (Ecosystem)

प्राकृतिक पारिस्थितिक तंत्र

(Natural ecosystem)

कृत्रिम पारिस्थितिक तंत्र

(Artificial ecosystem)

मानवनिर्मित परितंत्र

स्थलीय

(Terrestrial)

[वन, चरागाह, मरूस्थल आदि]

जलीय

(Aquatic)

स्वच्छ जल (Fresh water)

समुद्र (Marine)

महासागर एवं सागर

प्रवाहित जल

(Lotic or Running water)

नदी जल

स्थिर जल

(Lantie or Standing water)

झील, तालाब आदि

प्रकृति स्वंय एक वृहद पारिस्थितिक तंत्र हैं, जिसमें विभिन्न प्रकार के पारिस्थितिक तंत्र क्रियाशील हैं। ये तंत्र विभिन्न पर्यावरणीय घटकों के साथ-साथ भिन्नता रखते हैं जो क्रमशः उच्चावच (Relief), जलवायु (Climate), मृदा(Soil), वनस्पति (Vegetation) आदि हैं। यह प्रकृतिरूपी वृहद् पारिस्थितिक तंत्र अनेक वृहद् खण्डों से निर्मित हैं, जिसे जैवसंहति (Biomass) कहते हैं, अतः पृथ्वी पर क्रियाशील पारिस्थितिक तंत्रों को निम्न प्रकारों में वर्गीकृत किया जा सकता हैं

1. प्राकृतिक पारिस्थितिक तंत्र (Natural Ecosystem)–

मानवीय हस्तक्षेप से रहित ये ऐसे स्वचलित तंत्र होते हैं, जिनमें मूल प्राकृतिक सन्तुलन बना रहता हैं एवं मानवीय प्रभाव शून्य रहता हैं। आवास (Dwelling place) प्रकारों के आधार पर इन्हें दो रूपों में वर्गीकृत किया जा सकता हैं।

(i) स्थलीय पारिस्थितिक तंत्र (Terrestrial ecosystem)– इसमें वानिकी, घास क्षेत्र तथा मरूस्थल आदि सम्मिलित हैं।

(ii) जलीय पारिस्थितिक तंत्र (Aquatic ecosystem): ये दो प्रकार के होते हैं–

(A) शुद्ध जलीय (Fresh water): इसके भी दो प्रकार के होते हैं–

(i) प्रवाही जलीय (Lotic or Running water) जैसे–नदी, नाले, झरने व स्त्रोत आदि

(ii) स्थिर जलीय (Lantic or Standing water) जैसे- झीले, तालाब, पोखर, दलदल आदि।

(B)सागरीय (Marine): इसमें विस्तृत, गहरे महासागर तथा कम गहरे सागर आदि प्रमुख हैं।

2. कृत्रिम या मानव निर्मित पारिस्थितिक तंत्र (Artificial or Manmade Ecosystem)–ये मानव निर्मित तंत्र होते है जिन्हें मानव प्राकृतिक परितन्त्र की सहायता से अपने बौद्धिक, तकनीकी एवं वैज्ञानिक स्तर के अनुसार विकसित करता हैं। इसमें कृषि पारिस्थितिक तंत्र, चारागाह तथा नगरीय पारिस्थितिक तंत्र प्रमुख हैं, इनका सृजन मानव अपनी आवश्यकता की वस्तुओं का अधिक से अधिक उत्पादन करने के लिए प्राकृतिक पर्यावरण में सुनियोजित फेरबदल करते हुए करता है।

प्रकृति में प्रमुख पारिस्थितिक तंत्र (Major Ecosystems in Nature)–

प्रकृति एक वृहद् पारिस्थितिक तंत्र है जिसे जीवमण्डल कहते हैं। इसमें विभिन्न प्रकार के क्षेत्रीय एवं सूक्ष्म पारिस्थितिक तंत्र संचारित हैं। इस दृष्टिकोण के आधार पर अग्र पारिस्थितिक तंत्र महत्त्वपूर्ण हैं–

(1) वन पारिस्थितिक तंत्र (Forest Ecosystem)– पृथ्वी के लगभग 40% भाग पर वन पाये जाते हैं, भारत में सम्पूर्ण भू–भाग के 19.4%भाग पर वन आच्छादित हैं। वन पारिस्थितिक तंत्र के अजैविक अवयवों में वायुमण्डल में विद्यमान अकार्बनिक और कार्बनिक पदार्थ प्रमुख हैं। जैविक अवयवों में बड़े वृक्ष झाड़ियाँ आदि महत्त्वपूर्ण हैं। वन पारिस्थितिक तंत्र पर्यावरण के कारकों, जैसे–जलवायु (तापमान, वर्षा, आद्रता), मृदा आदि को नियंत्रित करता है। मानवीय हस्तक्षेप के कारण वन पारिस्थितिक तंत्र का विनाश हो रहा हैं।

(2) घास का मैदान: एक पारिस्थितिक तंत्र (Grassland ecosystem)– पृथ्वी के 24% भाग पर घास के मैदान पाये जाते हैं। इनमें उष्ण कटिबन्धीय (Tropical), शीतोष्ण कटिबन्धीय (Temperate) तथा पर्वतीय प्रदेशों (Alpines) के घास के मैदान सम्मिलित हैं। घास पारिस्थितिक तंत्र में वायु एवं मृदा में विद्यमान विभिन्न रासायनिक तत्त्वों के प्रभाव से विभिन्न प्रकार की घास, झाड़ियाँ तथा सम्बन्धित पेड़-पौधे विकसित होते हैं।

(3) मरूभूमि पारिस्थितिक तंत्र (Desert Ecosystem)– सामान्यतया पृथ्वी पर 25 सेमी. से कम वर्षा वाले क्षेत्रों में मरूस्थलीय पारिस्थितिक तन्त्र पाया जाता है। संसार का 20% भूभाग इसके अन्तर्गत है। यहाँ सदैव जल की कमी बनी रहती हैं। मरूप्रदेश की प्राकृतिक वनस्पति में कंटीली झाड़ियाँ, छोटी घास एवं शुष्कता सहने वाले पौधो पाये जाते हैं। यहाँ पर ऊँट, भेड़, बकरियाँ प्रमुख जानवर हैं। एक अन्य वर्गीकरण के अनुसार मरूस्थली पारिस्थितिक तंत्र में चार प्रकार के उत्पादक पौधे पाये जाते हैं–

(i) वार्षिक पौधे (अनेक प्रकार की घास) (ii)मरूस्थलीय झाड़ियाँ, जिनके शुष्क मौसम में पत्ते झड़ जाते हैं, (iii)माँसल तने वाले पौधे (Succulents)जैसे- केक्टस, (iv)सूक्ष्म वनस्पति (Microflora) जैसे काई, लिचेन तथा नीली हरित शैवाल। मरूभूमि में कुछ जन्तु जैसे सरीसृप (Reptiles) तथा कीट (Insects), पूर्वानुकूली (Preadapted) होते हैं। यहाँ शुष्क वातारण के कारण अपघटक क्रिया कम होती हैं। मरूभूमि में जल की उपलब्धता बढ़ने पर यहाँ कृषि पारिस्थितिक तंत्र विकसित हो सकता है। जैसा कि पश्चिमी राजस्थान में इन्दिरा गाँधी नहर के आगमन के उपरान्त मरूभूमि में कृषि पारिस्थितिक तंत्र विकसित हुआ हैं।

(4) सागरीय पारिस्थितिक तंत्र (Marine or oceanic ecosystem)– पृथ्वी के कुल क्षेत्र के 70.87 प्रतिशत भाग पर पानी पाया जाता हैं, जो जीवें के लिए एक वृहद् पारिस्थितिक तंत्र के रूप में पोषक तत्त्वों की पूर्ति के साथ ही जीवन की आवश्यक परिस्थितियाँ प्रदान करता हैं। समुद्र की औसत गहराई लगभग 4000 मीटर है। सागरीय पारिस्थितिक तन्त्र में जल की संरचना उसमें विचरण करने वाले जीव-जन्तुओं, पादपों आदि के अनुकूल होती हैं। सागरों में पाये जाने वाले कार्बन तत्त्वों को ऊर्जा के रूप में सभी जीव उपयोग में लेते हैं। सागरीय पारिस्थितिक तन्त्र लहरों, ज्वारीय क्रियाओं, गहराई, तापमान, प्रकाश लवणता तथा दाब आदि भौतिक कारकों से प्रभावित होता हैं।

जीवमण्डलीय पारिस्थितिक तन्त्र में संचरित होने वाले पोषक तत्त्वों को 3 वर्गों में विभाजित किया जाता हैं–

(i) **मुख्य पोषक तत्त्व (Major or Macro Nutrients)**–पौधों की वृद्धि के लिए आवश्यक पोषक तत्त्व जिनकी पौधों की अपेक्षाकृत अधिक मात्रा में आवश्यकता होती है, प्रधान पोषक तत्त्व कहते हैं। इनमें कार्बन, हाइड्रोजन, ऑक्सीजन आदि प्रमुख हैं। यह तत्त्व पादपों की संरचना का निर्माण करते हैं अत: इन्हें संरचनात्मक तत्त्व भी कहते हैं।

(ii) **गौण पोषक तत्त्व (Secondary Nutrients)**-इन तत्त्वों की प्राथमिक पोषक तत्त्वों की अपेक्षा कम मात्रा में आवश्यकता होती है। इनके प्रयोग से मृदा सुधार होता है, अतः इन्हें सुधारात्मक पोषक तत्त्व भी कहते हैं। इनमें नाइट्रोजन, फास्फोरस, पोटेशियम, कैल्सियम, मैग्नेशियम तथा गन्धक प्रमुख हैं।

(iii)**सूक्ष्म पोषक तत्त्व (Micro or trace Nutrients)**-इनकी पौधों को बहुत कम मात्रा में आवश्यकता होती है। पौधों को लगभग 100 सूक्ष्म पोषक तत्त्वों की आवश्यकता होती है, जिनमें सर्वाधिक महत्त्व वाले तत्त्वों में बोरोन, लोहा, ताँबा, मैगनीज, जस्ता, क्लोरीन, मौलिब्डेनम, कोबाल्ट, सिलिकान, तथा वैनोडियम प्रमुख हैं।

पारिस्थितिक तन्त्र में पोषणस्तर एवं खाद्य श्रृंखला (Trophic level and Food chain in Ecosystem)-जीवमण्डलीय पारिस्थितिक तन्त्र स्वपोषी हरे पौधों का महत्वपूर्ण स्थान होता है क्योंकि ये अपना भोजन स्वयं तैयार करने के साथ ही अन्य जीवों के लिए ऊर्जा के प्रमुख स्त्रोत के रूप में उपलब्ध रहते हैं। ये पौधे अपना भोजन प्रकाश-संश्लेषण (Photosynthesis) की प्रक्रिया द्वारा बनाते हैं, जिसके अन्तर्गत पौधों में हरे रंग का पदार्थ 'क्लोरोफिल' सूर्य प्रकाश को प्राप्त करता है। इसके उपरान्त ये पौधे जल तथा कार्बन डाई आक्साइड को सूर्य प्रकाश की सहायता से स्टार्च में परिवर्तित करते हैं। इस प्रकार सौर ऊर्जा को रासायनिक ऊर्जा में परिवर्तित करने वाले पादपों को प्राथमिक उत्पादक (primary Producers) कहते हैं। हरे पौधों द्वारा निर्मित खाद्य से सचिंत ऊर्जा का उपभोग करने वाले शाकाहारियों को प्राथमिक उपभोक्ता (Primary consumers) कहतें हैं। इन शाकाहारियों पर आश्रित माँसाहारियों (Carnivores)को द्वितीयक उपभोक्ता (Secondary Consumers) कहतें हैं। इन शाकाहारी एवं माँसाहारी दोनों पर आश्रित जीवों को सर्वभक्षी (Omnivours)कहते हैं।

पारिस्थितिक तन्त्र में ऊर्जा का उपभोग (आहार पोषण) पदानुक्रम में सम्पन्न होता हैं। यह आकार पोषण स्तरीय होता है, अतः उन स्तरों या बिन्दुओं (Levels or Points) को, जिनके यह आकार ऊर्जा का एक वर्ग के जीवों(शाकाहारियों से माँसाहारियों में) में स्थानान्तरण होता है, इन स्तरों या बिन्दुओं को पोषण स्तर या पोषष्ट रीतियाँ (Trophic Levels) कहते हैं। प्रकृति में आहार ऊर्जा का स्थनान्तरण एक जीव से दूसरे जीव में (स्वपोषी पौधों से शाकाहारियों में)क्रमबद्ध रूप में होता है, जिसे खाद्य श्रृखंला (Food Chain) कहते हैं। इस आहार श्रृंखला में एक ऐसा बिन्दु होता है, जहाँ आहार ऊर्जा का एक वर्ग से दूसरे वर्ग में स्थानान्तरण होता है, उसे **पोषण स्तर** कहतें हैं।

खाद्य श्रखंला में विभिन्नता निम्न रूप से प्रस्तुत की जा सकती है-

(1) **पोषण स्तर 1**-पोषण स्तर एक में स्वपोषी प्राथमिक उत्पादक हरे पादपों को सम्मिलित किया जाता है, जिन्हें खाद्य श्रृंखला (Food chain) में आधार स्तर कहते हैं। इस स्तर में हरे पौधे सूर्य के प्रकाश की सहायता से प्रकाश संश्लेषण (Photosynthesis) क्रिया द्वारा अपना आहार निर्मित करते है, जिसके पौधें के विभिन्न अंगों का निर्माण होता है। पोषण

स्तर एक के हरे पौधे पोषण स्तर दो के जन्तुओं के लिए आहार ऊर्जा के रूप में उपलब्ध रहते हैं।

(2)**पोषण स्तर 2**-अपनी आहार ऊर्जा के लिए पोषण स्तर एक के स्वपोषी पौधों पर निर्भर रहने वाले शाकाहारी जन्तुओं को पोषण स्तर दो में सम्मिलित किया जाता है, जिन्हें प्राथमिक उपभोक्ता भी कहते हैं। ये जन्तु पोषण स्तर एक के पादपों का उपभोग करके अपना आहार प्राप्त करते हैं। इस पोषण स्तर में चरने वाले जन्तु महत्वपूर्ण हैं । इनमें गाय, भैंस, भेड़,बकरी, ऊँट, जिराफ, खरगोश, हिरन, हाथी आदि प्रमुख हैं।

(3) **पोषण स्तर 3**-इसमें माँस भक्षी (Carnivores) जन्तुओं को सम्मिलित किया जाता है, जो अपने आहार के लिये पोषण स्तर दो के शाकाहारी (Herbivores) जन्तुओं पर आश्रित रहते हैं। पोषण स्तर तीन के माँसाहारी जन्तुओं को द्वितीयक उपभोक्ता भी कहते हैं। पोषण स्तर तीन के जन्तुओं को तीन वर्गों विभाजित किया जा सकता है-(i) स्थलीय जन्तु-शेर, चीता, बाघ, भालू, चील आदि। (ii)मृदावासी जन्तु-बैक्टीरिया जो मृत शाकाहारियों का अपघटन करके आहार ऊर्जा प्राप्त करते हैं। (iii)जलीय जन्तु घड़ियाल तथा जल एवं स्थल दोनों में रहने वाले हैरिंग तथा मेंढ़क।

(4) **पोषण स्तर 4** -पोषण स्तर चार के अन्तर्गत सम्मिलित जन्तु पूर्व में वर्णित तीन पोषण स्तरों पर आश्रित रहते हुए अपना आहार ग्रहण करते हैं। इन जन्तुओं को सर्वहारी (Omnivores)कहते हैं, जो माँसाहारी एवं शाकाहारी दोनों वर्गों के जन्तुओं का भक्षण कहते हैं। मनुष्य इस पोषण स्तर का महत्वपूर्ण सदस्य है, जो पोषण स्तर एक के हरे पौधों से शाक-सब्जी, खाद्यान्न तथा ईधन प्राप्त करता है। इसके साथ ही पोषण स्तर दो एवं तीन के जन्तुओं से दूध एवं माँस प्राप्त करता है। अपघटक (Decomposers) जीवाणु भी सर्वहारी होते हैं, जो विभिन्न जन्तुओं के मृत शरीरें का अपघटन करके अपना आहार प्राप्त करते हैं। जल में उगी शैवालों और छोटी मछलियों का भक्षण करने वाली बड़ी मछलियाँ भी पोषण स्तर चार में आती हैं। किसी भी पारिस्थितिक तन्त्र में यह आवश्यक नहीं है कि एक जाति केवल एक ही पोषण स्तर में विद्यमान हो, अपितु ऊर्जा के उपलब्ध स्त्रोत विशेष के आधार पर वे एक से अधिक पोषण स्तर में भी सम्मिलित किये जा सकते हैं। उदाहरणार्थ कुछ अन्य शैवाल (Algae)अपने सम्पूर्ण भोजन का कुछ भाग स्वपोषी रूप में स्वयं बनाते हैं, जबकि कुछ अन्य शैवालों द्वारा बनाये गये भोजन के रूप में प्राप्त करते हैं। इस प्रकार आहार ऊर्जा विभिन्न पोषण स्तरों से गमन करती हुई पोषण स्तर एक से चार पहुँचती है, जिसके दौरान कुछ ऊर्जा ऊष्मा में परिवर्तित होकर नष्ट हो जाती है।

खाद्य जाल (Food Web)-

प्रकृति में भोजन श्रृंखला का क्रम रैखिक नहीं होता है, बल्कि भोजन श्रृंखला में विभिन्न पोषण स्तरों पर पाए जाने वाले जीवों के बीच सदैव एक पारस्परिक सम्बन्ध पाया जाता है। प्राकृतिक पारिस्थितिकी तन्त्र में आधार श्रृंखलाएँ परस्पर सम्बद्ध हो जाती है। इस प्रकार सम्बन्धित

प्रतिरूप को खाद्य जाल कहते है। प्राय: एक जीव से अधिक पोषण स्तरों के जीवों से अपने भोजन की पूर्ति कर सकता है। इसी प्रकार एक जीव विशेष का भक्षण प्राय: अनेक जीवों द्वारा किया जा सकता है। जैसे घास स्थल की चारण खाद्य श्रृंखला में खरगोश की अनुपस्थिति में या खरगोश के अतिरिक्त चूहे भी घास खाते हैं। चूहे को साँप व साँप को बाज खा सकता है। इस प्रकार पारिस्थितिक तंत्र के प्रत्येक पोषण स्तर में भक्षियों का विकल्प उपलब्ध रहता है, जो सम्मिलित रूप से अर्न्तसम्बन्धित खाद्य जाल का निर्माण करते हैं। प्रकृति में किसी ईकोतंत्र की स्थिरता व सन्तुलन बनाए रखने में खाद्य जालों का अपना अलग महत्व है। निन्नलिखित कारक में खाद्य जाल के प्रक्रम को सीधा प्रभावित करते हैं-1. भोजन श्रृंखला की लम्बाई, 2.भोजन प्रवृत्तियों के कारण जीवों में मिलने वाली विविधताएँ, 3. भोजन श्रृंखला में विभिन्न उपभोक्ता स्तरों पर भिन्न- भिन्न विकल्प। प्राकृतिक पारिस्थितिक तन्त्र में आहार श्रृंखलाएँ परस्पर सम्बद्ध हो जाती हैं। इस प्रकार सम्बद्धित (Interconnected) प्रतिरूप को खाद्य जाल (Food web) कहते हैं। इसमें कई जातियों के जन्तु एक ही प्रकार के भक्ष्यों (Preys) का उपभोग करते हैं। जैसे घासस्थल की चारण खाद्य श्रृंखला में खरगोश की अनुपस्थिति में या खरगोश के अतिरिक्त चूहे भी घास खाते हैं। चूहे को साँप व साँप को बाज खा सकता है। इस प्रकार पारिस्थितिक तन्त्र के प्रत्येक पोषण स्तर में भक्षियों का विकल्प उपलब्ध रहता है, जो सम्मिलित रूप से अन्तर्गन्थित (Interlocked)खाद्य जाल का निर्माण करते हैं।

पारिस्थितिक तन्त्र में ऊर्जा प्रवाह के नियम- किसी भी पारिस्थितिक तन्त्र में ऊर्जा प्रवाह निम्नलिखित प्राकृतिक नियमों के अनुसार सम्पन्न होता है-

(1) प्रथम नियम के अनुसार ऊर्जा का प्रवाह जैसे- जैसे बढ़ते क्रम में जाता है तो ऊर्जा की आपूर्ति घटती जाती है।

(2) दूसरे नियम के अनुसार पोषण स्तर के क्रम में वृद्धि के साथ जीवों द्वारा संग्रहीत ऊर्जा की तुलना में निर्गमन की मात्रा बढ़ती जाती है।

(3)तीसरे नियम के अनुसार पोषण स्तर के क्रम में वृद्धि के साथ जैविक घटकों में सुलभ ऊर्जा के दोहन की क्षमता बढ़ जाती है।

(4) उच्च पोषण स्तर के जीव निम्न पोषण स्तर के जीवों की तुलना में सुलभ ऊर्जा का उपयोग अपनी बेहतर क्रियाशीलता एवं दक्षता के कारण आसानी से कर लेते हैं।

पारिस्थितिकी एवं पारिस्थितिक तंत्र

प्राणियों, वनस्पतियों एवं पर्यावरण के विभिन्न कारकों के मध्य परस्पर निर्भरता की प्राकृतिक श्रृंखलाएँ विद्यमान है; जिनके कारण वे एक- दूसरे के पूरक हैं तथा एक- दूसरे के अस्तित्व को बनाये रखते हैं। आस-पास के पर्यावरण की अनुकूलता व प्रतिकूलता प्राणियों एवं वनस्पतियों के विकास व विनाश को निर्धारित करती है। प्राणियों एवं वनस्पतियों के उनके आस-पास के पर्यावरण के साथ सम्बन्धों के अध्ययन को परिस्थितिकी कहते हैं। किसी भी

समुदाय के जीव परस्पर अन्तर्प्रक्रिया करते हुये सतत अपने पर्यावरण के साथ कार्यात्मक सम्बन्ध रखते हैं। इस प्रकार समुदायों और उनके पर्यावरण के संरचनात्मक और कार्यात्मक तंत्र को पारिस्थितिक तंत्र कहते हैं।

अर्थ एवं परिभाषा

अंग्रेजी भाषा के Ecology शब्द की व्युत्पत्ति ग्रीक भाषा के Oikos तथा Logos दो शब्दों से हुई है। Oikos का अर्थ होता है- 'आवास का स्थान' (Habitation) तथा Logos का अर्थ होता है-अध्ययन (Study of)। इस प्रकार Ecology का शाब्दिक अर्थ-आवास के स्थान का अध्ययन या आवास का अध्ययन होता है।

जर्मन के जन्तु वैज्ञानिक हीकेल (Haeckel)ने सर्वप्रथम सन् 1866 में पारिस्थितिकी की ज्ञान की पृथक शखा के रूप में पहचान की। हीक्ल महोदय ने पारिस्थिकी के लिये Oeckologic शब्द का प्रयोग प्राणियों के कार्बनिक व अकार्बनिक पर्यावरण के साथ सम्बन्धों से अर्थ में किया।

एनसाइक्लोपीडिया ऑफ एनवायर्नेमेण्टल साइंस के अनुसार- "पारिस्थितिकी मानव के अन्य प्राणियों तथा समस्त पर्यावरण के साथ सन्तुलन की एक आदर्श अवस्था है।"

ए.जी.टॉसले के अनुसार- "पर्यावरण के जैविक एवं अजैविक तत्त्वों के सकल अन्तर्ग्रथित स्वरूपों का ही परिणाम पारिस्थितिकी तंत्र है। वर्तमान में पारिस्थितिकी तंत्र पारिस्थितिकी विज्ञान के अध्ययन का महत्त्वपूर्ण पहलू भी है।"

जीव विज्ञान के पेंग्विन (Pengwin)**शब्दकोश** के अनुसार-"पारिस्थितिकी जीव व वनस्पति समूहों के अपने आस-पास के सजीव व अजीव पर्यावरणीय कारकों के साथ सम्बधों का अध्ययन हैं।"

जोर्स के अनुसार- "किसी विशेष इकाई में घटित पर्यावरण के तत्वों एवं सम्पूर्ण जीवों के मध्य जटिल घटनाओं को पारिस्थितिकी कहा जाता है।"

ओडम के अनुसार- "पारिस्थितिकी वह आधारभूत इकाई है जिससें जैविक और अजैविक वातावरण एक-दूसरे पर अपना प्रभाव डालते हुऐ पारस्परिक अनुक्रिया से ऊर्जा और रासायनिक पदार्थो के निरन्तर प्रवाह से तंत्र की कार्यात्मक गतिशीलता बनाये रखते हैं।" दूसरे शब्दों में किसी भी समुदाय के जैविक सदस्यों और उनके अजैविक वातावरण में ऊर्जा प्रवाह और खनिज पदार्थ चक्र को पूरा करने के लिये लगातार रचनात्मक और कार्यात्मक पारस्परिक अनुक्रियायें होती रहती हैं, इन्हीं अनुक्रियाओं के सम्पूर्ण प्रभाव को पारिस्थितिकी कहते हैं।

टेलर के अनुसार- पारिस्थितिकी समस्त प्राणियों के पर्यावरण के साथ सम्बन्धों के अध्ययन का विज्ञान है।

टुर्क एवं विट्स के अनुसार- जीवित तन्त्रों तथा पर्यावरण के बीच सम्बन्धों का अध्ययन पारिस्थितिकी विज्ञान है।

फिलिप हेण्डलर के अनुसार- पारिस्थितिकी जीवों तथा उनके पर्यावरण के परस्पर सम्बन्धों का विज्ञान है।

पारिस्थितिकी की सुस्पष्ट, संक्षिप्त तथा व्यापक रूप में स्वीकृत परिभाषा निम्नवत् है-

पारिस्थितिकी प्राणी जगत व वनस्पति जगत के मध्य तथा उनके पर्यावरण के साथ सम्बन्धों का अध्ययन है।

पारिस्थितिकी की विशेषताएं (Characteristics of Ecology)

उपरोक्त परिभाषाओं के मूल्यांकन एवं विश्लेषण से पारिस्थितिकी की निम्न विशेषताऐ दष्टिगोचर होती हैं-

(1) पारिस्थितिकी के अन्तर्गत विशाल प्रकृति के स्वरूप तथा कार्यों का ज्ञान प्रदान किया जाता है।

(2) इसमें प्राणियों तथा उनके वातावरण में आन्तरिक सम्बन्धों तथा आन्तरिक निर्भरता का वैज्ञानिक अध्ययन किया जाता है।

(3) यह वैज्ञानिक अध्ययन का एक आयाम है जिसमें जीव-प्राणियों के कल्याण हेतु नियन्त्रण तथा संचालन का अध्ययन किया जाता है।

(4) पारिस्थितिकी एक दार्शनिक विचारधारा भी है इसमें विश्वजीवन का अर्थापन प्राकृतिक प्रक्रियाओं के रूप में किया जाता है।

(5) पारिस्थितिकी में प्राणियों तथा उनके वातावरण के सम्बन्धों का वैज्ञानिक अध्ययन है।

(6) पारिस्थितिकी वह विज्ञान है जिसमें सम्पूर्ण प्राणियों तथा उनके सम्पूर्ण वातावरण में सम्बधों का अध्ययन किया जाता है।

(7) यह पारिस्थितिकी-प्रणाली का विज्ञान है, पारिस्थितिकी-प्रणाली, पारिस्थितिकी की इकाई होती है।

पारिस्थितिकी के उद्देश्य (Objectives of Ecology)

पारिस्थितिकी के अध्ययन की अपनी विधियाँ, प्रविधियाँ तथा प्रक्रिया होती हैं। यह स्वतंत्र अध्ययन का क्षेत्र है। जिसकी अपनी निजी पाठ्यवस्तु है। पारिस्थितिकी अध्ययन के मुख्य उद्देश्य निम्न हैं-

(1) जीवधारियों तथा उनके वातावरण से सम्बन्ध का अध्ययन करना।

(2) जीवधारियों तथा उनके वातावरण के घटकों की पारस्परिक निर्भरता का विश्लेषण करना।

(3) जीवधारियों तथा वातावरण के आन्तरिक सम्बन्धों के विकास हेतु प्रक्रिया की खोज करना।

(4) पर्यावरण के घटकों के सम्बन्ध के लिए गणितीय प्रतिमान का विकास करना, जिससे उनके प्रभावों की प्रणाली विश्लेषण से भविष्यवाणी करना।

(5) प्राकृतिक स्त्रोतों तथा पर्यावरण प्रदूषण की व्यवस्था तथा संरक्षण का अध्ययन करना,

(6) जीवधारियों के कल्याण हेतु नियन्त्रण तथा संचालन के आयामों का विकास करना।

पारिस्थितिकी का अध्ययन क्षेत्र (The Area of Study of Ecology)

पारिस्थितिकी में अन्त: विषयक आयाम का उपयोग होता है जिससे इसकी पाठ्य-वस्तु तथा अध्ययन क्षेत्र अन्त: विषयक होता है। इसमें जीव विज्ञान विषयों को ही सम्मिलित नहीं किया जाता अपितु भौतिकी, रसायन, भूगोल, गणित, सांख्यिकी, समाजशास्त्र, मानवशास्त्र, जलवायु-विज्ञान आदि को सम्मिलित किया जाता है।

पारिस्थितिकी विज्ञान के अन्तर्गत निम्नलिखित क्षेत्रों का अध्ययन किया जाता है-

(1) पारिस्थितिकी की अवधारणा (Concept),

(2) पारिस्थितिकी के प्रकार तथा अवयव,

पारिस्थितिकी मुख्य रूप से तीन प्रकार की होती है-

(अ)स्वयं पारिस्थितिकी, (ब)समुदाय पारिस्थितिकी, (स)परितन्त्र पारिस्थितिकी।

आधुनिक पारिस्थितिकी वैज्ञानिक पारिस्थितिकी का वर्गीकरण निम्नवत् करते हैं-

1. जल पारिस्थितिकी (Water Ecology)-जल प्राणियों व वनस्पतियों के जीवन व विकास का प्रमुख आधार है। पृथ्वी ग्रह पर उपलब्ध जल का छोटा भाग ही शुद्ध व पेय है। जल पारिस्थितिकी के अन्तर्गत जल के स्त्रोतों के संरक्षण व उन्हें प्रदूषण रहित बनाये रखने के उपायों का अध्ययन किया जाता है।

2. जल पारिस्थितिकी (Palaeo Ecology)-इसके अन्तर्गत प्राचीनकाल के जीव-जन्तुओं के अवशेषों यथा अस्थिपंजर, वनस्पतियों के छिलके, डंठल, बीज, चिह्न अथवा चित्रों के आधार पर प्राचीन काल की पारिस्थितिकी का अनुमान लगाया जाता है।

3. संसाधन पारिस्थितिकी (Resource Ecology)-इसके अन्तर्गत किसी स्थान या क्षेत्र विशेष की पारिस्थितिकी का अध्ययन वहाँ पर उपलब्ध संसाधनों की दृष्टि से किया जाता है। संसाधन के अन्तर्गत-मिट्टी, खनिज, वनस्पतियाँ, पशु, पक्षी, मानव तथा क्षेत्र विशेष की फसलें आदि आती है।

4. घास के मैदानों की पारिस्थितिकी (Ecology of Grassland)–पशुओं के चारण के लिये घास के मैदान प्रथमत: आवश्यक हैं। पशुओं से मानव को दूध, खाल, सींग, ऊन, आदि प्राप्त होते हैं। आस्ट्रेलिया, उत्तरी अमेरिका तथा पम्पाज के घास के मैदान वहाँ की अर्थव्यवस्था के प्रमुख आधार हैं। इसलिये घास के मैदानों का विकास व संरक्षण जिन विधियों से किया जाता है, वे घास के मैदानों की पारिस्थितिकी के अन्तर्गत आती हैं।

5. शैक्षिक पारिस्थितिकी (Educo-Ecology)–शैक्षिक पारिस्थितिकी के अन्तर्गत किसी शिक्षण संस्था के उन सभी पारिस्थितिक कारकों का अध्ययन किया जाता है जो किसी शिक्षण संस्था की शैक्षिक पारिस्थितिकी को सन्तुलित बनाये रखने के लिये आवश्यक होते हैं। शैक्षिक परिस्थितिकी के प्रमुख कारक निम्नवत् होते हैं–

1. विद्यालय भवन, पुस्तकालय, प्रयोगशालाएँ, खेल का मैदान व साधन, आदि। 2. छात्रों की आवासीय व्यवस्था। 3. पाठ्य सहगामी क्रियाओं का आयोजन। 4. शिक्षकों की योग्यता व शिक्षण क्षमता। 5. शिक्षण संस्था का भौतिक परिवेश। 6. शिक्षण संस्था का सामाजिक परिवेश। 7. गुरु-शिष्य सम्बन्ध। 8. शिक्षण संस्था का प्रबन्धन। 9. शिक्षण संस्था में राजनैतिक हस्तक्षेप। 10. शिक्षण व अधिगम प्रक्रिया की प्रभावशीलता।

पारिस्थितिकी के प्रकार (Kinds of Ecology)–

पारिस्थितिकी का क्षेत्र अत्यन्त विशाल है। अत: इसके अनेक प्रकार हैं। इसकी निम्नांकित विशिष्ट अध्ययन शाखाएं हैं–

पारिस्थितिकी की शाखायें	अध्ययन क्षेत्र
1. जनसंख्या-पारिस्थितिकी (Population-Ecology)	1. इनमें जीवधारियों की आबादी की अभिवृद्धि, स्वरूप तथा नियन्त्रण का अध्ययन करते हैं।
2. मानव-पारिस्थितिकी (Human Ecology)	2. इसके अन्तर्गत मानव तथा उसके वातावरण के सम्बन्ध तथा मनुष्य प्रभाव और मनुष्य के लिये उपयोग का अध्ययन किया जाता है।
3. आवासीय पारिस्थितिकी (Habitat Ecology)	3. इसके अन्तर्गत पृथ्वी पर विभिन्न आवास तथा जीव-धारियों पर उनके प्रभाव का अध्ययन किया जाता है।
4. समुदाय-पारिस्थितिकी	4. इसमें पशुओं के स्थानीय वितरण का विभिन्न आवासों

(Community Ecology)	में अध्ययन करते हैं।
5. सौर-ऊर्जा पारिस्थितिकी (Radiation Ecology)	5. इसमें सौर-ऊर्जा का वातावरण तथा जीवधारियों पर प्रभाव का अध्ययन किया जाता है।
6. समाजशास्त्र (Sociology)	6. इसमें मानव की पारिस्थितिकी तथा प्राकृतिक वातावरण में मनुष्यों के सम्बन्धों, व्यवहारों का अर्थापन किया जाता हैं।
7. प्रणाली-पारिस्थितिकी (System Ecology)	7. यह पारिस्थितिकी-प्रणाली के स्वरूप तथा कार्यों का विश्लेषण करना और गणित के प्रतिमान का उपयोग करना जिससे सही बोध हो सके।
8. व्यावहारिक-पारिस्थितिकी (Applied Ecology)	8. इसमें मनुष्य की आवश्यकताओं और पारिस्थितिकी प्रत्ययों का उपयोग जैसे-कृषि, वानिकी, भूमि का उपयोग आदि।
9. उत्पादन-पारिस्थितिकी (Production Ecology)	9. इसमें विभिन्न पारिस्थितिकी प्रणाली के उत्पादन जैसे स्वच्छ पानी, फ़सल, समुद्र का पानी आदि।
10. भौगोलिक-पारिस्थितिकी (Geographical Ecology)	10. इसमें पशुओं तथा पौधो के भौगोलिक वितरण का अध्ययन किया जाता है।

पारिस्थितिकी तन्त्र (Ecosystem)-

किसी इकाई क्षेत्र के सभी जीवधारियों का सम्मिलित रूप भौतिक पर्यावरण के साथ अन्त: क्रिया करता है ताकि उस क्षेत्र की जैविक विषमताओं तथा पदार्थ चक्र की प्रणाली में ऊर्जा का प्रवाह हो, तब इसे पारिस्थितिकी प्रणाली या तंत्र कहते हैं।

जैव पर्यावरण का विभाजन उत्पादन, उपभोक्ता और विघटक के रूप में किया जा सकता है। पारिस्थितिकी तन्त्र को ठीक समझने के लिये अधोलिखित शब्दों का अर्थ समझ लेना अति आवश्यक है।

1. स्वयंपोषी-वे उत्पादक जो मिट्टी के पोषक तत्वों, अपने अंगों में मौजूद क्लोरोफिल तथा सूर्य से अपना आहार स्वयं तैयार करते हैं, स्वयंपोषी या आटोट्राफ कहलाते हैं; जैसे-पेड़-पौधे।

2. परपोषी-उपभोक्ता जो अपने आहार के लिये दूसरे उत्पादकों पर निर्भर करते हैं, परपोषी या हेट्रोट्राफ कहलाते हैं; जैसे-पशु, पक्षी व मानव।

3. मृतोपजीवी या सैप्रोट्राफ-मिट्टी में उपस्थित वे सूक्ष्म जीवाणु जो पेड़-पौधों की सड़ी-गली पत्तियों, डंठलों, मृत प्राणियों तथा कूड़ा-कचरे को विघटित कर जैविक व अजैविक तत्त्वों के रूप में मिट्टी को सौंप देते हैं, सैप्रोट्राफ या विघटक कहलाते हैं।

पारिस्थितिकी तंत्र की विशेषताएँ (Characteristics of Ecosystem)-

पारिस्थितिकी तंत्र की उक्त परिभाषाओं में जो प्रमुख विशेषताएँ प्रतीत होती है, वे हैं-

(1) किसी निश्चित स्थान व समय इकाई वाला पारिस्थितिकी तन्त्र उस क्षेत्र के सभी जीवधारियों (पौधे व जन्तु) एवं उनके भौतिक पर्यावरण के सकल योग का प्रतिनिधित्व करता है।

(2) पारिस्थितिकी तंत्र की संरचना तीन मूलभूत संघटकों द्वारा होती है- (i) ऊर्जा संघटक, (ii) जैविक (बायोम) संघटक तथा (iii) अजैविक या भौतिक (निवास्य क्षेत्र) संघटक।

(3) जब तक पारिस्थितिकी तंत्र के एक या अधिक नियंत्रक कारकों में अव्यवस्था नहीं होती है, पारिस्थितिकी तंत्र अपेक्षाकृत स्थिर समस्थिति में होता हैं।

(4) पारिस्थितिकी तंत्र विस्तृत तंत्र होता है, जिसमें ऊर्जा तथा पदार्थों का लगातार निवेश तथा बर्हिगमन होता रहता है।

(5) यद्यपि पारिस्थितिकी तंत्र अनेक प्रकार की ऊर्जा द्वारा चालित होता है लेकिन सौर ऊर्जा सबसे अधिक महत्त्वपूर्ण होती है।

(6) पारिस्थितिकी तंत्र एक क्रियाशील इकाई होता है जिसके अन्तर्गत जैविक संघटक जैसे पौधे, मानव सहित जन्तु तथा सूक्ष्म जीव तथा भौतिक या अजैविक संघटक श्रृंखलाबद्ध वृहदस्तरीय चक्रीय विधियों (जैसे-ऊर्जा प्रवाह, जलीय चक्र, जैव-भू-रासायनिक चक्र, खनिज चक्र, अवसाद चक्र आदि) के माध्यम से घनिष्ठ रूप से एक-दूसरे से सम्बन्धित तथा जुड़े रहते हैं।

(7) इसमें जटिल अन्त: क्रियायें जैविक तथा अजैविक तत्त्वों तथा ऊर्जा तत्त्व के रूप में होती है।

(8) पारिस्थितिकी तंत्र की सुविधा के लिये ब्लैक-बॉक्स मॉडल के सन्दर्भ में अध्ययन किया जा सकता है। जो आन्तरिक जटिलताओं के लिये अपारदर्शक होता है उसे ब्लैक बॉक्स

कहते हैं। इसके अन्तर्गत निवेश तथा निर्गम के विचारों (Variables) का तो अध्ययन किया जा सकता है लेकिन आन्तरिक विचरों के तंत्र की जटिलताओं को कम करने के लिये नजरअंदाज कर दिया जाता है।

पारिस्थितिकी प्रणाली अथवा तन्त्र के प्रकार (Kinds of Ecosystem)

पारिस्थितिकी तन्त्र अनेक प्रकार के हैं, यह प्रकृति की एक छोटी सी इकाई से लेकर विशाल तन्त्र से जुड़े हैं। आकार की दृष्टि से पारिस्थितिकी तन्त्र एक छोटे से तालाब से लेकर समुद्र तक हो सकता है।

आकार की दृष्टि से पारिस्थितिकी तन्त्र के प्रकार-(1) वृहद् तन्त्र (2) लघु तन्त्र

निर्माण की दृष्टि से पारिस्थितिकी तन्त्र के प्रकार-

(1) प्राकृतिक पारिस्थतिकी तन्त्र-(अ) स्थलीय-रेगिस्तान घास के मैदान वन क्षेत्र (ब) जलीय-झरना जलप्रपात तालाब नदियाँ, झीलें, समुद्र, महासागर

(2) मानवकृत पारिस्थितिकी तन्त्र- अतिरिक्त ऊर्जा तथा नियोजित क्रियाओं द्वारा →गेहूँ की फसल चावल के खेत, में मक्के की फसल

(3) अन्तरिक्षीय पारिस्थितिकी तन्त्र→यह आधुनिक नवीनतम खोज है → इसको मानवकृत भी कहा जा रहा है।

ऊर्जा स्त्रोत की दृष्टि से पारिस्थितिकी तन्त्र के प्रकार-(अ) प्राकृतिक सौर ऊर्जा शक्ति पारिस्थितिकी तन्त्र (ब) प्राकृतिक सहायक सौर ऊर्जा पारिस्थितिकी तन्त्र (स) यान्त्रिक कृषि →कृषि उत्पादन बढ़ता है, सिंचाई सुविधाएँ (द) ईंधन शक्ति पारिस्थितिकी तन्त्र →औद्योगिक क्षेत्र जहाँ सौर ऊर्जा प्रयुक्त की जा रही है।

क्रियाशीलता की दृष्टि से पारिस्थितिकी तन्त्र के प्रकार-(अ)अपूर्ण पारिस्थितिकी तन्त्र (ब) स्व पर्याप्त पारिस्थितिकी तन्त्र (स) विकृत पारिस्थितिकी तन्त्र (द) अनियन्त्रित पारिस्थितिकी तन्त्र।

अपूर्ण पारिस्थितिकी तन्त्र(Incomplete Ecosystem)-किसी भी तन्त्र की पूर्णता के लिए चार तत्त्वों का होना आवश्यक है। जैसे-अजैविक पदार्थ, उत्पादक जीवधारी, उपभोक्ता जीवधारी तथा विघटक जीवधारी। जब इन चार तत्त्वों में से किसी एक की अथवा अधिक की अनुपस्थिति रहती है तब वह तन्त्र अपूर्ण पारिस्थितिकी तन्त्र कहलाता है, जैसे-आधुनिक औद्योगीकरण तथा शहरीकरण के कारण शहरों में विभिन्न प्रकार के शाकाहारी जीवों के लिए चारा आदि की व्यवस्था बाहर से करनी पड़ती है तथा उनके द्वारा उत्सर्जित मल-मूत्र आदि की व्यवस्था भी शहर से बाहर ही होती है। ऐसे में तन्त्र की श्रृंखला टूट जाती है, यही अपूर्ण पारिस्थतिकी तन्त्र कहलाता है।

पूर्ण पारिस्थितिकी तन्त्र (Complete Ecosystem)–इस प्रकार के परितन्त्र की कड़ी टूटने पर भी वह तन्त्र टूटता नहीं, अपितु अपनी पूर्ति कर लेता है जैसे जंगल।

पर्यावरण के कारक

जैविक कारक (Biotic Factors)	अजैविक कारक (Abiotic Factors)
1. हरे पौधे	1. जल
2. मानव	2. वायु
3. झाड़िया	3. सौर ऊर्जा
4. प्राणी	4. स्थलाकृति
5. सूक्ष्म जीव	5. ताप
	6. खनिज
	7. गुरुत्व
	8. मृद्रा

पारिस्थितिकी और मानव विकास

बीसवी शताब्दी के मध्य में हमने हमारे ग्रह पृथ्वी को अंतरिक्ष से प्रथम बार देखा। इतिहासवेत्ता इस घटना का जनमानस पर उतना व्यापक प्रभाव अंत में ही अनुभव कर पाये जितना कि पृथ्वी ब्रह्मण्ड का केन्द्र नहीं है, यह कहकर सोलहवीं शताब्दी में कोपरनिकस ने मानव की स्वकल्पना को भंग कर एक क्रान्ति पैदा कर दी थी। अंतरिक्ष से हमें पृथ्वी एक छोटी व कोमल गेंद–सी दिखाई देती है जिस पर मानवीय कृत्तियों व कृत्यों का नहीं अपितु बादलों, महासागरों, हरयाली व मृदा के शिल्प सौन्दर्य का आधिपत्य हैं। इस प्राकृतिक वातावरण में मानव के क्रिया कलापों के सुसंचालन की मानवीय अक्षमता के कारण ही मूलत: सौर मण्डल में परिवर्तन आ रहे हैं। ऐसे अनेक परिवर्तनों में जीवन के लिए चेतावनी भरे संकट निहित होते हैं। इस नयी हकीकत से हम पलायन नहीं कर सकते। इसलिए हमें इसे स्वीकारना व नियंत्रित करना पडे गा। सौभाग्य से, यह नयी वास्तविकता इस सदी के नये विकास से अधिक सकारात्मकता से जुड़ी है। अब हम विश्व में पहले की अपेक्षा सूचना व सामग्री का शीघ्रतर प्रेषण कर सकते हैं। हम संसाधनों का अल्प विनियोग करके अधिक अनाज व अधिक सामग्री का उत्पादन कर सकते हैं। हमारा विज्ञान और तकनीकी ज्ञान, हमें प्राकृतिक तंत्र को गहनता से देखने और बेहतर तरीके से समझने की क्षमता देता है। अंतिरक्ष से हम पृथ्वी का उस एक जीव की भांति दर्शन व अध्ययन कर सकते है जिसका स्वास्थ्य उसके अन्य सभी भागों के स्वास्थ्य पर निर्भर होता है। हम मानवीय क्रियाओं के साथ प्राकृतिक नियमों का सामंजस्य करने तथा क्रियाविधि को उन्नत

बनाने की क्षमता रखते हैं। इन स्थितियों में हमारी सांस्कृतिक एवं अध्यात्मिक धरोहर ही हमारे आर्थिक लाभ एवं जीवनाधिकार को सम्बल प्रदान कर सकती है। आयोग यह विश्वास करता है कि मानव अपने भविष्य को अधिक समृद्ध, अधिक न्यायोचित और अधिक सुरक्षित बना सकता हैं। हमारा सबका भविष्य नामक हमारा यह प्रतिवेदन सदा बढते हुए पर्यावरणीय क्षय व निर्धनता की भविष्यवाणी नहीं है और न ही सदा घटते हुए संसाधनों के बीच सदा अधिक होते प्रदुषित संसार की कठिनाइयों का विचरण है। बजाय, इसके, हम आर्थिक विकास के नवयुग की संभावनाएँ देखते हैं जो कि समुचित विकास की नीतियों पर आधारित हों और पर्यावरणीय संसाधनों के आधारों का विस्तार करें। हम विश्वास करते है कि व्यापक गरीबी में डूबे हुए विकासशील विश्व के एक बड़े भाग को राहत पहुँचाने के लिए ऐसी वृद्धि अत्यन्त आवश्यक हैं।

भविष्य के लिए, आयोग की आज्ञा राजनैतिक निर्णयों की क्रियान्विति पर निर्भर हैं जिनके द्वारा समुचित मानवीय प्रगति और मानवीय उत्तरजीविका को सुनिश्चित करने के लिए अब पर्यावरणीय संसाधनों का व्यवस्थापन प्रारंभ होगा। हम कोई भविष्यवाणी नहीं कर रहे हैं बल्कि चेतावनी जारी कर रहे हैं। कि विज्ञान के सर्वोत्तम एवं नवीनतम प्रमाणों पर आधारित एक अत्यावश्यक चेतावनी, कि प्राकृतिक संसाधनों को आज और भावी पीढ़ी के लिए सुरक्षित बनाये रखने का आवश्यक निर्णय लेने का समय आ गया है। हम क्रियान्वयन हेतु कोई विस्तृत कार्य योजना नहीं अपितु एक मार्ग प्रस्तुत कर रहे हैं जिससे कि विश्व की जनता सहयोग की परिधि को बढ़ा सके। राष्ट्रीय सरकारों एवं बहुआयामी संस्थानों में यह अनुभूति बढ़ रही है कि पर्यावरणीय समस्याओं तथा आर्थिक विकास के मसलों को पृथक करना असंभव है। अनेक प्रकार के विकास कार्य आधारभूत पर्यावरणीय संसाधनों को ही नष्ट कर देते हैं और पर्यावरणीय अध: पतन से आर्थिक विकास अवरूद्ध हो जाता है। विश्व की पर्यावरणीय समस्याओं का एक प्रमुख कारण एवं प्रभाव गरीबी है। इसलिए विश्व की गरीबी और अन्तर्राष्टीय विषमता के कारणों का विस्तृत परिदृश्य में दिग्दर्शन किये बिना पर्यावरणीय समस्याओं का समाधान खोजने का प्रयास व्यर्थ सिद्ध होगा। संयुक्त राष्ट्र संघ की महासभा द्वारा 1983 में विश्व पर्यावरण एवं विकास आयोग की स्थापना के यही प्रमुख आधार थे। यह आयोग एक स्वायत्त संस्था है जो विभिन्न सरकारों व संयुक्त राष्ट्र संघ से संबंधित है लेकिन उनके द्वारा नियंत्रित नहीं। आयोग के घोषणा पत्र में तीन उद्देश्य रखे गये हैं- 1 विकास एवं पर्यावरण के समस्यामूलक मसलों का पुन: परीक्षण करना और इनके निवारण के लिए यर्थाथ प्रस्तावों का निर्माण करना 2. इन समस्याओं के निवारणार्थ अन्तर्राष्ट्रीय सहयोग के नये प्रारूप प्रस्तावित करना जो कि अपेक्षित परिर्वतनों की दिशा में घटनाइओं और नीतियों का प्रभावित करेंगे। 3. सरकारों, संस्थाओं,व्यवसायिक प्रतिष्ठानों, स्वयंसेवी संगठनों एवं व्यक्तियों के कार्यो में समर्पण तथा सूझ-बूझ के स्तर का विकास करना।

पाँचों महाद्वीपों में, हमारे द्वारा आयोजित प्रवचनों एवं जन परिचर्चाओं से प्रास प्रमाणों के आधार पर आयोग के सभी सदस्य एक प्रमुख विचार-बिन्दु पर पहुँचे। उसके अनुसार विकास की अनेक वर्तमान प्रवृत्तियों अरक्षित एवं निर्धन व्यक्तियों की संख्या बढानें के साथ-साथ पर्यावरण का अधोपतन कर रही है। इसी पर्यावरण में रहते हुए अगामी शताब्दी की दुगुनी जनसंख्या के लिए ऐसा ही विकास कैसे उपयोगी हो सकेगा? इस अनुभूति ने हमारी विकास की

धारणा को व्यापक बनाया है। हम विकासशील देशों में पर्यावरणीय समस्या को आर्थिक विकास के सीमित संदर्भ में नही देखते। हमने देखा कि एक नया विकास-मार्ग आवश्यक था जो कि कुछ स्थानों पर नहीं बल्कि सम्पूर्ण विश्व के लिए दूरगामी भविष्य तक समुचित मानवीय प्रगति के लिए हो। इस प्रकार समुचित विकास विकासशील राष्ट्रों के लिए ही नहीं, वरन् औद्योगिक राष्ट्रों के लिए भी उद्देश्य बन गया है।

अन्तर्ग्रन्थित संकट-

वर्तमान तक, पृथ्वी एक विशाल संसार-सी लगती थी जिसमें मानवीय गतिविधियों और उनके प्रभावों को राष्ट्र की सीमा में ऊर्जा, कृषि, व्यापार जैसे खण्डों में और पर्यावरणीय, सामाजिक, आर्थिक जैसे व्यापक सम्बद्ध क्षेत्रों में आसानी से विभाजित किया जाता था। अब यह वर्गीकरण समाप्त होता जा रहा है क्योंकि विगत एक दशक में हुई विभिन्न विश्वव्यापी दुखान्तिकाओं ने जन मानस को उद्वेलित किया है। ये दुखान्तिकाएँ पृथक-पृथक् पर्यावरणीय संकट, ऊर्जा संकट, विकास संकट के रूप में ही समाने आईं अपितु ये सब एकाकार हो गई। हमारी पृथ्वी मूलभूत परिवर्तनों और नाटकीय विकास के काल से गुजर रही है। हमारी 5 अरब लोगों की दुनिया के सीमित पर्यावरण में, हमें भावी दूसरी दुनिया के लिए स्थान बनाना पड़ेगा। संयुक्त राष्ट्र संघ के मतानुसार अगली शताब्दी में विश्व की जनसंख्या 8 अरब और 14 अरब के मध्य हो पायेगी। उसमें से 60 प्रतिशत जनसंख्या वृद्धि निर्धनतम राष्ट्रों में होगी और 60 प्रतिशत वृद्धि अभी विस्फोटक जनसंख्या वाले महानगरों में होगी।

आर्थिक गतिविधियों के विस्तार से विश्व व्यापार 130 खरब डालर तक पहुँच गया और अगामी अर्द्धशती तक यह पाँच या दस गुना और बढ सकता है। वर्तमान औद्योगिक उत्पादन गत शताब्दी की तुलना में पचास गुना बढ गया है और 1950 से अब तक 4/5 भाग बढा है। ऐसे तथ्य जैव मण्डल पर होने वाले गंभीर प्रभावों के पूर्वानुमानों को प्रकट करते हैं जबकि विश्व के लोग भवनों, आवागमन के साधनों, कृषि व उद्योगों में धन विनियोग करते हैं। वन, मृदा, समुद्र व जल स्रोत से कच्ची सामग्री लेकर ही अधिकांश आर्थिक विकास होता है।

आर्थिक प्रगति की प्रमुख प्रेरणा नवीन प्रौद्योगिकी है जबकि यह प्रोद्योगिकी सीमित संसाधनों के तीव्रता से होने वाले खतरनाक व्यय को मंद करने की क्षमता प्रस्तुत करती है। साथ-ही-साथ प्रदूषण के नये रूप और विकास के क्रम को बदल सकने वाली जीवों की नयी प्रजातियों का पृथ्वी पर उद्भव जैसे बड़े खतरे भी प्रौद्योगिकी द्वारा हस्तान्तरित होते है। बहरहाल विकासशील विश्व में पर्यावरणीय साधनों पर पूर्णतया आश्रित और भंयकर प्रदूषण करने वाले उद्योग सर्वाधिक तेजी से बढ रहे हैं। इन देशों में प्रगति की अत्यावश्यकता है लेकिन प्रौद्योगीकरण से उत्पन्न उन प्रभावों को घटाने की क्षमता भी उनके पास न्यून है।

इन संबंधित परिवर्तनों ने विश्व आर्थिकी एवं विश्व पारिस्थितिकी को नये ढंग से परस्पर गूंथ डाला है। अतीत में, हम आर्थिक प्रगति द्वारा पर्यावरण पर होने वाले प्रभावों का ध्यान रखते थे। अब हम पारिस्थितिकीय तनावों जैसे मृदा, जलस्त्रोतों, वायुमण्डल व वनों के अधोपतन का हमारे आर्थिक विकास पर पड़ने वाले प्रभावों की ओर ध्यान देने को मजबूर हैं। विगत समय में

हम विभिन्न देशों के बीच आर्थिक अन्तनिर्भरता में तीव्र वृद्धि का सामना करने को विवश हुए हैं। अब हम राष्ट्रों के बीच पारिस्थितिकीय अन्तर्निभरता के अभ्यस्त होने को मजबूर हैं। पारिस्थितिकी एवं आर्थिकी और अधिक स्थानीय, क्षेत्रीय, राष्ट्रीय एवं वैश्विक दृष्टि के कारण और प्रभाव के स्तरहीन जाल में अन्तर्ग्रन्थित हो रही है। स्थानीय संसाधन-आधार के क्षीण होने पर इसका विस्तृत क्षेत्रों पर प्रभाव हो सकता है। पर्वतीय किसानों द्वारा वन विनाश किया जाता है जिससे मैदानी खेतों में बाढ की स्थिति बन जाती है। औद्योगिक प्रदूषण स्थानीय मछुवारों से उनका शिकार छीन लेते हैं। ऐसे निष्ठुर स्थानीय चक्र अब क्षेत्रीय एवं राष्ट्रीय स्तर पर संचालित होते हैं। शुष्क भूमि के स्तरावनत से लाखों पर्यावरणीय शरणार्थी अपने राष्ट्रो की सीमाओं से पलायन कर जाते हैं। लेकिन अमेरिका और एशिया में वन-विनाश के कारण अधिक बाढे आ रही हैं। जलधारा व पहाड़ो के नीचे स्थित राष्ट्रो में तो और भी अधिक विनाशकारी बाढ़े आयी हैं। अम्लीय वर्षा तथा परमाण्विक रेडियोधर्मी धूल यूरोप की सीमा के आरपार फैल गई है। विश्व का बढता तापमान और ओजोन परत के नष्ट होने जैसी प्रवृत्तियाँ विश्व स्तर पर उभर रही हैं। जिन विनाशकारी रसायनों का अर्न्तराष्ट्रीय व्यापार होता है वे स्वत: ही पूरे विश्व के भोजन में मिल रहे हैं। आगामी शताब्दी में, जनसंख्या दबाव के कारण पर्यावरणीय आन्दोलन तेजी से बढ सकता है जबकि इस आन्दोलन के प्रति वर्तमान की अपेक्षा उस समय अधिक दृढ़तापूर्वक विरोध प्रकृट हो सकता है। विगत कुछ दशकों में, जीवन के लिए संकटदायी पर्यावरणीय घटनाएँ सारे विकासशील विश्व पर छा गई हैं। किसानों और भूमिहीनों की बढ़ती संख्या से ग्रामीण क्षेत्रों में दबाव बढ रहा है। शहरों में लोगों, कारों और कारखानों की भरमार हो गई है। इन परिस्थितियों में, इन विकासशील राष्ट्रो को ऐसे विश्व में क्रियाशील रहना होगा, जहाँ-

(i) सर्वाधिक विकासशील और औद्योगिक राष्ट्रों के बीच संसाधनों का अन्तराल बढ़ रहा हो।

(ii) औद्योगिक विश्व कुछ महत्त्वपूर्ण अन्तर्राष्ट्रीय संस्थाओं की नीति निर्धारण में हावी रहता हो।

(iii) औद्योगिक विश्व ने पृथ्वी की पारिस्थितिकीय संपदा का अधिकांश भाग पहले से ही काम में ले लिया हो। यह विषमता पृथ्वी की प्रमुख पर्यावरणीय समस्या है और यह ही प्रमुख विकासात्मक समस्या है। अनेक विकासशील देशों में अन्तर्राष्ट्रीय आर्थिक सम्बन्ध पर्यावरणीय व्यवस्थापन में विशेष समस्याएँ उत्पन्न करते हैं। इन विकासशील देशों में कृषि, वानिकी, ऊर्जा-उत्पादन एवं उत्खनन सकल राष्ट्रीय उत्पादन का कम-से-कम आधा भाग पैदा करते ही है और सेवा नियोजन व आजिविका का अधिकार भाग इन्हीं क्षेत्रों में होता है। विशेषत: कम विकसित देशों में प्राकृतिक संसाधनों का निर्यात उनका प्रमुख आर्थिक आधार है। ऐसे अधिकांश राष्ट्रों को अपने पर्यावरणीय संसाधन आधार को अतिदोहन से बचाने के लिए राष्ट्रीय और अन्तर्राष्ट्रीय स्तर पर भारी आर्थिक दबाव सहने पड़ते हैं।

अफ्रीका की ताजा दुखान्तिका, आर्थिक और पारिस्थितिकी की अन्तक्रिया की विनाशात्मक एवं भीषण संहारक भूमिका को संपूर्णत: और दारूण स्थितियों में उजागर करती है। अकाल से

आरंभ हुई इस विभीषिका का वास्तविक कारण गर्भ में छिपा है। उसे अंशत: राष्ट्रीय नीतियों में खोजना होगा, जिसमें कि तीव्रता से बढती जनसंख्या द्वारा उत्पन्न कठिनाइयों और लघु कृषकों की आवश्यकताओं पर विलंब से किन्तु बहुत कम ध्यान दिया गया है। इस समस्या की जड़े विश्व के आर्थिक तंत्र तक भी पहुंचती हैं जो कि एक गरीब महाद्वीप को देने की अपेक्षा अधिक लेता है। अफ्रीकी देशों द्वारा ऋणों का भुगतान नहीं हो पाता है तब उन्हें अपने उत्पादनों के विक्रय पर निर्भर रहना पड़ता है और इनके लिए नाजुक भूमि का अति उपयोग कर उसे रेगिस्तान में बदला जा रहा है। सभी धनी देशों में और बहुत से विकासशील देशों में उनके व्यापारिक नियमावरोधों के कारण अफ्रीकी देशों के लिए उचित लाभ लेकर अपना सामान बेचना कठिन है, जिससे भी वहां के पारिस्थितिकीय तंत्र पर अधिक दबाव पड़ रहा है।

6

पर्यावरण में सामूहिक योगदान

हमारे चारों ओर प्रकृति ने भूमि, वायु, वन्य प्राणी, खनिज पदार्थ आदि जैसी अमूल्य निधियाँ प्रदान की है लेकिन जनसंख्या वृद्धि से इन प्राकृतिक सम्पदाओं का उपयोग भी बढ रहा हैं, वह समय भी दूर नही जब प्राकृतिक सम्पदाओं का सम्भरण समाप्त हो जायेगा। जनसंख्या वृद्धि, शहरीकरण, औद्योगीकरण आदि ऐसे कारक है जिसके कारण ये अमूल्य निधियाँ समाप्त हो रही है और प्रकृति द्वारा प्रदत्त सन्तुलन बिगड़ गया है। प्रत्येक जीव को जीवन चलाने के लिए ऊर्जा की आवश्यकता होती है, यह ऊर्जा प्रत्यक्ष या अप्रत्यक्ष रूप से पेड़-पौधों से प्राप्त होती हैं। प्रकृति में ऊर्जा का उत्पादन पेड़-पौधे करते है जिनको उत्पादक कहते हैं वही शाकाहारी व मांसाहारी जीव जो कि उपभोक्ता कहलाते हैं, इन सबको मिलाकर प्रकृति एक सन्तुलन बनाये रखती है जिससे इन सबकी संख्या निश्चित बनी रहती है। लेकिन आज जिस गति से जनसंख्या वृद्धि हुई उससे शहरीकरण हुआ। शहरीकरण से कृषि योग्य भूमि कम हुई और इसका स्थान मकानों ने लिया वही भोजन व मनोरंजन के लिए शिकार के बतौर वन्य प्राणियों को नष्ट किया गया। लकड़ी व ईधन की आवश्यकता की पूर्ति के लिए वनों को काटकर इनका क्षेत्रफल कम किया गया। अत: कहा जा सकता है कि प्रकृति द्वारा प्रदत्त प्राकृतिक सन्तुलन मानव ने तुच्छ क्षणिक स्वार्थ के लिए अपने हाथों से नष्ट कर अपने पैरो पर कुल्हाड़ी मारी है और बुरे परिणाम भी आज हम बाढ, सूखा, भुखमरी, अकाल, महामारियों के रूप में भुगत रहे हैं। अत: आज भी हमें सावधानी की आवश्यकता हैं कि मानव अपने स्वार्थ से ऊपर उठकर प्रकृति द्वारा प्रदत्त भू-

वन, वन्य-प्राणी सम्पदा आदि की रक्षा कर प्राकृतिक सन्तुलन व इनकी संख्या को कम होने से रोके।

संरक्षण के उद्देश्य

संरक्षण का तात्पर्य यह नहीं कि हम केवल प्राकृतिक सम्पदाओं को जमा करें इसका तात्पर्य है प्राकृतिक सम्पदाओं को निरन्तर बनाये रखना, इसमें वृद्धि करना व इसके सदुपयोग को संरक्षण कहते हैं। प्रकृति द्वारा प्रदत्त प्राकृतिक सन्तुलन चक्र स्थापित रखकर पौधों, वनस्पतियों, वन्य-प्राणियों की निरन्तर पैदावार बनाये रखे। प्रकृति ने हमें दो प्रकार के साधन दिये हैं जिनमें एक को तो हम उत्पन्न कर सकते है जो नवीनीकरण योग्य साधन कहलाते है जैसे भूमि, वन, वन्य-प्राणी आदि जबकि दूसरे प्रकार के पदार्थों को पुन: उत्पन्न नहीं किया जा सकता है जैसे पैट्रोल, खनिज पदार्थ, कोयला आदि। इन साधनों को समाप्त होने से रोकने के लिए आवश्यक है कि इनका उपयोग सोच-विचार कर ही किया जाय। संरक्षण के द्वारा सजीवों व निर्जीवों में सन्तुलन बना रहता है, साथ ही प्राकृतिक सम्पदाओं का सदुपयोग होगा और इनकी वृद्धि को प्रोत्साहन मिलेगा। यहाँ संरक्षण के विविध रूपों का विवेचन समीचीन होगा।

मृदा का संरक्षण

भूमि में मृदा का एक स्तर होता है। यह स्तर विभिन्न स्थानों पर अलग-अलग होता है। पथरीली भूमि, पहाड़ी क्षेत्र में जहाँ मृदा स्तर कम होता है वही मैदानों व नदी क्षेत्रों में इसका स्तर गहरा होता है। भूमि के उपजाऊपन के लिए आवश्यक है कि उसमें आवश्यक मात्रा में नमी हो। नमी-युक्त भूमि पर पौधे एवं जन्तुओं की मृत्यु के पश्चात सड़ते व गलते है व भूमि में मिल जाते हैं ऐसे ही जीवांश युक्त मृदा को 'ह्यूमस' कहते हैं। भूमि में ह्यूमस जितनी मात्रा में होगी उतनी ही भूमि उपजाऊ होगी। प्रकृति द्वारा इस प्रकार ह्यूमस युक्त मृदा बनाने में कई वर्ष लग जाते है लेकिन भूमि के अनुचित प्रयोग से इसकी गुणवता नष्ट बहुत जल्दी हो जाती है। प्रकृति में मृदा के अवगुण को कटाव व अवक्षय कहते हैं। किसान अपनी अज्ञानता या अन्य कारणों से एक ही प्रकार की फसल लगातार बोता है जिससे भूमि में लवणों की मात्रा निरन्तर कम होती जाती है अत: भूमि अन-उपजाऊ व बंजर बन जाती है। इस प्रकार भूमि में हुए परिवर्तन को अवक्षय कहते हैं। इसे रोकने के लिए आवश्यक है कि भूमि पर लगातार कृषि न की जाय साथ ही फसल को बदल-बदल कर उगाया जाय जिससे भूमि-अवक्षय होने से रोका जाय।

भूमि में मृदा का स्तर कम होना या नष्ट होना भू अपर्दन कहलाता है। मृदा का अपर्दन तेज हवाओं, आंधी, वर्षा, बाढ आदि से मृदा एक स्थान से दूसरे स्थान पर उड़कर बहकर चली जाती हैं जिससे भूमि की गुणवता नष्ट हो जाती है साथ ही तेज हवाएँ रेगिस्तान को बढाती हैं। भूमि का अपर्दन रोकने के लिए आवश्यक है कि भूमि पर सघन वनस्पति का विकास किया जाय तो इस वनस्पति की जड़ों में भू, पृथ्वी की मृदा बँधी रह सकती है। साथ ही पेड़ों से गिरने वाली पत्तियाँ भूमि में मिलकर ऊपरी मृदा स्तर की सुरक्षा करती हैं। साथ ही कृषि योग्य अच्छी मृदा वाले समतल क्षेत्रों में फसलों को बदल-बदल कर बोना, पट्टीदार खेती, ढालू क्षेत्रों में कटिवत् मेड़, कृषि की जाय तो भूमि का संरक्षण हो सकता है।

वन संरक्षण

वन प्राकृतिक सन्तुलन की एक महत्वपूर्ण कड़ी है। इस कड़ी के टूटने से पूरा प्राकृतिक खाद्य चक्र बिगड़ जायेगा। हरे पौधे सूर्य की ऊष्मा को ग्रहण कर रासायनिक ऊर्जा में परिवर्तित करते है और यही रासायनिक ऊर्जा सभी प्राणी भोजन के रूप में, शाकाहारी प्रत्यक्ष रूप से मांसाहारी अप्रत्यक्ष रूप से ग्रहण करते हैं। वनो द्वारा ही वायुमण्डल में गैसों का अनुपात निश्चित बना रहता है साथ ही वन हमें इमारती लकडी, लाख, औषधियाँ, रबर आदि जैसे उपयोगी पदार्थ प्रदान करते हैं, वही वन जीव-जन्तुओं के आश्रय स्थल हैं। वन हमारे भूमि कटाव अपर्दन को रोकते है तथा पर्यावरण को सन्तुलित रखते हैं। वनों की अन्धाधुन्ध कटाई करके मानव ने वनों के साथ-साथ अपने पैरो पर भी कुल्हाड़ी चलाई है। इससे कई समस्याएँ उत्पन्न हो रही है और आगे इसका संरक्षण नहीं किया गया तो खाद्य समस्या, तापक्रम में वृद्धि, रेगिस्तान क्षेत्र की वृद्धि, वर्षा कम होना, वायुमण्डल दूषित होना आदि समस्याएँ हमें भयंकर रूप से जकड़ लेंगी।

भारत में वनों का क्षेत्रफल मात्र 23 प्रतिशत है जिसमें अच्छे वन क्षेत्र केवल 10-15 प्रतिशत ही हैं जो कि हमारे क्षेत्रफल के हिसाब से बहुत कम है। 1952 में भारत सरकार ने राष्ट्रीय वन नीति घोषित कर 33 प्रतिशत वन क्षेत्र बनाने पर बल दिया। इसके लिए 60 प्रतिशत पहाड़ी क्षेत्रों में एवं 80 प्रतिशत मैदानों में वृक्षारोपण का लक्ष्य रखा लेकिन इसका लाभ पूर्ण रूप से नहीं मिल पाया क्योंकि दूसरी तरफ मानव ने वनों को काटना जारी रखा। वन संरक्षण का महत्त्व केवल राष्ट्रीय न होकर सम्पूर्ण मानव जाति के अस्तित्व से जुड़ा है। वनस्पति हमारी स्थायी सम्पत्ति है जिसको नष्ट होने से रोकना हमारा पुनीत कार्य है। प्राचीन काल में मानव ने पेड़-पौधों को धार्मिक रूप देकर पूजा की जाती थी और इनका संरक्षण किया जाता था। वनों से हमें शुद्ध हवा प्राप्त होती है। बाढ, आंधी से हमारी रक्षा होती है। ईधन, पानी आदि मिलते हैं।

वन संरक्षण के उपाय

1. वृक्षारोपण को राष्ट्रीय कार्यक्रम मानकर वृक्ष लगाने के लिए गाँवों, नगरों में वृक्षारोपण जैसे विकासीय कार्यक्रम को प्राथमिकता देना।

2. वन संरक्षण में नागरिकों को सरकार के साथ भागीदार बनाया जायें और आम लोगों में इसके संरक्षण व वृक्षारोपण हेतु जन-चेतना उत्पन्न की जायें।

3. सरकार के स्वंयसेवी संगठनों को सड़को के किनारे, गाँवों में बंजर भूमि पर, अन्य स्थानों पर उपलब्ध भूमि पर वृक्षारोपण करना चाहिए।

4. वनो की अनावश्यक कटाई को रोका जाय। परिपक्व पेड़ो को काटे जाने के साथ-साथ वृक्षारोपण भी किया जायें।

5. रेगिस्तान को बढ़ने से रोकने के लिए आवश्यक है ऐसे इलाकों में वृक्ष अधिक-से-अधिक संख्या में लगाये जायें।

6. राष्ट्रीय स्तर पर वनों के संरक्षण हेतु बनाये गये नियमों का कडाई से पालन किया जायें।

वन्य जीवों का संरक्षण

वनस्पति, वन्य प्राणी और मानव के मध्य प्रकृति ने पृथ्वी पर एक प्राकृतिक सन्तुलन बनाया है। अन्य प्राकृतिक सम्पदाओं की तरह वन्य प्राणी भी प्राकृतिक सम्पदा है। वनों में शाकाहारी एवं मांसाहारी वन्य प्राणी निवास करते हैं। प्रकृति ने इनके बीच श्रृखंला बनाई हैं जिससे इनकी संख्या निश्चित बनी रहती है, प्रकृति द्वारा प्रदान की गई इस श्रृंखला से किसी भी घटक के नष्ट होने से पूरे प्राकृतिक चक्र का सन्तुलन बिगड़ जायेगा। यदि मांसाहारी नष्ट किये गये तो शाकाहारी पर नियन्त्रण समाप्त हो जायेगा जिससे इनकी संख्या अनिश्चित रूप से बढ़ेगी और इनकी संख्या वृद्धि से ये हमारे वनों व कृषि को नष्ट करेंगें और यदि वनों को नष्ट किया गया तो वन के साथ-साथ शाकाहारी व मांसाहारी जीवों के जीवन को खतरा उत्पन्न हो जायेगा। अत: प्रकृति द्वारा प्रदत्त सभी घटकों का प्राकृतिक सन्तुलन बनाये रखना आवश्यक है।

आज हमारा प्राकृतिक सन्तुलन बदल रहा है। प्रकृति द्वारा प्रदत्त किये गये वरदान भी कम हो रहे है और हमें जो लाभ मिलना चाहिए वह नहीं मिल पा रहा है जितना प्राचीन काल में होता था। जंगलों में अजीब वीरानी छा रही है। वन्य जंतु नष्ट हो रहे, विलुप्त हो रहे हैं क्योंकि उनका आवास नष्ट किया जा रहा है। साथ ही मानव ने अपने क्षणिक मनोरंजन के लिए इनका शिकार कर इनके जीवन के अस्तित्व को एक खतरनाक चुनौती प्रदान की है। जनसंख्या वृद्धि से वनों का उपयोग किया गया जिससे इनके आश्रय स्थल नष्ट हुए वहीं पर मनोरंजन के लिए किए गये शिकार से शेर, चीतों की संख्या में निरन्तर कमी हुई है। भोजन के लिए हिरण, खरगोश, तीतर, आदि का शिकार किया गया जिससे इनकी संख्या कम हुई है और इससे कई जातियाँ तो विलुप्त हो गई हैं। इन्हीं कारणों से आज प्राकृतिक सन्तुलन बिगडा है जिसे बचाने के लिए आवश्यक है कि अन्य जीवों का संरक्षण प्रदान कर उनकी संख्या को बढ़ने का मौका देना होगा।

वन्य जीवों के संरक्षण के उपाय

वन्य जन्तुओं के उचित विकास के लिए आवश्यक है कि उनके आवास स्थल की आवश्यकताओं, प्रजनन, भोजन, स्वभाव, आबादी का परिणाम व इनकी बढोत्तरी व कमी, अन्य जातियों के साथ अन्तर सम्बन्धों की जानकारी होना आवश्यक है। खुशी की बात यह है कि हमारी सरकार ने इस ओर कई कदम उठाकर इनके आवास स्थलों के सुधार, भोजन की आपूर्ति द्वारा वन्य जन्तुओं की संख्या को बढाया हैं तथा विलुप्त हो रही जातियों को संरक्षण प्रदान किया गया है। साथ ही विभिन्न राज्यों में उत्तर प्रदेश, राजस्थान, आसाम, बंगाल, मध्यप्रदेश आदि में राष्ट्रीय उद्यान बनाकर इनको संरक्षण प्रदान किया गया है। साथ ही आज आवश्यकता इस बात की भी है कि प्रत्येक मानव इनके विकास में सहयोग प्रदान करे तथा इनको संरक्षण प्रदान करे। सरकार द्वारा अनियंत्रित शिकार के विरूद्ध रोक लगायी है। इस कानून को कठोरता से पालन करने से वन्य जीवों को संरक्षण मिल सकेगा।

वस्तुत: प्रकृति सन्तुलन पर्यावरण हेतु कितना अनिवार्य है तथा यह अनिवार्यता सन्तुलन क्रमबद्ध रूप से किये गये संरक्षण द्वारा पूर्ण होगी। वन, वन्य जीव एवं वातावरण संरक्षण के माध्यम से हम पर्यावरण प्रदूषण से कारगर एवं सार्थक बचाव कर सकेगें यही मानवता की सच्ची सेवा होगी। यह एक सर्वविदित तथ्य है कि मानव सभ्यता का विकास वनों की गोद में हुआ है। प्राचीनकाल में हमारे ऋषि-मुनियों ने इन्हीं वनों के सौम्य, शुद्ध एवं वातावरण में गहन चिन्तन करके वेदों और पुराणों की रचना की तथा इनमें वनों के महत्व को भी रेखांकित किया। किन्तु मानव ने वनों एवं खनिज सम्पदा का दोहन इस नृशंसता से किया है कि गहन वन प्रदेश भी अब वृक्ष विहीन हो गए हैं। तीव्र गति से कटते जा रहे जंगलों से वन्य जीवन निष्प्राण होता जा रहा हैं। यहां का पर्यावरण इमारती पत्थर और मिट्टी तो दे पा रहा है परन्तु लाख, गोंद, औषधिया तथा अन्य जीवनदायनी वस्तुएं देने की क्षमता निरन्तर खोता जा रहा है। शहरों के विकास के परिणामस्वरूप यहाँ पर कंकरीट वाले क्षेत्रफल की वृद्धि के साथ-साथ प्राकृतिक रूप से उगने वाले पेड़-पौधों की जैव-विविधता घटती जा रही हैं। पर्यावरण का संतुलन बनाए रखने एवं शुद्ध वायु का प्रवाह करने में पेड़-पौधों की ही महत्वपूर्ण भूमिका है। पौधे पर्यावरण संतुलन बनाए रखने में फेफड़ो का कार्य करते हैं। आमजन को पेड़ों की भूमिका तथा इनके महत्व का ज्ञान होना चाहिए तथा अधिक से अधिक वृक्षों को लगाना चाहिए। जनचेतना कार्यक्रमों के माध्यम से लोगों में वृक्षों के निम्न उपयोगों एवं महत्व का प्रचार-प्रसार किया जाना चाहिए-

(1) पौधे वायुमण्डल की कार्बन-डाई-ऑक्साइड को ऑक्सीजन में परिवर्तित कर हमारे वातावरण को स्वास्थ्यप्रद बनाते है। साधारण आकार का वृक्ष दो परिवारों द्वारा निष्कासित कार्बन-डाई-ऑक्साइड को अपने अन्दर सोखकर इतनी ऑक्सीजन में परिवर्तित करता है जो दो परिवारों के लिए पर्याप्त हो।

(2) पेड़-पौधे सौर-विकिरण को सोख लेते है, सूर्य की तेज किरणों को रोककर अथवा छानकर हमें शीतल छाया प्रदान करते हैं। ऐसा अनुमान किया गया है कि 50-100 मीटर चौड़ा हरित क्षेत्र शहरों में 3.5 डिग्री सेल्सियस तक तापमान कम कर देता है। पौधे वायु के वेग और दिशा को भी नियंत्रित करते है, साथ ही वे ध्वनि-प्रदुषण को भी कम करते हैं।

(3) पौधे मृदा एवं पानी का भी संरक्षण करते है और बाढ को नियन्त्रित करते हैं। ऐसा अनुमान है कि एक हैक्टयर वन क्षेत्र 3.333 घनमीटर पानी रोक सकता है। नदियों के किनारे और उनके संग्रहण-क्षेत्र में रोपित अच्छे वन बाढ़ को 60 प्रतिशत कम कर देते हैं।

(4) एक पीपल का वृक्ष, जिसका फैलाव 162 वर्ग मीटर हैं। 1,712 किलोग्राम प्रति घंटे की दर से ऑक्सीजन देता है और 2,252 किलोग्राम प्रति घंटे की दर से कार्बन-डाई-ऑक्साइड सोखता है।

(5) एक परिपक्व वृक्ष हवा में नमी बनाये रखने के लिए प्रतिदिन 400 लीटर जल वाष्पन करता है जो पाँच एयरकंडीशनरों द्वारा उत्पादित ठंडक के बराबर हैं।

(6) पौधों द्वारा हमें खाने के लिए अन्न, दाले, शाक-सब्जी, फल, मसाले, औषधि, मकान, झोपड़ी और भवन निमार्ण के लिए सामग्री, रेशे, टेनिन, जानवरों के लिए चारा, मनोरंजन एवं पर्यटन आदि के लिए अनेक पदार्थ प्राप्त होते हैं।

(7) पेड़-पौधे जल के बहाव, बाढ, मृदाक्षरण, मृदा की उर्वरता, तापमान और प्रदूषण आदि को नियन्त्रित करते हुए हमारे वातावरण की रक्षा एवं शुद्धि भी करते हैं।

(8) पौधे वायुमण्डल में नमी बढाते हैं, हमें आक्सीजन प्रदान करते है तथा धूल, धुएं और प्रदूषण से वायु को शुद्ध करते हैं। अत: पौधे प्राकृतिक रूप से बिना मूल्य के अधिक समय तक चलने वाले पर्यावरण अनुकूलन का कार्य करते हैं।

(9) पौधों द्वारा पर्यावरण अनुकूलन बनाए रखने के लिए कार्य किए जाते हैं। एक अध्ययन में पाया जाता है कि एक पचास वर्ष पुराना वृक्ष हमें करीब 16 लाख रूपये का लाभ पहुँचाता हैं।

(10) वृक्षारोपण वायु वेग को गर्मियों में 33 किलोमीटर/घंटा से 13 किलोमीटर/घंटा और वर्षा ऋतु में 46 किलोमीटर/घंटा से 20 किलोमीटर/घंटा की दर से कम करता है।

(11) एक हैक्टेयर में लगे वृक्ष 30-50 टन धूल प्रतिदिन सोख लेते हैं।

(12) 500 मीटर चौड़ा हरित क्षेत्र सल्फर डाई-ऑक्साइड एवं नाइट्रोजन डाई ऑक्साइड की सान्द्रता को क्रमश: 70 प्रतिशत और 67 प्रतिशत कम कर देता है।

(13) 1.5 वर्ग किलोमीटर चौड़ा हरित क्षेत्र धुएं को 27 प्रतिशत कम कर देता है।

(14) पौधे धूल का अवशोषण करते है और वायु को शुद्ध करते हैं। जिन शहरों में सड़कों के किनारे वृक्षों की कतारें नहीं है, वहाँ के वायुमण्डल में वृक्षों की कतारों वाले शहरों की तुलना में चार गुना अथवा उससे भी अधिक धूलकण होते हैं। यह पाया जाता है, कि बरगद,पीपल, टीक, जंगल जलेबी, आम, अशोक और ट्यूलिप के पौधे धूलकण के अच्छे अवशोषक होते हैं।

(15) पौधे सूर्य की तथा प्रकाश के अन्य स्त्रोत जैसे नियोनसाइन व मोटरगाड़ियों की हैंडलाइट आदि की तीखी चौंध कम करते हैं।

(16) औसतन 0.2 से 0.3 घनत्व वाले अशोक, जामुन, पीपल, बरगद, नीम और आम के वृक्षों से 100 मीटर की दूरी पर औसतन 1.5 से 2.5 डिग्री सेल्सियस तापमान कम हो जाता है।

(17) 30 मीटर चौड़ी हरित पट्टी 7 डेसीबल का ध्वनि प्रदूषण कम करती है।

(18) पोपलर एवं हार्स चेस्टन के पौधे क्रमश: 50 प्रतिशत और 60 प्रतिशत प्रकाश की तीव्रता कम करते हैं।

वायु संरक्षण (Conservation of Air)- हवा मानव जीवन का आधार है, परन्तु हजारों वर्ष पूर्व जब मनुष्य ने अग्नि की खोज की तभी से जहरीली वायु ने वातावरण को प्रदूषित करना प्रारम्भ कर दिया। परन्तु इससे किसी प्रकार के दुष्परिणाम सामने नहीं आए। लगभग 400 वर्ष पूर्व पश्चिमी देशों की औद्योगिक एवं वैज्ञानिक क्रान्ति के कारण नई-नई तकनीकों का जन्म हुआ। कोयले ने चलने वाले स्वचालित यन्त्र, भाप के इंजन, पट्रोल से चलने वाले इंजन व विद्युत के आविष्कार ने औद्योगीकरण की रफ्तार को तेज कर दिया। मनुष्य द्वारा प्रकृति से अनजाने में छेड़े गए इस युद्ध के परिणामस्वरूप वायु प्रदुषण के रूप में मृत्युमय आकाश निर्मित हो गया। एक व्यक्ति को प्रतिदिन लगभग साढ़े तेरह किलोग्राम हवा की आवश्यकता पड़ती हैं, जबकि केवल दो लीटर पानी व डेढ़ किलोग्राम भोजन में वह जिन्दा रह सकता है, लेकिन बिना हवा के दो मिनट भी जिन्दा रहना मुश्किल है। ऐसी हालत में जो हमारी-शक्ति है, उसे शुद्ध रखने का उपाय करना हमारा परम कर्त्तव्य है।

पर्यावरण सुरक्षा हेतु अपनाए जाने वाले कुछ अन्य उपाय (Some other Measures to follow for Environment Conservation)- पर्यावरण संरक्षण एवं प्राकृतिक संतुलन बनाए रखने के लिए यह आवश्यक है कि हम घरों से उत्सर्जित कूड़ा-करकट के विभिन्न भागों जैसे जैवीय कचरा (घास-फूस, बगीचा, टहनियाँ इत्यादि), कागज, बोतलें, प्लास्टिक इत्यादि को पुनर्चक्रीकरण क्रिया हेतु अलग-अलग एकत्रित करें। वन्य जीवों के चमड़े, फर, सींग इत्यादि से निर्मित वस्तुओं का उपयोग न करें, साथ ही जनसंख्या विस्फोट रोकने हेतु परिवार सीमित रखें। वन्य जीव-जन्तुओं के प्रति क्रूरता न दिखाएं और ऊर्जा के वैकल्पिक स्त्रोतों का उपयोग करने का प्रयास करें।

हमें घरों में आमतौर से प्रयोग किए जाने वाले रसायनों कीटनाशकों इत्यादि का कम-से-कम प्रयोग करना चाहिए। इन्हें नालियों में अनावश्यक रूप से न बहाएं तथा पानी के संरक्षण तक सम्भव हो, पानी का कम-से-कम प्रयोग करें तथा पानी को घरों के आसपास इकट्ठा न होने दें।

आवश्यकता न होने पर पंखे, बत्ती इत्यादी विद्युत उपकरणों को बन्द कर दें। सौर ऊर्जा पर आधारित कुकर, वाटर-हीटर इत्यादि तथा अन्य संयत्रों, धूमरहित चूल्हों और बायोगैस संयत्रों का घरों में रोजमर्रा के कार्यो में प्रयोग करें। पुनर्चक्रीकरण योग्य सामग्री जैसे स्टील और कांच द्वारा निर्मित वस्तु का ही प्रयोग करें। कागज के दोनों तरफ लिखने की आदत डालें। प्लास्टिक की थैलियों का कम-से-कम प्रयोग करना चाहिए।

प्राकृतिक संसाधनों के संरक्षण के लिए कम दूरी तय करने के लिए साइकिल एवं अधिक दूरी तय करने के लिए सार्वजनिक वाहनों का उपयोग करें एवं अधिक से अधिक पैदल चलने की कोशिश करें। वायु एवं ध्वनि प्रदूषण रोकने के लिए वाहनों की निरन्तर जांच करते रहें। इमारती लकड़ी, ईधन, चारा तथा औषधियों की निरन्तर आपूर्ति के लिए तथा वनाच्छान को क्षेत्रफल के 33 प्रतिशत की सीमा में बनाए रखने के लिए योजनाबद्ध वनीकरण के प्रयासों में सहयोग दें। प्रदूषण रोकने के लिए जलाऊ लकड़ी का उपयोग कम करना आवश्यक हैं। शवों

को जलाने के लिए लकड़ी के प्रयोग के बजाय विद्युत शवदाह ग्रहों का उपयोग करना चाहिए। मुक्त शौच के स्थान पर अधिकाधिक सुलभ शौचालयों का उपयोग करना चाहिए।

प्राकृतिक संतुलन बनाए रखने के लिए रासायनिक एवं जैविक खादों एवं कीटनाशकों का संतुलित रूप से उपयोग करना चाहिए। जल-संग्रहण, लवणीय भूमि, कीटनाशकों और रासायनिक खाद के बहिस्त्राव जैसी समस्याओं से निपटने के लिए ड्रिप और स्प्रिंकलर सिंचाई पद्धति का प्रयोग कराते हुए जल का सीमित उपयोग करने का प्रयास करना चाहिए। धान के खेतों, अधिक जल-संग्रहण करने वाले क्षेत्रों और सिंचाई के लिए उपलब्ध जल का योजनाबद्ध तरीके से एक्वाकल्चर के लिए उपयोग करें। औद्योगिक और शहरी बहिस्त्राव वाले जल के उचित उपचार के बाद वृक्षारोपण और औद्योगिक उद्देश्यों के लिए उसका उपयोग करने का प्रयास करना चाहिए। प्राकृतिक जल संसाधनों जैसे झरनों, नदियों, तालाबों इत्यादि में धुलाई, मृत मवेशियों, मानव-शरीर और कचरे का बहाव न करें। अनियोजित एवं अवैज्ञानिक ढंग से भवन निर्माण, खनन, औद्योगिकीकरण, प्राकृतिक संसाधनों का अनुचित शोषण इत्यादि पर्यावरण असंगत कार्यों को यथाशीघ्र बन्द कर देना चाहिए तथा प्रत्येक कार्य पर्यावरण-संगत विधि से करना चाहिए। हमारा पर्यावरण संतुलित रह सकेगा।

पर्यावरण संरक्षण में एक व्यक्ति की (व्यक्तिगत) भूमिका

(Role of an Individual in Conservation of Natural Resources)

प्राकृतिक संसाधन प्राकृतिक वातावरण के वे सभी तत्व हैं जो कि मानव सेवा की क्षमता रखते हैं। ये मानव के विकास के लिए उपयोगी तथा आवश्यक संसाधन हैं। इनका उपयोग मानव प्रत्यक्ष तथा अप्रत्यक्ष रूप से अपने विकास के लिए करता हैं। इस प्रकार प्राकृतिक संसाधन सभी लोगों के काम की वस्तु हैं। किन्हीं लोगों द्वारा इनका दुरूपयोग किये जाने पर समूची मानव जाति को इसके दुष्परिणाम झेलने होगें। प्राकृतिक संसाधनों के संरक्षण के लिए वर्तमान में अनेक कानून भी बनाये गये हैं किन्तु मात्र कानूनों से इनका संरक्षण नहीं हो सकता, जब तक कि प्रत्येक व्यक्ति इनके संरक्षण में अपना योगदान न दे। एक व्यक्ति प्राकृतिक संसाधनों में निम्न प्रकार भूमिका निभा सकता है।

(1) पर्यावरण के प्रति जागरूकता रखकर।

(2) वनों को नष्ट होने से बचाकर।

(3) अधिकाधिक वृक्षारोपण द्वारा।

(4) चरागाह के अतिरिक्त अन्य स्थानों पर पशुचारण न कराकर।

(5) नव्यकरणीय संसाधनों का अधिक उपयोग करके।

(6) खनन द्वारा प्राप्त खनिजों का विवेकपूर्ण उपयोग करके।

(7) खनिजों का अत्यधिक दोहन न किया जावे।

(8) कृषि में रासायनिक उर्वरक तथा जैवनाशी साधनों का प्रयोग कम से कम करके।

(9) ईंधन के वैकल्पिक साधनों का उपयोग करके।

(10) वाहनों में साइलेंसर तथा फिल्टर आदि लगाकर वायु-प्रदुषण तथा ध्वनि प्रदूषण को रोककर।

(11) वर्षा जल एवं भूजल का उचित उपयोग तथा संरक्षण करके एवं व्यर्थ बहने से बचाकर।

(12) प्राकृतिक संसाधनों के संरक्षण हेतु बनाये गये कानूनों का पालन करके।

दो से अधिक बच्चे पैदा न करके।

पर्यावरण संरक्षण में महिलाओं की भूमिका

(Role of women in Environment Conservation)

अन्य नीतिगत निर्णयों के समान, पर्यावरण संरक्षण में भी महिलाओं की भूमिका की न केवल उपेक्षा की गई है अपितु उसे नकारा गया है। यद्यपि 21 वीं सदी के प्रारम्भ में महिलायें सभी क्षेत्रों में महत्वपूर्ण भूमिका निभा रही हैं किन्तु पुरूष प्रधानता की मानसिकता से हम आज भी ग्रस्त हैं। यही कारण हैं कि हम आधी जनसंख्या (अर्थात महिलाओं) की उपेक्षा करते आये हैं। यह तथ्य पर्यावरण अभियान एवं उसके संरक्षण पर भी लागू होता है जहाँ महिलाओं की भूमिका की उपेक्षा की जा रही है जबकि वास्तविकता यह है कि महिलायें पर्यावरण संरक्षण में न केवल पुरूषों के समान योगदान दे सकती हैं अपितु उनसे भी सार्थक भूमिका निभा सकती हैं। सच्चे अर्थों में महिलायें विशेषकर भारतीय महिलायें पर्यावरण को प्रदूषित होने से न केवल बचा सकती है अपितु उसका संरक्षण करने में समर्थ हैं। भारतीय स्त्रियाँ सदियों से पर्यावरण संरक्षण करती आई हैं, जिसका प्रमाण उनके द्वारा की जाने वाली वृक्षों, जल, भूमि, वायु, सूर्य आदि की पूजा-अराधना है, जिसे धार्मिकता से अलग कर देखें तो पर्यावरण का संरक्षण है। महिलायें प्रकृति एवं पर्यावरण के अधिक निकट है और सदैव से ही उसे प्रश्रय देती रही हैं क्योंकि महिलाओं में स्नेह, प्रेम, सहृदयता, सहिष्णुता, सहयोग एवं मातृत्व की भावना विद्यमान है। वे न केवल शिशुओं का पालन-पोषण करती हैं अपितु प्रत्येक जीव जगत के प्रति उनका दृष्टिकोण संरक्षण का होता है।

जल एवं वायु संरक्षण में भूमिका (Role in Water and Air Conservation)- जल एवं वायु प्रदूषण के बढ़ते प्रकोप को रोकने में महिलाओं का महत्वपूर्ण योगदान हो सकता है, यदि उन्हे इस दिशा में सही तरीके से प्रशिक्षित किया जाए। अधिंकाश ग्रामीण भारत में आज भी लकड़ी और उपलें जलाकर भोजन पकता हैं, इसका प्रभाव महिलाओं के स्वाथ्य एवं सामुदायिक वातावरण पर वायु प्रदूषण के रूप में पड़ता है। उन्नत धुओं रहित चूल्हे एवं गोबर गैस के उपयोग से वायु प्रदुषण कम किया जा सकता है। यह तभी सम्भव है जब महिलाये सक्रिय हो, साथ ही उन्हें मूलभूत सुविधायें प्रदान की जायें। वस्त्र आदि धोने का जल

एवं स्थान अलग रखना, जल में बाहरी गन्दगी का निस्तारण न करना, स्नान आदि नियत स्थान पर करना जैसे कार्य महिलाओं द्वारा सम्पन्न किये जा सकते हैं। गन्दे नालों की गन्दगी जल स्त्रोतों में न मिले, इस पर ध्यान महिलाये दे सकती हैं क्योंकि घरों पर अधिकतम जल का उपयोग महिला ही करती है। जल शुद्ध रहे तथा पेय जल का दुरूपयोग न हो, यह महिलाओं का उत्तरदायित्व है। तालाब, कुओं, नदियों, नहरों, पोखरों आदि का जल प्रदूषित न हो, यह कार्य महिलायें सहजता से कर सकती हैं।

वन संरक्षण में भूमिका (Role in Forest Conservation)– महिलायें वन संरक्षण की प्रणेता हैं तथा वनों की रक्षा में उनकी भूमिका महत्वपूर्ण हैं। सामान्यता आदिवासी एवं ग्रामीण महिलाओं पर वनों के नष्ट करने का आरोप लगाया जाता है, क्योंकि वे वनों से ईधन एवं अन्य उपयोग हेतु लकड़ियाँ एकत्रत करती हैं। किन्तु वास्तविकता इससे भिन्न हें। वे वनों से ईधन प्राप्त करती हैं, कन्द-मूल एकत्र करती है तथा पशुओं हेतु चारा प्राप्त करती है किन्तु वे वनों का विनाश कदापि नहीं करती। वे वृक्षों की सूखी टहनियाँ एकत्र करती है या छोटी डालियों को काटती हैं तथा झाड़ियाँ एकत्र करती है, वे वृक्षों को जड़ से कभी नहीं काटती क्योंकि वे जानती है कि वृक्ष उनका जीवन है और उनसे निरन्तर फल,फूल एवं ईधन प्राप्त करते रहना चाहती हैं। उनको यह भी ज्ञात है कि वन उनकी सांस्कृति धरोहर हैं। वर्तमान शहरी परिवेश में ही महिलायें वनों वृक्षों के प्रति सचेष्ट हैं। अनेक पर्यावरण अभियानों में महिलाओं ने अपने प्राणों की आहुति देकर भी वृक्षों की रक्षा की है। यही नहीं, अपितु वृक्षारोपण एवं उनके संरक्षण में जितनी महत्वपूर्ण भूमिका महिलायें निभा सकती हैं अन्य कोई नहीं।

7

घटता पर्यावरण : बढ़ता संकट

पर्यावरण के अंगों जल, थल, नभ, वायु आदि में ऐसा परिवर्तन जो कि उपरोक्त अंगों के भौतिक, रासायनिक व जैविक गुणों में परिवर्तित कर दें, प्रदूषण कहलाता है। प्रदूषण निम्न प्रकार के होते है–

1. वायु प्रदूषण,
2. जल प्रदूषण,
3. भू प्रदूषण या थल प्रदूषण,
4. परमाणु विखण्डन या नाभिकीय प्रदूषण।

वायु प्रदूषण

वायुमण्डल पर्यावरण का एक महत्त्वपूर्ण हिस्सा है। मानव जीवन के लिए वायु का होना अति आवश्यक है। वायुरहित स्थान पर मानव जीवन की कल्पना करना भी बेकार है क्योंकि मानव वायु के बिना 5-6 मिनट से अधिक जिन्दा नहीं रह सकता। एक मनुष्य दिन भर में औसतन 20 हजार बार श्वास लेता है। इस श्वास के दौरान मानव 35 पौण्ड वायु का प्रयोग करता है। यदि यह प्राण देने वाली वायु शुद्ध नहीं होगी तो यह प्राण देने के बजाय प्राण ही लेगी।

पुराने समय में मानव के आग वायु प्रदूषण जैसी समस्या सामने नहीं आई क्योंकि प्रदूषण का दायरा सीमित था साथ ही प्रकृति भी पर्यावरण को सन्तुलित रखने का लगातार प्रयास करती रही है। उस समय प्रदूषण सीमित होने के कारण प्रकृति ही सन्तुलित कर देती थी लेकिन आज मानव विकास के पथ पर अग्रसर है और उत्पादन क्षमता बढ़ा रहा है। मानव ने अपने औद्योगिक लाभ हेतु बिना सोचे-समझे प्राकृतिक साधनों को नष्ट किया जिससे प्राकृतिक सन्तुलन बिगड़ने लगा और वायुमण्डल भी इससे न बच सका। वायु प्रदूषण केवल भारत की समस्या हो ऐसी बात नहीं,आज विश्व की अधिकांश जनसंख्या इसकी चपेट में है। हमारे वायुमण्डल में नाइट्रोजन, आक्सीजन, कार्बन डाइ आक्साइड, कार्बन मोनो आक्साइड आदि गैस एक निश्चित अनुपात में उपस्थित रहती है। यदि इनके अनुपात के सन्तुलन में परिवर्तन होते है तो वायुमण्डल अशुद्ध हो जाता है, इसे अशुद्ध करने वाले प्रदूषण कार्बन डाइ आक्साइड, नाइट्रोजन आक्साइड, हाइड्रोकार्बन, धूल-मिट्टी के कण है जो वायुमण्डल को प्रदूषित करते हैं।

वायु प्रदूषण के कारण

विश्व की बढ़ती जनसंख्या ने प्राकृतिक साधनों का अधिक उपयोग किया है। औद्योगीकरण से बड़े-बड़े शहर बंजर बनते जा रहे हैं। इन शहरों व नगरों की जनसंख्या दिन-प्रतिदिन बढ़ती जा रही है, इससे शहरों व नगरों में आवास-समस्या उत्पन्न हो गई है। इस आवास-समस्या को सुलझाने के लिए लोगों के बस्तियों का निर्माण किया और वहाँ पर जल-निकासी, नालियों आदि की समुचित व्यवस्था नहीं होने से गन्दी बस्तियों ने वायु प्रदूषण को बढ़ावा दिया है। उद्योगों से निकलने वाला धुआँ, कृषि में रसायनों के उपयोग से भी वायु प्रदूषण बढ़ा है। साथ ही कारखानों की दुर्घटना भी भयंकर होती है। भोपाल में यूनियन कार्बाइड कारखाने की दुर्घटना गत वर्षों की बड़ी दुर्घटना थी जिससे एक ही समय हजारों व्यक्तियों को असमय मरना पड़ा था और जो जिन्दा रहे वो भी विकलांग और विकृत होकर इस दुर्घटना या गैस त्रासदी की कहानी बताते हैं।

आवागमन के साधनों की वृद्धि आज बहुत अधिक हो रही है। इन साधनों की वृद्धि से इंजनों, बसों, वायुयानों, स्कूटरों आदि की संख्या बहुत बढ़ी है। इन वाहनों से निकलने वाले धुएँ वायुमण्डल में लगातार मिलते जा रहे हैं जिससे वायुमण्डल में असन्तुलन हो रहा है।

वनों की कटाई से वायु प्रदूषण बढ़ा है क्योंकि वृक्ष वायुमण्डल के प्रदूषण को निरन्तर कम करते हैं। पौधे हानिकारक प्रदूषक गैस कार्बन डाइ आक्साइड को अपने भोजन के लिए ग्रहण करते हैं और जीवनदायिनी गैस आक्सीजन प्रदान करते हैं, लेकिन मानव ने आवसीय एवं कृषि सुविधा हेतु इनकी अन्धाधुन्ध कटाई की है और हरे पौधों की कमी होने से वातावरण को शुद्ध करने वाली क्रिया जो प्रकृति चलाती है, कम हो गई है। परमाणु परीक्षण से नाभिकीय कण वायुमण्डल में फैलते है जो कि वनस्पति व प्राणियों पर घातक प्रभाव डालते हैं।

वायु प्रदूषण के प्रभाव

1. यदि वायुमण्डल में लगातार अवांछित रूप से कार्बन डाइ आक्साइड, कार्बन मोनो आक्साइड, नाइट्रोजन आक्साइड, हाइड्रो कार्बन आदि मिलते रहें तो स्वाभाविक है

कि ऐसे प्रदूषित वातावरण में श्वास लेने से श्वसन सम्बन्धी बीमारियाँ होंगी। साथ ही उल्टी, घुटन, सिर दर्द, आँखों में जलन आदि बीमारियाँ होना सामान्य बात है।

2. वाहनों व कारखानों से निकलने वाले धुएँ में सल्फर डाइ आक्साइड की मात्रा होती है जो कि पहले सल्फाइट व बाद में सल्फ्यूरिक अम्ल (गंधक का अम्ल) में परिवर्तित होकर वायु में बूंदों के रूप में रहती है। वर्षा के दिनों में यह वर्षा के पानी के साथ पृथ्वी पर गिरती है जिससे भूमि की अम्लता बढ़ती है और उत्पादन-क्षमता कम हो जाती है। साथ ही सल्फर डाइ आक्साइड से दमा रोग हो जाता है।
3. कुछ रासायनिक गैसें वायुमण्डल में पहुँचकर वहाँ ओजोन मण्डल से क्रिया कर उसकी मात्रा को कम करती हैं। ओजोन मण्डल अन्तरिक्ष से आने वाले हानिकारक विकिरणों का अवशोषित करती है। हमारे लिए ओजोन मण्डल ढाल का काम करता है लेकिन जब ओजोन मण्डल की कमी होगी तब त्वचा कैंसर जैसे भयंकर रोग से ग्रस्त हो सकती है।
4. वायु प्रदूषण से भवनों, धातु व स्मारकों आदि का क्षय होता है। ताजमहल को खतरा मथुरा तेल शोधक कारखाने से हुआ है।
5. वायुमण्डल में आक्सीजन का स्तर कम होना भी प्राणियों के लिए घातक है क्योंकि आक्सीजन की कमी में प्रणियों को श्वसन में बाधा आयेगी।
6. कारखानों से निकलने के बाद रासायनिक पदार्थ व गैसों का अवशोषण फसलों, वृक्षों आदि पर करने से प्राणियों पर बुरा प्रभाव पड़ेगा।

वायु प्रदूषण को नियन्त्रित करने के उपाय

1. कारखानों को शहरी क्षेत्र की आबादी से दूर स्थापित करना चाहिए, साथ ही ऐसी तकनीक उपयोग में लाने के लिए बाध्य करना चाहिए जिससे कि धुएँ का अधिकतर भाग अवशोषित हो जाय और अवशिष्ट पदार्थ व गैसें अधिक मात्रा में वायु में न मिल पायें।
2. जनसंख्या शिक्षा की उचित व्यवस्था की जाय ताकि जनसंख्या वृद्धि को बढ़ने से रोका जाय।
3. शहरीकरण की प्रक्रिया को रोकने के लिए गाँवों व कस्बों में ही रोजगार व कुटीर उद्योगों व अन्य सुविधाओं को उपलब्ध कराना चाहिए।
4. वाहनों में ईधन से निकलने वाले धुएँ को ऐसे समायोजित करना होगा जिससे कि कम-से-कम धुआँ बाहर निकले।
5. निर्धूम चूल्हे व सौर ऊर्जा की तकनीक को प्रोत्साहित करना चाहिए।

6. ऐसे ईधन के उपयोग की सलाह दी जाय जिसके उपयोग करने से उसका पूर्ण आक्सीकरण हो जाय व धुआँ कम-से-कम निकले।

7. वनों की हो रही अन्धाधुन्ध अनियंत्रित कटाई को रोका जाना चाहिए। इस कार्य में सरकार के साथ-साथ स्वयंसेवी संस्थाएँ व प्रत्येक मानव को चाहिए कि वनों को नष्ट होने से रोके व वृक्षारोपण कार्यक्रम में भाग ले।

8. शहरों-नगरों में अवशिष्ट पदार्थों के निष्कासन हेतु सीवरेज सभी जगह होनी चाहिए।

9. इसको पाठ्यक्रम में शामिल कर बच्चों में इसके प्रति चेतना जागृत की जानी चाहिए।

10. इसकी जानकारी व इससे होने वाली हानियों के प्रति मानव समाज को सचेत करने हेतु प्रचार माध्यम जैसे दूरदर्शन, रेडियो, पत्र-पत्रिकाओं आदि के माध्यम से प्रचार करना चाहिए।

जल प्रदूषण

जल भी पर्यावरण का अभिन्न अंग है। मनुष्य की मूलभूत आवश्कताओं में से एक है। मानव स्वास्थ्य के लिए स्वच्छ जल का होना नितांत आवश्यक है। जल की अनुपस्थिति में मानव कुछ दिन ही जिन्दा रह पाता है क्योंकि मानव शरीर का एक बड़ा हिस्सा जल होता है। अतः स्वच्छ जल के अभाव में किसी प्राणी के जीवन की क्या, किसी सभ्यता की कल्पना, नहीं की जा सकती है। यह सब आज मानव को मालूम होते हुए भी जल को बिना सोचे-विचारे हमारे जल-स्त्रोतों में ऐसे पदार्थ मिला रहा है जिसके मिलने से जल प्रदूषित हो रहा है। जल हमें नदी, तालाब, कुएँ, झील आदि से प्राप्त होता है। जनसंख्या वृद्धि, औद्योगीकरण आदि ने हमारे जल स्त्रोतों को प्रदूषित किया है जिसका ज्वलंत प्रमाण है कि हमारी पवित्र पावन गंगा नदी जिसका जल कई वर्षों तक रखने पर भी स्वच्छ व निर्मल रहता था लेकिन आज यही पावन नदी गंगा क्या कई नदियाँ व जल स्त्रोत प्रदूषित हो रहे हैं। यदि हमें मानव सभ्यता को जल प्रदूषण के खतरों से बचाना है तो इस प्राकृतिक संसाधन को प्रदूषित होने से रोकना नितांत आवश्यक है वर्ना जल प्रदूषण से होने वाले खतरे मानव सभ्यता के लिए खतरा बन जायेंगे।

जल प्रदूषण के कारण

1. औद्योगीकरण के परिणामस्वरूप आज कारखानों की संख्या में वृद्धि हुई है लेकिन इन कारखानों को लगाने से पूर्व इनके अवशिष्ट पदार्थों के निष्पादन की कोई योजना व्यवस्थित नहीं होने से इन अवशिष्ट पदार्थों को नदियों, नहरों, तालाबों आदि किसी अन्य स्त्रोतों में बहा दिया जाता है जिससे जल में रहने, जीव-जन्तुओं व पौधों पर तो बुरा प्रभाव पड़ता ही है साथ ही जल पीने योग्य नहीं रहता और प्रदूषित हो जाता है।

2. जनसंख्या वृद्धि से मलमूत्र हटाने की एक गम्भीर समस्या का समाधान नासमझी में

यह किया गया कि मल–मूत्र को आज नदियों व नहरों आदि में बहा दिया जाता है, यही मूत्र व मल हमारे जल स्त्रोतों को दूषित कर रहे हैं।

3. जब जल में परमाणु परीक्षण किये जाते हैं तो जल में इनके नाभिकीय कण मिल जाते हैं और ये जल को दूषित करते हैं।

4. गाँवों में लोगों के तालाबों, नहरों में नहाने, कपड़े धोने, पशुओं को नहलाने, बर्तन साफ करने आदि से भी ये जल स्त्रोत दूषित होते हैं।

5. कुछ नगरों में जो नदी के किनारे बसे हैं वहाँ पर व्यक्ति के मरने के बाद उसका शव पानी में बहा दिया जाता है। इस शव के सड़ने व गलने से पानी में जीवाणुओ की संख्या में वृद्धि होती है, जल सड़ाँध देता है और जल प्रदूषित होता है।

जल प्रदूषण के प्रभाव

1. समुद्रों में होने वाले परमाणु परीक्षण से जल में नाभिकीय कण मिलते हैं जो कि समुद्री जीवों व वनस्पतियों को नष्ट करते हैं और समुद्र के पर्यावरण सन्तुलन को बिगाड़ देते हैं।

2. प्रदूषित जल पीने से मानव में हैजा, पेचिश, क्षय, उदर सम्बन्धी आदि रोग उत्पन्न होते हैं।

3. दूषित जल के साथ ही फीताकृमि, गोलकृमि आदि मानव शरीर में पहुँचते हैं जिससे व्यक्ति रोगग्रस्त होता है।

4. जल में कारखानों के मिलने वाले अवशिष्ट पदार्थ, गर्म जल, जल–स्त्रोत को दूषित करने के साथ–साथ वहाँ के वातावरण को भी गर्म करते हैं जिससे वहाँ की वनस्पति व जन्तुओं की संख्या कम होगी और जलीय पर्यावरण असन्तुलित हो जायेगा।

5. स्वच्छ जल जो कि सभी सजीवों को अति आवश्यक मात्रा में चाहिए, इसकी कमी हो जायेगी।

जल प्रदूषण से बचने के उपाय

1. कारखानों व औद्योगिक इकाइयों से निकलने वाले अवशिष्ट पदार्थों के निष्पादन की समुचित व्यवस्था के साथ–साथ इन अवशिष्ट पदार्थों को निष्पादन से पूर्व दोषरहित किया जाना चाहिए।

2. नदी या अन्य किसी जल स्त्रोत में अवशिष्ट बहाना या डालना गैरकानूनी घोषित कर प्रभावी कानूनी कदम उठाने चाहिए।

3. कार्बनिक पदार्थों के निष्पादन से पूर्व उनका आक्सीकरण कर दिया जाय।

4. पानी में जीवाणुओं को नष्ट करने के लिए रासायनिक पदार्थ, जैसे ब्लीचिंग पाउडर,

आदि का प्रयोग करना चाहिए।

5. अन्तर्राष्ट्रीय स्तर पर समुद्रों में किये जा रहे परमाणु परीक्षणों पर रोक लगानी चाहिए।

6. समाज व जन साधारण में जल प्रदूषण के खतरे के प्रति चेतना उत्पन्न करनी चाहिए।

7. पीने के पानी के जल स्त्रोतों को ढककर रखा जाय।

8. पानी के स्त्रोतों के पास गन्दगी नहीं रहने देनी चाहिए।

भू प्रदूषण या थल प्रदूषण

पृथ्वी भी पर्यावरण का अभिन्न अंग है। पृथ्वी जो कि विभिन्न मिट्टियों से मिलकर बनी होती है इसके भी भौतिक, रासायनिक एवं जैविक गुण होते हैं, यदि इन गुणों में कोई अलाभकारी अवांछित परिवर्तन होता है तब पृथ्वी के भी गुणात्मक परिवर्तन होते हैं जिससे इसकी प्राकृतिकता नष्ट होती है और यह अनुपयोगी हो जाती है। आज मानव के वायु व जल को प्रदूषित कर देने से ये दूषित वायुमण्डल व दूषित जल भूमि की गुणात्मक परिवर्तन के लिए जिम्मेदार हुए हैं। साथ ही मानव द्वारा पृथ्वी का अविवेकपूर्ण तरीके से उपयोग करने से भी भूमि की प्राकृतिक रचना समाप्त होने से पृथ्वी प्रदूषित हुई है। भू प्रदूषण ठोस अवशिष्ट पदार्थों के निष्पादन का दूसरा नाम है। भू प्रदूषण मानव कृत भी होता है तो प्राकृतिक कारक जैसे ज्वालामुखी का फटना, बाढ़ आना आदि है।

भू प्रदूषण के कारण

1. अपने घरों की सफाई के बाद रेत, कचरा, चमड़े का सामान, लोहे का सामान, कपड़े के टुकड़े, कागज के टुकड़े, काँच के टूटे बर्तन, पेड़-पौधों की गिराई गई पत्तियाँ, प्लास्टिक आदि हम अज्ञानता के कारण अपने घरों के पास डाल देते हैं जिसके ढेर बनने से पृथ्वी प्रदूषित होती है।

2. औद्योगिक इकाइयाँ जैसे रंगाई उद्योग, छपाई उद्योग, चीनी उद्योग, प्लास्टिक उद्योग, माचिस उद्योग आदि से निकलने वाले अवशिष्ट द्रव्य को भूमि पर छोड़ दिया जाता है जिससे भूमि में गुणात्मक परिवर्तन आते हैं, यह अनुपयोगी हो जाती है।

3. कृषि क्षेत्रों में कृषक फसल काटने के बाद पेड़-पौधों का निचला भाग भूमि पर ही छोड़ देता है, ये बरसात में सड़ने-गलने से भूमि को प्रदूषित करते हैं, साथ ही अज्ञानता से कीटनाशी पौधे रसायनों के अत्यधिक उपयोग से भी भू प्रदूषण हो जायेगा।

4. रेलवे लाइन लगाते समय लाइन की जगह समतल बनाने के लिए मिट्टी खोदी जाती है, वहाँ गड्ढे बन जाते हैं इसके साथ ही खनन कार्यों में भी पृथ्वी में गड्ढे बनते हैं जिससे इसका तल समतल नहीं रहता और वह ऊबड़-खाबड़ जगह अनुपयोगी हो जाती है।

5. तेज हवा चलने, वर्षा से भूमि का कटाव होता है इससे पृथ्वी की प्राकृतिकता और उपजाऊपन नष्ट हो जाता है।

6. पेड़ जो भूमि को अपनी जड़ों की सहायता से बाँधे रखने के साथ ही तेज हवा व बाढ़, वर्षा में पृथ्वी की रक्षा करते हैं लेकिन आज वन क्षेत्र कम होने से पेड़ों की बहुत संख्या में कटाई से भू-क्षरण की समस्या उत्पन्न हो गई है।

7. आज के युग में परमाणु परीक्षणों से रेडियो सक्रिय पदार्थ वायुमण्डल में पहुँचते हैं और वर्षा के साथ पृथ्वी पर पहुँचने पर सजीवों की भोजन शृंखला द्वारा प्राणियों के कोशिश द्रव्य में पहुँचता है जिसके परिणाम काफी भयानक होते हैं।

प्रभाव

1. घरों से निकलने वाले पानी की कुछ मात्रा भूमि पर फैली रहने से सुरक्षा जीवाणुओं, मक्खियों, मच्छरों की संख्या में वृद्धि करता है। साथ ही भूमि पर कीचड़ उत्पन्न करता है।

2. अवशिष्ट पदार्थों को खुले स्थानों पर डालने से एक दुर्गन्ध वहाँ के वातावरण में फैलेगी, वहीं मक्खी व चूहों की संख्या में वृद्धि होगी।

3. भूमि के अन्दर बिल बनाकर रहने वाले जन्तु भूमि को ढीला कर देते हैं।

4. खुले स्थानों पर शौच या मल-मूत्र डालने से दुर्गन्ध के साथ पृथ्वी की प्राकृतिक रचना नष्ट होती है तथा छोटे-छोटे जीवों एवं मक्खियों की संख्या में वृद्धि होती है।

भू प्रदूषण से बचने के उपाय

1. प्रत्येक नागरिक को चाहिए कि वह अपने घर के ठोस अवशिष्ट पदार्थों व रेत आदि को कचरा पात्र में ही डालें या निर्धारित स्थानों पर रखें।

2. नगर पालिकाओं द्वारा पृथ्वी की सफाई की समुचित व्यवस्था करनी चाहिए।

3. कृषि में काम आने वाले रसायनों का कम-से-कम उपयोग करें तथा जहाँ आवश्यक हो वहाँ पर सरलता से विघटन होने वाले रसायनों का प्रयोग किया जाये।

4. भूमि को कटाव से रोकने के लिए पेड़ों की संख्या में निरन्तर वृद्धि करनी चाहिए और वन क्षेत्रों का विकास कर इसका क्षेत्रफल बढ़ाना होगा।

5. नागरिकों को पृथ्वी के स्वच्छ रखे जाने के बारे में जानकारी देनी चाहिए।

6. औद्योगिक इकाइयों से निकलने वाला द्रव्य या अवशिष्ट पदार्थ पर गिराने से मनाही होनी चाहिए या गिराने से पूर्व उसका उपचार करने के लिए बाध्य किया जाय।

ध्वनि प्रदूषण

आधुनिक युग में मानव ने जिस गति से यांत्रिक विकास करके कारखानों व वाहनों आदि की संख्या में दिन-प्रतिदिन वृद्धि की है, इससे मशीनों का शोर और यातायात कोलाहल बढ़ा है। आज मानव उत्सवों, मेलों, समारोहों में तेज ध्वनि के लाउडस्पीकर, टेप रिकॉर्डर बजाते

हैं ओर शोर या ध्वनि की तीव्रता को बढ़ाते है। साथ ही हवा में उड़ने वाले विमानों का, थल पर चलने वाली रेलों आदि ने भी ध्वनि-तीव्रता में वृद्धि कर आज सम्पूर्ण पर्यावरण में ध्वनि प्रदूषण की समस्या को बढ़ाया है।

ध्वनि प्रदूषण की समस्या ने भी अन्य प्रदूषणों की तरह घातक रूप धारण किया है क्योंकि यह उच्च तीव्रता वाली ध्वनि न केवल मानव के कार्यों में ही विध्न डालती है बल्कि इससे शरीरिक प्रभाव भी घातक होते हैं। यह ध्वनि 85 डेसिबल (डेसिबल-ध्वनि की तीव्रता मापने की इकाई) से ऊपर पहुँचने पर यह हमारे कानों को असह्य हो जाती है। 60 डेसिबल वाली ध्वनि सुनने की क्षमता समाप्त करती है तो 230 डेसिबल हमारे शरीर में शारीरिक दर्द पैदा करती है।

शोर हमारे वातावरण की कोमलता को तोड़कर पर्यावरण को दूषित करता है तथा यह प्रदूषण नहीं देखा जा सकता है। केवल मानव की की ज्ञानेन्द्रियों द्वारा महसूस होता है अर्थात् वातावरण में फैली अदृश्य अनिच्छित ध्वनि को शोर प्रदूषण कहते हैं।

प्रभाव

1. शोर हमारे सुनने की क्रिया को कम करता है।

2. शोर हमारे मस्तिष्क पर प्रभाव डालता है जिससे हमारे विचारों, सोचने व स्मरण करने की शक्ति को नष्ट करता है।

3. शोर से व्यक्ति की निद्रा पर प्रभाव पड़ता है जिससे व्यक्ति क्रोधी, चिड़चिड़ा हो जाता है।

4. एकाग्रचित से कार्य करने में विध्न पैदा होता है।

5. रक्तचाप व ह्रदय की गति बढ़ जाती है।

6. स्त्रियों में गर्भ के समय अधिक शोर गर्भपात करवा सकता है।

ध्वनि प्रदूषण से बचने के उपाय

1. मोटर गाड़ियों, वायुयानों, छोटे वाहनों आदि में उच्च शक्ति के ध्वनि अवरोधक यन्त्र लगाकर ध्वनि की तीव्रता कम की जा सकती है।

2. सरकार को रात्रि के समय ध्वनि विस्तारक यन्त्रों पर रोक लगानी चाहिए।

3. मेलों, उत्सवों व समारोहों में ध्वनि विस्तारक यन्त्रों का प्रयोग न्यून करने से ध्वनि प्रदूषण कम हो सकता है।

4. स्कूलों व हास्पीटल को मुख्य सड़क से दूर स्थापित करने और इनके पास से निकलने वाले वाहनों की गति कम करने व हार्न बजाने पर प्रतिबन्ध से शोर प्रदूषण कम होगा।

5. सड़क के दोनों तरफ ध्वनि को अवशोषित करने के लिए वृक्ष लगाने चाहिए।

6. ध्वनि प्रदूषण के बारे में लोगों को जानकारी प्रदान कर इसके खतरों के प्रति सावधान करना चाहिए।

पर्यावरण प्रदूषण वर्तमान युग का एक बहुचर्चित विषय व आधुनिक सभ्यता द्वारा उत्पन्न एक भयावह समस्या है। एक स्वस्थ एवं सन्तुलित पर्यावरण में बाहरी अवांछित तत्त्वों के द्वारा उत्पन्न असन्तुलन की दशा को पर्यावरण प्रदूषण कहते हैं, जिसमें जीव जन्तुओं एवं मानव के लिए जीवन की अनुकुल दशाएँ घटती जाती हैं। प्रदूषण (Pollution) का शाब्दिक अर्थ है 'गन्दा या अस्वच्छ करना, अपवित्र करना।' सामान्य शब्दों में प्रदूषण पर्यावरण के जैविक तथा अजैविक तत्त्वों के रासायनिक, भौतिक तथा जैविक गुणों में होने वाला वह अवांछनीय परिवर्तन हैं जो कि मानवीय क्रिया-कलापों के परिणामस्वरूप उत्पन्न होता है।

पर्यावरण प्रदूषण में मनुष्य की प्रमुख भूमिका होती हैं, जबकि पर्यावरण अध्ययन में मानवीय तथा प्राकृतिक प्रक्रमों का सम्मिलित योग होता है। इस प्रकार प्रदूषण स्थानीय स्तर पर पर्यावरणीय गुणवत्ता में ह्रास करता है जबकि पर्यावरण अवनयन द्वारा स्थानीय, प्रादेशिक तथा विश्वस्तर पर पर्यावरण की गुणवत्ता में ह्रास तथा अवनयन होता है। संयुक्त राज्य अमेरिका (U.S.A) में राष्ट्रपति विज्ञान समिति की पर्यावरण प्रदूषण उपसमिति ने 1965 के प्रतिवेदन में प्रदूषण को निम्न रूप में परिभाषित किया है-

"प्रदूषण मानवीय क्रिया-कलापों का ऐसा उप उत्पाद है, जिसने प्रत्यक्ष या अप्रत्यक्ष रूप से ऊर्जा प्रतिरूपों, विकिरण स्तरों, जीवों के भौतिक व रासायनिक संगठनों तथा जीवों की बहुलता में हुए इनके प्रभावों में ऐसा वातावरणीय प्रतिकूल परिवर्तन किया है जिससे मानव को प्रत्यक्ष रूप में परोक्ष रूप में उत्पन्न जल संसाधन, जलापूर्ति, कृषि व जैविक उत्पादों, मानव के भौतिक स्वामित्व, मनोरंजन के अवसरों व नैसर्गिक सुन्दरता के आकलन को प्रभावित किया है।"

ओडम (E.P.Odum) के अनुसार "हवा, जल एवं मृदा के भौतिक, रासायनिक एवं जैविक गुणों के किसी ऐसे अवांछनीय परिवर्तन से जिससे मनुष्य स्वयं को तथा सम्पूर्ण परिवेश के प्राकृतिक जैविक एवं सांस्कृतिक तत्त्वों को हानि पहुँचती है, प्रदूषण कहते हें।" (Pollution is undesirable change in the physical, chemical or biological characteristics of our air, land, water that will harmfully affect human life, our industrial process, living condition and cultural assets or deteriorates our raw material resurces.)

मेसाचुसेटस् तकनीकी संस्थान (MIT, 1970) के अनुसार प्रदूषण "वस्तुओं के उत्पादन एवं उपभोग की प्रत्येक अवस्था में अपशिष्ट पदार्थों का सृजन होता है। ये अवशिष्ट पदार्थ तत्कालीन समय में प्रदूषक या पर्यावरणीय समस्या होते हैं। जब इनका वायुमण्डलीय, महासागरीय अथवा पार्थिव पर्यावरण पर प्रतिकूल प्रभाव पड़ता है।" वेब्स्टर (Webster) शब्दकोश के अनुसार, "प्रदूषण मानवीय गतिविधियों के सह उत्पाद होते हैं जो पर्यावरण पर हानिकारक प्रभाव डालते हैं।" एम. वाल्टर (M. Walter) के अनुसार, "प्रदूषण पर्यावरण में

पायी जाने वाली अवांछित अपद्रव्यताएँ (Unwanted Impurities) होती हैं। " डेस्मान (R.E. Dasman, 1975) के अनुसार उस दशा या स्थिति को प्रदूषण कहते हैं जब मानव द्वारा पर्यावरण में विभिन्न तत्त्वों एवं ऊर्जा का उस सीमा तक सान्द्रण या संग्रह हो जाये कि पारिस्थतिक तन्त्र द्वारा आत्मसत् (Absorbed) करने की क्षमता से अधिक हो जाते हैं।

उपर्युक्त परिभाषाओं से यह स्पष्ट होता है कि प्रदूषण मानवीय क्रिया-कलापों द्वारा उत्पन्न अवशिष्ट पदार्थ (Wastes) पदार्थ तथा उनके निस्तारण (Disposal) से उत्पन्न प्रतिकूल प्रभाव होते हैं जिनसे स्वयं मानव सहित अनेक जीव-जन्तु प्रभावित होते हैं। मानवीय क्रियाओं के दौरान उपयोगित (Used) तथा उपयोग करने के उपरान्त छोड़ा गया अपशिष्ट प्रदूषक (Pollutant) कहलाता है। प्रदूषकों की प्रकृति समय के साथ परिवर्तित होती रहती है। इन प्रदूषकों के अतिरिक्त मानव व जीवों के उपापचयी उप उत्पाद भी सजीवों के जीवन के जन्मजात प्रदूषक हैं।

प्रदूषक(Pollutant)-जीवमण्डल में संचरित विविध पारिस्थितिक तन्त्रों की प्राकृतिक सन्तुलन की अवस्था में असन्तुलन उत्पन्न करने वाले कारकों या तत्त्वों को प्रदूषक कहते हैं। सामान्य भाषा में उपयोग के उपरान्त अवशिष्ट रूप में फेंके गये तत्त्वों को प्रदूषक कहते हैं। ये मानवीय क्रिया-कलापों के उप उत्पाद होते हैं। जो तकनीकी विकास व उच्च स्तरीय जीवन के सहगामी परिणाम होते हैं। प्रदूषक तत्त्व तथा निस्तारण की प्रक्रिया में विकसित एवं विकासशील देशों में भिन्नता पायी जाती है। उत्पत्ति के स्रोत के आधार पर प्रदूषक दो प्रकार के होते हैं-

(1) प्राकृतिक प्रदूषक (Natural Pollutants)

(2) मानव निर्मित प्रदूषक (Man-made Pollutants)

प्रदूषक तत्त्वों की दृश्यता (Visibility) के आधार पर प्रदूषक दो प्रकार के होते हैं-

(1) दृष्टिगत प्रदूषक (Visible Pollutants)

(2) अदृश्य प्रदूषक (Non-visible Pollutnats)

प्रदूषकों की प्रकृति एवं अवस्था के अनुसार इन्हें छः भागों में विभक्त किया जा सकता हैं-

(1) ठोस अपशिष्ट (Solid Wastes)

(2) द्रव अपशिष्ट (Liquid Wastes)

(3) गैसीय अपशिष्ट (Gaseous Wastes)

(4) भारहीन अपशिष्ट (Weightless Wastes)

(5) ताप अवशिष्ट (Heat Wastes)

(6) ध्वनि अपशिष्ट (Noise Wastes)

प्रदूषक (Pollutants)

- उत्पत्ति स्त्रोत के आधार पर
  - प्राकृतिक प्रदूषक
  - मानव निर्मित प्रदूषक
- दृश्यता के आधार पर
  - दृष्टिगत प्रदूषक
    - धुआँ
    - धूल
    - सीवर जल
    - कचरा
  - (अदृश्य प्रदूषक अनेक जीवाणु, जल एवं मृदा में मिश्रित रसायन)
- प्रदूषकों की प्रकृति के आधार पर
  - ठोस अपशिष्ट
  - द्रव अपशिष्ट
  - गैसीय अपशिष्ट
  - भारहीन अपशिष्ट
  - ताप अपशिष्ट
  - ध्वनि अपशिष्ट

(1) ठोस अपशिष्ट (Solid Wastes)– ये औद्योगिक घरेलू अपशिष्ट होते हैं, जिन्हें सामान्य भाषा में कूड़ा कर्कट (Garbage) कहते हैं। ये कचरा रसोई, मांसघरों, डिब्बा, बोतल उद्योग आदि से निसृत होता है। उद्योगों व घरों से प्राप्त राख, इमारतें तोड़ने के उपरान्त उपलब्ध मलबा, प्लास्टिक, मृत जन्तुओं के कंकाल, खनिज खानों से निकले अपशिष्ट आदि इनमें सम्मिलित किये जाते हैं।

(2) द्रव अपशिष्ट (Liquid Wastes)–इनमें घरों से निकले जल, मलमूत्र व इसके साथ बहकर आये मृदा कणों को सम्मिलित किया जाता है। इस प्रकार के सान्द्रण में घुलित ऑक्सीजन से कार्बनिक पदार्थों का ऑक्सीकरण हो जाता है। विभिन्न उद्योग बड़ी मात्रा में अम्लीय एवं क्षारीय द्रव नि:स्तृत करते हैं।

(3) गैसीय अपशिष्ट (Gaseous Wastes)–इनमें Co, So_2, No_2 तथा धूम कोहरे (Smoggases) में मिश्रित हाइड्रोकार्बन गैसें सम्मिलित हैं जो विभिन्न औद्योगिक संस्थानों से नि:सृत होती है।

(4) भारहीन अपशिष्ट (Weightless Wastes)–इनमें अदृश्य ऊर्जा अपशिष्ट (Non-visible Energy Wastes) को सम्मिलित किया जाता है, जिनमें ताप ध्वनि तथा रेडियोधर्मी अपशिष्ट समाहित है।

(5) ताप अवशिष्ट (Heat Wastes)–विभिन्न औद्योगिक संस्थानों से नि:सृत अत्यधिक गर्म जल, द्रव अपशिष्ट व तप्त गैसें सम्मिलित हैं।

(6) ध्वनि अपशिष्ट (Noise Wastes)–अवांछनीय ध्वनि इस वर्ग का प्रमुख अपशिष्ट है जो अदृश्य भी होती है।

पारिस्थितिकीय दृष्टिकोण से ओडम (E.P.Odum) ने प्रदूषकों को निम्न दो वर्गों में विभक्त किया है–

(1) अविघटनीय प्रदूषक (Non Degradable Pollutants)

(2) जैव विघटनीय प्रदूषक (Biodegradable Pollutants)

(1) अविघटनीय प्रदूषक (Non Degradable Pollutants)–ये मानव निर्मित ऐसे औद्योगिक पदार्थ होते हैं, जो प्राकृतिक (भौतिक), रासायनिक व जैव रासायनिक क्रियाओं द्वारा विघटित नहीं होते हैं। जिस कारण पारिस्थितिक तन्त्र में इनका पुन: चक्रीकरण (Recycling) नहीं हो पाता हैं। परिणामस्वरूप ये तत्त्व एकत्रित होकर खाद्य श्रृंखला द्वारा व जैव भूरासायनिक चक्रों द्वारा जीवों में प्रविष्ट होकर हानिकारक प्रभाव प्रकट करते हैं। इनमें एल्यूमिनियम एवं टिन के डिब्बे, पारा के लवण, फिनोलिक यौगिक, डी.डी.टी., बी. एच.सी., एल्ड्रीन तथा टोक्साफीन प्रमुख हैं।

(2) जैव विघटनीय प्रदूषक (Biodegradable Pollutants)–ये प्रदूषक अधिकांशत: जीव-जन्तुओं और वनस्पतियों की जैविक क्रियाओं के परिणामस्वरूप उत्पन्न होते हैं। इनकी रासायनिक संरचना अधिक स्थायी नहीं होती है, जिस कारण ये प्राकृतिक प्रक्रियाओं द्वारा आसानी से विघटित हो जाते हैं। इनमें घरेलू अपशिष्ट जैसे मल-मूत्र, अन्न, शाक व फलों के अंश आदि सम्मिलित हैं। इनका अनुपात विघटन दर से अधिक होने पर ये प्रदूषण का कार्य करने लग जाते हैं।

प्रदूषण के स्रोत (Sources of Pollution)–प्रदूषण करने वाले प्रदूषकों के स्रोत उत्पत्ति के आधार पर दो प्रकार के होते हैं–

(1) प्राकृतिक स्रोत (Natural Sources)

(2) मानवीय स्रोत (Human Sources)

(1) प्राकृतिक स्रोत (Natural Sources)–इस वर्ग में प्राकृतिक क्रियाओं के दौरान नि:सृत प्रदूषक तत्त्वों को सम्मिलित किया जाता है। इनमें ज्वालामुखी राख एवं धूल, भूकम्पीय घटनाओं के दौरान आने वाले धरातलीय परिवर्तन से उत्पन्न तत्त्व, बाढ़, सूखा, मृदा अपरदन, चक्रवाती तूफान आदि से उत्पन्न तत्त्व प्रमुख हैं।

(2) मानवीय स्रोत (Human Sources)–प्रदूषण के मानव जनित स्रोतों में निम्नलिखित को सम्मिलित किया जाता है–

(i) औद्योगिक बहि:स्राव (Industrial Effluents)

(ii) घरेलू बहि:स्राव (Domestic Effuents)

(iii) वाहित मल (Sewage)

(iv) कृषि बहि:स्राव (Agricultural Effluents)

(v) तेलीय स्रोत (Oil Pollutants)

(vi) तापीय स्रोत (Thermal Pollutants)

(vii) रेडियोधर्मी अपशिष्ट (Radioactive Wastes)

(viii) दहन क्रिया (Combustion Process)

(ix) नगरपालिका अपशिष्ट (Municipal Wastes)

(x) खनन अपशिष्ट (Mining Wastes)

(xi) परिवहन के साधन (Means of Transportation)

(xii) मनोरंजन के साधन (Means of Entertainment)

(xiii) सामाजिक क्रिया-कलाप (Social Activities)

प्रदूषण के प्रकार (Types of Pollution)-प्रकृति में विभिन्न रूपों में प्रदूषण पाये जाते हैं, जिनका वर्गीकरण प्रदूषक तत्त्वों, प्रदूषण के स्रोतों तथा विसरण प्रक्रिया के आधार पर किया जा सकता है। इस आधार पर निम्न प्रकार के प्रदूषण पाये जाते हैं-

(1) प्रदूषण के स्वरूप के आधार पर दो प्रकार का पर्यावरण प्रदूषण होता है। प्रथम, भौतिक या प्राकृतिक प्रदूषण तथा द्वितीय, सामाजिक या सांस्कृतिक प्रदूषण। भौतिक प्रदूषण पर्यावरण के भौतिक घटकों जल, वायु, मृदा आदि में पाया जाता है। जिस आधार पर इन्हें जल प्रदूषण, वायु प्रदूषण एवं भूमि प्रदूषण कहा जाता है। इसी प्रकार सामाजिक या सांस्कृतिक प्रदूषण को भी निम्न रूपों में विभक्त किया जा सकता है-(1) आर्थिक प्रदूषण (गरीबी व बेरोजगारी), (2) राजनीतिक प्रदूषण (युद्ध), (3) धार्मिक प्रदूषण (धार्मिक आय पर हिंसा), (4) सामाजिक प्रदूषण (अपराध, लूट, डकैती आदि)। इसी प्रकार क्षेत्रीय आधार पर नगरीय प्रदूषण, ग्रामीण प्रदूषण, औद्योगिक क्षेत्रों का प्रदूषण, कृषि प्रदूषण तथा धार्मिक पर्यटक स्थलों का प्रदूषण आदि रूपों में विभक्त किया जा सकता है-

(1) तापीय प्रदूषण, (2) रेडियो एक्टिव प्रदूषण।

1. तापीय प्रदूषण (Thermal Pollution)-अनेक कारणों औद्योगिकीकरण, नगरीकरण, वनोन्मूलन, ग्रीन हाऊस गैसों की बढ़ती मात्रा आदि के कारण वायुमण्डल के तापमान में लगातार वृद्धि होती जा रही है, इसे तापीय प्रदूषण कहते हैं।

औद्योगिकण, ओजोन परत के क्षय, ग्रीन हाऊस गैसों की बढ़ती मात्रा आदि के कारण विश्व तापन (Global Warming) की समस्या बढ़ती जा रही है। बढ़ते तापमान के कारण वर्षा में कमी आती है। पृथ्वी का शुद्ध जल जो कि हिमनदों के रूप में हैं, बढ़ते तापमान के कारण

हिमनद पिघल रहे हैं। इसी कारण प्राकृतिक प्रकोपों में वृद्धि, पर्यावरण में ऑक्सीजन की कमी, समुद्र जल स्तर में कमी, ओजोन परत में क्षय आदि के प्रभाव पर्यावरण पर पड़ रहे हैं। नाभिकीय रिएक्टर व परमाणु संयंत्रों से निकलने वाले गर्म जल समुद्रों में बहा दिया जाता हैं जिससे समुद्री जीव मरने लगते हैं। इस प्रकार समुद्र का पारिस्थितिक तंत्र भी तापीय प्रदूषण से प्रभावित होता है। वैश्विक तापमान में वृद्धि के बढ़ते दुष्प्रभावों को कम करने हेतु ग्रीन हाऊस गैसों पर नियंत्रण आवश्यक है। CO_2 के प्रभाव को कम करने के लिए वृक्षारोपण आवश्यक है। औद्योगिक क्षेत्रों से निकलने वाली हानिकारक गैसों व गर्म जल की उचित व्यवस्था की जानी चाहिए। तापीय प्रदूषण को कम करने के लिए जनजागृति व अन्तर्राष्ट्रीय प्रयासों की आवश्यकता है।

2. रेडियोएक्टिव प्रदूषण (Radioactive Pollution)–परमाणु ऊर्जा संस्थानों के कारण विकिरणों द्वारा फैलाने वाला प्रदूषण रेडियोएक्टिव प्रदूषण कहलाता है। इसको ज्ञानेन्द्रियों द्वारा महसूस नहीं किया जा सकता है केवल वैज्ञानिक यंत्रों द्वारा ही मापा जा सकता है। अत: यह अधिक हानिकारक रूप ले सकता है। नाभिकीय विघटन द्वारा परमाणु ऊर्जा प्राप्त होती है। ईंधन के जल जाने पर बचे हुए पदार्थ को नाभिक कचरा कहते हैं। इस प्रकार परमाणु भट्टी से विकिरण व रेडियो सक्रिय अपशिष्ट दो रूपों में प्रदूषण फैलता है। संरचना की दृष्टि से विकिरण, विद्युत चुम्बकीय विकिरण आदि प्रकाश किरणें, एक्सकिरणें, पैहाबैंगनी-किरणें व कणीय विकिरण आदि तथा अल्फा, बीटा व न्यूट्रॉन किरणे आदि प्रमुख हैं ये दो प्रकार की होती है। प्रभाव की दृष्टि से आयनीकारी व अनआयनीकारी विकिरण होते हैं। जिन समस्थानिक पदार्थों के अपघटन से आयनीकरण विकिरण निकलती है, रेडियोधर्मी कहलाते हैं।

पर्यावरण में विकिरण प्राकृतिक व मानव निर्मित होते हैं। प्राकृतिक विकिरणों में रेडियम का उत्पाद रेडॉन व मानव निर्मित विकिरणों में हाइड्रोजन का समस्थानिक ट्रिटियम काफी प्रदूषक है। नाभिकीय विस्फोट, नाभिकीय रिएक्टर, नाभिकीय ऊर्जा, अन्य नाभिकीय प्रतिष्ठान, वैज्ञानिक अनुसन्धान इकाईयाँ आदि रेडियोधर्मी प्रदूषण के स्रोत हैं। नाभिकीय विस्फोट जिसमें नाभिकीय विखण्डन व नाभिकीय संलयन होता है, के समय रेडियोधर्मी धूल पृथ्वी पर बिखर जाती हैं। इसे रोडियोधर्मी निक्षेप (Radioactive fallout) कहते हैं। नाभिकीय विस्फोट में रोडियोधर्मी यूरेनियम (U^{235}), प्लूटोनियम (Pu^{239}), हाइड्रोजन, लिथियम, बेरेलियम आदि का प्रयोग होता है। नाभिकीय शक्ति संयंत्र रिएक्टर व अनुसन्धान प्रयोगशालाओं में काम आने वाली शीतलकों में भी रेडियोधर्मी समस्थानिक होते हैं। भारत में नरोरा, तारापुर, कलपक्कम कैगा व रावतभाटा में ऐसे संयत्र स्थित हैं जो कि 1700 मेगावाट के लगभग विद्युत उत्पन्न करते हैं।

प्रभाव (Effect)–विकिरण का वातावरण व जीवों के शरीर पर बहुत अधिक प्रभाव पड़ता है। विकिरण गुणसुत्रों व जीनों में पहुँचकर घातक उत्परिवर्तन पैदा कर सकते हैं। विकिरणों से ल्यूकोमिया, अस्थि कैंसर, बंधयता, आदि कायिक प्रभाव हो सकते हैं। 1000 से अधिक रोंटजन से अधिक विकिरण से आंत्र मृत्यु व 3000 रोटेजन से अधिक विकिरण से 'केन्द्रीय तंत्रिका तंत्र की मृत्यु' हो जाती है। डी.एन.ए. को प्रभावित कर वंशानुगत रोग हो सकते हैं।

नाभिकीय विस्फोट से ओजोन परत में क्षय के कारण पृथ्वी पर आने वाली पैराबैंगनी किरणों से त्वचा कैंसर की सम्भावनाएँ बढ़ जाती है। रेडियोधर्मी प्रदूषण मनुष्य के आवश्यक जीवीपोषी तंत्र व आहार शृंखला को भी प्रभावित करता है। रेडियोधर्मी निक्षेप से वायु, जल व मृदा भी प्रदूषित होती है। विकिरण हिरोशिमा व नागासाकी आज भी विकिरण से प्रभावित है। जनन क्षमता को भी प्रभावित करती है। 1986 में सोवियत संघ के उक्रेन प्रान्त में चेरेनोबिल परमाणु बिजलीघर में परमाणु दुर्घटना हुई जिससे भी मानव जीवन काफी प्रभावित हुआ।

विकिरण के दुष्प्रभावों पर नियंत्रण-विकिरणों के दुष्प्रभाव कम करने के लिए सभी देश सतत् प्रयत्नशील हैं। इसके लिए वातावरण में विकिरण की मात्रा कम करके व विकिरण के प्रति प्रतिरोधक क्षमता पैदा करने वाली दवाओं का पता लगाया जा रहा है। वातावरण में विकिरण की मात्रा को कम करने के उद्देश्य से परमाणु बिजली घरों में चारों ओर एक हरी पट्टी (Green Belt) का निर्माण करवाया जाना चाहिए। रेडियो सक्रिय पदार्थों का रिसाव अनुज्ञेय सीमा में होना चाहिए। नाभिकीय भट्टी में पैदा हुए रेडियो सक्रिय अपशिष्टों का निपटान ऐसा हो कि पर्यावरण दूषित न हो। बिजली घर ऐसे स्थानों पर होने चाहिए जहाँ आस-पास मानव आवास न हो और आपातकालीन स्थिति में आम जनता को नुकसान न हो।

प्रदूषण एवं पर्यावरणीय गुणवत्ता (Pollution and Environment Quality)-वर्तमान विश्व में पर्यावरण की गुणवत्ता ह्रास चिन्ता का विषय बना हुआ है। विभिन्न स्तर पर बिगड़ते पर्यावरण शोध किये जा रहे हैं। स्वस्थ पर्यावरण उसे कहते हैं जिसमें मानव के स्वास्थ्यवर्धक जीवन व्यतीत करने के लिए अनुकूल दशाएँ विद्यमान होती हैं। पर्यावरण के जैविक एवं अजैविक कारक अपने प्राकृतिक सन्तुलन के अन्तर्गत पाये जाते हैं तथा मानवीय हस्तक्षेप द्वारा किसी प्रकार की अपद्रव्यताएँ (Impurities) न हो तो उसे स्वस्थ पर्यावरण कहते हैं। केविन आर. कोक्स (Kivin R. Cox) ने अपनी पुस्तक 'पर्यावरणीय गुणवत्ता का भूगोल' (The Geography of Environment Quality) में पर्यावरण की गुणवत्ता के निम्नलिखित आठ आधार बिन्दु वर्णित किये हैं-

(1) किसी भी प्रकार का प्रदूषण न हो,

(2) स्वास्थयवर्धक हो,

(3) पर्याप्त नियोजन की सम्भावना हो,

(4) मनोरंजन की पर्याप्त सुविध हो,

(5) उत्तम आवास की व्यवस्था हो,

(6) शिक्षा की सुविधा हो,

(7) आधुनिक सुविधाएँ विद्यमान हों,

(8) पर्याप्त स्वास्थय सुविधाएँ उपलब्ध हों।

स्वस्थ पर्यावरण में किसी भी प्रकार का प्रदूषण नहीं पाया जाता है। पर्यावरण के जैविक एवं अजैविक घटकों की सन्तुलित अवस्था में बाहरी अवांछित तत्त्वों के प्रतिष्ठ होने से पर्यावरणीय गुणवत्ता में प्रदूषण के रूप में ह्रास आरम्भ हो जाता है, जिसका प्रत्यक्ष प्रभाव जीवों की स्वस्थ दशाओं पर पड़ता है। ये प्रदूषण अनेक रूपों में प्रकट होता है जिसके स्त्रोत भी अनेक होते है सामान्यत: जल प्रदूषण, वायु प्रदूषण, ध्वनि प्रदूषण, भूमि प्रदूषण तथा रेडियोधर्मी तत्त्वों से उत्पन्न प्रदूषण प्रमुख रूप से पर्यावरण की गुणवत्ता को अवक्रमित कर रहे हैं। भारत की प्रमुख नदियाँ अपने गुणवत्ता के स्तर को खो चुकी हैं, जिनका प्रदूषित होने का यह क्रम जारी है, इसी प्रकार प्रमुख महानगरों से नि:स्तृत औद्योगिक अपशिष्टों से जल तथा विषैली गैसों द्वारा वायु प्रदूषण हो रहा है तथा वायु श्वसन के उपयुक्त नहीं रही है। इसी प्रकार भूमि प्रदूषित हो रहा है जिसका मुख्य कारण वृहत्त मात्रा में औद्योगिक अपशिष्टों का भूमि में निस्तारण करना है। स्पष्ट है कि न केवल भारत जैसे विकासशील देशों में वरन् संयुक्त राज्य अमेरिका जैसे विकसित देशों में भी प्रदूषण द्वारा निरन्तर पर्यावरणीय गुणवत्ता में ह्रास हो रहा है जिसकी पुनर्स्थापना में एक लम्बा समय लगेगा, जब तक पर्यावरण जीवों के लिए प्रयुक्त पोषणीय या संधृत आधार (Sustainable base) खो देगा।

पर्यावरणीय गुणवत्ता का द्वितीय पक्ष यह है कि पर्यावरण में मानवीय स्वास्थ्य के अनुकूल दशाएँ विद्यमान होनी चाहिए। पर्यावरण में विभिन्न प्रकार की अपद्रव्यताओं के सान्द्रण से पर्यावरण मानव सहित सम्पूर्ण जीव-जगत के लिए खतरा उत्पन्न कर देता है। इसे बढ़ाने में प्राकृतिक शक्तियों के साथ ही मानवीय गतिविधियों की भी महत्त्वपूर्ण भूमिका है। मानव प्रकृति मे अपनी आर्थिक गतिविधयों द्वारा विभिन्न प्रकार के पारिस्थितिकीय संकट उत्पन्न कर रहा है। विभिन्न प्रकार के प्रदूषण फैला रहा है, तीव्र गति से खनिजों का अविवेकपूर्ण खनन कर संसाधन संकट को जन्म दे दिया है। अन्धाधुन्ध वनोन्मूलन किया जा रहा है, जिसके परिणामस्वरूप मृदा अपरदन, वन्य जीवों का विलोपन तथा बाढ़ एवं सूखा जैसी प्राकृतिक आपदायें उत्पन्न हो रही हैं। अत: स्पष्ट है कि स्वस्थ पर्यावरण उसके विभिन्न तत्त्वों में प्राकृतिक सन्तुलन बनाये रखा जाना चाहिए।

वायु प्रदूषण एवं इसके स्त्रोत

(Air Pollution and its sources)

जीव जन्तुओं एवं पेड़-पौधों के जीवन का स्त्रोत वायु प्राकृतिक रूप से अपने निश्चित अनुपात में विभिन्न गैसों का संघटन पाया जाता है, जिसका विभिन्न जीव-जन्तु एवं पादप समुदाय उपयोग करते हैं, लेकिन वर्तमान समय में बढ़ती मानवीय आवश्यकताओं के कारण यह सन्तुलन अपनी वास्तविक दशा खो रहा है। प्रारंभ में केवल प्राकृतिक कारकों द्वारा एवं कुछ मात्रा में मानवीय स्त्रोतों द्वारा वायु प्रदूषण होता था जो पुन: अपनी सन्तुलित अवस्था में आ जाता था लेकिन तीव्र गति से बढ़ती जनसंख्या के कारण यह स्थिति अब नियंत्रण से बाहर है एवं प्रदूषण का स्वरूप दिन-प्रतिदिन विकराल रूप लेता जा रहा है। वायु प्रदूषण को निम्न रूप से परिभाषित किया जा सकता है-

"वायु के भौतिक, रासायनिक या जैविक गुणों में ऐसा कोई भी अवांछित परिवर्तन जिसके द्वारा मनुष्य के जीवन या अन्य जीवों, जीवन परिस्थितियों, हमारे औद्योगिक प्रक्रमों तथा हमारी सांस्कृतिक सम्पत्ति को हानि पहुँचे अथवा प्राकृतिक सम्पदा नष्ट हो तो इसे वायु प्रदूषण कहते हैं।" विश्व स्वास्थय संगठन के अनुसार, "वायु प्रदूषण उन परिस्थितयों तक सीमित रहता है, जहाँ बाहरी परिवेशी वायुमण्डल में दूषित पदार्थों की सान्द्रता मनुष्य तथा पर्यावरण को हानि पहुँचाने की सीमा भी बढ़ जाती है।" औद्योगिक क्रान्ति के उपरान्त तीव्र औद्योगिक विकास, वाहनों की बढ़ती संख्या, जिनसे निःसृत धुआँ, वायु में अवांछित रसायनों का प्रवेश, नगरीय जनसंख्या में वृद्धि, निरन्तर वन विनाश, अनियन्त्रित खनन कार्य तथा परमाणु अस्त्रों का परीक्षण आदि कारणों से भी तीव्र गति से वायु प्रदूषण बढ़ा है।

वायु को विभिन्न प्रकार के तत्त्व प्रदूषित करते हैं। जिन्हें निम्न रूपों में वगीकृत करते हैं-

(1) उत्पत्ति के स्रोत के आधार पर(According to Source of Origin)-प्रदूषण की उत्पत्ति को स्रोतों के आधार पर इसे पुनः दो भागों में बाँटा जा सकता है-

(i) प्राकृतिक स्रोत (Natural Sources) तथा (ii) मानवीय स्रोत (Human Sources)। मानवीय स्रोतों को फिर से प्राथमिक एवं द्वितीयक स्रोतों में विभक्त किया जा सकता हैं। दहन क्रिया (Combustion), खनन क्रिया तथा औद्योगिक क्रिया द्वारा छोड़े गये कणों को प्राथमिक मानवीय स्रोतों में तथा रासायनिक क्रियाओं को द्वितीयक मानवीय स्रोतों में सम्मिलित करते हैं।

(2) रासायनिक संगठन के आधार पर (According to Chemical Composition)-इस आधार पर वायु प्रदूषण के स्रोतों को कार्बनिक(Organic) तथा अकार्बनिक (Inorganic) नामक दो प्रदूषकों मे विभाजित करते हैं।

(3) प्रदूषकों के आकार एवं घनत्व के आधार पर (According to Size and Density of Pollutents)

वायु प्रदूषण के स्रोत

उत्पत्ति के स्रोत के आधार पर		रासायनिक संगठन के आधार पर		आकार एवं घनत्व के आधार पर	स्रोत के प्रकार के आधार पर (स्रोत के नाम जैसे वाहनों के दहन द्वारा, औद्योगिक क्रिया द्वारा, स्थिर दहन द्वारा आदि)
प्राकृतिक स्रोत	मानवीय स्रोत	कार्बनिक या जैविक स्रोत	अकार्बनिक या अजैविक स्रोत		

ज्वालामुखी	दहन द्वारा		
वनाग्नि	उद्योगों द्वारा		
तूफान	कृषि कार्यों द्वारा	विशिष्ट स्रोत	विविध स्रोत
कोहरा	विलायकों द्वारा		
	रेडियोधर्मिता द्वारा		

वायु प्रदूषकों को आकार एवं घनत्व के आधार पर विशिष्ट स्रोत व विविध स्रोतों में विभक्त किया जा सकता है, विशिष्ट स्रोतों (Specific Sources) में वृहद औद्योगिक प्रतिष्ठानों को तथा विविध स्रोतों (Multiple Sources) में स्वचालित यन्त्र उद्योग जिनसे धुआँ, जीवाश्मीय ईंधन नि:सृत होते हैं, सम्मिलित करते हैं।

(4) स्रोत के प्रकार के आधार पर (According to type of Source)–प्रकृति में वायु को प्रदर्शित करने वाले प्रदूषक निम्न प्रकार के होते हैं- (i) औद्योगिक प्रक्रिया द्वारा नि:सृत प्रदूषक, (ii) वाहनों में दहन द्वारा नि:सृत प्रदूषक (iii) स्थिर (Constant) दहन द्वारा नि:सृत प्रदूषक, (iv) ठोस अपशिष्ट पदार्थों से नि:सृत प्रदूषक आदि। वायु प्रदूषण के विभिन्न प्रकारों एवं स्रोतों का ऊपर वर्णन किया गया है किन्तु ये किसी विशिष्ट तत्त्व पर आधारित है। अत: सामान्य रूप से वायु प्रदूषण के स्रोतों को दो श्रेणियों में विभक्त किया जा सकता है, जिसका विवरण निम्न रूप में प्रस्तुत किया जा रहा है–

वायु प्रदूषण के प्राकृतिक स्रोत

(Natural Sources of Air Pollution)

वायु प्रदूषण करने वाले प्राकृतिक स्रोतों में (1) ज्वालामुखी उद्‌गार से उत्पन्न प्रदूषक- धूल कण, राख, धूम्र कार्बन डाई-आक्साईड, हाइड्रोजन तथा अन्य गैसें। (2) अन्तरिक्ष से प्राप्त तत्त्व- उपग्रह तथा अवान्तर ग्रह आदि की टक्कर से उत्पन्न धूल आदि। (3) प्राथमिक उत्पादक हरे पादपों से वाष्पोत्सर्जन के दौरान नि:सृत जलवाष्प तथा श्वसन द्वारा निर्मुक्त कार्बन डाई आक्साइड। (4) वनाग्नि (Forest Fire) से उत्पन्न गैसें एवं धुआँ (5) बैक्टीरिया एवं कवकों (Fungi) से उत्पन्न बीजाणु (Spores) तथा वाइरस आदि प्रमुख है।

प्राकृतिक स्रोतों में ज्वालामुखी क्रिया तथा वनाग्नि सर्वाधिक शक्तिशाली एवं विस्तृत स्रोत हैं। ज्वालामुखी क्रिया के दौरान विभिन्न प्रकार की गैसों एवं धूलकणों का विसर्जन होता है जो वायुमण्डल में निर्मुक्त होकर मिश्रित हो जाती है और वहाँ वायु प्रदूषण में वृद्धि करती है। वनों में लगने वाली आग से भी धुआँ तथा राख की मात्रा बढ़ती है तथा वायु को प्रदूषित करती है तेज हवाओं तथा तूफानो से इन धरातलीय तत्त्वों का वायुमण्डल में मिश्रण होता है, जिससे वायु प्रदूषण फैलता है। दलदली क्षेत्रों (Swamps) तथा चावल के खेतों से 'मिथेन गैस' नि:सृत होकर वायु प्रदूषण फैलाती है। प्राकृतिक स्रोतों से होने वाला वायु प्रदूषण अधिक हानिकारक नहीं होता है, क्योंकि यह सीमित मात्रा में फैलता है।

वायु प्रदूषण के मानवीय स्रोत

(Human Sources of Air Pollution)

वर्तमान समय में मानवीय क्रिया-कलाप वायु प्रदूषण का प्रमुख स्रोत बनते जा रहे हैं। मनुष्य विकास की आर्थिक दौड़ में शामिल होकर पर्यावरणीय सन्तुलन की सीमा को लाँघते हुए आगे बढ़ रहा है। विभिन्न उद्योगों का विकास कर रहा है, जिनके लिए जीवाश्मीय ईंधन (कोयला, पैट्रोलियम तथा प्राकृतिक गैस) का उपयोग करके वायु प्रदूषण को बढ़ावा दे रहा है। परिवहन के साधनों का विकास, विभिन्न रसायनों का उत्पादन तथा प्रयोग में वृद्धि करके मानव जहाँ एक ओर सुख की अनुभूति कर रहा है वहीं दूसरी ओर वायु प्रदूषण को बढ़ा रहा है। सुविधानुसार वायु प्रदूषण के विभिन्न मानवीय स्रोतों को निम्न प्रकार से वर्गीकृत किया जा सकता है-

(1) दहन क्रिया द्वारा (By Combustion Process)-मनुष्य अपने विभिन्न कार्य पूर्ण करने के लिए भिन्न-भिन्न रूप में ऊर्जा का उपयोग करता हैं। भोजन पकाने, बर्तन बनाने, कपड़ा बनाने, विविध सामग्री बनाने जैसे-गृह निर्माण हेतु ईंट बनाना। आवागमन साधनों का प्रयोग करने आदि प्रक्रियाओं के दौरान ऊर्जा का उपयोग करता है, जो हमें विविध प्रकार के दहन द्वारा प्राप्त होती है। ये दहन निम्न हैं-

(i) **घरेलू कार्यों में दहन** (Combustion in Demestic Works)-घरेलू कार्य मानव का प्राथमिक अत्यावश्क कार्य है। इनमें भोजन पकाना, पानी गर्म करना आदि प्रमुख हैं, जिनमें कोयला, केरोसीन तथा पकाने वाली गैस का दहन करके ऊर्जा प्राप्त की जाती है। इनके अतिरिक्त लकड़ी व गोबर के कण्डे भी जलाये जाते हैं।

(ii) **ताप विद्युत ऊर्जा के लिए दहन** (Combustion for Thermal Power Energy)-विश्व में उत्पादित कुल ऊर्जा का 57 प्रतिशत ताप विद्युत से प्राप्त होता है। तापीय विद्युत गृहों में शक्ति प्राप्त करने के लिए बड़ी मात्रा में कोयले का प्रयोग किया जाता है। कोयले के दहन से सल्फर डाई ऑक्साइड (SO_2), कार्बन के आक्साईड तथा अन्य गैसें एवं धुआँ उत्पन्न होती है। कोयले के दहन के उपरान्त राख (Fly Ash) को व्यर्थ पदार्थ के रूप में फेंक दिया जाता है, जो हवा के साथ उड़कर वायु प्रदूषण का कारण बनती है। भारत में कुल 16 ताप विद्युत ऊर्जा संयन्त्रों से प्रतिदिन 8.5 मिलियन पौण्ड कणिकीय पदार्थों (Particulate matter) का वायुमण्डल में उत्सर्जन होता है। इन ताप शक्ति गृहों में प्रतिदिन 22,000 मिट्रिक टन कोयला प्रयोग किया जाता है, जिसके परिणामस्वरूप प्रतिदिन 5,20,000 पौण्ड सल्फर डाई आक्साइड तथा 4500 पौण्ड हाइड्रोकार्बन व अल्डेहाइड आदि का वायुमण्डल में विसर्जन होता है।

(iii) **वाहनों में दहन (Combustion in Automobiles)**-परिवहन के साधनों के तीव्र विकास के दौर में इनकी संख्या निरन्तर बढ़ रही है। तीव्रगामी परिवहन के साधनों में मोटर, कार, ट्रक, स्कूटर, मोटर साइकिल, रेल तथा वायुयान प्रमुख हैं। इनमें दहन हेतु पेट्रोल, डीजल इत्यादि ईंधनों का प्रयोग किया जाता है, जिनके जलने से बहुत मात्रा में काला धुआँ उत्सर्जित

होता है। डीजल से चलित वाहनों में निकलने वाले धुएँ में सूक्ष्म कार्बनमयी कणिकाओं के साथ-साथ हाइड्रोजन, नाइट्रोजन तथा सल्फर के विविध आक्साइड भी पाये जाते हैं। पेट्रोल चलित वाहनों के धुएँ में कार्बन मोनो ऑक्साइड के साथ-साथ सीसा (Lead) भी निकलता है। ये सूर्य के प्रकाश में हाइड्रोकार्बन से क्रिया करके भूरे रंग के हानिकारक प्रकाश रासायनिक धुमकुहरे (Photochemical smog) को जन्म देते हैं। प्रकाश रासायनिक कोहरे में नाइट्रोजन आक्साइड व हाइड्रो कार्बन यौगिक पराबैंगनी किरणों (Ultraviolet Rays) के प्रभाव से हानिकर ओजोन (Ozone) व अन्य जटिल कार्बनिक गैसें तथा कार्बनिक कण परॉक्सीएसिटिल नाइट्रेट (PAN) बनाते हैं। 1952 में इस कोहरे के फैलने से लन्दन में लगभग 4000 लोग मारे गये।

(iv) **अन्य कार्यों हेतु दहन**-उपर्युक्त वर्णित क्रियाओं के अतिरिक्त कचरे को एकत्रित करके जलाने शादी-विवाह तथा त्यौहारों के समय अतिशबाजी तथा आग्नेय अस्त्रों का परीक्षण आदि के द्वारा भी वायु प्रदूषण फैलता है।

(2) औद्योगिक निर्माण प्रक्रिया द्वारा (By Industrial Manufacturing process)-विज्ञान एवं प्रौद्योगिकी में प्रगति के कारण इंग्लैंड में सर्वप्रथम 1860 से औद्योगिकरण की प्रक्रिया आरम्भ हुई तथा शीघ्र ही इसका विस्तार उत्तरी अमेरिका तथा यूरोप के देशों में हो गया। प्रारम्भ में यह सन्तुलित अवस्था में था, किन्तु 20 वीं शताब्दी में अत्यधिक खतरनाक स्थिति में पहुँच गया। औद्योगिक वातावरण में कपड़ा, कागज, चीनी, उर्वरक, तेल शोधन,धातु उद्योग तथा रसायन उद्योग से अपेक्षाकृत अधिक मात्रा में वायु प्रदूषण होता है। इनसे विभिन्न प्रकार की हानिकारक गैसें, धूम्र तथा अन्य प्रदूषक तत्व उत्सर्जित होते हैं। हानिकारक गैसों में हाइड्रोजन,सल्फाइड,सल्फर-डाई-आक्साइड, कार्बन-डाई-आक्साइड, कार्बन-मोनो-आक्साइड आदि प्रमुख हैं। अन्य तत्वों में सीसा (Lead) आर्सेनिक, फ्लोराइड, बेरीलियम, केडमियम आदि प्रमुख वायु प्रदूषक हैं।

औद्योगिक प्रक्रिया के दौरान जीवाश्मीय ईंधन के उपयोग करने से कार्बन-डाई-आक्साइड गैस का वायुमण्डल में सान्द्रण होता है। औद्योगिक क्रान्ति के आरम्भ में वायुमण्डल में कार्बन-डाई-आक्साइड का सान्द्रण 0.029 प्रतिशत (290 PPM) था जो बढ़कर वर्तमान में 0.0319प्रतिशत (319 PPM)हो गया है। वायुमण्डल में कार्बन-डाइ-आक्साइड(Co2)के सान्द्रण में वृद्धि होने से वायुमण्डल के तापमान में वृद्धि होती है। औद्योगिक क्रियाओं के दौरान जहरीली गैसों का रिसाव होने से भी घातक पर्यावरणीय प्रकोप उत्पन्न हो जाते हैं। 2 और 3 दिसम्बर, 1984 की मध्य रात्रि भोपाल में एक अमेरिकी यूनियन कार्बाइड के गैस संयन्त्र से जहरीली गैस मिक (MIC=Methyle-Cynate)के रिसाव के कारण 4000 से अधिक लोग मौत के शिकार हो गये तथा अन्य में शारीरिक विकार उत्पन्न हो गये। टोकियो शहर में उद्योगों से निःसृत धुआँ की मात्रा इतनी अधिक बढ़ गयी है कि फ्यूजी पर्वत वर्ष के अधिकांश समय में धुआँ के बादलों के पीछे ओझल रहता है। भारत में मथुरा तेल शोधन कारखाने के कारण ताजमहल को खतरा उत्पन्न हो गया हैं।

औद्योगिक प्रक्रिया के दौरान सल्फ र-डाई-आक्साइड (So_2) गैस निःसतृ होकर वायुमण्डल में सल्फ्युरिक अम्ल (H_2SO_4) बन जाता है। यह सल्फ्युरिक अम्ल जल वर्षा के साथ धरातल पर पहुँच जाता है, जिसे अम्ल वर्षा (Acid Rain) कहते हैं।

(3) कृषि कार्यों द्वारा (By Agricultural Operations)-कृषि कार्यों के दौरान अनेक कीटनाशकों का प्रयोग करते हैं। प्रारंभिक काल में कीटनाशकों को बीजों के साथ भूमि में डालते थे लेकिन वर्तमान समय में अनेक यन्त्रों का विकास हो गया है, जिनसे अधिकांश पीड़कनाशकों तथा कीटनाशकों का छिड़काव (Spray)करते हैं। छिड़काव के दौरान विभिन्न हानिकारक कीटनाशक वायुमण्डल में मिल जाते हैं। कई उन्नत देंशों में इनका छिड़काव हैलीकाप्टर तथा छोटे विमानों द्वारा भी किया जाता है। डी.डी.टी. के छिड़काव के तुरन्त बाद यह अपना प्रतिकूल प्रभाव छोड़ना आरम्भ कर देता है। सूक्ष्म कणों तथा वाष्प रूप में वायु में व्यास इन रसायनों से आँखों तथा श्वसन अंगों को सर्वाधिक हानि पहुँचती है। अतः इनके छिड़काव में सावधानी रखनी चाहिए इस दिशा में पश्चिमी देशों ने अच्छे प्रयास करते हुए बचाव के उपाय निकाल लिए हैं। कृषि सम्बन्धी अन्य कार्यों जैसे खेत का कूड़ा-करकट जलाने, अनाज की उडावनी आदि से भी वायु प्रदूषण फैलता है। रूसी वैज्ञानिकों ने पीड़ानाशियों पर निर्भरता कम करने के उपाय खोज निकाले हैं। इन्होंने कीटों में सूचना प्रेषण गंधों के जरिये इस विधि का विकास किया है। ये गंध रासायनिक योग होते

हैं, इस गंध द्वारा कीटों को एक स्थान पर एकत्रित करके उनका सफाया किया जा सकता है। इस विधि में कीटनाशकों का अधिक प्रभाव नहीं पड़ता है। पीड़क नाशकों का उपयोग एक खतरनाक आदत है, जो सम्पूर्ण परिवेश के लिए घातक है।

(4) विलायकों का प्रयोग (Use of Solvents) - प्रकृति में अनेक प्रकार छिड़काव रंग (Spray-paint) तथा फर्नीचर को चमकाने(polish)वाले विभिन्न विलायकों(Solvents) का प्रयोग किया जाता है। अधिकांश विलायक उड़नशील हाइडोकार्बन पदार्थ होते हैं। छिड़काव रंग (Spray-paint) तथा चमकाने (polish) के दौरान ये पदार्थ सूक्ष्म कणों एवं वाष्प के रूप में वायु मे मिलकर उसे प्रदूषित करते हें। विभिन्न रसायन प्रयोगशालाओं में भी विभिन्न रासायनिक पदार्थों का प्रयोग करते हैं, जो प्रयोग के दौरान वाष्पन द्वारा तथा कभी-कभी असावधनी के कारण वायु में मिलकर दूषित कर देती है।

(5) रेडियोधर्मिता द्वारा (By Radio activity) -परमाणु तत्वों को विभिन्न प्रयोजनों में उपयोग करने के दौरान रेडियोधर्मिता से वायुप्रदूषण फैलता है। परमाणु बमों के निर्माण में विघटनाभिक समस्थानिक (Radioactive-Isotopes) तत्वों का उपयोग होता है। ये पदार्थ अस्थायी प्रकृति के होते हैं, अतःइनके उत्पन्न होते ही विघटन आरम्भ हो जाता है। ये विघटन गामा किरणों तथा उप परमाणु कणों के विकिरण के रूप में होता है, जो मानव जाति तथा पादप समुदाय दोनों के लिए ही हानिकारक होती है। परमाणु बम विस्फोट के साथ ही विघटनाभिक समस्थानिक पदार्थ वायुमण्डल में दूर-दूर तक फैल जाते हैं। इन विकिरण में अधिक समय लगने के कारण इनका प्रभाव काफी समय बाद तक भी रहता है। 1945 में संयुक्त

राज्य अमेरिका द्वारा जापान के हिरोशिमा(6 Aug., 1945) तथा नागासाकी (9 Aug., 1945) शहरों पर परमाणु बम का विस्फोट किया गया जिसके ज्वलन्त प्रभाव अब तक दृष्टिगत हो रहे हैं।

(6) अन्य स्त्रोत (Other Sources) - कच्ची एवं टूटी-फूटी सड़कों पर वाहनों द्वारा धूल उड़कर वायुमण्डल में पहुँच जाती है। इसके अतिरिक्त सार्वजनिक स्थानों,सिनेमाघरों तथा नाट्यघरों इत्यादि में बैठे लोगों द्वारा किया जाने वाला धूम्रपान भी वायु प्रदूषण का कारण बन जाता है। अनेक जैविक क्रियाओं (Biological Processes) जैसे मवेशियों, भेड़-बकरियों तथा अन्य जानवरों के शरीर से बनने वाले खमीर (Fermentation) के दौरान मिथेन ($CH4$)का सानद्रण होता है जो वायु प्रदूषण को बढ़ाती है।

वायुप्रदूषण के दुष्प्रभाव (Harmful Effects of Air Pollution)

स्वस्थ एवं सनतुलित अवस्था में क्रियाशील वायुमण्डल में यदि अवांछित तत्वों का सान्द्रण हो जाता है तो यह प्रकृति में कई दुष्प्रभाव छोड़ने लगती है। इससे मानव स्वास्थ्य, वनस्पति,जीव-जन्तु, जलवायुवीय दशाओं पर प्रत्यक्ष प्रभाव परिलक्षित होता है। इन दुष्प्रभावों के कारण सम्पूर्ण पररिस्थितिक तन्त्र की क्रियाविधि भी प्रभावित होती है। वायु प्रदूषण के विभिन्न प्रभाव निम्नलिखित हैं-

(1) मानव स्वास्थ्य पर प्रभाव (Effect on Human Healthy)-वायु प्रदूषण के दुष्प्रभाव मानव स्वास्थ्य पर प्रत्यक्ष एवं अप्रत्यक्ष रूप से प्रभाव डाल रहे हैं, विभिन्न हानिकारक गैसें मानवीय श्वसन तन्त्र (Respiratory System)को प्रत्यक्ष रूप से प्रभावित करती है। दमा, श्वसनीशोथ (Bronchitis), गले का दर्द, निमोनिया जैसे हानिकारक रोग वायु प्रदूषण के परिणामस्वरूप फैलते हैं। कार्बन मोनो ऑक्साइड मनुष्य के रक्त में विद्यमान हिमोग्लोबिन अणुओं से ऑक्सीजन की तुलना में 200 गुणा अधिक तेजी से संयुक्त हो जाती है जिस कारण ऑक्सीजन की वायु में पर्याप्त मात्रा में रहने पर भी श्वास अवरोध (Suffocation- दम घुटन) होने लगता है, सल्फर डाइ ऑक्साइड($So2$) गैस से मिश्रित धूम कोहरे के कारण मानव शरीर की श्वसन प्रणाली प्रभावित होती है। इससे 1952 में लन्दन में तथा 1948 में साम्ब्रेम्यूज घाटी (बेल्जियम) तथा डोनोरा घाटी (पेन्शिलवेनिया U.S.A) में भी धूम कोहरे(Snog)से हजारों लोग मौत को प्यारे हो गये थे। सल्फर डाई ऑक्साइउ से उत्पन्न वायु प्रदूषण से आँखों, गले तथा फेफड़ों के रोग भी होते हैं।

(2) वनस्पति पर प्रभाव (Effect on Vegetation)- पादप स्वपोषी होते हैं, जो सूर्य के प्रकाश से अपना भोजन बनाते हैं अत: यदि सन्तुलित मात्रा में इनको प्रकाश नहीं मिलता है तो इन पर प्रतिकूल प्रभाव पड़ता है। प्रदूषित पदार्थ पादपों की पत्तियों पर केन्द्रित होकर पर्णरन्ध्रों को अवरूद्ध कद देते हैं, जिसके परिणामस्वरूप वाष्पोत्सर्जन(Transpiration) की प्रक्रिया धीमी हो जाती है। दूसरी ओर ओजोन हास के कारण धरातल पर ताप उच्चता के होने से वनस्पतियों पर प्रतिकूल प्रभाव पड़ता है, इस कारण प्रकाश संश्लेषण (Photosynthesis), पौधों में जल का प्रयोग एवं जल धारण क्षमता तथा उत्पादन में भारी कमी हो सकती है।

पारिस्थितिक तन्त्र की आहार श्रृंखला के नष्ट होने का खतरा उत्पन्न हो जायेगा। विभिन्न प्रकार के स्त्रोतों से वायुमण्डल में कार्बन डाई ऑक्साइड तथा अन्य हानिकारक गैसों का सान्द्रण होने से तापमान में वृद्धि होती है, जिससे मानव जीवन के साथ-साथ अन्य जीव-जन्तु तथा पेड़-पौधों के प्रकार, घनत्व तथा स्थिरता पर प्रतिकूल प्रभाव पड़ेगा जिससे प्रकृति की जैव विविधता में भी असन्तुलन उत्पन्न हो सकता है। ब्रिटेन तट पर सल्फर डाई ऑक्साइड के 170 माइक्रोग्राम सान्द्रण रूप से प्रभावित होते हैं।

(3) जीव-जन्तुओं तथा कीटों पर प्रभाव(Effects on Animals and Inscets)- जीवमण्डल में पायी जाने वाली जैव विविधता में जीव-जन्तुओं एवं कीटों का महत्वपूर्ण स्थान है, लेकिन वायु प्रदूषण द्वारा इनके अस्तित्व का खतरा पैदा होता जा रहा है। पशु एवं अन्य जीव भी वायु ग्रहण करते हैं, जिसके द्वारा विषाक्त पदार्थ उनके शरीर में पहुँच कर हानिकारक प्रभाव डालता है। पशु चारे पर विभिन्न क्लोराइड यौगिकों के अवपात (Fall-out)के कारण ये पदार्थ पशुओं के शरीर में प्रवेश कर जाते हैं, जिससे इनकी हड्डियाँ एवं दाँतों में फ्लुओरोसिस (Flurosis) हो जाता है तथा पशुओं का वजन घटकर लंगड़ापन आ जाता है। प्रदूषित वातावरण से अम्ल वर्षा के कारण जन्तुओं का भोजन-घास आदि नष्ट होने के साथ ही जल स्त्रोत भी प्रदूषित हो जाते हैं, जिनका उपभोग करने पर मनुष्य की तरह जन्तुओं में यकृत तथा वृक्क के ऊतकों को क्षति पहुँचती है।

(4) वायुमण्डल एवं जलवायु पर प्रभाव (Effects on Atmosphere and Climate)- वायु प्रदूषण वायुमण्डल एवं जलवायु को निम्न रूपों में प्रभावित करता है-

वैज्ञानिकों के अनुसार तीव्र तकनीकी विकास एवं भौतिकवादी जीवन के दौर में एयर कण्डीश्नर, रेफ्रीजरेटर, फोम प्लास्टिक, स्प्रे कैन डिस्पेन्जर, अग्निशामक (Fire Extiguisher) तथा अनेक प्रसाधन की सामग्रियों(Cosmatic Matters)से उत्सर्जित(Emitted) क्लोरोफ्लोरोकार्बन (CFC) तथा सुपरसॉनिक जेट विमानों से निर्मुक्त नाइट्रोजन आक्साइड के कारण समतापमण्डलीय ओजोन परत में अल्पता के कारण धरातलीय सतह पर सूर्य की पराबैंगनी किरणों की अधिक मात्रा में प्राप्ति के कारण धरातलीय सतह के तापमान में वृद्धि हो रही है, जिससे पार्थिव (Terrestrial)एवं वायु मण्डलीय विकिरण तथा ऊष्मा सन्तुलन में अव्यवस्था उत्पन्न हो जाएगी। विश्व तापमान में वृद्धि से उच्च हिम क्षेत्रों के पिघलने के कारण सागर तल में उभार आयेगा तथा निचले सागर तटीय क्षेत्रों में स्थित देश जलमग्न हो जायेंगे।

परमाणु विखण्डन या नाभिकीय प्रदूषण

मानव आज सबसे शक्तिशाली ऊर्जा का स्त्रोत परमाणु ऊर्जा को मनाता है। इस ऊर्जा का यदि शन्तिमय कार्यों मे उपयोग किया जाय तो यह विकास में बहुत सहयोग देती है वहीं यदि विनाश में इसका उपयोग किया जाय तो कुछ ही मिनटों में विनाश रचा जा सकता है। द्वितीय विश्व युद्ध के दौरान अमरीका द्वारा जापान के दो शहरों-हिरोशिमा व नागासाकी पर गिराये अणु बमों से हुई भयानक तबाही की कहानी ये शहर कहते हैं। परमाणु विखण्डन के दौरान ऊर्जा के रूप में ऊष्मा, ताप व अदृश्य किरणों एल्फा, बीटा, व गामा निकलती हैं। इन विस्फोटों से एक

बड़ा धुआँ ऊपर की ओर उठता है जिसमें असंख्य रेडियो एक्टिव कण होते हैं जो कि हवा के साथ-साथ हजारों किलोमीटर दूर तक फैल जाते हैं और ये कण जहाँ-जहाँ पहुँचते हैं वहाँ पर्यावरण को दूषित करते हैं और प्राणियों व वनस्पति पर हानिकारक प्रभाव डालते है तथा इन्हें नष्ट करते हैं। परमाणु ऊर्जा से चलने वाले कारखानों की सुरक्षा की देखभाल अच्छी तरह से होनी चाहिए वरना यह थोड़ी-सी असावधानी से बड़ी दुर्घटना कर देते है। चेरनोबिल अणु बिजली घर विस्फोट कांड इसका ज्वलंत प्रमाण है। इससे जल, थल व वायु तीनों ही एक साथ दूषित होते हैं।

प्रभाव

परमाणु विखण्डन से जो रेडियो एक्टिव पदार्थ हवा में फैलते है वे सजीवों में वायु, जल व भोजन के साथ शरीर में पहुँचते हैं जिससे ये हानिकारक प्रभाव डालते हैं। मानव में यह कई प्रकार की बीमारियाँ जैसे त्वचा का कैंसर, जनन ग्रंथियों को प्रभावित कर बध्यता उत्पन्न करते हैं, फेफड़ों का कैंसर, नेत्रों के लेंस खराब हो जाते है, साथ ही तंत्रिका और आनुवांशिकता पर भी हानिकारक प्रभाव डालते हैं।

उपाय

परमाणु परीक्षण के लिए समुद्रों या रेगिस्तान को चुना जाता है, जहाँ पर इस परीक्षण से मछलियों, पेड़-पौधों में रेडियोधर्मिता पहुँच जाती है। ये पदार्थ एक-दूसरे में खाद्य शृंखला के दौरान पहुँचते रहते हैं और हानिकारक प्रभाव डालते हैं।

1. आज परमाण्वीय प्रदूषण से बचने के लिए आवश्यक है कि अन्तर्राष्ट्रीय स्तर पर परमाणु परीक्षणों, विस्फोटों पर रोक लगानी चाहिए।

2. परमाणु शक्ति का उपयोग सावधानी से केवल विद्युत-उत्पादन एवं रोगों के उपचार में किया जाना चाहिए।

3. परमाणु बिजली घरों, भट्ठियों का अवशिष्ट पदार्थ बाहर भूमि या जल में नहीं डालना चाहिए। उसके पुनर्प्रयोग के उपाय होन चाहिए।

जन स्वास्थ्य एवं पर्यावरण

देश को स्वतंत्र हुए चालीस वर्ष हो गये हैं। हमने ग्रामीण व शहरी क्षेत्रों में स्वास्थ्य की समुचित सुविधाएं उपलब्ध करवाने में भरपूर प्रयास किए हैं लेकिन जनसंख्या वृद्धि का दबाव कई रूपों में सार्वजनिक स्वास्थ्य पर परोक्ष व अपरोक्ष रूप से पड़ रहा है। भारत में कानून के विरूद्ध स्त्रियाँ 18 वर्ष से कम उम्र में माँ बन जाती है। किशोर माताएं बच्चे को जन्म देते समय ही मर जाती हैं। बहुत-से शिशु अतिसार कुपोषण व कुकर खांसी जैसी सामान्य बीमारियों से अपनी जीवन-लीला समाप्त कर लेते हैं। आज प्लेग व चेचक पर हमने नियंत्रण कर लिया, परन्तु मलेरिया पुनः प्रस्फुटित हो रहा है। बच्चों, गर्भवती महिलाओं तथा दूध-पान करवाने वाली माताओं में कुपोषण अब भी अत्यधिक रूप से सामान्यः देखा जा सकता है।

कोई भी व्यक्ति या समाज अपने स्वास्थ्य को तब तक ठीक नहीं रख सकता जब तक उसका वातावरण शुद्ध न हो और उस वातावरण के अन्तर्गत स्वास्थ्य संबंधी नियमों का पालन कठोरता से न होता रहे। व्यक्तिगत एवं सार्वजनिक स्वास्थ्य दोनो ही स्वस्थ राष्ट्रीय जीवन के लिए आवश्यक हैं, परन्तु ये एक-दूसरे के ऊपर आश्रित हैं। स्वस्थ नागरिक राष्ट्र की एक अमोल सम्पत्ति है। भारत जैसे विशाल जनतंत्रीय राष्ट्र के प्रत्येक नागरिक का पुनीत कर्त्तव्य है कि वह स्वास्थ्य को बिगाड़ने वाले कारकों का निदान करते हुए सहयोग भावना से प्रेरित होकर अपनी समस्याओं को स्वयं हल करने की क्षमता प्राप्त करे ताकि व्यक्ति, समाज एवं सरकार सामूहिक रूप से जिम्मेदारी से उपचार कर सकें।

आज देश में अत्यधिक स्वास्थ्य सेवाओं के विस्तार होने के उपरांत भी बीमारियां बढ़ रही हैं। देश के लिए स्वास्थ्य-योजना बनाने वालों के लिए विभिन्न बीमारियां एक चुनौती बनी हुई हैं। देशवासियों को स्वस्थ रखना केवल इस बात पर निर्भर नहीं करता कि डॉक्टरों एवं अस्पतालों की संख्या में वृद्धि कर दी जाय। जनसंख्या वृद्धि के फलस्वरूप प्रतिवर्ष हम एक नये हरियाण को जन्म दे रहे हैं। हम इस द्रुतगति से बढ़ती हुई जनसंख्या को शुद्ध जल नहीं दे पा रहे हैं। संसार की 80 प्रतिशत बीमारियाँ अशुद्ध पानी के फलस्वरूप ही होती हैं। अत: हमें व्यक्तिगत एवं सार्वजनिक स्वास्थ्य को ठीक रखना है तो चिकित्सक एवं अस्पतालों की संख्या में वृद्धि करने की बजाय पीने के पानी के नलों में जनसंख्या के अनुरूप वृद्धि करना अपेक्षाकृत अधिक उपादेय सिद्ध होगा। हम शहरी गंदे नालों व अन्य अस्वस्थकारी नालों आदि पर नियंत्रण करते हुए पेट की कब्ज व अन्य भयंकर बीमारियों से बच सकते हैं।

स्वास्थ्य व गरीबी

बाल मृत्यु दर में वृद्धि का कारण गरीब्री, अनचाहे बच्चे, कुपोषण एवं शुद्ध जल की पूर्ति न करवाना प्रमुख हैं। जनसंख्या की वृद्धि स्वास्थ्य को प्रभावित करने वाले कारक में एक कारका स्त्री भी है। केरल में स्त्रियों के सचेत होने से जनसंख्या वृद्धि कम है तो मृत्यु दर भी कम है। यदि राष्ट्रीय पर्यावरण व पोषण के स्तर में वृद्धि की जाये तो स्वास्थ्य-सेवा पर बिना खर्च किये भी व्यक्तिगत एवं सार्वजनिक स्वास्थ्य ठीक बना रह सकता हैं। आज अशुद्ध पीने के पानी के फलस्वरूप होने वाली विभिन्न बीमारियां, जैसे दस्त रोग का इलाज करना वह भी प्राथमिक स्वास्थ्य केन्द्र द्वारा, उसी प्रकार से है जैसे हिन्द महासागर को एक चम्मच की सहायता से खाली करना है क्योंकि देश में बढ़ती हुई जनसंख्या के अनुरूप इतने प्राथमिक स्वास्थ्य केन्द्रों की स्थापना मुश्किल प्रतीत होती है। हमें स्वयं इसके बारे में अपना उत्तरदायित्व समझते हुए विभिन्न बीमारियां जैसे दस्त रोग, मलेरिया, मेलिगनेंट (भयंकर) मलेरिया जैसी बीमारियां जो अशुद्ध पानी के फलस्वरूप होती हैं, उसके लिए सचेत रहें ताकि उन पर काबू पाया जा सके।

दस्त रोग

शिशु अवस्था के बालक 35 प्रतिशत कुपोषण के शिकार हैं। भारत में हैजे की बजाय दस्त से बच्चे स्कूल जाने से पूर्व ही मर जाते हैं। दस्त रोग से प्रत्येक मिनट में तीन बच्चे मर जाते हैं। देशवासियों को शुद्ध जल की पूर्ति नहीं होने के कारण सरकार निरन्तर चिन्तित है और समस्त

गांवों व कस्बों में शुद्ध पीने के पानी की पूर्ति हेतु प्रयत्नशील हैं। आज गलियों के नलों का पानी उपयोग में लेने से बच्चे कब्ज व दस्त से ग्रस्त हो जाते हैं।

इलाज

दस्त रोगों में कमी करने हेतु स्थायी इलाज किया जा सकता है जैसे एक चुटकी नमक, कुछ चीनी-दोनों को पानी के गिलास में डालकर बच्चों को शौच जाने के बाद दिया जाय। यदि उस पर रोक नहीं लगाई गई तो बच्चे के शरीर में पानी की कमी हो जाती है। यदि चीनी नहीं हो तो गुड़ का उपयोग भी कर सकते हैं। नमक व पक्का चावल मिलाकर देने से भी उचित प्रभाव संभव है।

बोतल से दूध देने से बीमारियां

एक दूसरे बच्चे के जन्म में अन्तराल कम होने से या माता का स्तनपान न कराकर बोतल से दूध पिलाना आधुनिक फैशन बन गया है। स्तनपान करता बच्चा यदि बीमार भी हो जात है तो ठीक भी जल्दी होता है। पानी का उपयोग पीने व खाना पकाने के लिए किया जाता है। पानी का उपयोग गंदे हाथों से करने पर कीटाणुओं का प्रभाव फैल जाता है। बच्चे गंदा पानी पीने से भी बीमार हो जाते हैं। कीटाणुओं का प्रभाव गंदी जगह पर अधिक होता है जो मलेरिया को बढ़ावा देता है। अत: डी.डी.टी. का प्रचुर मात्रा में उपयोग वांछित है।

बीमारियों का विकास

भारत में नई बीमारियों के कारण सिंचाई योजनाएं हैं। दक्षिण भारत में अच्छे कुएँ जो बहुत ही उच्च किस्म के थे, के क्षेत्र में बांध बनाकर बीमारियों को जन्म दिया है।

कई नगरों में गदें पानी की नाली के बगैर बनाये ही जल पूर्ति योजना बन जाया करती है। परिणामस्वरूप गंदा पानी फैल जाता है तथा मच्छर पैदा हो जाते हैं। कई गांवो व नगरों में गदें पानी का खुले रूप में पाया जाना एक सामान्य बात है। अत:विकास कार्यों को प्रारंभ करने से पूर्व सार्वजनिक स्वास्थ्य पर विचार वांछित है-जिससे मनुष्य व जानवरों के लिए बीमारियां पैदा ही न होने पायें।

मलेरिया

देश की स्वतंत्रता के बाद मलेरिया को नष्ट करने हेतु प्रभावशाली कदम उठाये गये जिससे मलेरिया का प्रभाव कम हुआ और इससे मरने वालों की संख्या भी कम हुई। मलेरिया उन्मूलन कार्यक्रम संभवत: केवल मृत्यु नियंत्रण कार्यक्रम था। मलेरिया रोधक औषधि 'क्लोरोक्वीन' ने भी इसके विस्तार पर नियंत्रण किया है।

भयंकर मलेरिया

मलेरिया का दूसरा रूप जो 'प्लास मोटियम फाल्सीफार्म' है, यह अपने शिकार में 40 प्रतिशत को मार देता है, यदि इलाज से वंचित रह जाते हैं तो मलेरिया परजीवी का अवरोधक

'क्लोरोक्वीन' सारे विश्व में चल रही है।

सस्ते विकल्प

जब डी.डी.टी. का उपयोग कर उनके निवास पर ही नष्ट कर मलेरिया पर नियंत्रण किया जा सकता है। चावल के खेतों को बगैर उगाये नहीं रखना चाहिए।

संयुक्त उपागम

चावल के खेतों में मच्छर अत्यधिक होते है। 'रिजर्व पानी' रखना भी मलेरिया फैलने वाले एनाफिलीज नामक मच्छर को बढ़ोतरी देना है। नदी जहाँ से बहती है, वहाँ मलेरिया बढ़ता है जबकि नदी के पास के क्षेत्र मलेरिया से स्वतंत्र रह सकते है।

फिलारियासिस

देश में प्रत्येक व्यक्ति फिलारियासिस बीमारी से प्रभावित है। इस बीमारी का प्रभाव अधिकाशत: गांवों में है, इसका कारण जल आपूर्ति का उचित प्रबंध नहीं होना है। इसका निराकरण बंद नलों द्वारा पानी पहुंचाकर किया जाना श्रेयष्कर है। खुले में रखे हुए पानी से मच्छरों का प्रकोप अधिक होता है। अत: उपचार से पूर्व ही सुरक्षात्मक दृष्टि से विभिन्न जान-लेवा बीमारियों से बचने हेतु जनसंख्या के अनुरूप शुद्ध जल व्यवस्था करना अत्यन्त आवश्यक है।

भारत में पर्यावरण जनजागृति में सफलता

भारत मे पर्यावरण आन्दोलन के प्रारिम्भक वर्षों (1970-80) में अगर कोई पर्यावरण की बहुत चिन्ता करता दिखाई देता था, तो उसे तुरन्त ही सीआईए का एजेंट और अमरीका का दलाल घोषित कर दिया जाता था। ऐसा करने वालों में यूँ सभी प्रकार की राजनीतिक विचारधारा के लोग थे, लेकिन वामपंथियों की तादाद इसमें कुछ ज्यादा थी । उनका तर्क था-यह पर्यावरण आदि अमीर देशों के चोंचले हैं। भारत में जो यह कर रहे हैं इससे हमारी आर्थिक और सामाजिक न्याय की लड़ाई से लोगों का ध्यान हट जाता है। बाद के वर्षों में पता चला कि यह धारणा गलत थी और पर्यावरण में सुधार का फायदा गरीबों को अधिक मिला है। राजस्थान के राजेन्द्र सिंह और महाराष्ट्र के अण्णा हजारे सीआईए के एजेंट नहीं, बल्कि ग्रामीण जीवन में भारी सुधार लाने वाले लोग हैं, जिनके कारण सूखे कुएँ भर गए, उजड़े गाँव बस गए। मरूभूमि में भी हरियाली आई और जीवन स्तर ऊँजा उठा है।

दूसरे स्तर पर काम करने वाले पर्यावरण कार्यकर्ता भी मसीहा साबित हुए। दिल्ली के सेंटर फॉर साइन्स एण्ड इन्वायरमेन्ट के संस्थापक अनिल अग्रवाल कम ही आयु में गुजर गए (सन् 2002 में), फिर भी बहुत कुछ कर गए। देश ने उन्हें पदमभूषण से सम्मनित किया। उनकी संस्था ने शोध कार्य किए, जिससे सरकारी पालिसी पर असर पड़ा और पर्यावरण कार्यकर्ताओं को मार्गदर्शन मिला।

अनिल अग्रवाल की संस्था जैसी और भी संस्थाएँ देश में उभरी जिनमें टाटा की 'टेरी' (टाटा इन्वायरमेंटल रिसर्च इंस्टीट्यूट) भी है। देश के विश्वविद्यालयों में भी पर्यावरण सम्बन्धी पाठ्यक्रम विभिन्न स्तरों पर पढ़ाए जाने लगे हैं, बहुत सारी सरकारी संस्थाएँ भी पिछले 20-25 सालों में बनी है।

पूरे भारत में एक और बड़ी सफलता मिली है, वह है देश भर में क्लोरोफ्लूरोकार्बन (सीएफसी) गैसों के उपयोग में 90 प्रतिशत से भी अधिक कमी। (ओजोन परत) के विनाश की जिम्मेदार इन गैसों का प्रयोग अगले दो सालों में बिल्कुल समाप्त कर दिया जाएगा। ऐसे ही जैसे सीसा वाला पेट्रोल बड़े शहरों से खत्म हो गया है।

पर्यावरण संरक्षण में महिलाओं की भूमिका

वर्तमान में मानव चारों ओर से मुख्यतः चार प्रकार की समस्याओं से घिरा हुआ है पहला जनसंख्या का विस्फोट, दूसरा प्रदूषण, तीसरा शुद्ध पर्यावरण और चौथा आणविक युद्ध का मंडराता संकट। समय रहते इन समस्याओं का समाधान नहीं किया गया तो सभ्यता एवं संस्कृति का यह विशाल भवन धराशायी हो जायेगा और प्रगतिशील और विकसित मानव पुनः अपनी आदिमकालीन जीवन प्रक्रिया व मूल्यों के आधार पर व्यतीत करने के अतिरिक्त कोई रास्ता ही नहीं अपना पायेगा। समस्याएं जब इतनी विकट परिलक्षित हो रही है जिसमें संस्कृति, सभ्यता, मूल्य व मानव विकास जैसे अहम् मुद्दे जुड़े हैं तो परिलक्षित हो रही हैं तो वास्तव में गंभीरता के साथ चिन्तन, मनन, मंथन करते हुए समय रहते इन गंभीर बीमारियों के बारे में "सोसियल फिजीसियन" के रूप में निदान एवं उपचार करने की आवश्कता है। निदान के साथ-साथ उपचार करने की आवश्यकता है। निदान के साथ-साथ उपचार के लिए भी उस जमात की अहम् भूमिका अदा करने हेतु उत्प्रेरित किया जाना चाहिए जो समाज के लिए पर्दे के पीछे रहकर सारी व्यवस्था में केन्द्रीय भूमिका अदा कर रही है लेकिन ऊपरी तौर से उसे हेय व अक्षम व अबला समझते आये हैं।

आज जब विश्व में नारी स्वातंत्र्य बोध से अनुप्राणित हो रही नारी-अधिकारों की बात उठाई जा रही है; उसकी पर्यावरण के प्रति भूमिका को कैसे नकारा जा सकता है। भारत जहां 'यत्र नार्यस्तु पूज्यन्ते तत्र रमन्ते देवता:' का मंत्र उद्‌बोधित रहा है तथा नारी की भूमिका को स्वीकार जाता रहा है, आज उसी रूप में रूपायमान करना होगा।

पर्यावरण को संरक्षित एवं संतुलित बनाये रखनें का उत्तरदायित्व यदि स्त्रियों को सौंपा जाय तो अपेक्षाकृत अधिक उपादेय सिद्ध हो सकता है क्योंकि वे परोक्ष व अपरोक्ष रूप से ज्यादा प्रभावित होती है। वनिस्पत आदमी के राष्ट्र की सभ्यता, संस्कृति व प्रगति तब तक अधूरी ही रहेगी जब तक वे स्वामित्व स्वीकार नहीं कर लेती अर्थात् वे परिवार कल्याण व पर्यावरण को शुद्ध रखने के अभियान को सफल बना सकती है।

पर्यावरण को प्रदूषित करने के घटकों में सबसे प्रमुख जनसंख्या की वृद्धि है, जिससे विभिन्न प्रकार की आपूर्ति हेतु प्रकृति के अत्यधिक दोहन के फलस्वरूप पर्यावरण विनाश की

ओर जा रहा है, महिलाएं परस्पर जागरूकता पैदा करते हुए परिवार कल्याण कार्यक्रम को सफल बनाकर पर्यावरण को शुद्ध रखने का सफल प्रयास कर सकती है। महिलाओं का सीधा संबंध ग्रह-ऊर्जा से है। वे वैकल्पिक ऊर्जा से होने वाले विभिन्न प्रकार के आर्थिक एवं स्वास्थ्य संबंधी लाभ के बारे में जागरूक होकर परम्परागत लकड़ी ईधन ऊर्जा को छुट्टी दे सकती है जिससे पेड़-पौधों की अनावश्यक कटाई व पर्यावरण में हो रहे असंतुलन जैसी विषम स्थितियों से समाज की बचा सकती हैं।

गंगा-यमुना का जल प्रदूषित हो रहा है जिसका परोक्ष व अपरोक्ष रूप से इन पवित्र नदियों के मैदानी क्षेत्र में बसे करोड़ो लोगों का जीवन जुड़ा हुआ है। हिमालय के क्षेत्र और पश्चिमी घाट के इलाकों में महिलाएं ज्यादा क्रियाशील हैं। ईधन, चारा और पानी आदि की व्यवस्था करना महिलाओं के जिम्मे ही है। उक्त क्षेत्र की महिलाएं इस बात के लिए महसूस करती हैं कि उन्हें चारा व ईधन के लिए गर्भवती औरतें काफी किलोमीटर दूर जाकर आती हैं। यदि सामाजिक बानिकी जैसी व्यवस्था ठीक प्रकार से ग्रामीण क्षेत्र में संगठित हो जाती है तो अपने गांव के पर्यावरण को भी शुद्ध रखने में साझेदार हो सकेंगी और आर्थिक लाभ भी होंगा।

सामान्यत: यह देखा गया है कि कस्बों और शहरों में जलाने के लिए लकड़ियाँ सिर पर रखकर बेचने आती है। पूरे देश में ऐसी महिलाएं लगभग 13 लाख हैं जो लकड़ियां सिर पर लाद कर ऊर्जा के रूप में पहुंचा रही हैं। जनसंख्या की वृद्धि, बेरोजगारी और भूमिहीनता के कारण महिलाएं इस व्यवसाय में जुटी हुईं हैं। ग्रामीण परिवारों में परम्परागत रूप से श्रम का जो मान्य विभाजन है, उसके अन्तर्गत ईंधन जुटाने का कार्य महिलाओं का ही है। जब पर्यावरण व प्रकृति का विनाश हो रहा है तो वे दूर-दूराज जाकर ईंधन इकटठ्ा करती हैं तो अपनी आवश्यकता के अतिरिक्त दोहन की श्रेणी में आता है जो पर्यावरण को खराब करता है। ग्रामीण महिलाओं को कुटीर उद्योग, सामाजिक वानिकी, वैकल्पिक ऊर्जा को काम लेने हेतु प्रोत्साहित करते हैं तो इस कृत्य पर नियंत्रण स्वाभाविक रूप से हो जायेगा।

भारतीय वन इतिहास इस बात की गवाही है कि देश में समय-समय पर महिलाओं ने ही वन, वृक्ष, पेड़-पौधों को संरक्षण प्रदान किया है और उन्हें पूजा है। आज भी बहुत से त्यौहारों व शुभ कार्यों को सम्पन्न करने से पूर्व इनकी पूजा की जाती है।

8

पर्यावरण के विनाशक तत्व

पर्यावरण प्रदूषण वर्तमान युग का एक बहुचर्चित विषय व आधुनिक सभ्यता द्वारा उत्पन्न एक भयावह समस्या है। एक स्वस्थ एवं सन्तुलित पर्यावरण में बाहरी अवांछित तत्त्वों के द्वारा उत्पन्न असन्तुलन की दशा को पर्यावरण प्रदूषण कहते हैं, जिसमें जीव जन्तुओं एवं मानव के लिए जीवन की अनुकुल दशाएँ घटती जाती हैं। प्रदूषण (Pollution)का शाब्दिक अर्थ है 'गन्दा या अस्वच्छ करना, अपवित्रं करना।' सामान्य शब्दों में प्रदूषण पर्यावरण के जैविक तथा अजैविक तत्त्वों के रासायनिक, भौतिक तथा जैविक गुणों में होने वाला वह अवांछनीय परिवर्तन हैं जो कि मानवीय क्रिया-कलापों के परिणामस्वरूप उत्पन्न होता है।

पर्यावरण प्रदूषण में मनुष्य की प्रमुख भूमिका होती हैं, जबकि पर्यावरण अध्ययन में मानवीय तथा प्राकृतिक प्रक्रमों का सम्मिलित योग होता है। इस प्रकार प्रदूषण स्थानीय स्तर पर पर्यावरणीय गुणवत्ता में ह्रास करता है जबकि पर्यावरण अवनयन द्वारा स्थानीय, प्रादेशिक तथा विश्वस्तर पर पर्यावरण की गुणवत्ता में ह्रास तथा अवनयन होता है। संयुक्त राज्य अमेरिका (U.S.A) में राष्ट्रपति विज्ञान समिति की पर्यावरण प्रदूषण उपसमिति ने 1965 के प्रतिवेदन में प्रदूषण को निम्न रूप में परिभाषित किया है-

''प्रदूषण मानवीय क्रिया-कलापों का ऐसा उप उत्पाद है, जिसने प्रत्यक्ष या अप्रत्यक्ष रूप से ऊर्जा प्रतिरूपों, विकिरण स्तरों, जीवों के भौतिक व रासायनिक संगठनों तथा जीवों की

बहुलता में हुए इनके प्रभावों में ऐसा वातावरणीय प्रतिकूल परिवर्तन किया है जिससे मानव को प्रत्यक्ष रूप में परोक्ष रूप में उत्पन्न जल संसाधन, जलापूर्ति, कृषि व जैविक उत्पादों, मानव के भौतिक स्वामित्व, मनोरंजन के अवसरों व नैसर्गिक सुन्दरता के आकलन को प्रभावित किया है।''

ओडम (E.P.Odum) के अनुसार ''हवा, जल एवं मृदा के भौतिक, रासायनिक एवं जैविक गुणों के किसी ऐसे अवांछनीय परिवर्तन से जिससे मनुष्य स्वयं को तथा सम्पूर्ण परिवेश के प्राकृतिक जैविक एवं सांस्कृतिक तत्त्वों को हानि पहुँचती है, प्रदूषण कहते हैं।'' (Pollution is undesirable change in the physical, chemical or biological characteristics of our air, land, water that will harmfully affect human life, our industrial process, living condition and cultural assets or deteriorates our raw material resurces.)

मेसाचुसेटस् तकनीकी संस्थान (MIT, 1970) के अनुसार प्रदूषण ''वस्तुओं के उत्पादन एवं उपभोग की प्रत्येक अवस्था में अपशिष्ट पदार्थों का सृजन होता है। ये अवशिष्ट पदार्थ तत्कालीन समय में प्रदूषक या पर्यावरणीय समस्या होते हैं। जब इनका वायुमण्डलीय, महासागरीय अथवा पार्थिव पर्यावरण पर प्रतिकूल प्रभाव पड़ता है।'' वेब्स्टर (Webster) शब्दकोश के अनुसार, ''प्रदूषण मानवीय गतिविधियों के सह उत्पाद होते हैं जो पर्यावरण पर हानिकारक प्रभाव डालते हैं।'' एम. वाल्टर (M. Walter) के अनुसार, ''प्रदूषण पर्यावरण में पायी जाने वाली अवांछित अपद्रव्यताएँ (Unwanted Impurities) होती हैं।''

डेस्मान (R.E. Dasman, 1975) के अनुसार उस दशा या स्थिति को प्रदूषण कहते हैं जब मानव द्वारा पर्यावरण में विभिन्न तत्त्वों एवं ऊर्जा का उस सीमा तक सान्द्रण या संग्रह हो जाये कि पारिस्थतिक तन्त्र द्वारा आत्मसत् (Absorbed) करने की क्षमता से अधिक हो जाते हैं।

उपर्युक्त परिभाषाओं से यह स्पष्ट होता है कि प्रदूषण मानवीय क्रिया-कलापों द्वारा उत्पन्न अवशिष्ट पदार्थ (Wastes) पदार्थ तथा उनके निस्तारण (Disposal) से उत्पन्न प्रतिकूल प्रभाव होते हैं जिनसे स्वयं मानव सहित अनेक जीव-जन्तु प्रभावित होते हैं। मानवीय क्रियाओं के दौरान उपयोगित (Used) तथा उपयोग करने के उपरान्त छोड़ा गया अपशिष्ट प्रदूषक (Pollutant) कहलाता है। प्रदूषकों की प्रकृति समय के साथ परिवर्तित होती रहती है। इन प्रदूषकों के अतिरिक्त मानव व जीवों के उपापचयी उप उत्पाद भी सजीवों के जीवन के जन्मजात प्रदूषक हैं।

प्रदूषक के प्रकार-जीवमण्डल में संचरित विविध पारिस्थितिक तन्त्रों की प्राकृतिक सन्तुलन की अवस्था में असन्तुलन उत्पन्न करने वाले कारकों या तत्त्वों को प्रदूषक कहते हैं। सामान्य भाषा में उपयोग के उपरान्त अवशिष्ट रूप में फेंके गये तत्त्वों को प्रदूषक कहते हैं। ये मानवीय क्रिया-कलापों के उप उत्पाद होते हैं। जो तकनीकी विकास व उच्च स्तरीय जीवन के सहगामी परिणाम होते हैं। प्रदूषक तत्त्व तथा निस्तारण की प्रक्रिया में विकसित एवं विकासशील देशों में भिन्नता पायी जाती है। उत्पत्ति के स्रोत के आधार पर प्रदूषक दो प्रकार के होते हैं-

(1) प्राकृतिक प्रदूषक (Natural Pollutants)

(2) मानव निर्मित प्रदूषक (Man-made Pollutants)

प्रदूषक तत्त्वों की दृश्यता (Visibility) के आधार पर प्रदूषक दो प्रकार के होते हैं–

(1) दृष्टिगत प्रदूषक (Visible Pollutants)

(2) अदृश्य प्रदूषक (Non-visible Pollutnats)

प्रदूषण एवं पर्यावरणीय गुणवत्ता (Pollution and Environment Quality)

वर्तमान विश्व में पर्यावरण की गुणवत्ता ह्रास चिन्ता का विषय बना हुआ है। विभिन्न स्तर पर बिगड़ते पर्यावरण शोध किये जा रहे हैं। स्वस्थ पर्यावरण उसे कहते हैं जिसमें मानव के स्वास्थ्यवर्धक जीवन व्यतीत करने के लिए अनुकूल दशाएँ विद्यमान होती हैं। पर्यावरण के जैविक एवं अजैविक कारकअपने प्राकृतिक सन्तुलन के अन्तर्गत पाये जाते हैं तथा मानवीय हस्तक्षेप द्वारा किसी प्रकार की अपद्रव्यताएँ (Impurities) न हो तो उसे स्वस्थ पर्यावरण कहते हैं। केविन आर. कोक्स (Kivin R. Cox) ने अपनी पुस्तक 'पर्यावरणीय गुणवत्ता का भूगोल' (The Geography of Environment Quality) में पर्यावरण की गुणवत्ता के निम्नलिखित आठ आधार बिन्दु वर्णित किये हैं–

(1) किसी भी प्रकार का प्रदूषण न हो,

(2) स्वास्थयवर्धक हो,

(3) पर्याप्त नियोजन की सम्भावना हो,

(4) मनोरंजन की पर्याप्त सुविध हो,

(5) उत्तम आवास की व्यवस्था हो,

(6) शिक्षा की सुविधा हो,

(7) आधुनिक सुविधाएँ विद्यमान हों,

(8) पर्याप्त स्वास्थय सुविधाएँ उपलब्ध हों।

स्वस्थ पर्यावरण में किसी भी प्रकार का प्रदूषण नहीं पाया जाता है। पर्यावरण के जैविक एवं अजैविक घटकों की सन्तुलित अवस्था में बाहरी अवांछित तत्त्वों के प्रतिष्ट होने से पर्यावरणीय गुणवत्ता में प्रदूषण के रूप में ह्रास आरम्भ हो जाता है, जिसका प्रत्यक्ष प्रभाव जीवों की स्वस्थ दशाओं पर पड़ता है। ये प्रदूषण अनेक रूपों में प्रकट होता है जिसके स्रोत भी अनेक होते है सामान्यतः जल प्रदूषण, वायु प्रदूषण, ध्वनि प्रदूषण, भूमि प्रदूषण तथा रेडियोधर्मी तत्त्वों से उत्पन्न प्रदूषण प्रमुख रूप से पर्यावरण की गुणवत्ता को अवक्रमित कर रहे हैं। भारत की प्रमुख नदियाँ अपने गुणवत्ता के स्तर को खो चुकी हैं, जिनका प्रदूषित होने का यह क्रम जारी है, इसी

प्रकार प्रमुख महानगरों से निःस्तृत औद्योगिक अपशिष्टों से जल तथा विषैली गैसों द्वारा वायु प्रदूषण हो रहा है तथा वायु श्वसन के उपयुक्त नहीं रही है। इसी प्रकार भूमि प्रदूषित हो रहा है जिसका मुख्य कारण वृहत्त मात्रा में औद्योगिक अपशिष्टों का भूमि में निस्तारण करना है। स्पष्ट है कि न केवल भारत जैसे विकासशील देशों में वरन् संयुक्त राज्य अमेरिका जैसे विकसित देशों में भी प्रदूषण द्वारा निरन्तर पर्यावरणीय गुणवत्ता में ह्रास हो रहा है जिसकी पुनर्स्थापना में एक लम्बा समय लगेगा, जब तक पर्यावरण जीवों के लिए प्रयुक्त पोषणीय या संधृत आधार (Sustainable base)खो देगा।

पर्यावरणीय गुणवत्ता का द्वितीय पक्ष यह है कि पर्यावरण में मानवीय स्वास्थ्य के अनुकूल दशाएँ विद्यमान होनी चाहिए। पर्यावरण में विभिन्न प्रकार की अपद्रव्यताओं के सान्द्रण से पर्यावरण मानव सहित सम्पूर्ण जीव-जगत के लिए खतरा उत्पन्न कर देता है। इसे बढ़ाने में प्राकृतिक शक्तियों के साथ ही मानवीय गतिविधियों की भी महत्त्वपूर्ण भूमिका है। मानव प्रकृति मे अपनी आर्थिक गतिविधयों द्वारा विभिन्न प्रकार के पारिस्थितिकीय संकट उत्पन्न कर रहा है। विभिन्न प्रकार के प्रदूषण फैला रहा है, तीव्र गति से खनिजों का अविवेकपूर्ण खनन कर संसाधन संकट को जन्म दे दिया है। अन्धाधुन्ध वनोन्मूलन किया जा रहा है, जिसके परिणामस्वरूप मृदा अपरदन, वन्य जीवों का विलोपन तथा बाढ़ एवं सूखा जैसी प्राकृतिक आपदायें उत्पन्न हो रही हैं। अतः स्पष्ट है कि स्वस्थ पर्यावरण उसके विभिन्न तत्त्वों में प्राकृतिक सन्तुलन बनाये रखा जाना चाहिए।

वायु प्रदूषण

(Air Pollution and its sources)

जीव जन्तुओं एवं पेड़-पौधों के जीवन का स्रोत वायु प्राकृतिक रूप से अपने निश्चित अनुपात में विभिन्न गैसों का संघटन पाया जाता है, जिसका विभिन्न जीव-जन्तु एवं पादप समुदाय उपयोग करते हैं, लेकिन वर्तमान समय में बढ़ती मानवीय आवश्यकताओं के कारण यह सन्तुलन अपनी वास्तविक दशा खो रहा है। प्रारंभ में केवल प्राकृतिक कारकों द्वारा एवं कुछ मात्रा में मानवीय स्रोतों द्वारा वायु प्रदूषण होता था जो पुनः अपनी सन्तुलित अवस्था में आ जाता था लेकिन तीव्र गति से बढ़ती जनसंख्या के कारण यह स्थिति अब नियंत्रण से बाहर है एवं प्रदूषण का स्वरूप दिन-प्रतिदिन विकराल रूप लेता जा रहा है। वायु प्रदूषण को निम्न रूप से परिभाषित किया जा सकता है-

"वायु के भौतिक, रासायनिक या जैविक गुणों में ऐसा कोई भी अवांछित परिवर्तन जिसके द्वारा मनुष्य के जीवन या अन्य जीवों, जीवन परिस्थितियों, हमारे औद्योगिक प्रक्रमों तथा हमारी सांस्कृतिक सम्पत्ति को हानि पहुँचे अथवा प्राकृतिक सम्पदा नष्ट हो तो उसे वायु प्रदूषण कहते हैं।" विश्व स्वास्थय संगठन के अनुसार, "वायु प्रदूषण उन परिस्थितयों तक सीमित रहता है, जहाँ बाहरी परिवेशी वायुमण्डल में दूषित पदार्थों की सान्द्रता मनुष्य तथा पर्यावरण को हानि पहुँचाने की सीमा भी बढ़ जाती है।" औद्योगिक क्रान्ति के उपरान्त तीव्र औद्योगिक

विकास, वाहनों की बढ़ती संख्या, जिनसे नि:सृत धुआँ, वायु में अवांछित रसायनों का प्रवेश, नगरीय जनसंख्या में वृद्धि, निरन्तर वन विनाश, अनियन्त्रित खनन कार्य तथा परमाणु अस्त्रों का परीक्षण आदि कारणों से भी तीव्र गति से वायु प्रदूषण बढ़ा है। वायु को विभिन्न प्रकार के तत्त्व प्रदूषित करते हैं। जिन्हें निम्न रूपों में वगीकृत करते हैं-

(1) उत्पत्ति के स्रोत के आधार पर(According to Source of Origin)- प्रदूषण की उत्पत्ति को स्रोतों के आधार पर इसे पुनः दो भागों में बाँटा जा सकता है-

(i) प्राकृतिक स्रोत (Natural Sources) तथा (ii) मानवीय स्रोत (Human Sources)। मानवीय स्रोतों को फिर से प्राथमिक एवं द्वितीयक स्रोतों में विभक्त किया जा सकता हैं। दहन क्रिया (Combustion), खनन क्रिया तथा औद्योगिक क्रिया द्वारा छोड़े गये कणों को प्राथमिक मानवीय स्रोतों में तथा रासायनिक क्रियाओं को द्वितीयक मानवीय स्रोतों में सम्मिलित करते हैं।

(2) रासायनिक संगठन के आधार पर (According to Chemical Composition)-इस आधार पर वायु प्रदूषण के स्रोतों को कार्बनिक(Organic) तथा अकार्बनिक (Inorganic) नामक दो प्रदूषकों मे विभाजित करते हैं।

(3) प्रदूषकों के आकार एवं घनत्व के आधार पर (According to Size and Density of Pollutents)

वायु प्रदूषण के स्रोत

उत्पत्ति के स्रोत के आधार पर | रासायनिक संगठन के आधार पर | आकार एवं घनत्व के आधार पर | स्रोत के प्रकार के आधार पर (स्रोत के नाम जैसे वाहनों के दहन द्वारा, औद्योगिक क्रिया द्वारा, स्थिर दहन द्वारा आदि)

प्राकृतिक स्रोत | मानवीय स्रोत | कार्बनिक या जैविक स्रोत | अकार्बनिक या अजैविक स्रोत

ज्वालामुखी | दहन द्वारा

वनाग्नि | उद्योगों द्वारा

तूफान | कृषि कार्यों द्वारा | विशिष्ट स्रोत | विविध स्रोत

कोहरा | विलायकों द्वारा

रेडियोधर्मिता द्वारा

वायु प्रदूषकों को आकार एवं घनत्व के आधार पर विशिष्ट स्रोत व विविध स्रोतों में विभक्त किया जा सकता है, विशिष्ट स्रोतों (Specific Sources) में वृहद औद्योगिक प्रतिष्ठानों को तथा विविध स्रोतों (Multiple Sources) में स्वचालित यन्त्र उद्योग जिनसे धुआँ, जीवाश्मीय ईंधन निःसृत होते हैं, सम्मिलित करते हैं।

(4) स्रोत के प्रकार के आधार पर (According to type of Source)–प्रकृति में वायु को प्रदर्शित करने वाले प्रदूषक निम्न प्रकार के होते हैं– (i) औद्योगिक प्रक्रिया द्वारा निःसृत प्रदूषक, (ii) वाहनों में दहन द्वारा निःसृत प्रदूषक (iii) स्थिर (Constant) दहन द्वारा निःसृत प्रदूषक, (iv) ठोस अपशिष्ट पदार्थों से निःसृत प्रदूषक आदि। वायु प्रदूषण के विभिन्न प्रकारों एवं स्रोतों का ऊपर वर्णन किया गया है किन्तु ये किसी विशिष्ट तत्त्व पर आधारित है। अतः सामान्य रूप से वायु प्रदूषण के स्रोतों को दो श्रेणियों में विभक्त किया जा सकता है, जिसका विवरण निम्न रूप में प्रस्तुत किया जा रहा है–

वायु प्रदूषण के प्राकृतिक स्रोत

(Natural Sources of Air Pollution)

वायु प्रदूषण करने वाले प्राकृतिक स्रोतों में (1) ज्वालामुखी उद्गार से उत्पन्न प्रदूषक– धूल कण, राख, धूम्र कार्बन डाई–आक्साईड, हाइड्रोजन तथा अन्य गैसें। (2) अन्तरिक्ष से प्राप्त तत्त्व-- उपग्रह तथा अवान्तर ग्रह आदि की टक्कर से उत्पन्न धूल आदि। (3) प्राथमिक उत्पादक हरे पादपों से वाष्पोत्सर्जन के दौरान निःसृत जलवाष्प तथा श्वसन द्वारा निर्मुक्त कार्बन डाई आक्साइड। (4) वनाग्नि (Forest Fire) से उत्पन्न गैसें एवं धुआँ (5) बैक्टीरिया एवं कवकों (Fungi) से उत्पन्न बीजाणु (Spores) तथा वाइरस आदि प्रमुख है। प्राकृतिक स्रोतों में ज्वालामुखी क्रिया तथा वनाग्नि सर्वाधिक शक्तिशाली एवं विस्तृत स्रोत हैं। ज्वालामुखी क्रिया के दौरान विभिन्न प्रकार की गैसों एवं धूलकणों का विसर्जन होता है जो वायुमण्डल में निर्मुक्त होकर मिश्रित हो जाती है और वहाँ वायु प्रदूषण में वृद्धि करती है। वनों में लगने वाली आग से भी धुआँ तथा राख की मात्रा बढ़ती है तथा वायु को प्रदूषित करती है तेज हवाओं तथा तूफानो से इन धरातलीय तत्त्वों का वायुमण्डल में मिश्रण होता है, जिससे वायु प्रदूषण फैलता है। दलदली क्षेत्रों (Swamps) तथा चावल के खेतों से 'मिथेन गैस' निःसृत होकर वायु प्रदूषण फैलाती है। प्राकृतिक स्रोतों से होने वाला वायु प्रदूषण अधिक हानिकारक नहीं होता है, क्योंकि यह सीमित मात्रा में फैलता है।

वायु प्रदूषण के मानवीय स्रोत

(Human Sources of Air Pollution)

वर्तमान समय में मानवीय क्रिया–कलाप वायु प्रदूषण का प्रमुख स्रोत बनते जा रहे हैं। मनुष्य विकास की आर्थिक दौड़ में शामिल होकर पर्यावरणीय सन्तुलन की सीमा को लाँघते हुए आगे बढ़ रहा है। विभिन्न उद्योगों का विकास कर रहा है, जिनके लिए जीवाश्मीय ईंधन (कोयला, पैट्रोलियम तथा प्राकृतिक गैस) का उपयोग करके वायु प्रदूषण को बढ़ावा दे रहा है।

परिवहन के साधनों का विकास, विभिन्न रसायनों का उत्पादन तथा प्रयोग में वृद्धि करके मानव जहाँ एक ओर सुख की अनुभूति कर रहा है वहीं दूसरी ओर वायु प्रदूषण को बढ़ा रहा है। सुविधानुसार वायु प्रदूषण के विभिन्न मानवीय स्रोतों को निम्न प्रकार से वर्गीकृत किया जा सकता है–

(1) दहन क्रिया द्वारा (By Combustion Process)–मनुष्य अपने विभिन्न कार्य पूर्ण करने के लिए भिन्न-भिन्न रूप में ऊर्जा का उपयोग करता हैं। भोजन पकाने, बर्तन बनाने, कपड़ा बनाने, विविध सामग्री बनाने जैसे-गृह निर्माण हेतु ईंट बनाना। आवागमन साधनों का प्रयोग करने आदि प्रक्रियाओं के दौरान ऊर्जा का उपयोग करता है, जो हमें विविध प्रकार के दहन द्वारा प्राप्त होती है। ये दहन निम्न हैं–

(i) **घरेलू कार्यों में दहन (Combustion in Demestic Works)**–घरेलू कार्य मानव का प्राथमिक अत्यावश्क कार्य है। इनमें भोजन पकाना, पानी गर्म करना आदि प्रमुख हैं, जिनमें कोयला, केरोसीन तथा पकाने वाली गैस का दहन करके ऊर्जा प्राप्त की जाती है। इनके अतिरिक्त लकड़ी व गोबर के कण्डे भी जलाये जाते हैं।

(ii) **ताप विद्युत ऊर्जा के लिए दहन (Combustion for Thermal Power Energy)**–विश्व में उत्पादित कुल ऊर्जा का 57 प्रतिशत ताप विद्युत से प्राप्त होता है। तापीय विद्युत गृहों में शक्ति प्राप्त करने के लिए बड़ी मात्रा में कोयले का प्रयोग किया जाता है। कोयले के दहन से सल्फर डाई ऑक्साइड (SO_2), कार्बन के आक्साइड तथा अन्य गैसें एवं धुआँ उत्पन्न होती है। कोयले के दहन के उपरान्त राख (Fly Ash) को व्यर्थ पदार्थ के रूप में फेंक दिया जाता है, जो हवा के साथ उड़कर वायु प्रदूषण का कारण बनती है। भारत में कुल 16 ताप विद्युत ऊर्जा संयन्त्रों से प्रतिदिन 8.5 मिलियन पौण्ड कणिकीय पदार्थों (Particulate matter) का वायुमण्डल में उत्सर्जन होता है। इन ताप शक्ति गृहों में प्रतिदिन 22,000 मिट्रिक टन कोयला प्रयोग किया जाता है, जिसके परिणामस्वरूप प्रतिदिन 5,20,000 पौण्ड सल्फर डाई आक्साइड तथा 4500 पौण्ड हाइड्रोकार्बन व अल्डेहाइड आदि का वायुमण्डल में विसर्जन होता है।

(iii) **वाहनों में दहन (Combustion in Automobiles)**–परिवहन के साधनों के तीव्र विकास के दौर में इनकी संख्या निरन्तर बढ़ रही है। तीव्रगामी परिवहन के साधनों में मोटर, कार, ट्रक, स्कूटर, मोटर साइकिल, रेल तथा वायुयान प्रमुख हैं। इनमें दहन हेतु पेट्रोल, डीजल इत्यादि ईंधनों का प्रयोग किया जाता है, जिनके जलने से बहुत मात्रा में काला धुआँ उत्सर्जित होता है। डीजल से चलित वाहनों में निकलने वाले धुएँ में सूक्ष्म कार्बनमयी कणिकाओं के साथ-साथ हाइड्रोजन, नाइट्रोजन तथा सल्फर के विविध आक्साइड भी पाये जाते हैं। पेट्रोल चलित वाहनों के धुएँ में कार्बन मोनो ऑक्साइड के साथ-साथ सीसा (Lead) भी निकलता है। ये सूर्य के प्रकाश में हाइड्रोकार्बन से क्रिया करके भूरे रंग के हानिकारक प्रकाश रासायनिक धुमकुहरे (Photochemical smog) को जन्म देते हैं। प्रकाश रासायनिक कोहरे में नाइट्रोजन आक्साइड व हाइड्रो कार्बन यौगिक पराबैंगनी किरणों (Ultraviolet Rays) के प्रभाव से हानिकर ओजोन (Ozone) व अन्य जटिल कार्बनिक गैसें तथा कार्बनिक कण परॉक्सीएसिटिल

नाइट्रेट (PAN) बनाते हैं। 1952 में इस कोहरे के फैलने से लन्दन में लगभग 4000 लोग मारे गये।

(iv) **अन्य कार्यों हेतु दहन**–उपर्युक्त वर्णित क्रियाओं के अतिरिक्त कचरे को एकत्रित करके जलाने शादी–विवाह तथा त्यौहारों के समय अतिशबाजी तथा आग्नेय अस्त्रों का परीक्षण आदि के द्वारा भी वायु प्रदूषण फैलता है।

(2) औद्योगिक निर्माण प्रक्रिया द्वारा (By Industrial Manufacturing process)–विज्ञान एवं प्रौद्योगिकी में प्रगति के कारण इंग्लैंड में सर्वप्रथम 1860 से औद्योगिकरण की प्रक्रिया आरम्भ हुई तथा शीघ्र ही इसका विस्तार उत्तरी अमेरिका तथा यूरोप के देशों में हो गया। प्रारम्भ में यह सन्तुलित अवस्था में था, किन्तु 20 वीं शताब्दी में अत्यधिक खतरनाक स्थिति में पहुँच गया। औद्योगिक वातावरण में कपड़ा, कागज, चीनी, उर्वरक, तेल शोधन,धातु उद्योग तथा रसायन उद्योग से अपेक्षाकृत अधिक मात्रा में वायु प्रदूषण होता है। इनसे विभिन्न प्रकार की हानिकारक गैसें, धूम्र तथा अन्य प्रदूषक तत्व उत्सर्जित होते हैं। हानिकारक गैंसों में हाइड्रोजन,सल्फाइड,सल्फर–डाई–आक्साइड, कार्बन–डाई–आक्साइड, कार्बन–मोनो–आक्साइड आदि प्रमुख हैं। अन्य तत्वों में सीसा (Lead) आर्सेनिक, फ्लोराइड, बेरीलियम, केडमियम आदि प्रमुख वायु प्रदूषक हैं।

औद्योगिक प्रक्रिया के दौरान जीवाश्मीय ईंधन के उपयोग करने से कार्बन–डाई–आक्साइड गैस का वायुमण्डल में सान्द्रण होता है। औद्योगिक क्रान्ति के आरम्भ में वायुमण्डल में कार्बन–डाई–आक्साइड का सान्द्रण 0.029 प्रतिशत (290 PPM) था जो बढ़कर वर्तमान में 0.0319प्रतिशत (319 PPM)हो गया है। वायुमण्डल में कार्बन–डाइ–आक्साइड(Co_2)के सान्द्रण में वृद्धि होने से वायुमण्डल के तापमान में वृद्धि होती है। औद्योगिक क्रियाओं के दौरान जहरीली गैसों का रिसाव होने से भी घातक पर्यावरणीय प्रकोप उत्पन्न हो जाते हैं। 2 और 3 दिसम्बर, 1984 की मध्य रात्रि भोपाल में एक अमेरिकी यूनियन कार्बाइड के गैस संयन्त्र से जहरीली गैस मिक (MIC=Methyle-Cynate)के रिसाव के कारण 4000 से अधिक लोग मौत के शिकार हो गये तथा अन्य में शारीरिक विकार उत्पन्न हो गये। टोकियो शहर में उद्योगों से निःसृत धुआँ की मात्रा इतनी अधिक बढ़ गयी है कि फ्यूजी पर्वत वर्ष के अधिकांश समय में धुआँ के बादलों के पीछे ओझल रहता है। भारत में मथुरा तेल शोधन कारखाने के कारण ताजमहल को खतरा उत्पन्न हो गया हैं।

औद्योगिक प्रक्रिया के दौरान सल्फर–डाई–आक्साइड (So_2) गैस निःसतृ होकर वायुमण्डल में सल्फ्युरिक अम्ल (H_2SO_4) बन जाता है। यह सल्फ्युरिक अम्ल जल वर्षा के साथ धरातल पर पहुँच जाता है, जिसे अम्ल वर्षा (Acid Rain) कहते हैं।

(3) कृषि कार्यों द्वारा (By Agricultural Operations)–कृषि कार्यों के दौरान अनेक कीटनाशकों का प्रयोग करते हैं। प्रारंभिक काल में कीटनाशकों को बीजों के साथ भूमि में डालते थे लेकिन वर्तमान समय में अनेक यन्त्रों का विकास हो गया है, जिनसे अधिकांश पीड़कनाशकों तथा कीटनाशकों का छिड़काव (Spray)करते हैं। छिड़काव के दौरान विभिन्न

हानिकारक कीटनाशक वायुमण्डल में मिल जाते हैं। कई उन्नत देशों में इनका छिड़काव हैलीकाप्टर तथा छोटे विमानों द्वारा भी किया जाता है। डी.डी.टी. के छिड़काव के तुरन्त बाद यह अपना प्रतिकूल प्रभाव छोड़ना आरम्भ कर देता है। सूक्ष्म कणों तथा वाष्प रूप में वायु में व्याप्त इन रसायनों से आँखों तथा श्वसन अंगों को सर्वाधिक हानि पहुँचती है। अत: इनके छिड़काव में सावधानी रखनी चाहिए इस दिशा में पश्चिमी देशों ने अच्छे प्रयास करते हुए बचाव के उपाय निकाल लिए हैं। कृषि सम्बन्धी अन्य कार्यों जैसे खेत का कूड़ा-करकट जलाने, अनाज की उडावनी आदि से भी वायु प्रदूषण फैलता है। रूसी वैज्ञानिकों ने पीड़ानाशियों पर निर्भरता कम करने के उपाय खोज निकाले हैं। इन्होंने कीटों में सूचना प्रेषण गंधों के जरिये इस विधि का विकास किया है। ये गंध रासायनिक योग होते हैं, इस गंध द्वारा कीटों को एक स्थान पर एकत्रित करके उनका सफाया किया जा सकता है। इस विधि में कीटनाशकों का अधिक प्रभाव नहीं पड़ता है। पीड़क नाशकों का उपयोग एक खतरनाक आदत है, जो सम्पूर्ण परिवेश के लिए घातक है।

(4) विलायकों का प्रयोग (Use of Solvents) – प्रकृति में अनेक प्रकार छिड़काव रंग (Spray-paint) तथा फर्नीचर को चमकाने(polish)वाले विभिन्न विलायकों(Solvents) का प्रयोग किया जाता है। अधिकांश विलायक उड़नशील हाइडोकार्बन पदार्थ होते हैं। छिड़काव रंग (Spray-paint) तथा चमकाने (polish) के दौरान ये पदार्थ सूक्ष्म कणों एवं वाष्प के रूप में वायु मे मिलकर उसे प्रदूषित करते हैं। विभिन्न रसायन प्रयोगशालाओं में भी विभिन्न रासायनिक पदार्थों का प्रयोग करते हैं, जो प्रयोग के दौरान वाष्पन द्वारा तथा कभी-कभी असावधनी के कारण वायु में मिलकर दूषित कर देती है।

(5) रेडियोधर्मिता द्वारा (By Radio activity) –परमाणु तत्वों को विभिन्न प्रयोजनों में उपयोग करने के दौरान रेडियोधर्मिता से वायुप्रदूषण फैलता है। परमाणु बमों के निर्माण में विघटनाभिक समस्थानिक (Radioactive-Isotopes) तत्वों का उपयोग होता है। ये पदार्थ अस्थायी प्रकृति के होते हैं, अत:इनके उत्पन्न होते ही विघटन आरम्भ हो जाता है। ये विघटन गामा किरणों तथा उप परमाणु कणों के विकिरण के रूप में होता है, जो मानव जाति तथा पादप समुदाय दोनों के लिए ही हानिकारक होती है। परमाणु बम विस्फोट के साथ ही विघटनाभिक समस्थानिक पदार्थ वायुमण्डल में दूर-दूर तक फैल जाते हैं। इन विकिरण में अधिक समय लगने के कारण इनका प्रभाव काफी समय बाद तक भी रहता है। 1945 में संयुक्त राज्य अमेरिका द्वारा जापान के हिरोशिमा(6 Aug., 1945) तथा नागासाकी (9 Aug., 1945) शहरों पर परमाणु बम का विस्फोट किया गया जिसके ज्वलन्त प्रभाव अब तक दृष्टिगत हो रहे हैं।

(6) अन्य स्त्रोत (Other Sources) – कच्ची एवं टूटी-फूटी सड़कों पर वाहनों द्वारा धूल उड़कर वायुमण्डल में पहुँच जाती है। इसके अतिरिक्त सार्वजनिक स्थानों,सिनेमाघरों तथा नाट्यघरों इत्यादि में बैठे लोगों द्वारा किया जाने वाला धूम्रपान भी वायु प्रदूषण का कारण बन जाता है। अनेक जैविक क्रियाओं (Biological Processes) जैसे मवेशियों, भेड़-बकरियों तथा अन्य जानवरों के शरीर से बनने वाले खमीर (Fermentation) के दौरान मिथेन ($CH4$)का सानद्रण होता है जो वायु प्रदूषण को बढ़ाती है।

वायुप्रदूषण के दुष्प्रभाव (Harmful Effects of Air Pollution)

स्वस्थ एवं सनतुलित अवस्था में क्रियाशील वायुमण्डल में यदि अवांछित तत्वों का सान्द्रण हो जाता है तो यह प्रकृति में कई दुष्प्रभाव छोड़ने लगती है। इससे मानव स्वास्थ्य, वनस्पति,जीव-जन्तु, जलवायुवीय दशाओं पर प्रत्यक्ष प्रभाव परिलक्षित होता है। इन दुष्प्रभावों के कारण सम्पूर्ण पररिस्थितिक तन्त्र की क्रियाविधि भी प्रभावित होती है। वायु प्रदूषण के विभिन्न प्रभाव निम्नलिखित हैं-

(1) मानव स्वास्थ्य पर प्रभाव (Effect on Human Healthy)-वायु प्रदूषण के दुष्प्रभाव मानव स्वास्थ्य पर प्रत्यक्ष एवं अप्रत्यक्ष रूप से प्रभाव डाल रहे हैं, विभिन्न हानिकारक गैसें मानवीय श्वसन तन्त्र (Respiratory System)को प्रत्यक्ष रूप से प्रभावित करती है। दमा, श्वसनीशोथ (Bronchitis), गले का दर्द, निमोनिया जैसे हानिकारक रोग वायु प्रदूषण के परिणामस्वरूप फैलते हैं। कार्बन मोनो ऑक्साइड मनुष्य के रक्त में विद्यमान हिमोग्लोबिन अणुओं से ऑक्सीजन की तुलना में 200 गुणा अधिक तेजी से संयुक्त हो जाती है जिस कारण ऑक्सीजन की वायु में पर्याप्त मात्रा में रहने पर भी श्वास अवरोध (Suffocation- दम घुटन) होने लगता है, सल्फर डाइ ऑक्साइड(So2) गैस से मिश्रित धूम कोहरे के कारण मानव शरीर की श्वसन प्रणाली प्रभावित होती है। इससे 1952 में लन्दन में तथा 1948 में साम्ब्रेम्यूज घाटी (बेल्जियम) तथा डोनोरा घाटी (पेन्शिलवेनिया U.S.A) में भी धूम कोहरे(Snog)से हजारों लोग मौत को प्यारे हो गये थे। सल्फर डाई ऑक्साइउ से उत्पन्न वायु प्रदूषण से आँखों, गले तथा फेफड़ों के रोग भी होते हैं।

(2) वनस्पति पर प्रभाव(Effect on Vegetation)- पादप स्वपोषी होते हैं, जो सूर्य के प्रकाश से अपना भोजन बनाते हैं अत: यदि सन्तुलित मात्रा में इनको प्रकाश नहीं मिलता है तो इन पर प्रतिकूल प्रभाव पड़ता है। प्रदूषित पदार्थ पादपों की पत्तियों पर केन्द्रित होकर पर्णरन्ध्रों को अवरूद्ध कद देते हैं, जिसके परिणामस्वरूप वाष्पोत्सर्जन(Transpiration) की प्रक्रिया धीमी हो जाती है। दूसरी ओर ओजोन हास के कारण धरातल पर ताप उच्चता के होने से वनस्पतियों पर प्रतिकूल प्रभाव पड़ता है, इस कारण प्रकाश संश्लेषण (Photosynthesis), पौधों में जल का प्रयोग एवं जल धारण क्षमता तथा उत्पादन में भारी कमी हो सकती है।

पारिसिथितिक तन्त्र की आहार श्रृंखला के नष्ट होने का खतरा उत्पन्न हो जायेगा। विभिन्न प्रकार के स्त्रोतों से वायुमण्डल में कार्बन डाई ऑक्साइड तथा अन्य हानिकारक गैसों का सान्द्रण होने से तापमान में वृद्धि होती है, जिससे मानव जीवन के साथ-साथ अन्य जीव-जन्तु तथा पेड़-पौधों के प्रकार, घनत्व तथा स्थिरता पर प्रतिकूल प्रभाव पड़ेगा जिससे प्रकृति की जैव विविधता में भी असन्तुलन उत्पन्न हो सकता है। ब्रिटेन तट पर सल्फर डाई ऑक्साइड के 170 माइक्रोग्राम सान्द्रण रूप से प्रभावित होते हैं।

(3) जीव-जन्तुओं तथा कीटों पर प्रभाव (Effects on Animals and Insects)- जीवमण्डल में पायी जाने वाली जैव विविधता में जीव-जन्तुओं एवं कीटों का महत्वपूर्ण स्थान है, लेकिन वायु प्रदूषण द्वारा इनके अस्तित्व का खतरा पैदा होता जा रहा है। पशु

एवं अन्य जीव भी वायु ग्रहण करते हैं, जिसके द्वारा विषाक्त पदार्थ उनके शरीर में पहुँच कर हानिकारक प्रभाव डालता है। पशु चारे पर विभिन्न क्लोराइड यौगिकों के अवपात (Fall-out)के कारण ये पदार्थ पशुओं के शरीर में प्रवेश कर जाते हैं, जिससे इनकी हड्डियाँ एवं दाँतों में फ्लुओरोसिस (Flurosis) हो जाता है तथा पशुओं का वजन घटकर लंगड़ापन आ जाता है। प्रदूषित वातावरण से अम्ल वर्षा के कारण जन्तुओं का भोजन-घास आदि नष्ट होने के साथ ही जल स्त्रोत भी प्रदूषित हो जाते हैं, जिनका उपभोग करने पर मनुष्य की तरह जन्तुओं में यकृत तथा वृक्क के ऊतकों को क्षति पहुँचती है।

(4) वायुमण्डल एवं जलवायु पर प्रभाव (Effects on Atmosphere and Climate)- वायु प्रदूषण वायुमण्डल एवं जलवायु को निम्न रूपों में प्रभावित करता है-

वैज्ञानिकों के अनुसार तीव्र तकनीकी विकास एवं भौतिकवादी जीवन के दौर में एयर कण्डीश्नर, रेफ्रीजरेटर, फोम प्लास्टिक, स्प्रे कैन डिस्पेन्जर, अग्निशामक (Fire Extiguisher) तथा अनेक प्रसाधन की सामग्रियों(Cosmatic Matters)से उत्सर्जित(Emitted) क्लोरोफ्लोरोकार्बन (CFC) तथा सुपरसॉनिक जेट विमानों से निर्मुक्त नाइट्रोजन आक्साइड के कारण समतापमण्डलीय ओजोन परत में अल्पता के कारण धरातलीय सतह पर सूर्य की पराबैंगनी किरणों की अधिक मात्रा में प्राप्ति के कारण धरातलीय सतह के तापमान में वृद्धि हो रही है, जिससे पार्थिव (Terrestrial)एवं वायु मण्डलीय विकिरण तथा ऊष्मा सन्तुलन में अव्यवस्था उत्पन्न हो जाएगी। विश्व तापमान में वृद्धि से उच्च हिम क्षेत्रों के पिघलने के कारण सागर तल में उभार आयेगा तथा निचले सागर तटीय क्षेत्रों में स्थित देश जलमग्र हो जायेंगे।

पर्यावरण का प्रश्न मनुष्य के असित्व से उसी प्रकार जुड़ा है, जिस प्रकार आर्थिक विकास की उन्नति। अत: आर्थिक विकास के प्रयासों में इस बुनियादी तथ्य को ध्यान में नहीं रखते तो वे प्रयास वस्तुत: विकास को नहीं अपितु विनाश को ही आमंत्रित करते है। जिस वन सम्पदा से मानव को विभिन्न प्रकार से लाभ उसके विकास हेतु होते रहे है, उन्हें नजरअंदाज कर उनसे होने वाले लाभ से वंचित रह जायेंगे। आज व्यक्ति अपनी तात्कालिक आवश्यकताओं की पूर्ति हेतु वनों का शोषण करने में बिल्कुल नहीं हिचकिचाता।

विकास के नाम पर यही सब करने की बात नहीं इससे विनाश अवश्य-भावी है, क्योंकि 'इकोनोमी' और 'इकोलोजी' की परस्पर घनिष्ठता की समझ देशवासियों को नहीं है। प्राचीन धर्म ग्रंथों में उल्लेख उपलब्ध है कि भारतीयों का तो प्रकृति से गहरा संबंध रहा है। हमारी संस्कृति का मूल आयाम है कि हम पोषण करते हैं परन्तु शोषण व बिध्वंस नहीं करते। दोहन से पूर्व और उपरान्त पोषण से संतुलन बना रहता है। लेकिन दोहन बगैर पोषण से शोषण होकर विध्वंस जैसी स्थिति बन जाती है। आज हम निरंतर वनों का दोहन नहीं शोषण करने में लगे हुए हैं जिससे मनुष्य एवं वन सम्पदा में असंतुलन द्रुतगति से बढ़ रहा है। आज आवश्यकता इस बात की है कि वन और वनों से प्राप्त होने वाली उपयोगिता को दृष्टि में रखते हुए जनसाधारण के दृष्टिकोण व अभिवृत्तियों को ऐसे ढंग से विकसित करें कि वन-प्रकृति उपादेयता के प्रति रुचि बढ़े। यदि हमने प्रकृति को अपने से अलग-थलग करने का प्रयास किया तो बढ़ते हुए इस प्राकृतिक-

असंतुलन के परिणाम देश के लिए अत्यंत घातक सिद्ध हो सकते हैं। अत: वनों एवं प्रकृति के इस बहुआयामी स्वरूप के बारे में शिक्षित करते हुए संतुलित रखने हेतु दृष्टिकोण का विकास करना वांछित है। वनों को सुरक्षित रखते हुए उनसे प्राप्त होने वाले विभिन्न प्रकार के लाभों के बारे में जनसाधारण को शिक्षित-दीक्षित एव सचेत करने के उपागम से ही हम इन्हें सुरक्षित रखने के उदेश्य की पूर्ति करने में सफल हो सकते हैं। कानून एवं व्यवस्था के अधिनियमों के साथ-ही-साथ स्थानीय जनसमुदायों को वनों के संरक्षण एवं उसके विकास के महत्त्व को हदयंगम करवाने की परम आवश्यकता है।

भारतीय, पश्चिम के भौतिक विकास की अंधी दौड़ और चकाचौंध से भारतीय मूल्यों मे प्रतिकूल स्वार्थी बनता ही जा रहा है। अपनी विभिन्न प्रकार की तात्कालिक आवश्यकताओं की पूर्ति करने हेतु वन-साधनों का निर्दयता से शोषण करने में संलग्न होता जा रहा है। समय रहते इस प्रकार वनों के शोषण को अविलंब रोकने हेतु प्रभावी जनमत के निर्माण करने की महती आवश्यकता है, जिससे वन सुरक्षित रह सकें और हम और हमारी आने वाली पीढ़ी इसका दोहन कर उपयोग कर सके। इस पुनीत कार्य हेतु जनसाधारण को शिक्षित करने से ही उद्देश्यों की पूर्ति संभव है। इस प्रसंग में हमें पर्यावरण व उनकी शिक्षा स्थानीय लोगों एवं वनों के समीप रहने वाले समाज को वनों से व्यावहारिक लाभ के बारे में ज्ञान प्रदान कर, उनमें प्राचीन मूल्यों के अन्तर्गत ही सोचने की अभिवृत्तियों का सफल विकास किया जाना चाहिए, ताकि वे वनों के साथ शोषण करने की प्रवृत्ति को स्वयं ही त्याग सकें।

द्रुतगति से जनसंख्या वृद्धि एवं भौतिकवादी दृष्टिकोण से भूमि को निरन्तर जोतते रहने से ऐसी स्थिति हो गई है कि भूमि कृषि योग्य ही नहीं रही है, जबकि भारत की आर्थिक व्यवस्था का आधारस्तंभ कृषि ही है। अत: सरकारी एजेंसी एवं समाज के विभिन्न वर्गों को इसके बारे में गम्भीरता से विचार करते हुए प्रभावी कदम समय रहते उठाने की आवश्यकता है। हमें ग्रामीण समाज को जोर देकर समझाने की आवश्यकता है कि सरकार एवं समुदाय की विभिन्न सामाजिक संस्थाओं द्वारा भूमि एवं जल-प्रदूषण को रोकने हेतु किये जा रहे कार्यक्रमों में तटस्थ न रहें, बल्कि सक्रिय भागीदार बनें और इन सभी उपागमों का पूर्णत: लाभ उठाने का प्रयास करें। विभिन्न प्रकारों से प्राप्त पानी के भण्डारों को सुरक्षित रखते हुए उपजाऊ भूमि पर कृषि करते हुए अधिकतम लाभ उठाकर ही अपेक्षाकृत अधिक उपज पैदा की जाये जिससे व्यक्तिगत एवं राष्ट्रीय हित होगा। जानवरों द्वारा वनों को बेरोक-टोक नष्ट किया जा रहा है। उनके चरने के लिए वन ही रह गये हैं। अत: वनों को सुरक्षित रखने हेतु पालतू जानवरों के लिए घास आदि का समुचित प्रबंध, चरागाह स्थलों का विकास करके किया जा सकता है। कृषकों को विभिन्न प्रकार के दृश्य-श्रव्य साधनों से अवबोध कराया जाय कि घरों पर ही पालतू जानवरों को चराने से क्या-क्या लाभ हो सकते हैं बजाय वनों में चर-कर से। स्वतंत्र रूप से जानवरों को चराने क्या-क्या लाभ हो सकते हैं बजाय वनों में चर-कर से। स्वतंत्र रूप से जानवरों द्वारा विध्वंस रुकेगा, चाहे दोहन भले ही हो। बहुत से जानवर छोटे पेड़-पौधों को जड़ से ही उखाड़ देते हैं, जब वे चरते हैं। भारत की विभिन्न सांस्कृतिक परम्परा में पेड़ों को पूजनीय समझा जाता रहा है। पेड़ों की मानव समाज को बहुत बड़ी देन है। इनके कारण हमें शुद्ध वायु मिलती है, ये ही वर्षा

के कारण बनते हैं। इन्हीं के कारण हम फल, फूल, ईंधन, कागज एवं छाया आदि प्राप्त करते हैं। पेड़ वस्तुतः उदारमना दानवीर की तरह हमारे के लिए उपयोगी हैं, परन्तु हम उन्हें बड़ी बेरहमी से काटते ही जा रहे हैं। पं. नेहरू ने, जो पर्यावरणीय शुद्धता पर अधिक जोर देते थे, एक बार कहा था कि पेड़ काटने वालों को जेल में डाल देना चाहिए, जिससे उनकी आंखे हरियाली के लिए जीवन पर्यन्त तरसती रहें और वे पड़ों के महत्त्व को समझ सकें। हमारे प्रिय नेता श्री राजीव गांधी ने भी बन संरक्षण के बारे में कहा– ''मैं बड़ी बेसब्री से इस बात का इन्तजार कर रहा हूँ कि वनरोपण तथा वन संरक्षण में राज्यों में एक नई चेतना जागृत हो।''

वन संरक्षण कोई ऐसी बात नहीं है जिसे हम जनता पर थोप सकें। वन संरक्षण को हमारे विचारों का एक हिस्सा बनाना चाहिए तथा शिक्षा के प्रारंभिक स्तर से इसे सम्मिलित किया जाना चाहिए तभी हमारे बच्चे अपने दिल से महसूस कर सकेंगे कि वनों का संरक्षण और सुरक्षा उनका प्रथम कर्त्तव्य है। विरासत में मिली यह भावना पीढ़ी-दर-पीढ़ी फैलती रहनी चाहिए। लेकिन हम आज भी अपने स्वार्थवश अभिवृद्धित जनसंख्या की आवश्यकताओं की संपूर्ति के लिए वनों को साफ कर रहे हैं।

ग्रामीण जनता ने वनों को आय के साधनों के रूप में अपनाया हुआ है। दूसरी तरफ वनों से सरकार को भी आय होती है। व्यक्तिगत एवं सरकारी आय से हानि अपेक्षाकृत अधिक होती है। भौतिकवाद में आर्थिक साधनों को बंद करने की बात उनके गले नहीं उतरेगी। इसी प्रकार राज्य सरकार अपनी आय को एकदम बंद नहीं करना चाहेगी। अतः स्थानीय ग्रामीण जनता का विभिन्न प्रकार के ग्रामीण व्यवसायों में संलग्न होकर अपेक्षाकृत अधिक आय प्राप्त करने हेतु प्रेरित किया जाये और राज्य सरकारों को वनों से प्राप्त होने वाली आय जितनी रकम केन्द्र सरकारों को अतिरिक्त रूप से आवंटन कर देनी चाहिए ताकि वनों की विध्वंस लीला समाप्त हो सके। ग्रामीण कुटीर उद्योग गाँवों के विकास में सहायक सिद्ध हो सकते हैं।

खाद्यान्नों की पूर्ति हेतु पूरे देश की कृषकों पर ही निर्भर रहना पड़ता है। बढ़ी हुई जनसंख्या की पूर्ति हेतु हमें कृषि पैदावार में वृद्धि करनी पड़ेगी। भारतीय कृषक आर्थिक दृष्टि से बहुत कमजोर है। यही कारण है कि कृषि पैदावारं में वृद्धि उस अनुपात में नहीं हो रही है जितनी होनी चाहिए। यदि हमारे किसान भाइयों को विभिन्न प्रकार की पैदावार व खाद्यान्न लगाने के बारे में सही प्रकार से सूचना एवं नये ज्ञान को प्रदान किया जाता है तो फसलों में निश्चित रूप से वृद्धि होगी ही। अतिवृष्टि, कमवृष्टि या टिडियों व कीड़ों द्वारा नष्ट हो जाना आदि कारण रहते हैं। अतः इस प्रश्न के निदानात्मक एवं उपचारात्मक कार्यक्रम राष्ट्रीय एवं अन्तर्राष्ट्रीय स्तर की संस्थाओं द्वारा संचालित होते हैं, उसका पूर्ण लाभ उठाने हेतु उत्प्रेरित किया जाना चाहिए। अन्तर्राष्ट्रीय बाजार में जिस प्रकार की फसल की अधिक मांग हो उसे पैदा किया जाय जिससे अपनी पैदावार अधिक रकम में निर्यात कर कम पैसों में अन्य वस्तुओं की पूर्ति की जा सके । इससें भारतीय किसानों से गरीबी का नाता दूर हो सकेगा।

ग्रामीण समाज का सामाजिक एवं आर्थिक विकास बहुत कुछ ऊर्जा पर निर्भर करने लगा है। अतः ग्रामीण जनता को अनौपचारिक रूप से शिक्षित किया जाय और प्रदूषण नियंत्रण

के लिए सौर-ऊर्जा, बायोगैस, निर्धूम चूल्हें, पवन चक्कियों आदि ऐसे विकल्पों को काम में लेने हेतु प्रोत्साहित करें जिससे भौतिकवादी युग में उनकी भौतिक स्थिति में भी बढ़ोतरी हो सके।

वनों के नष्ट करने की समस्या को गंभीरता से लेते हुए हमें शैक्षिक कार्यक्रमों की व्यूह-रचना करने की महती आवश्यकता है। उन कार्यक्रमों के अन्तर्गत वनों के आस-पास रहने वाले समाज को सामाजिक कार्यक्रमों के संगठन व संचालन कर उन्हें वनों से लाभ एवं परम्परागत हमारे नाते-रिश्तों के संबंध में अवबोधन कराने का सफल प्रयास करें। जंगलों को समाप्त करने से वर्तमान एवं भविष्य में होने वाले भयंकर आर्थिक, सामाजिक एवं व्यक्तिगत खतरों के बारे में अवगति प्रदान कर उनमें रुचि एवं अभिवृत्तियों का सफलता से विकास करें कि वे वनों से भावात्मक सहसंबंध स्थापित कर सकें।

अनौपचारिक प्रौढ़ शिक्षा केन्द्रों एवं विस्तार सेवा के माध्यम से विभिन्न प्रकार की सामाजिक प्रवृत्तियों में ग्रामीण जनता को संलग्न कर वनों के महत्त्व के बारे में शिथिल किया जाना अधिक उपादेय सिद्ध हो सकता है। वन, पेड़ एवं वन-जीवों की सुरक्षा एवं संरक्षण के बारे में समय-समय पर केन्द्रीय एवं राज्य सरकारों द्वारा पारित अधिनियम एवं कानूनी प्रावधानों तथा संविधान में प्रदत्त अधिकार और कर्त्तव्यों के बारे में ग्रामीण जनता को अवगत कराया जाये। इसके साथ-ही-साथ खेती के विभिन्न आयामों एवं पेड़ों से होने वाले आर्थिक लाभ की ओर 'विस्तार सेवा' तथा सामाजिक संस्थाओं के द्वारा आयोजित कार्यक्रम के माध्यम से ध्यान आकर्षित किया जाये।

जंगलों को सुरक्षित रखने से भूमि, जल-प्रदूषण से बचाव, चरागाह का विकास आदि प्रमुख बातों को ग्रामीण समाज हेतु प्रदर्शनियां लगाकर प्रोजेक्ट से स्लाइड्स एवं चल-चित्रों के माध्यम से एवं अनौपचरिक तथा औपचारिक बैठकें प्रौढ़ एवं विस्तार सेवा के माध्यम से सम्पन्न करनी चाहिए। ग्रामीण जनता को शिक्षित करना चाहिए कि कृषि की तुलना में फल, सब्जी आदि को अधिक क्षेत्र-फल पर उगाने से अपेक्षाकृत आय अधिक होगी और पेड़ भी सुरक्षित रहेंगे। ग्रामीण समाज को सुधरी हुई तकनीकी का उपयोग करने हेतु सहयोग एवं उत्प्रेरण दी जाये। ढलान को समतल कर उपजाऊ भूमि बढ़ाने एवं बढिया बीज एवं खाद का आवश्यकतानुसार उपयोग करने के ढंग बताये जाने से आमदनी भी बढ़ेगी और खेतों की सुरक्षा भी होगी। वनों के विस्तार हेतु ग्रामीण महिलाओं के विभिन्न संगठनों एवं समाज-सुधार के संगठनों का अधिक पेड़ लगाने में सहयोग प्राप्त करने का सफल प्रयास किया जाये। खाली समय का सदुपयोग करने हेतु कुटीर उद्योग को प्रोत्साहित करने से प्राचीन मूल्यों की सुरक्षा भी होगी और नगरों में आने वाली भीड़ पर भी रोक लगेगी। सामाजिक-वानिकी के आधुनिक तरीके और सब्जी, मधुमक्खी तथा रेशम कीड़ों के पालन से संबंधित तथ्य श्रव्य-दृश्य सामग्री के द्वारा ग्रामीण समाज को शिक्षित किया जाना चाहिए।

9

हमारे जीवन के प्राकृतिक संसाधन

सामान्य अर्थ में प्रकृति द्वारा प्रदत्त वस्तुएं प्राकृतिक संसाधन होती हैं। विस्तृत अर्थ में समस्त प्रकृति प्रदत्त जैविक एवं अजैविक तत्व जिनको मानव अपनी बुद्धि, श्रम, तकनीकी कौशल, प्रयोगों एवं अनुभवों द्वारा अपनी आवश्यकता के अनुरूप संशोधन, परिवर्धन तथा परिष्कृत करके तथा अधिक उपयोगी बनाकर उसके गुण अभिमुल्यन में वृद्धि करता है, उन्हें प्राकृतिक संसाधन के नाम से जाना जाता है।

सरल शब्दों में, मानव जीवन जिन आधारभूत साधनों पर आधारित है और जिनसे उसकी भौतिक और सांस्कृतिक आवश्यकताओं की पूर्ति होती है वे सभी संसाधन कहलाते है, क्योंकि यह सभी प्रकृति से विरासत में मिले हैं और पर्यावरण के मुख्य घटक हैं, अतः इन्हें प्राकृतिक संसाधन (Natural Resources)कहते हैं।

मुख्य प्राकृतिक साधनों में सौर ऊर्जा, वायु, जल, भूमि, वनस्पति, प्रकाश , पृथ्वी का ताप, जीवाश्म ईंधन, खनिज,जन्तु व सूक्ष्म जीव (Microbes)आदि सम्मिलित हैं। निःसन्देह ये सभी आवश्यक होते हैं और इनकी अधिक या कम उपलब्धता, इनकी निरापदता और प्रदुषण और इनकी सापेक्ष उपयोगिताएँ मानव के सुख-दुख विलासिता और अभावों की स्थितियों से जुड़ी है। इसी से कुछ देश अधिक सम्पन्न और कुद अभावग्रस्त श्रेणी में विभाजित कर दिये जाते हैं। यही संसाधनविहीनता कई देशों में प्रगतिबाधक होती है तथा अन्य देशों के सामने उसे हाथ

पसारने को मजबूर कर देती है।

पी.ई. मैक्नाल के अनुसार, "प्राकृतिक संसाधन वे संसाधन है जो कि प्रकृति द्वारा प्रदत्त किये जाते हैं तथा मानव के लिए उपयोगी होते हैं।"

ए.एस. जिंसवर्ग के अनुसार, "प्रकृति द्वारा दी गई सभी स्वतन्त्र वस्तुएँ जो मानव की क्रियाओं की परिधि में आती हैं, प्राकृतिक संसाधन कहलाती हैं।"

प्राकृतिक संसाधनों की एक सर्वमान्य परिभाषा दी गई है- "हमारे प्राकृतिक पर्यावरण का कोई अंग, जैसे भूमि, जल, वायु, खनिज, वन चरागाह, वन्य जीव, मक्खी और यहाँ तक कि मनुष्य आबादी जिससे मनुष्य का कल्याण होता हो, प्राकृतिक संसाधन कहलाता है।"

प्राकृतिक संसाधनों का वर्गीकरण

मनुष्य प्राचीनकाल से प्राकृतिक संसाधनों का दोहन करता आ रहा है। उनके तीव्र दोहन से धीरे-धीरे पोषणीय विकास की आवश्यकता अनुभव की जाने लगी तथा वर्तमान समय में इनके आनुपातिक उपयोग के लिए इनकों वर्गीकृत करने की योजना बनाई जाने लगी है। प्राकृतिक संसाधनों का वर्गीकरण विभिन्न आधारों पर निम्न प्रकार किया गया हैं-

उत्पत्ति के आधार पर वर्गीकरण (Classification based on Origin)

1. जैविक संसाधन (Biotic Resources)- अपने निश्चित जीवन चक्र वाले संसाधन जैविक संसाधन कहलाते हैं। वन, वन्य प्राणी, पशु-पक्षी, वनस्पति तथा अन्य छोटे तथा सूक्ष्म जीव जैविक संसाधनों के उदाहरण हैं। जीवाश्मों के काय्यान्तरण के परिणामस्वरूप उत्पन्न होने के कारण कोयला तथा खनिज तेल को भी जैविक संसाधन कहा जा सकता है। इनमें से कुछ का जैसे वनस्पति वर्ग का नवीनीकरण किया जा सकता है जबकि कुछ जैसे खनिज तेल नवीनीकरण् के अयोग्य है।

2. अजैविक संसाधन (Abiotic Resources)-इन संसाधनों ने जीवन-क्रिया का अभाव पाया जाता है तथा इनका नवीनीकरण असंभव होता है। ये एक बार उपयोग में लेने के उपरान्त समाप्त प्राय: हो जाते हैं। जल, भूमि तथा खनिज इसके प्रमुख उदारण है। अजैविक संसाधनों के वितरण में असमानता पायी जाती है। कुछ संसाधन यथा-लोहा, एल्यूमीनियम आदि विस्तृत क्षेत्रों में वितरित हैं जबकि सोना, चांदी के आणविक खनिज सीमित क्षेत्रों में वितरित है।

प्राकृतिक गुणों के आधार पर वर्गीकरण

प्राकृतिक गुणों के आधार पर संसाधनों की सुलभता के समझने के लिए वर्गीकरण को निम्न वर्गीकरण आरेख (Schemetic Representation) द्वारा स्पष्ट किया जा रहा है-

प्राकृतिक संसाधन : विनाश का कारण एवं वन व वन्य जीवन का संरक्षण

प्राकृतिक संसाधन

(Natural Resources)

समाप्त न होने वाले	समाप्त होने वाले
(In-exhaustible)	(Ex-haustible)
सौर, आण्विक, वायु, जल,	वन, वन्य, जीव, मिट्टी,
प्रकाश, ताप, जलवायु,	पशु-पक्षी, जीव-जन्तु, मछली,
चन्द्रमा का गुरुत्वाकर्षण	खनिज, तेल, कोयला, अन्य ईंधन

बचाये रखने सकने वाले	पूर्णतः समाप्त होने वाले
(Maintainable)	(Non-maintainable)
	तेल, कोयला, वन एवं वन्य जीवों की अनेक प्रजातियाँ

पुनः जीवित होने वाली	देरी से जीवित होने वाली	पुनः जीवित नहीं होने वाली
(Renewable)	(Late-renewable)	(Non-renewable)
वन, जीव-जन्तु पौधे	मिट्टी	खनिज, जीवाश्म, ईंधन

उद्देश्य पर आधारित वर्गीकरण

उद्देश्यों अथवा संसाधनों की उपयोगिता के आधार पर संसाधनों को निम्न वर्गों के अंतर्गत वर्गीकृत किया गया है-

1. ऊर्जा संसाधन (Energy Resources)-ऊर्जा संसाधनों में समाप्य तथा असमाप्य दोनों ही प्रकृति के संसाधन पाये जाते हैं। समाप्य या नवीनीकरण के अयोग्य संसाधनों की श्रेणी में कोयला, पेट्रोलियम तथा प्राकृतिक गैस आदि हैं। वन, जल, विद्युत्, पवन ऊर्जा, सौर ऊर्जा, भूतापीय ऊर्जा तथा ज्वारीय ऊर्जा आदि को नवीनीकरण या असमाप्य ऊर्जा की श्रेणी में रखा गया है। ऊर्जा संसाधनों की बढ़ती मात्रा के कारण इनके जीवनधारिय विकास की मूल भावना का विकास किया जाना अत्यन्त आवश्यक है।

2. कच्चा माल (Raw Material)-ये चार प्रकार के होते हैं-

(1) खनिज पदार्थ-लौह अयस्क, अलौह, धातुएँ, गंधक, नमक, चूना-पत्थर, चीका बालू, इमारती पत्थर तथा अन्य मिश्रित धातुएँ।

(2) वनस्पति-लकड़ी, रेशेदार उत्पाद, गोंद, रबड़, तेल, बीज, दालें, शैवाल तथा अन्य कृषि उत्पाद आदि।

(3) पशु-पशुओं से प्राप्त खालें, समूर, सींग, तेल चर्बी, ऊन, बाल, रेशम तथा हड्डियाँ आदि।

(4) उत्पादित पदाथ-कपास, सन, पटसन, हेम्स, बागानी, रबड़, तिलहन बीज तथा इत्र के फूल आदि।

(3) खाद्य पदार्थ (Food stuff)-खाद्य पदार्थ मुख्य रूप से निम्न तीन प्रकार के संसाधनों से प्राप्त किए जाते हैं-

(1) खनिज-जल एवं चट्टानों से।

(2) वनस्पति-फल, कन्दमूल, पत्तियाँ, जड़े, मशरूम आदि।

(3) पशु एवं जीव जन्तु-मुर्गीपालन, मधुमक्खी पालन आदि से।

उपलब्धता के आधार पर वर्गीकरण (Classification based on Availability)-

1. सर्वसुलभ संसाधन-वे संसाधन जो सभी के लिए उपलब्ध हैं, जैसे-सूर्य, प्रकाश, जल, ऑक्सीजन, वायु आदि।

2. सामान्य सुलभ संसाधन-जैसे प्राकृतिक खनिज, मृदा, वनस्पति एवं जीव-जन्तु आदि।

3. दुर्लभ संसाधन-वे संसाधन जो सीमित क्षेत्रों में ही पाए जाते हैं तथा मूल्यवान भी हैं, जैसे-सोना, चाँदी, चाय, काफी आदि।

4. अमूल्य संसाधन-जैसे यूरेनियम, हीरा, कस्तूरी, मृग, मोती, पन्ना आदि।

प्राकृतिक संसाधनों का महत्त्व एवं आवश्यकता

(Need and Importance of Natural Resources)

प्राकृतिक संसाधन प्रकृति से मिली वह सम्पदा हैं जिसे मनुष्य और जीव-जन्तुओं के कल्याण और सुखमय जीवन के लिये ही अलौकिक शक्ति (ईश्वर) ने बनाया है और हमें उपलब्ध कराया है। अब यह हम पर निर्भर करता है कि हम इसका किस प्रकार उपयोग करें, क्योंकि यह जीवन को चलाने के लिए आवश्यक तंत्र के क्रियाशील अवयव हैं।

(अ) महत्त्व (Importance)-

प्राकृतिक संसाधनों के सन्दर्भ में-निम्न बातें ध्यान देने योग्य हैं-

1. संसाधनों के अंधाधुन्ध उपयोग अथवा दुरुपयोग ने भी इनकी मात्रा को प्रभावित किया है। स्थिति यहाँ तक है कि कुछ संसाधन समाप्त प्राय: हो रहे हैं। उनके समाप्त होने से पूर्व निश्चय ही हमें उनके विकल्प खोजने होंगे।

2. अनेक विकासशील व अविकसित देश अपने संसाधनों को कम मूल्य पर विकसित देशों को बेच देते हैं। देश की अन्य प्राथमिकताओं की पूर्ति के लिए उन्हें ऐसा करना उनकी मजबूरी है।

3. संसाधनों के प्राप्त करने में पर्यावरण विकृति की सम्भावनाएँ भी रहती हैं।

4. पृथ्वी पर संसाधनों का न तो हर जगह वितरण समान हैं और न ही उपयोग।

5. संसाधनों की मात्रा की उपलब्धता, उसे प्राप्त करने की क्षमता, तरीका और तकनीकी योग्यता पर निर्भर है।

6. संसाधनों का मूल्य उसकी उपलब्धता और माँग पर निर्भर करता है।

7. संसाधनों की कमी से उसका मूल्य बढ़ जाता है या जब किसी संसाधन की बहुत माँग हो तो भी मूल्य में वृद्धि होती हैं।

8. संसाधनों की कमी के कारण उसकी उपलब्धता हेतु देश में अन्दर या देश-विदेशों में परस्पर अनेक विवाद हो जाते हैं।

9. संसाधनों के असमान उपयोग से भी विवादस्पद स्थिति होती है, जैसे-अमेरिका कम आबादी पर भी भारत की अधिक आबादी के बावजूद अधिक संसाधनों का उपयोग करता है।

10. बढ़ती जनसंख्या के कारण संसाधनों के भण्डार में कमी आई है।

(ब) आवश्यकता (Need)

प्राकृतिक संसाधनों की आवश्यकता एवं उपयोग को निम्न बिन्दुओं के माध्यम से समझा जा सकता है-

1. व्यापार के लिए कच्चे माल की उपलब्धि के लिये प्राकृतिक संसाधन एक अच्छे स्रोत हैं।

2. तैयार सामान की गुणवत्ता में निखार लाने में इनका उपयोग होता हैं, जैसे कारें, प्लास्टिक की वस्तुएं, रेफ्रिजरेटर्स, मनोरंजन के और दैनिक जीवन में काम आवे वाले सामान।

3. आवास स्थल, फर्नीचर, सजावट, कलात्मक वस्तुओं के निर्माण में इनका उपयोग होता है।

4. प्राकृतिक संसाधन हमारे जीवन की मूलभूत आवश्कताओं जैसे-भोजन, ईंधन, जल, वायु, प्रकाश, ताप आदि की पूर्ति करते हैं।

5. शक्ति के व्यापक स्रोत हैं, जैसे सौर ऊर्जा, पवन ऊर्जा, जलीय ऊर्जा, लहर ऊर्जा आदि।

6. पारिस्थितिक तंत्र को स्थायित्व प्रदान करते हैं।

प्राकृतिक संसाधनों के नष्ट होने के कारण

(Cause of Depletion in Natural Resources)

किसी भी संसाधन का अनुचित व अत्यधिक उपयोग करने से उसकी गुणवत्ता के साथ-साथ उसकी उपलब्धता में भी कमी आती है। संसाधनों के नष्ट होने के प्रमुख कारण निम्न प्रकार हैं-

1. कृषि फसलों से बिना किसी योजना के उत्पादन,
2. बहते पानी से खेतों की उपजाऊ मिट्टी का बह जाना
3. अधिक उपज के लिए रासायनिक खादों का उपयोग,
4. जल का अत्यधिक प्रयोग अथवा दुरुपयोग,
5. लकड़ी का फर्नीचर, सजावट तथा ईंधन के रूप में प्रयोग,
6. अनेक पशु-पक्षियों और जीवों का शिकारियों द्वारा शिकार,
7. भूमिगत जल के भण्डारों को अनावश्यक रूप से खाली करना,
8. बढ़ती आबादी के अधिक संसाधनों का व्यय आदि।

हम जब तक प्राकृतिक संसाधनों का उचित, उपयुक्त तथा बुद्धिमत्तापूर्ण ढंग से उपयोग नहीं करेंगे तब तक संसाधनों की कमी की आशंका बनी ही रहेगी। कम-से-कम उन संसाधनों पर तो विशेष ध्यान देना आवश्यक है जो आज निर्बाध गति से उपयोग में लिये जा रहें हैं और जिनका समाप्त होना सर्वथा सत्य है।

प्राकृतिक संसाधनों के विनाश के कारण उत्पन्न समस्याएँ

(Problems Originated due to Depletion of Natural Resources)

1. मनुष्य द्वारा प्राकृतिक संसाधनों का अत्यधिक व अविवेकपूर्ण उपयोग करने के परिणामस्वरूप उसे अनेक परेशानियाँ एवं दुष्परिणामों का सामना करना पड़ता है। उदाहरण के लिए, प्राकृतिक वनस्पति को अविवेकपूर्ण तरीके से काटने से प्रतिवर्ष बाढ़ों का प्रकोप, जल स्तर में कमी, वायुमण्डल में शुष्कता तथा मिट्टी का कटाव शुरू हो जाता है। मिट्टी के क्षरण अथवा कटाव के कारण उसके पोषक तत्त्व बहकर अन्य स्थानों पर चले जाते हैं, परिणामस्वरूप सम्पूर्ण प्रदेश अनुत्पादक तथा बंजर हो जाता है जिसके कारण कृषि फसलों का उत्पादन कम हो जाता है। देश के खनिज संसाधनों का अविवेकपूर्ण उपयोग करने से वह शीघ्र समाप्त होने की अवस्था में पहुँच जाते हैं। इसके फलस्वरूप खनिजों के लिये अन्य राष्ट्रों पर निर्भर रहना पड़ता है। इस प्रकार खनिजों की दृष्टि से वह देश गरीब हो जाता है।

2. प्राकृतिक वनस्पति का नियम है कि वह रात्रि के समय विषैली, कार्बन डाई-ऑक्साइड गैस निकाल कर दिन में जीवनदायिनी ऑक्सीजन गैस प्रदान करती है। पेड़-पौधों की पत्तियों में मिलने वाला क्लोरोफिल सौर्य ऊर्जा को रासायनिक ऊर्जा में परिवर्तित करता है,

जिसके परिणामस्वरूप समस्त मानव समूह व जीव-जन्तु को जगत को भोजन के रूप में आवश्यक पोषक तत्व प्राप्त होते हैं। इस प्रकार पेड़-पौधें हमारे जीवन का आधार हैं। किन्तु मनुष्य पेड़-पौधों तथा अमूल्य वनस्पति का अविवेकपूर्ण तरीके से उपयोग कर रहा है। फलतः शुद्ध ऑक्सीजन कम बन पा रही है तथा अन्य तत्वों का भी विनाश हो रहा है। इस प्रकार से मनुष्य स्वयं अपने जीवन के लिए संकट उत्पन्न कर रहा है।

3. सम्पूर्ण विश्व में प्राकृतिक संसाधनों के दोहन व अविवेकपूर्ण उपभोग की लीला जारी है। भूमि का अनुचित प्रयोग, जंगलों की अंधाधुंध कटाई, खानों में सम्पूर्ण खनिजों का उपयोग करना, जल संसाधनों का अनुचित उपयोग के कारण ही समस्त प्राकृतिक संसाधनों की बर्बादी हो रही है। कुछ पूँजीपतियों द्वारा मनमाने तरीके से भूमि का दुरुपयोग किया जाता है। समय-समय पर आने वाली प्राकृतिक विपदाएँ समस्त व्यवस्थाओं को अस्त-व्यस्त कर देती हैं, जैसे-बाढ़ तथा तूफान आदि का आना। इन आपदाओं के कारण जन-धन की अपार हानि होती है तथा समस्त संसाधनों का विनाश हो जाता है।

4. जीव-जन्तुओं में भोजन एक विचित्र प्रतिक्रिया पैदा करता है जिसके कारण हिंसक जीव-जन्तु घास-फूस खाने वाले जीवों का शिकार करके अपना पेट भरते हैं तथा घास-फूस खाने वाले जीव-जन्तु वनस्पति पर निर्भर रहते हैं। ये समस्त जीव-जन्तु मानव के लिए बहुत उपयोगी संसाधन कहलाते हैं जो कि सम्पूर्ण भू-मण्डल का जीवन-चक्र हैं। इसमें प्रत्यक्ष और अप्रत्यक्ष रूप से जल और मिट्टी का सहयोग पाया जाता है जिसके माध्यम से मानव व समस्त जीव जगत को पर्याप्त मात्रा में भोजन, दाल, फल, अनाज तथा अन्य पोषक तत्व मिलते हैं। यदि किसी समय दुर्भाग्यवश सम्पूर्ण जीवन-चक्र में कोई अनहोनी घटना उत्पन्न हो जाये तो समस्त जीव-जन्तुओं तथा प्राकृतिक वनस्पति का विनाश प्रारम्भ हो जाता है। इसलिए मानव और प्राकृतिक संसाधनों के बीच इनका संतुलन बनाए रखने के लिए इनका संरक्षण होना अति आवश्यक है।

प्राकृतिक संसाधनों का संरक्षण

(Conservation of Natural Resources)

प्राकृतिक संसाधन मानव जगत के लिये मूल आधार हैं। अतः इनका संरक्षण कितना समीचीन और आवश्यक है यह बताने की बात नहीं है, लेकिन वर्तमान में उनका जिस तरह उपयोग हो रहा है, उससे भविष्य की पीढ़ियों की शेष क्या रह पायेगा ? यह आज विचारने का प्रश्न है। इसके साथ ही उपलब्धता के साथ-साथ ये संसाधन कितने निरापद होंगे, यह भी कम विचारणीय प्रश्न नहीं है क्योंकि केवल स्वार्थ तथा क्षणिक लाभ हेतु कुछ लोगों या देशों द्वारा ये निरन्तर प्रदूषित किये जा रहे हैं। संक्षिप्त में मोटे-तौर पर प्राकृतिक संसाधनों के संरक्षण के सन्दर्भ में निम्न उद्देश्य महत्त्वपूर्ण हैं-

1. संसाधनों का न्यूनतम उपभोग करना (Minimum Use of Resources)- सभी स्थानों पर संसाधनों की मात्रा समान नहीं है। अत्यधिक शोषण वाले क्षेत्रों में संसाधनों का

तुरन्त विकास एवं पुनरुत्पादन आवश्यक रूप से किया जाना चाहिए। कम संसाधनों वाले क्षेत्र में नवीन संसाधनों को उत्पन्न किया जाना चाहिए। उपलब्ध संसाधनों का उपयोग न्यूनतम करना चाहिए तथा उपयोग की गई मात्रा से अधिक मात्रा में नवीन संसाधनों के विकास का प्रयास करना चाहिए, ताकि शोषण की मात्रा संतुलित रहे व प्रदेश का भौगोलिक विकास संतुलित रूप से हो सके।

2. अनवीकरणीय संसाधनों का उचित उपयोग करना (Reasonable Use of Non-renewable Resources)–प्रदेश में जिन संसाधनों की मात्रा सीमित है या वे संसाधन जो कि क्षयशील अर्थात् अनवीकरणीय हैं, उनका सम्पूर्णतः वैज्ञानिक ढंग से शोषण तथा अत्यावश्यक कार्यों के लिए ही उपयोग किया जाना चाहिए।

3. कम उपयोगी संसाधनों को नष्ट न करना (Not to Destroy Less Useful Resources)–प्रदेश के उन संसाधनों को जो कि मानव की तत्कालीन आर्थिक आवश्यकताओं की पूर्ति की दृष्टि से उस समय कम उपयोगी हो, उन्हें नष्ट नहीं करना चाहिए। क्योंकि भविष्य में उनका तकनीकी विकास से भावी आर्थिक दशाओं के अन्तर्गत अधिक महत्त्वपूर्ण उपयोग संभव हो सकता है।

4. मानव को संसाधन उपयोग के सम्बन्ध में प्रशिक्षित करना (To Train Human About the Use of Resources)–किसी भी प्रदेश अथवा देश के प्राकृतिक संसाधनों के संरक्षण-नियोजन के लिये यह आवश्यक है कि वहाँ के मानवों को उनके विवेकपूर्ण उपयोग के सम्बन्ध में शिक्षित एवं प्रशिक्षित किया जाये। उस देश की मानव-शक्ति के बौद्धिक विकास के लिए उचित सुविधाएँ जुटाई जायें, ताकि देश व उसके नागरिकों का समुचित आर्थिक, सामाजिक व सांस्कृतिक विकास हो सके।

5. विकल्पों की खोज करना (To Search the Options)–सीमित मात्रा में पाये जाने वाले अत्यावश्यक संसाधनों की उपलब्धता को बनाये रखने के लिए यह आवश्यक है कि विज्ञान और तकनीकी विकास द्वारा उनके विकल्पों अर्थात् प्रतिस्थापनीय संसाधनों का पता लगाये जाये। यदि वैकल्पिक संसाधन नवीकरणीय हो तो यह अधिक लाभदायक होता है।

6. संसाधन आधार का प्रतिवर्ष विवरण तैयार करना (To Prepare the Account of Resources Every Year)–प्रदेश की जनसंख्या वृद्धि के कारण आर्थिक आवश्यकताएँ बढ़ रही हैं। विज्ञान के क्षेत्र में नवीन संसाधनों की भी निरन्तर खोज हो रही है। संसाधनों की माँग, आपूर्ति, न्यूनता तथा पर्याप्तता एवं अन्य समस्याएं ज्ञात करने के लिए प्रतिवर्ष संसाधन आधार का विवरण तैयार करना चाहिए।

7. कानूनी संरक्षण (Legal Conservation)–संसाधनों के संरक्षण-नियोजन के लिए देश की सरकारों द्वारा आवश्यक नियम बनाये जाने चाहिए, जिनके पालन एवं क्रियान्वयन के लिए प्रशासनिक व्यवस्था से संगठनों का विकास किया जाना चाहिए।

जल संसाधन

(Water Resources)

हमें पृथ्वी पर असीमित मात्रा में जल प्रतीत होता है-पृथ्वी की सतह का तीन-चौथाई भाग जलमग्न है। किन्तु यह सारा जल हमारे उपयोग के लिए उपलब्ध नहीं है। सम्पूर्ण जल का 97 प्रतिशत महासागरों में है जो खारा होने के कारण हमारे काम का नहीं है। अन्य 2 प्रतिशत हिमानियों और पर्वत शिखरों को आच्छादित करने वाली बर्फ के रूप में है। एक प्रतिशत से भी कम मात्रा हमारे उपभोग के लायक है और नदियों, झीलों और तालाबों अथवा भू-जल के रूप में है। इन्हीं स्त्रोतों पर अधिकांश स्थल-जीवियों को निर्भर रहना पड़ता है। इस तथ्य को ध्यान में रखने पर यह स्पष्ट हो जाता है कि पानी कितनी दुर्लभ वस्तु है और उसे संरक्षित करना कितना आवश्यक है।

जल संरक्षण की आवश्यकता (Need of Water Conservation)

जल एक ऐसा प्राकृतिक संसाधन है जिस पर न केवल मानव अपितु सम्पूर्ण वनस्पति एवं जीव-जगत निर्भर है। संसार में जल का प्रति व्यक्ति औसत उपभोग ग्रामीण क्षेत्रों में 50 लीटर और नगरों में 150 लीटर होता है। पेयजल एवं घरेलू उपयोग के अतिरिक्त कृषि की सिंचाई एवं उद्योगों में भी जल का प्रयोग पर्याप्त मात्रा होता हैं। अनेक उद्योगों में तो जल की अत्यधिक आवश्कता होती है। जैसे-जैसे जनसंख्या की वृद्धि हो रही है, आर्थिक क्रियाओं का विकास और विस्तार हो रहा है, जल की आवश्यकता बढ़ती जा रही है।

यद्यपि जल प्राकृतिक रूप से उपलब्ध है और प्रकृति में जलीय चक्र का क्रम चलता रहता है, किन्तु अन्य पर्यावरणीय व्यतिक्रम एवं प्रदूषण से इस चक्र में भी व्यवधान आने की संभावना है। इसके अतिरिक्त जल का तीव्र गति से प्रदूषण हो रहा है। भूमिगत जल का स्तर निरन्तर कम होता जा रहा है और अनेक देशों में आज पेयजल की समस्या हैं। इन्ही तथ्यों को ध्यान में रखते हुए जल संरक्षण की आवश्यकता अनुभव की जाने लगी है। 21 वीं शताब्दी के इस प्रथम दशक में 50 प्रतिशत जनसंख्या प्रत्यक्ष या अप्रत्यक्ष रूप से जल संकट को महसूस कर रही है जिससे विश्व के 80 देश जल संकट की भंयकर चपेट में हैं। वर्तमान में समुद्री जल को सीमित रूप से विभिन्न तकनीकों से शुद्ध कर उपयोगी बनाने का कार्य कुछ क्षेत्रों में हो रहा है, पर यह नगण्य है।

जल प्रबन्धन एवं संरक्षण की प्रमुख विधियाँ

(Techniques of Water Management and Conservation)-

जल मानव, जीव तथा वनस्पति जगत की एक प्राथमिक आवश्यकता है। वर्षा से प्राप्त जल पर्याप्त मात्रा में उपलब्ध हो तथा शुद्ध हो। विश्व में उपलब्ध स्त्रोतों का समुचित उपयोग हो तथा शुद्ध जल की उपलब्धि भविष्य में भी चलती रहे, इसके लिए जल संरक्षण की विधियों को अपनाया जाना आवश्यक है। जल संसाधनों की मांग तथा आपूर्ति में संतुलन कायम रखने के

लिए जल संसाधनों में परिरक्षण, नियंत्रण तथा विकास सम्बन्धी प्रक्रियाओं को जल संरक्षण एवं प्रबंधन के अन्तर्गत शामिल किया जाता है। जल संरक्षण एवं प्रबंधन की प्रमुख विधियाँ निम्नलिखित हैं–

1. भूमिगत जल का विवेकपूर्ण उपयोग (Sensful Use of Under-ground Water)–विश्वस्तर पर भूजल कुल जल आपूर्ति का 25 प्रतिशत पूरा करता है, शेष 75 प्रतिशत नदियों, झीलों आदि सतही जलस्रोतों से होती है। भूजल की उपलब्ध मात्रा के अनुपात में इसकी माँग निरन्तर बढ़ती जा रही है। इस कारण भूजल की मात्रा कम होती जा रही है। भूजल का दोहन एक बार होने के उपरान्त पुनः पूर्ति काफी लम्बे समय में हो पाती हे। भूजल का दोहन पुनः पूर्ति के अनुपात में ही किया जाना चाहिए।

शुष्क एवं अर्द्ध शुष्क प्रदेशों में, जहाँ वर्षा नाममात्र की होती है, वहां भूमिगत जल पर ही जीवन आश्रित रहता है। अनेक देशों में भूमिगत जल का प्रयोग सिंचाई हेतु भी होता है। जल की निरन्तर बढ़ती माँग से भूमिगत जल का स्तर ऐसे क्षेत्रों में नीचा होता जा रहा है और इस जल की आपूर्ति में कमी आ रही है। इसलिये भूमिगत जल का सुनियोजित तथा विवेकपूर्ण उपयोग आवश्यक है। भूमिगत जल के संरक्षण का सबसे सरल तरीका इसका उपयोग सीमित मात्रा में करना है, जिससे इसकी पुनः स्वतः आपूर्ति होती रहे एवं जल-स्तर नीचे नहीं गिरे।

2. वर्षा के जल प्रवाह को नियंत्रित कर संग्रहित करना (To Control and Collect the rain Water Flow)–वर्षा के जल प्रवाह को नियंत्रित करके संग्रहित करना जल संरक्षण एवं प्रबन्धन की प्रमुख विधि है। अन्यथा वर्षा को जल का अधिकांश भाग महासागरों में बेकार बहकर चला जाता है। वर्षा के द्वारा धरातल पर बहने वाला पानी हमेशा सागरीय भागों में जाने को तत्पर रहता है। इसको झीलों तथा कृत्रिम जलाशयों में बांध बनाकर संग्रहीत करना आवश्यक होता है। जलाशयों से जल की कमी वाले क्षेत्रों में पाइप लाइनों के माध्यम से इसे भेजा जाना चाहिए तथा शुष्क मौसम में नदी के जल की सतत् आपूर्ति कायम रखने के लिए जलाशयों के जल का उपयोग करना चाहिए। जलाशयों का निर्माण केवल जल की सतत् आपूर्ति बनाये रखने में ही सहायक नहीं होता अपितु इससे वर्षा ऋतु में आने वाली बाढ़ों के प्रकोप को भी कम किया जा सकता है। अतः जलाशयों का निर्माण जल संरक्षण एवं प्रबंधन का महत्त्वपूर्ण उपागम है। इन जलाशयों के रख-रखाव की उत्तम व्यवस्था भी परम आवश्यक है।

3. जल के उचित वितरण की व्यवस्था (System of Proper Distribution of Water)–संसार में जल की उपलब्धि अत्यधिक असमान है, यह तथ्य प्रत्येक देश एवं प्रदेश के लिए भी सही है, अर्थात् कुछ क्षेत्रों में जल अतिरिक्त मात्रा में उपलब्ध है तो अन्य क्षेत्रों में अपर्याप्त जल है। इस कारण उचित जल वितरण आवश्यक है। कम आवश्यकता वाले क्षेत्रों से अधिक आवश्यकता वाले क्षेत्रों की जलापूर्ति करके जल संकट को कम किया जा सकता है। इसके लिये सतह जल संग्रह स्थलों का निर्माण करके अतिरिक्त जल को अभावग्रस्त क्षेत्रों में एकत्रित करके आपूर्ति की जा सकती है। यह कार्य जलाशयों तथा नहरी जाल विकसित करके

ही सम्पन्न हो सकता है। इस दृष्टि से भारत में चल रही नदियों को जोड़ने की योजना कारगर सिद्ध होगी।

4. जनसंख्या नियन्त्रण (Population Control)–जल संकट का एक प्रमुख कारण जनसंख्या में अत्यधिक वृद्धि भी है। जनसंख्या वृद्धि के साथ ही कृषि एवं उद्योगों का विस्तार तथा नगरीयकरण बढ़ा है, जिससे स्वच्छ जल की माँग भी बढ़ी है, सन् 1700 से लेकर 2000 के दशक तक जल की माँग में वृद्धि हुई है। अतः जनसंख्या नियन्त्रण के द्वारा भी जल की माँग को नियंत्रित किया जा सकता है तथा साथ ही बढ़ती जनसंख्या द्वारा किये जा रहे जल के गुणात्मक ह्रास को रोका जा सकता है।

5. बाढ़ प्रबन्धन (Flood Management)–विश्व में बाढ़ के रूप में स्वच्छ जल का बड़ा भाग उपयोग में न आकर विनाशक बन जाता है। भारत की कुल क्षेत्रफल 32.8 करोड़ हैक्टेयर में से 4 करोड़ हैक्टेयर क्षेत्रफल बाढ़ प्रभावित है जिसमें से 3.2 करोड़ हैक्टेयर भूमि को बाढ़ से बचाया जा सकता है। तटबन्धों व नहरों का निर्माण करके बाढ़ की हानि से बचाव के साथ-साथ जल के एक बड़े भाग को संरक्षित किया जा सकता है।

6. वृक्षारोपण करना(Plantation)–विस्तृत पेपर पर वृक्षारोपण तथा घासों को लगाना चाहिए जिससे भूमि की जल अवशोषित करने की क्षमता में वृद्धि होकर भूमिगत जल के भण्डार में वृद्धि हो जाती है। पर्वतीय भागों में वनों की उपस्थिति जल प्रवाह को मन्द करती है जिससे भूमि का कटाव रूकता है। नदियों में अवसादों की मात्रा कम पहुँचती है, मैदानी भागों में बाढ़ो का प्रकोप कम होता है तथा जलाशयों में अवसाद जमा होने की दर भी कम हो जाती है। यह सभी तथ्य प्रत्यक्ष तथा अप्रत्यक्ष रूप से जल संरक्षण एवं प्रबंधन में सहायक होते हैं।

7. वनस्पति विनाश पर नियंत्रण तथा वातावरण में वृद्धि (Control upon Forest Depletion)–प्राकृतिक वनस्पति जलीय चक्र को सम्पादित करने मे सहायक होती है। निरन्तर वनों के विनाश से सूखा पड़ता है। वनस्पति वायुमण्डल में नमी बनाए रखती है, तापमान में वृद्धि को रोकती है, वर्षा में सहायक होती है तथा वाष्पीकरण द्वारा होने वाली जल हानि को रोकती है। अतः वनस्पति के विनाश को रोकना जल संरक्षण के लिये आवश्यक है। विगत शताब्दी में तीव्र गति से किये गये वनोन्मूलन के कारण वर्षा के जल का अधिकांश भाग बिना भूमिगत हुए लवणीय सागरों में मिल रहा है। विश्व में सर्वाधिक वर्षा प्राप्त करने वाले क्षेत्र चेरापूंजी में विगत दशक में जल संकट उत्पन्न हो गया क्योंकि यहाँ चूना पत्थर के खनन हेतु वातावरण को नष्ट कर दिया गया। फलस्वरूप वर्षा का जल तीव्रता से बहकर नदियों में मिलकर सागर में चला गया। ऐसा ही उत्तरांचल के देहरादून क्षेत्र में हो रहा है।

इससे स्पष्ट होता है कि जल संरक्षण के लिए एक तरफ तो विद्यमान वनों के विनाश, को रोकना आवश्यक है, दूसरी तरफ वनों के क्षेत्रफल में वृद्धि किया जाना भी जरूरी है।

8. कृत्रिम विधि द्वारा भूमिगत जल को संरक्षित करना (To Conserve the Undegroun Water by Artificial Method)–भूमिगत जल की मात्रा को संयुक्त राज्य

अमेरिका में एक कृत्रिम विधि द्वारा संरक्षित किया जाता है। इसमें वर्षा ऋतु में नदियों के अतिरिक्त जल को सीधे भूमि को जलज चट्टानों में भेजा जाता है जिससे भूमिगत जल के आयतन में वृद्धि हो जाती है।

9. कृषकों को शिक्षित करना (To Brain the Farmers)–किसी देश या क्षेत्र विशेष के किसानों को यह ज्ञात होना चाहिए कि उनकी किस फसल के लिए, किस समय कितनी मात्रा में, जल की आवश्कता होगी। इससे जल की काफी मात्रा को व्यर्थ में बहने से बचाया जा सकता है।

10. मिट्टी में जैव पदार्थों की मात्रा में वृद्धि करना (To Increase Biological Materials in the Soil)–मिट्टी में जैव पदार्थों की मात्रा बढ़ाने से उसकी जल अवशोषण क्षमता बढ़ जाती है जिससे जल संरक्षण में सहायता मिलती है।

जल वितरण एवं उसके संरक्षण से सम्बन्धित कुछ अन्य उपाय निम्न प्रकार किये जाने चाहिए–

(i) खेतों में सिंचाई के नालों को पक्का बनाकर भी जल संरक्षित किया जा सकता है।

(ii) खेतों में पाइप द्वारा या बौछार द्वारा सिंचाई कर जल बचाया जा सकात है।

(iii) जल के टैंकों को जहाँ तक संभव हो, ढकने की व्यवस्था करनी चाहिए जिससे वाष्पीकरण से होने वाले जल की हानि न हो और जल भी शुद्ध रहे।

(iv) जहाँ तक सम्भव हो जल वितरण पाइपों की सहायता से किया जाना चाहिए जिससे भूमि जल को न सीखे तथा उसमें बाहरी गन्दगी का समावेश न हो।

(v) जल संचय हेतु जलाशयों का निर्माण किया जाये, जलाशय या तो पक्के बनाए जाएं या कठोर चट्टानों पर बनाएं जाएं।

(vi) नहरें और वितरिकाओं को पक्का बनाकर भूमि द्वारा सोखे जाने वाले जल को बचाया जा सकता है जिसकी मात्रा 10 से 30 प्रतिशत तक हो जाती है।

जल संसाधन के संरक्षण में समस्याएँ

घरेलू तथा औद्योगिक उद्देश्यों के लिए जल के संरक्षण को प्रभावित करने वाली दो मुख्य समानताएँ हैं। यथा–जल प्राप्ति की मात्रा तथा जल के गुण जिससे जल का उपयोग होता है। जल के संरक्षण की सभी बातें इन दशाओं पर निर्भर करती हैं। प्रमुख रूप से जल संरक्षण में दो कारक बाधा उत्पन्न करते हैं।

1. घटता हुआ जल स्तर–नगरों तथा कस्बों के सामने संसाधन संरक्षण की समस्याओं में से एक समस्या जल के गिरते हुए जल स्तर की भी है। यह समस्या भूमिगत जल पर निर्भर करती है जो कि पूर्ति का एक स्रोत है। विशेष रूप से शुष्क प्रदेशों में जहाँ अनेक कुएँ सिंचाई तथा घरेलू उद्देश्यों की पूर्ति के लिए भूमिगत जल को उपयोगी बनाते हैं, उनके अधिक संख्या में

खोदे जाने के कारण जल स्तर कई फीट नीचे गिर जाता है। कुएँ के पास यदि कोई अन्य कुआँ भूमिगत जल के निचले स्तर तक खोदा जाये तो जल स्तर बड़ी मात्रा में कम हो जाता है।

2. प्रदूषण–अपशिष्ट पदार्थ, मल तथा औद्योगिक कचरा का प्रबंध विशेष रूप से महानगरीय क्षेत्रों में जल संरक्षण की एक महत्त्वपूर्ण समस्या है। वह भारतीय शहर जो कि गंगा, यमुना तथा अन्य नदियों से जल प्राप्त करते हैं अवयव को वापस उन्हीं में लौटाते भी हैं। नदी के किनारे स्थित नगरों के ऊपरी भाग नदी से जल पूर्ति प्राप्त करते हैं तथा अवशिष्ट पदार्थों को आंशिक या पूर्ण रूप से नदी में पुन: लौटा देते हैं। औद्योगिक नगर तथा उद्योग विभिन्न उपयोगी के लिए जल प्राप्त करते हैं और विभिन्न प्रकार का कूड़ा-करकट बाहर निकालते है। इस प्रकार इन नगरों में जल प्रदूषण एक समस्या बन गया है। प्रदूषित जल बीमारी फैलाने वाले अधिक खतरनाक वाहनों में प्रमुख स्थान रखता है।

बाढ़, सुखा तथा अकाल

बाढ़ और सूखा प्राकृतिक विपदाएं हैं, जिनका सम्बन्ध जल वर्षा से है। यदि किसी प्रदेश में वर्षा अधिक होती है तो वहाँ नदियों में उफान आ जाता है और बाढ़ का प्रकोप हो जाता है, दूसरी ओर अल्प वर्षा या वर्षा का न होना सूखा एवं अकाल का कारण बन जाता है। ये दोनों स्थितियाँ पर्यावरण के लिये संकट है, जिनका प्रभाव क्षेत्रीय पारिस्थितिकी पर पड़ता है। बाढ़ से एक ओर अधिवासों, सड़कों, पुलों, रेलमार्गों आदि की हानि होती है तो दूसरी ओर वनस्पति तथा सूक्ष्म धरातल (Micro-relief) भी प्रभावित होते हैं अपितु मर जाते हैं। यह भी सत्य है कि विश्व के बाढ़ से प्रभावित क्षेत्र सघन वर्षा क्षेत्र हैं, अत: इससे वहाँ हानि अधिक होती है।

बाढ़ अति वर्षा अथवा अतिरिक्त जल के कारण किसी भी नदी बेसिन में आ जाती हैं और विस्तृत क्षेत्र में बाढ़ का पानी फैल जाता है। कहीं-कहीं यह नियमित रूप से आती है तो कहीं आकस्मिक तथा इसके विस्तार एवं गति पर विनाश की मात्रा पर निर्भर करती है। किन्तु बाढ़ सदैव विनाशकारी हो यह आवश्यक नहीं, अपितु इससे ऊपजाऊ मिट्टी का विस्तार भी होता है और संसार के उपजाऊ मैदानों में मिट्टी का नवीनीकरण बाढ़ द्वारा ही होता है। यह भी सत्य है कि आकस्मिक एवं वृहद् बाढ़ प्रकोप न केवल जल-धन की हानि का कारण होता है अपितु पर्यावरण को भी क्षति पहुंचाता है। बाढ़ आने के कई कारण होते हैं, सामान्यता बाढ़ निम्नलिखित कारणों से आती है-

(1) मौसम की विशेष दशाओं के कारण जब अत्यधिक वर्षा हो जाती हैं। यह चक्रवात द्वारा, मौसमी तूफान या बादल फटने (Cloud Burst) द्वारा हो सकती है।

(2) भूकम्प द्वारा

(3) नदियों के उद्‌भव क्षेत्र में वनों का विनाश होना

(4) बाँधों का टूट जाना या एकाएक अतिरिक्त पानी की निकासी

(5) अत्यधिक शहरीकरण।

घागरा, गंडक, सोन, दामोदर, महानदी आदि नदियाँ अपनी बाढ़ के विनाशकारी प्रभाव के लिये प्रसिद्ध हैं। क्षेत्रीय नदियाँ भी बाढ़ द्वारा अत्यधिक हानि पहुँचाती हैं। बाढ़ के प्रकोप को रोकने तथा उस पर नियन्त्रण करने हेतु विविध उपाय किये जाता हैं। सामान्यतया बाढ़ आने पर करोड़ों की धनराशि व्यय की जाती है, किन्तु इसके लिए उचित प्रबन्ध एवं योजना की आवश्यकता है जिससे हानि भी न हो तथा जल का उपयोग हो सके। इसके लिए कतिपय सुझाव निम्नलिखित हैं-

(1) बाढ़ग्रस्त क्षेत्रों में उच्च धरातल पर अधिवास स्थापित किये जाएं।

(2) नदियों के अतिरिक्त जल की निकासी के लिए नालियों की उचित व्यवस्था की जानी चाहिए।

(3) बाढ़ नियंत्रण बाढ़ आने की पूर्व सूचना देने हेतु उचित प्रबन्ध आवश्यक है।

(4) जल ग्रहण क्षेत्र में अपरदन रोका जाए।

(5) जल ग्रहण क्षेत्र में वनों की कटाई पर रोक लगाई जाए तथा सघन वृक्षारोपण प्रारम्भ किया जाए।

(6) उपयुक्त स्थानों पर बाँधों का निर्माण किया जाए।

(7) छोटी नदियों एवं नालों पर बाँध एवं अवरोधक बना कर उनका जल उपयोग में लिया जाए।

सूखा (Drought) भी एक प्राकृतिक विपदा है जो कि जल वर्षा से संबंधित है। अत्यधिक कम वर्षा के कारण सूखे की स्थिति उत्पन्न हो जाती है। सूखे को विविध दृष्टिकोण से परिभाषित किया गया है। मौसमवेत्ताओं के अनुसार यह वर्षा रहित काल है, जबकि जल विशेषज्ञों के अनुसार भूमिगत जल स्तर का अत्यधिक नीचे पहुँच जाना है। कृषिवेत्ता इसे नमी उपलब्ध न होने के कारण कृषि विनाश का काल व्यक्त करते हैं। सामान्य रूप से सूखे की स्थिति तब उत्पन्न होती है जब वर्षा सामान्य से 25 से 50 प्रतिशत कम होती हो। किन्तु इस कमी का मात्रा 50 प्रतिशत से भी अधिक होती है तो सूखा भंयकर होता है। सूखा यदि सामान्य होता है तो उसका प्रभाव सीमित होता है किन्तु अधिक होने पर 'अकाल' (Famine) का रूप ले लेता है, जिससे मानव पशु एवं अन्य संसाधनों की हानि होती है। जैव-भौतिक वातावरण की गुणवत्ता सम्बन्धी समस्याओं के समाधान में सहभागी बनने हेतु जनता की मनोवृत्ति में बदलाव लाना।

पर्यावरणीय जन-शिक्षा का महत्त्व

पर्यावरण प्रत्येक व्यक्ति से जुड़ा हुआ है। अतः इसके महत्त्व की जानकारी तथा इसके प्रति जागरूकता प्रत्येक स्तर पर आवश्यक है। इसकी समस्याओं को जानकर, बुद्धिमतापूर्ण तरीके से पर्यावरण की रक्षा हो, इसके लिए कम उम्र से ही ऐसे संस्कार दिये जाने आवश्यक है कि पर्यावरण संरक्षण एक आदत बन जाये। पर्यावरण शिक्षा के महत्त्व व इसकी आवश्यकता को निम्न आधारों पर स्पष्ट किया जा सकता है-

(1) पर्यावरणीय अर्थात् पर्यावरण के सम्बन्ध में जन चेतना सरल से जटिल रूप में योजना बनाने में सहायक होती है।

(2) पर्यावरणीय शिक्षा छात्रों को जनतांत्रिक नागरिक बनाने में सहायता करती है। इससे छात्रों को अपने अधिकारों तथा कर्त्तव्यों का बोध होता है।

(3) पर्यावरणीय शिक्षा छात्रों में प्रदूषण रोकने की चेतना पैदा करती है।

(4) प्रकृति में संसाधनों के विशाल भण्डार भी अन्ततः सीमित है। उनका उचित और बुद्धिमतापूर्ण उपयोग हो, यह लोगों को सिखाना है और प्रत्येक पृथ्वी निवासी मनुष्य के मानस में बिठाना है।

(5) पर्यावरण सम्बन्धी समस्याओं को समझने, उनका विश्लेषण करने तथा उनके समाधान के लिये बौद्धिक क्षमता एवं कौशल का विकास करने के लिए भी पर्यावरणीय शिक्षा आवश्यक है।

(6) पर्यावरण शिक्षा वनों में खुले रूप से पशुचारण से होने वाली हानियों को ग्रामीणों का ध्यान आकर्षित करके उनके गाँवों में चरागाह विकसित करने की प्रेरणा देती है।

(7) पर्यावरणीय शिक्षा द्वारा बढ़ती हुई जनसंख्या से होने वाली विविध प्रकार के प्रदूषणों के बारे में ज्ञान मिलता है।

(8) पर्यावरणीय शिक्षा लोगों के सामाजिक चरित्र के विकास में सहयोग प्रदान करती है। इससे लोग सामूहिक रूप में परस्पर सहयोग द्वारा पर्यावरण की समस्याओं को सुलझाने का प्रयास करते हैं।

(9) पर्यावरण की शिक्षा ही बच्चों को अनिश्चित विचारों से निश्चित विचारों की ओर बढ़ाने में सहायक होती है। इस दिशा में बच्चों की प्रारम्भिक ग्राह्यता एवं सोच उतनी ही स्पष्ट होती है जितना कि उसकी पहली गति और बोलचाल। पर्यावरणीय शिक्षा अवलोकनीय कौशल के विकास को तीक्ष्ण करती है।

(10) पर्यावरणीय शिक्षा सीखे गये अनुभवों को प्रयोग से विवेकपूर्ण को अनुक्रमित करने में उपयोगी है।

(11) पर्यावरण शिक्षा हमको हमारे जीवन में वनों के महत्त्व को स्पष्ट करती है। वनों से होने वाले लाभों का ज्ञान कराकर व्यक्तियों को वन-संरक्षण के लिये उत्प्रेरित करती है।

पर्यावरण सुरक्षा में जनता की भागीदारी

यह तो सर्वज्ञात है कि व्यक्ति के लिए संसाधन बहुत महत्त्वपूर्ण हैं। संसाधनों पर ही व्यक्ति का विकास तथा उसकी जीवनशैली निर्भर करती है। इसलिए इनका विवेकपूर्ण उपयोग किया जाना चाहिए। इनके अविवेकपूर्ण उपयोग से ये संसाधन खत्म हो जायेंगे प्रदूषित हो जायेंगे अथवा सीमित हो जायेंगे। इस सबका मनुष्य की जीवनशैली पर प्रभाव ठीक नहीं पड़ेगा और

वह सुस्थिर नहीं रह पायेगा। पर्यावरण के संरक्षण एवं संवर्द्धन तथा सुस्थिर जीवनशैली के लिए आवश्यक है कि व्यक्ति संसाधनों का विवेकपूर्ण उपयोग करे, जिससे इनकी उपलब्धता बनी रहे, किसी चीज का अभाव न हो। विनाश रहित विकास द्वारा ही सुस्थिर जीवनशैली बनाये रखी जा सकती है। इसके लिए हमें संसाधनों के दुरुपयोग को रोकना होगा।

वनों के प्रति हमारा दायित्व (Our Liability Towards Forests)–हम सब लोग एक ही ग्रह पर रहते हैं परन्तु यहाँ विश्व विकसित तथा विकासशील देशों में बंटा हुआ है तथा इनकी आवश्यकताएँ भी एक–दूसरे से भिन्न हैं। एक ओर प्रचूरता की दुनियाँ है, जहाँ समृद्धता प्रदूषण फैलाती है, दूसरी ओर अभावों की दुनिया है, जहाँ विपन्नता के कारण जीवन–स्तर नीचे गिरता है। इस प्रकार विभिन्न भागों में बंटा यह ग्रह प्रकृति और पर्यावरण के साथ समरसता नहीं बनाए रख पा रहा है। हम प्रकृति से कितना लें जो हमारे गुजारे के लिए आवश्यक हो और कितना छोड़े कि पृथ्वी के भविष्य के लिए अनिवार्य हो, इन दोनों के बीच हमें संतुलन कायम करना होगा। 1972 में स्टाकहोम सम्मेलन में इन्दिरा गाँधी ने विचार व्यक्त किया था कि जब तक हमारे एक ही ग्रह में कई दुनिया बनती रहेगी, तब तक इस पर जीवन का अस्तित्व बनाए रखने के लिए हम अधिक कुछ नहीं कर सकेंगे।

आज यह स्पष्ट हो चला है कि हम विकास के वायदे के बिना पर्यावरण का संरक्षण नहीं कर सकते और पर्यावरण के संरक्षण के बिना हम स्थाई विकास भी नहीं कर सकते। जिन देशों के औद्योगिक विकास का स्तर ऊँचा नही है, वे भी पर्यावरण–संरक्षण में बहुत योगदान कर सकते हैं। वहाँ के लोगों का प्रकृति के साथ घनिष्ट तादात्म्य तथा सम्बन्ध है और उन्होंने पारस्परिक एवं जड़ी–बूटी चिकित्सा पद्धति, जल संचय तथा प्रबंध जैसे क्षेत्रों में अपने संसाधनों का अधिकाधिक इस्तेमाल करना सीख लिया है। कम से कम एक बात तो है कि वे अभी तक प्रदूषण फैलाने के विशेषज्ञ नहीं बने हैं। उनके जीवन में अपेक्षाकृत अधिक संतोष है जिसकी वजह से वे संसाधनों का आवश्यकता से अधिक दोहन नहीं करते।

10

हमारे लिए पर्यावरण एक वरदान

मानव एवं पर्यावरण का अनन्य पारस्परिक सम्बन्ध है, ये एक-दूसरे के पूरक एवं परिपूरक हैं। एक के बिना दूसरे का अस्तित्व संदिग्ध है।

कोई भी जीवधारी अकेला नहीं रह सकता। सभी जीवधारी एक पर्यावरण में रहते हैं। मनुष्य भी पर्यावरण का एक आन्तरिक भाग है। मनुष्य बायोस्फियर परत में, जहाँ जीवन का अस्तित्व है, एक अद्वितीय स्थान रखता है। जीव और वनस्पति की अनगिनत जातियों के अलावा मनुष्य के चारों ओर प्राकृतिक संसाधन भी प्रचुर मात्रा में है। मनुष्य के पास सोचने, योजना बनाने तथा आस-पास की प्रकृति को अपने लाभ के लिए परिवर्तित करने की एक अद्भुत क्षमता है लेकिन दुर्भाग्यवश वह अपने पर्यावरण के लिए एक संकुचित दृष्टिकोण रखने वाला तथा एक अच्छा 'कुप्रबंधक' सिद्ध हुआ है।

'प्राकृतिक संतुलन' के नियम की महत्ता को नकारते हुए मानव ने अपने चारों ओर के वातावरण से मिलने वाले तुरन्त, अस्थायी व छोटे लाभों को प्राथमिकता दी है। इस प्रकार जहाँ-जहाँ भी मानव रहा है उसने पर्यावरणीय समस्याओं को जन्म दिया है। इससे उसके चारों ओर के वातावरण प्रदूषण की ओर प्रवृत्त किया है। अनवरत जनसंख्या वृद्धि के परिणामस्वरूप इस सदी में पर्यावरण की समस्या बड़ी विकट हो गई है। मनुष्य रोटी, कपड़ा और मकान की बुनियादी जरूरतों की संतुष्टि एवं पूर्ति के लिए-

1. तीव्र औद्योगीकरण

2. अनियोजित शहरीकरण में न्यस्त हो रहा है और पर्यावरण में, प्रदूषण में, अपनी जिम्मेदारी को अनुभव किया है जिसके लिए कोई और नही वरन वह स्वंय जिम्मेदार हैं।

इन गतिविधियों ने

1. भौतिक पर्यावरण

2. प्राकृतिक संसाधन, जहाँ से भी ऊर्जा प्राप्त हो सकती थी, ने संकट पैदा कर दिया है।

प्रकृति में पारिस्थितिक संतुलन की महत्ता और इसमें व्यवधान के कारण और परिणाम

हरे पौधे मुख्यत: प्रकाश संश्लेषण की क्रिया से अपना भोजन पैदा करते हैं। वनस्पति से भोजन प्राप्त करने वाले जानवर पौधों से अपना भोजन प्राप्त करते हैं जैसे गिलहरी, चूहे, टिड्डे, हिरण व अन्य पशु आदि। इस प्रकार के जीव प्रारंभिक उपभोक्ता कहलाते हैं। जो इस प्राथमिक जीवों से अपना भोजन प्राप्त करते हैं वे द्वितीय प्रकार के जीव कहलाते है। इसी श्रेणी में वे जीव भी आते हैं जो अन्य जीवों को मारकर अपना भोजन प्राप्त करते हैं। जंगल में जहाँ घास होती है वहाँ हिरण भी होंगे वहीं चीते भी होंगे। यह मांसभक्षी जीव द्वितीय श्रेणी में आते हैं।

उपर्युक्त उदाहरणें से हम पाते हैं कि भोजन जीवन-प्रक्रिया में एक चक्रीय स्थिति रखता है। भोजन जीवधारियों द्वारा ही पैदा किया जाता है, उपभोग किया जाता और वे ही उसे नष्ट भी करते हैं। ऊर्जा के उत्पादन में ऑक्सीजन को छोड़ा जाता है। इस प्रकार जीवन चक्र के रूप में आगे बढता है और प्रकृति पारिस्थितिकी में संतुलन बनाये रखता है।

यह पारिस्थितिकी संतुलन कभी बिगड़ भी जाता था तो प्राकृतिक आपदाओं के कारण अथवा मानव अनियोजित अवरोधों के कारण। प्राकृतिक आपदाओं में भूकम्प, बाढ़, सूखा, पहाड़ों से बर्फीली चट्टानों का गिरना व तूफान आदि हैं। ये किसी भी स्थान के प्राकृतिक संतुलन को बिगाड़ सकती है किन्तु जब मनुष्य इस प्रक्रिया में स्वयं व्यवधान उत्पन्न करता है तो इससे समस्याएँ उत्पन्न हो जाती है उदाहरणार्थ- जब मनुष्य जंगल के चीतों को अत्यधिक मात्रा में मारना प्रारम्भ कर देता है तो हिरणों की संख्या स्वाभाविक रूप से अपने आप बढ़ जाती है। परिणामस्वरूप हिरण अत्यधिक मात्रा में खेत की फसलों और घास के मैदानों को नष्ट करना शुरू कर देते है। ऐसी दशा में मनुष्य एक असहाय प्राणी बन जाता है और अपनी करनी पर विलाप करता है।

देश को स्वतंत्र हुए त्रिसठ वर्ष हो गये हैं। हमने ग्रामीण व शहरी क्षेत्रों में स्वास्थ्य की समुचित सुविधाएं उपलब्ध करवाने में भरपूर प्रयास किए हैं लेकिन जनसंख्या वृद्धि का दबाव कई रूपों में सार्वजनिक स्वास्थ्य पर परोक्ष व अपरोक्ष रूप से पड़ रहा है। भारत में कानून के विरूद्ध स्त्रियाँ 18 वर्ष से कम उम्र में माँ बन जाती है। किशोर माताएं बच्चे को जन्म देते समय ही मर जाती हैं। बहुत-से शिशु अतिसार कुपोषण व कुकर खांसी जैसी सामान्य बीमारियों से

असामाजिक मौत के शिकार हो जाते हैं। आज प्लेग व चेचक पर हमने नियंत्रण कर लिया, परन्तु मलेरिया पुनः प्रस्फुटित हो रहा है। बच्चों, गर्भवती महिलाओं तथा दूध-पान करवाने वाली माताओं में कुपोषण अब भी अत्यधिक रूप से सामान्यः देखा जा सकता है।

सामान्यतः यह देखा गया है कि कस्बों और शहरों में जलाने के लिए लकड़ियाँ सिर पर रखकर बेचने आती है। पूरे देश में ऐसी महिलाएं लगभग 13 लाख हैं जो लकड़ियां सिर पर लाद कर ऊर्जा के रूप में पहुंचा रही हैं। जनसंख्या की वृद्धि, बेरोजगारी और भूमिहीनता के कारण महिलाएं इस व्यवसाय में जुटी हुईं हैं। ग्रामीण परिवारों में परम्परागत रूप से श्रम का जो मान्य विभाजन है, उसके अन्तर्गत ईंधन जुटाने का कार्य महिलाओं का ही है। जब पर्यावरण व प्रकृति का विनाश हो रहा है तो वे दूर-दूराज जाकर ईंधन इकटठ्ा करती हैं तो अपनी आवश्यकता के अतिरिक्त दोहन की श्रेणी में आता है जो पर्यावरण को खराब करता है। ग्रामीण महिलाओं को कुटीर उद्योग, सामाजिक वानिकी, वैकल्पिक ऊर्जा को काम लेने हेतु प्रोत्साहित करते हैं तो इस कृत्य पर नियंत्रण स्वाभाविक रूप से हो जायेगा।

कोई भी व्यक्ति या समाज अपने स्वास्थ्य को तब तक ठीक नहीं रख सकता जब तक उसका वातावरण शुद्ध न हो और उस वातावरण के अन्तर्गत स्वास्थ्य संबंधी नियमों का पालन कठोरता से न होता रहे। व्यक्तिगत एवं सार्वजनिक स्वास्थ्य दोनो ही स्वस्थ राष्ट्रीय जीवन के लिए आवश्यक हैं, परन्तु ये एक-दूसरे के ऊपर आश्रित हैं। स्वस्थ नागरिक राष्ट्र की एक अमोल सम्पत्ति है। भारत जैसे विशाल जनतंत्रीय राष्ट्र के प्रत्येक नागरिक का पुनीत कर्त्तव्य है कि वह स्वास्थ्य को बिगाड़ने वाले कारकों का निदान करते हुए सहयोग भावना से प्रेरित होकर अपनी समस्याओं को स्वयं हल करने की क्षमता प्राप्त करे ताकि व्यक्ति, समाज एवं सरकार सामूहिक रूप से जिम्मेदारी से उपचार कर सकें।

आज देश में अत्यधिक स्वास्थ्य सेवाओं के विस्तार होने के उपरांत भी बीमारियां बढ़ रही हैं। देश के लिए स्वास्थ्य-योजना बनाने वालों के लिए विभिन्न बीमारियां एक चुनौती बनी हुई हैं। देशवासियों को स्वस्थ रखना केवल इस बात पर निर्भर नहीं करता कि डॉक्टरों एवं अस्पतालों की संख्या में वृद्धि कर दी जाय। जनसंख्या वृद्धि के फलस्वरूप प्रतिवर्ष हम एक नये हरियाणा को जन्म दे रहे हैं। हम इस द्रुतगति से बढ़ती हुई जनसंख्या को शुद्ध जल नहीं दे पा रहे हैं। संसार की 80 प्रतिशत बीमारियाँ अशुद्ध पानी के फलस्वरूप ही होती हैं। अतः हमें व्यक्तिगत एवं सार्वजनिक स्वास्थ्य को ठीक रखना है तो चिकित्सक एवं अस्पतालों की संख्या में वृद्धि करने की बजाय पीने के पानी के नलों में जनसंख्या के अनुरूप वृद्धि करना अपेक्षाकृत अधिक उपादेय सिद्ध होगा। हम शहरी गंदे नालों व अन्य अस्वस्थकारी नालों आदि पर नियंत्रण करते हुए पेट की कब्ज व अन्य भयंकर बीमारियों से बच सकते हैं।

स्वास्थ्य व गरीबी

बाल मृत्यु दर में वृद्धि का कारण गरीबी, अनचाहे बच्चे, कुपोषण एवं शुद्ध जल की पूर्ति न करवाना प्रमुख हैं। जनसंख्या की वृद्धि स्वास्थ्य को प्रभावित करने वाले कारक में एक कारक स्त्री भी है। केरल में स्त्रियों के सचेत होने से जनसंख्या वृद्धि कम है तो मृत्यु दर भी कम है।

यदि राष्ट्रीय पर्यावरण व पोषण के स्तर में वृद्धि की जाये तो स्वास्थ्य-सेवा पर बिना खर्च किये भी व्यक्तिगत एवं सार्वजनिक स्वास्थ्य ठीक बना रह सकता हैं। आज अशुद्ध पीने के पानी के फलस्वरूप होने वाली विभिन्न बीमारियाँ, जैसे दस्त रोग का इलाज करना वह भी प्राथमिक स्वास्थ्य केन्द्र द्वारा, उसी प्रकार से है जैसे हिन्द महासागर को एक चम्मच की सहायता से खाली करना है क्योंकि देश में बढ़ती हुई जनसंख्या के अनुरूप इतने प्राथमिक स्वास्थ्य केन्द्रों की स्थापना मुश्किल प्रतीत होती है। हमें स्वयं इसके बारे में अपना उत्तरदायित्व समझते हुए विभिन्न बीमारियां जैसे दस्त रोग, मलेरिया, मेलिगनेंट (भयंकर) मलेरिया जैसी बीमारियाँ जो अशुद्ध पानी के फलस्वरूप होती हैं, उसके लिए सचेत रहें ताकि उन पर काबू पाया जा सके।

प्राकृतिक संतुलन को बिगाड़ने में मनुष्य एक महत्वपूर्ण कारक है

कोई भी प्राणी अपनी इच्छाओं और आवश्यकताओं के अनुसार पर्यावरण में परिवर्तन करने में सक्षम नहीं है लेकिन प्रकृति ने प्रत्येक जीव के लिए जो निर्धारित किया था व्यक्ति ने उस भौगोलिक क्षेत्र का अपने स्वार्थ के लिए वितरण किया है। इस प्रकार व्यक्ति अपने व्यापारिक लाभों और स्वार्थों के लिए पृथ्वी के प्रत्येक भाग पर सफलतापूर्वक पहुँच रहा हैं। यह सब उसकी बुद्धि और औजारों का निर्माण करने की क्षमता के कारण संभव हुआ है। अपनी आवश्यकताओं, आराम और सुखी जीवन के लिए प्रकृति से प्राप्त कच्चे माल का मनुष्य ने उपभोग किया है। स्त्रोत के विपरीत मनुष्य ने प्रकृति का प्रयोग निर्ममता के साथ किया है। विशेष रूप से यह जीवाश्म कोयले और तेल के संदर्भ में देखा जा सकता है। ये पदार्थ सीमित मात्रा में है और मनुष्य इनके सुरक्षित भण्डारों को रिक्त करने में व्यस्त है।

लकड़ी और जंगल के अन्य उत्पादों को भी तीव्र गति से पृथ्वी पर से अदृश्य किया जा रहा है।

अनियोजित शहरीकरण, औद्योगीकरण व कृषि में उर्वरकों का प्रयोग भी प्रकृति पारिस्थितिकी में होने वाले संतुलन के उत्तरदायी है।

जब कभी मनुष्य ने प्रकृति के संतुलन में अनावश्यक व्यवधान पैदा किये हैं, उसने समस्याओं को उत्पन्न किया है। मनुष्य ने निम्न प्रकार से प्राकृतिक संतुलन में व्यवधान पैदा किये हैं-

1. वनों का विनाश।
2. भूमि का समतलीकरण।
3. नदियों के प्रवाह को मोड़ना।
4. समुद्रों का भूक्षेत्रों में विस्तार।
5. उर्वरकों व कीटनाशकों के प्रयोग से भूमि व जल का प्रदूषित होना।
6. औद्योगिक कचरा एवं शहरी जल का विकास।

7. धुंए से वायु का प्रदुषण होना।

8 रेडियोधर्मी अवशिष्टों और परमाणु विस्फोओं से वायुमंडल का प्रदूष्ित होना।

9. आनंद के लिए जंगली जानवरों को मारना।

10. स्वंय जनसंख्या में वृद्धि

11. शोर।

पर्यावरणीय प्रदूषण में विज्ञान और तकनीक की भूमिका–वायु, जल और भूमि

मानव और उसकी औद्योगीकरण वृत्ति ने अनेक प्रकार के प्रदूषणों को जन्म दिया है। प्राकृतिक पारिस्थितकी पर्यावरण को स्वच्छ करती है जबकि मानव जनसंख्या प्रदूषण एवं जहरीले अवशिष्टों को उत्पन्न करती हैं। प्रदूषण फैलाने वाली वस्तुओं में–

1. घरेलू कचरे एवं गन्दे जल का निकास,

2. कारखाने का कचरा,

3. स्वचालित वाहनों द्वारा छोड़ा जाने वाल धुआँ,

4. परमाणविक विस्फोट,

5. अवांछित ध्वनियाँ सम्मिलित है।

सबसे अधिक चुनौतीपूर्ण वायु प्रदूषण की समस्या, चट्टानी कोयले की ऊर्जा, तेल आदि द्वारा जमा की गई ऊर्जा के ज्वलन से छोड़ जाने के कारण है, वायु की शुद्धता को नष्ट करने वालों में आग और चिमनियों से निकलने वाला धुआँ प्रमुख है। ज्वलन कई प्रकार की जहरीली गैस छोड़ता हैं, जैसे–

1. कार्बन डाईआक्साइड,

2. कार्बन मोनोआक्साइड,

3. सल्फर डाइआक्साइड,

4. नाइट्रोजन आक्साइड

5. फ्ल्यूरोसाइडस,

6. हाइड्रो कार्बनस् और बहुत सी,

7. नैसर्गिक गैस।

अवांछित ध्वनियाँ शोर कहलाती हैं। ये हवा में विलीन हो जाती हैं और विपरीत प्रभाव डालती हैं। शोर के मुख्य स्त्रोत औद्योगिक है–

1. मशीनें,

2. दूरदर्शन और रेडियों,

3. यातायात के वाहन,

4. सुपरसोनिक आदि।

शोर से सुनने की क्षमता कम होती हैं जिससे चेहरे व त्वचा की सुन्दरता कम होती है। यह अन्तड़ियों में व मांसपेशियों में ऐठन आती है व स्वभाव में चिड़चिड़ापन आता है। शोर जन्म देता है (1) अल्सर (2) सिरदर्द, (3) श्रवण सम्बन्धी व्याधियाँ, (4) उच्च रक्तचाप, (5) निराशा, (6) पागलपन।

संसाधन की अवधारणा (Concept of Resource)

संसाधन एक ऐसी प्राकृतिक और मानवीय सम्पदा हैं, जिसका उपयोग हम अपनी आवश्यकताओं की पूर्ति में करते है। दूसरे शब्दों में मानवीय जीवन की प्रगति, विकास तथा अस्तित्व संसाधनों पर निर्भर करता हैं। प्रत्येक प्राकृतिक संसाधन मानव-जीवन के लिए उपयोगी है, किन्तु उसका उपयोग उपयुक्त तकनीकी विकास द्वारा ही सम्भव हैं। भूमि, सूर्यातप, पवन, जल, वन एवं वन्य प्राणी मानव-जीवन की उत्पत्ति से पूर्व विद्यमान थे। इनका क्रमिक विकास तकनीकी के विकास के साथ ही हुआ। इस प्रकार मनुष्य ने अपनी आवश्यकतानुसार संसाधनों का विकास कर लिया हैं। स्पष्ट है कि पृथ्वी पर विद्यमान तत्वों को, जो मानव द्वारा ग्रहण किये जाने योग्य हों, संसाधन कहते हैं। जिम्मरमेन ने लिखा हैं कि , संसाधन का अर्थ किसी उद्देश्य की प्राप्ति करना है, यह उद्देश्य व्यक्तिगत आवश्यकताओं तथा सामाजिक लक्ष्यों की पूर्ति करना है। इस पृथ्वी पर कोई भी वस्तु संसाधन की श्रेणी में तभी आती है जब वह निम्नलिखत दशाओं में खरी उतरती हैं-

(i) वस्तु का उपयोग सम्भव हो।

(ii) इसका रूपान्तरण अधिक मूल्यवान तथा उपयोगी वस्तु के रूप में किया जा सके।

(iii) जिसमें निश्चित उद्देश्यों की पूर्ति की क्षमता हो।

(iv) इन वस्तुओं के दोहन की योग्यता रखने वाला मानव संसाधन उपलब्ध हो।,

(v) संसाधनों शब्द अँग्रेजी भाषा 'Resource' के शब्द का पर्याय हैं जो दो शब्दो Re तथा Source से मिलकर बना है जिनका आशय क्रमशः Re=दीर्घ अवधि या पुनः (Again) तथा Source=साधन या (Device) उपाय है। अर्थात प्रकृति में उपलब्ध वे साधन जिन पर कोई जैविक समुदाय दीर्घ अवधि तक निर्भर रह सके तथा पुनः पूर्ति या पुर्ननिर्माण की क्षमता हो। उदाहरण के लिए प्रकृति में वायु तथा सूर्य का प्रकाश दीर्घ अवधि तक मिलते रहेंगे जबकि वनस्पति को

पुनः उत्पादित किया जा सकता है। स्पष्ट है संसाधन प्रकृति में पाया जाने वाला ऐसा पदार्थ, गुण या तत्व होता हैं जो मानवीय आवश्यकताओं की पूर्ति करने की क्षमता रखता हो। संसाधन दृष्टिगत (Visible) व अदृश्य (Invisible)दोनों रूपों में पाये जाते हैं। दृश्यमान संसाधनों में जल, भूमि, खनिज, वनस्पति आदि प्रमुख हैं। मानव जीवन, उसका स्वास्थ्य, इच्छा, ज्ञान सामाजिक सामंजस्य, आर्थिक उन्नति आदि महत्त्वपूर्ण अदृश्य संसाधन है। संसाधन को विभिन्न विद्वानों ने परिभाषित किया है, जिनमें जिम्मरमेन स्मिथ एवं फिलिप्स (Smith & Phillips), मैकनाल, (Mcnall) हैमिल्टन, फिशर तथा डडले स्टेप्स (Stamp D) प्रमुख हैं। समाज विज्ञान कोष के अनुसार, संसाधन मानवीय पर्यावरण के वे पक्ष हैं, जिनके द्वारा मानव की आवश्यकताओं की पूर्ति में सुविधा होती है तथा सामाजिक उद्‌देश्यों की पूर्ति होती हैं। जिम्मरमेन के अनुसार संसाधन पर्यावरण की वे विशेषताएँ हैं जो मुनष्य की आवश्यकताओं की पूर्ति में सक्षम मानी जाती हैं उन्हें मनुष्य की आवश्यकताओं और क्षमताओं द्वारा उपयोगिता प्रदान की जाती है।

जोहन्स्टन के अनुसार, एक संकल्पना जो मानवीय सन्तुष्टि, सम्पन्नता तथा शक्ति प्रदान करने वाले स्त्रोतों को निर्दिष्ट करती है। श्रम, उद्यमी, कौशल, विनिवेश, स्थिर पूँजीगत ढाँचा, तकनीकी, ज्ञान, सामाजिक स्थिरता तथा सांस्कृतिक एवं भौतिक विशेषताओं को किसी देश के संसाधन माने जा सकते हैं। जेम्स फिशर के अनुसार, संसाधन ऐसी कोई वस्तु है जो मानवीय आवश्यकताओं तथा इच्छाओं की पूर्ति करता हैं। संसाधनों को कुछ विद्वानों ने एक पक्षीय रूप में परिभाषित करते हुए केवल संसाधन की प्राकृतिक संसाधन के रूप में माना हैं। फेलमेन (Fellmann.J. ने बताया कि, संसाधन या प्राकृतिक संसाधन प्राकृतिक रूप में पाये जाने वाले पदार्थ हैं, जो किसी भी देश में मानव के आर्थिक विकास तथा कल्याण (Well being) में प्रयुक्त रहता हैं। पर्यावरण में संसाधनों की उपलब्धता तथा वितरण भौतिक प्रक्रिया का परिणाम हैं जिन पर मानव का कमोबेश नियन्त्रण पाया जाता है। इसी प्रकार मैकनाल (Macnall. P.E.) ने भी संसाधन को प्राकृतिक संसाधन बताया है जो प्रकृ ति द्वारा प्रदान किया जाता है तथा मानवीय उपयोग के योग्य होता है। स्पष्ट है कि संसाधनों की प्रकृति प्रकृति प्राकृतिक न होकर मानवीय ही होती है। बिना मानवीय प्रयास के प्रकृति में उपलब्ध कोई तत्त्व, पदार्थ या दशा संसाधन का रूप नहीं कहलाते हैं जब तक कि उनकी स्थिति दोहन के उपरान्त मानवीय उपयोग के योग्य न हो जाये तथा यह मानवीय प्रयासों से ही सम्भव हैं। प्रकृति में कुछ संसाधन ही ऐसे हैं जो बिना मानवीय प्रयास के स्वतन्त्र रूप में उपलब्ध हो जाते है। शेष को मानवीय प्रयासों से ही उपयोगी बनाया जाता हैं। इसी आधार पर जिम्मरमेन ने कहा है कि संसाधन होते नहीं वे बनते हैं। इसे यीट्स ने स्पष्ट किया है कि संसाधनों को आप जिस रूप में बनाना चाहते है, वैसे ही बन जाते हैं। इस दृष्टि से मनुष्य का ज्ञान सबसे बड़ा संसाधन है, क्योंकि यही संसाधनों के स्वरूप को परिवर्तित करने की क्षमता रखता है। मिचेल के अनुसार, मनुष्य का ज्ञान सभी संसाधनों की जननी है।

प्राकृतिक संसाधनो का वर्गीकरण

प्रकृति में विभिन्न प्रकार के संसाधन पाये जाते हैं, जिनके निमार्ण का मूल स्त्रोत प्रकृति है तथा ये सभी मानवीय प्रभाव से नवीन स्वरूप में स्थापित हो जाते हैं। इस प्रकार प्रकृति मानव

के लिए संसाधनों का निर्माण करती है जिनकों मानव अपने प्रयासों, इच्छाओं और तकनीकी दक्षता से अपने उपयोग योग्य बनाता है लेकिन इसका वास्तविक भौतिक आधार तो प्रकृति प्रदान करती है। मनुष्य अपने वातावरण से संसाधनों का दोहन करके आर्थिक तन्त्र को मजबूत करता है। वह भौतिक वातावरण को परिवर्तित करता रहता हैं जो उसकी रूचि, कौशल तथा शक्तियों पर निर्भर करता हैं। लेकिन मानव द्वारा प्राकृतिक पर्यावरण में परिवर्तन की एक सीमा होती है जिसके बाहर जाने पर संसाधनों के सृजन के स्थान पर ह्रास प्रारम्भ हो जाता हैं।

मानव ने संसाधनों को प्रकृति का उपहार मानकर इनका स्वरूप बदल कर अत्यधिक उपयोगी बनाया हैं। प्राकृतिक वातावरण के साथ समायोजन कर मनुष्य ने अनेक स्थानों पर प्रगति की हैं तथा मानवीय उपयोग के क्षेत्र (Human use regions) विकसित किये हैं इस क्रम में पृथ्वी पर भूमध्यरेखीय प्रदेशों में प्राकृतिक वनस्पति का दोहन किया गया, पश्चिमी यूरोप, पूर्वी संयुक्त राज्य अमेरिका अर्जेन्टीना, दक्षिणी अफ्रीका, आस्ट्रेलिया तथा न्यूजीलैण्ड में पशुचारण कार्य किया गया। इसी प्रकार खनन कार्य तथा मत्स्य पालन भी विकसित किया गया। स्पष्ट है कि प्रकृति में विद्यमान विविध लक्षणों वाले प्राकृतिक परिवेशों के अनुसार विभिन्न प्रकार के संसाधनों का दोहन प्रारम्भ हुआ जिससे उनकी प्रकृति निरन्तर बदलती रही। संसाधनों की बदलती प्रकृति तथा मानवीय क्रियाओं में विविधता के कारण संसाधनों में विविधता आ गई। अतः इन्हें स्वतन्त्र रूप में पहचाने के लिए वर्गीकरण की आवश्यकता महसूस की गई हैं।

मानव द्वारा प्रकृति में विद्यमान संसाधनों को अपने उपयोग में लेकर उद्देश्य पूर्ति के विकास का आधार माना जाता है। मनुष्य इनका दोहन प्राचीनकाल से करता आ रहा है। धीरे-धीरे इनके तीव्र दोहन से संध्रतया पोषणीय (Sustainable) विकास की आवश्यकता महसूस की जाने लगी तथा वर्तमान समय में इनके आनुपातिक उपयोग हेतु इन्हें वर्गीकृत कर योजना बनाई जाने लगी हैं। संसाधन अनेक प्रकार के होते हैं जिनके वर्गीकरण के आधार भी भिन्न-भिन्न हैं। स्वामित्व की दृष्टि से संसाधन तीन प्रकार के होते हैं, जो क्रमशः व्यक्तिगत, राष्ट्रीय तथा अन्तर्राष्टीय हैं। धरातल पर उपलब्धता की दृष्टि से चार श्रेणियों में वर्गीकृत किया गया है। प्रथम-सर्वत्र उपलब्ध संसाधन, जैसे- वायु, द्वितीय-सामन्य रूप से उपलब्ध संसाधन जैसे-कृषि भूमि, मृदा चरागाह भूमि आदि, तृतीय-सीमित उपलब्धता वाले संसाधन जैसे- यूरेनियम, सोना आदि चतुर्थ- संकेन्द्रित संसाधन- जो संसाधन केवल कुछ ही स्थानों पर मिलते हैं, जैसे- केरल तट पर थोरियम आदि। उपरोक्त वर्गीकरण से स्पष्ट है कि किसी भी संसाधन को किस वर्ग विशेष में रखा जाए यह इस तथ्य पर निर्भर करता है कि आप उसे किस दृष्टि में देखते हैं। विभिन्न सर्वमान्य आधारों पर संसाधनों का वर्गीकरण निम्न रूपों में किया जा सकता है-

I. उपयोग की सततता पर आधारित वर्गीकरण

नवीनीकरण या नव्यकरणीय संसाधन (Renewable Resources)

अननवीनीकरण या अनन्व्यकरणीय संसाधन (Non-Renewable Resources)

चक्रीय संसाधन (Recycalable Resources)

II उत्पत्ति के आधार पर वर्गीकरण

जैविक संसाधन (Biotic Resoures)

अजैविक संसाधन (Abiotic Resources)

III उद्देश्य पर आधारित वर्गीकरण

(1) ऊर्जा संसाधन (Energy Resouces)

(2) कच्चा माल (Raw material)

(3) खाद्य पदार्थ (Food stuff)

उपयोग की सततता पर आधारित वर्गीकरण

किसी भी संसाधन के उपयोग की एक अवधि होती है। कुछ संसाधन न्यून अवधि के अन्दर समाप्त हो जाते हैं जबकि कुछ का सतत् उपयोग किया जा सकता हैं। इस प्रकार उपयोग की निरन्तरता या सततता के आधार नपर संसाधनों को तीन वर्गो में विभाजित किया जा सकता है:-

(1) नवीनीकरण संसाधन (Renewable Resoures)– इस श्रेणी में वे सभी संसाधन आते हैं जिनको पुन: उत्पादित किया जा सकता है। इस हेतु भौतिक, यान्त्रिक तथा रासायनिक प्रतिक्रियाएँ अपनाई जाती है अत: ये संसाधन असमाप्य होते हैं व इनकी जीवन धारणीय (Sustaniable) पुनरावृत्ति सम्भव है। उदाहरणार्थ, वनों के एक क्षेत्र के काटे जाने के उपरान्त नये क्षेत्र में इन्हें पुन: उत्पादित किया जा सकता है। वन्य प्राणियों की संख्या में वृद्धि की जा सकती है, इसके अन्य उदाहरण सौर, ऊर्जा, पवन, जल मृदा, कृषि उपजें तथा मानव संसाधन हैं।

संसाधनों का वर्गीकरण

संसाधन

उपयोग की सततता के आधार पर उत्पत्ति के आधार पर उद्देश्य के आधार पर

नवीनीकरण योग्य या असमाप्य नवीनीकरण के चक्रीय अयोग्य या समाप्य जैविक संसाधन अजैविक संसाधन ऊर्जा संसाधन कच्चा माल खाद्य पदार्थ

समाप्य (लकड़ी कोयला, खनिज तेल) असमाप्य (वायु,जल तथा सौर ऊर्जा) खनिज (नमक) वनस्पति पशु एवं जीव जन्तु (कन्दमूल खाद्यान्न, सब्जियाँ आदि)

खनिज लोहा, ताम्बा, सीसा, जस्ता, बाक्साइट | वनस्पति | पशु एवं जीव-जन्तु
जंगली, समुद्री तथा पालतु

प्राकृतिक (लकड़ी, प्राकृतिक शैवाल) | कृषिगत (रबड़, गन्ना, कपास, घास)

(2) **अनव्यकरणीय संसाधन (Non-Renewable Resoures)**- संसाधनों के सतत् उपयोग की श्रेणी में ऐसे संसाधन जिनका एक बार दोहन करने के उपरान्त उनकी पुनः पूर्ति (Renewable Resoures) संभव नहीं हैं। इनकी मात्रा सीमित होती हैं तथा निर्माण अवधि भी लम्बी होती है। अतः इस श्रेणी के संसाधनों का दोहन तीव्र गति से करने पर ये समाप्त हो जाते हैं। भूगर्भ में विद्यमान खनिज संसाधन इसी श्रेणी के अर्न्तगत हैं। कोयले का दोहन एक ही बार किया जा सकता हैं, जबकि इसके निमार्ण में करोड़ों वर्ष लगे हैं। पट्रोलियम, प्राकृतिक गैस, ताँबा, बाक्साइट, यूरेनियम, थोरियम आदि संसाधन भी अनव्यकरणीय या समाप्य हैं।

(3) **चक्रीय संसाधन (Recyclable Resoures)**- पृथ्वी पर कुछ ऐसे संसाधन पाये जाते हैं जिनका बार-बार प्रयोग किया जा सकता है, जल संसाधन को विभिन्न समय में विभिन्न रूपों में प्रयुक्त किया जाता है। इसी प्रकार लोहा भी विभिन्न रूपों में उपयोग में आता हैं।

उपत्पत्ति के आधार पर संसाधनों का वर्गीकरण

विभिन्न प्रकार के संसाधन अलग-अलग अव्यवस्थाओं में उत्पन्न होते हैं। इस प्रकार उत्पत्ति के आधार पर निम्न श्रेणियों में वर्गीकरण किया गया हैं-प्रथम भौतिक या अजैविक तथा द्वितीय जैविक संसाधन। भौतिक तथा जैविक संसाधन परस्पर एक-दूसरे से सम्बन्धित हैं। स्वयं मानव एक जैविक संसाधन है जो पृथ्वी के स्थलीय स्वरूपों में परिवर्तन करते हुए क्रियाशील रहता हैं। इसी आधार पर मनुष्य ने सांस्कृतिक विकास किया हैं। इनके एक-दूसरे से अर्न्तसम्बन्धित रहने पर भी अनेक भिन्नताएँ हैं जिनका विवरण निम्नलिखित है-

(1) **अजैविक संसाधन (Abiotic Resoures)**- इस श्रेणी के अन्तर्गत अजैविक या अकार्बनिक संसाधन आते हैं जिनमें जीवन-क्रिया जहाँ होती हैं तथा इनका नवीनीकरण सम्भव नहीं हैं। ये एक बार उपयोग में लेने के उपरान्त समाप्तप्राय: हो जाते हैं। अतः इनके समाप्त संसाधनों की श्रेणी में होने के कारण पोषणीय या आनुपातिक दोहन ही अनिवार्य है। जल, जमीन तथा खनिज इसके उदाहरण हैं। अजैविक संसाधनों के वितरण में असमानता पायी जाती है। कुछ संसाधन, जैसे- लोहा एल्युमिनियम आदि विस्तृत क्षेत्रों में वितरित हैं जबकि सोना, चाँदी, आणविक, खनिज सीमित क्षेत्रों में वितरित हैं। गिन्सबर्ग ने पृथ्वी तल पर स्थित धरातलीय स्वरूपों, शैलों, मृदाओं, खनिज सम्पदा, जल संसाधन आदि को भौतिक संसाधन माना है। ये सभी संसाधन प्रकृति प्रदत्त हैं जो पृथ्वी पर विभिन्न स्वरूपों में विभन्न मात्रा में पाये जाते हैं। मानवीय सभ्यता के अभ्युदय (Evolution) में इनका विभिन्न रूपों में उपयोग हुआ है। भौतिक संसाधनों को मानव ने अनेक रूपों में परिवर्तित किया हैं। यह परिवर्तन ऐसे स्थानों पर नहीं हो

पाया जहाँ मानव ने प्रकृति के साथ समायोजन कर लिया है। ऐसा ग्रीनलैण्ड एवं अण्टार्कटिका में हुआ है।

(2) **जैविक संसाधन (Biotic Resources)**– जैव मण्डल में स्थित अपने निश्चित, जीवन–चक्र वाले संसाधन जैविक संसाधन कहलाते हैं। वन, वन्य प्राणी, पशु, पक्षी, वनस्पति तथा अन्य छोटे तथा सूक्ष्म जीव जैव संसाधनों के उदाहरण हैं। जीवाश्मों के कायान्तरण के परिणामस्वरूप उत्पन्न होने के कारण कोयला तथा खनिज तेल को भी जैविक संसाधन ही कहते हैं। इनमें कुछ का नवीनीकरण हो सकता हैं, जैसे–वनस्पति वर्ग। जबकि कुछ नवीनीकरण के अयोग्य हैं जैसे- खनिज तेल। इन संसाधनों को मानवीय क्रियाओं ने प्रभावित किया है। ऐसे संसाधनों की मात्रा में वृद्धि या कमी भी की जा सकती हैं। पशुपालन, मत्स्यपालन, वृक्षारोपण आदि कार्यों से जैविक संसाधनों को बढा सकते हैं जबकि वनोन्मूलन, संकटापन्न जीवों का शिकार करके कमी लायी जा सकती हैं। जैविक संसाधनों के दोहन में तकनीकी ज्ञान तथा उपयोग के ढंग का प्रभाव पड़ता है। ये चल संसाधन माने जाते हैं। जैविक संसाधनों के वितरण में भौतिक घटकों की प्रमुख भूमिका रहती हैं। उदाहरण के लिए उष्ण कटिबन्धीय आर्द्र जलवायु में सघन वनस्पति मिलती हैं जबकि टुण्ड्रा क्षेत्रों में इसका अभाव पाया जाता हैं।

जैविक संसाधनों में अजैविक संसाधनों की तुलना में अधिक विविधता मिलती है लेकिन ये कम कठोर होते हैं। साथ ही इनका विकास शीघ्र हो सकता है जबकि भौतिक संसाधनों के विकास में दीर्घ अवधि लगती है। भौतिक संसाधनों की मात्रा निश्चित होती हैं तथा इसे घटा–बढ़ा सकते है, लेकिन जैविक संसाधनों की मात्रा में वृद्धि कर सकते है। मनुष्य मृदा या जल का निर्माण नहीं कर सकता जबकि वृक्षारोपण कर सकता है जीवों की संख्या में भी वृद्धि या कमी कर सकता है। इस प्रकार भौतिक एवं जैविक संसाधनों का आधार एक ही (पृथ्वी) होते हुए भी इनमें अनेक भिन्नताएँ पायी जाती हैं।

उद्देश्य पर आधारित वर्गीकरण

प्रकृति में विभिन्न रूपों में वितरित संसाधनों का दोहन विभिन्न उद्देश्यों की पूर्ति हेतु किया जाता है। इस प्रकार उद्देश्यों या संसाधन उपयोगिता के आधार पर संसाधनों का निम्नलिखित वर्गीकरण किया गया हैं-

(1) **ऊर्जा संसाधन (Energy Resources)**- ऊर्जा संसाधनों द्वारा शक्ति के साधनों का विकास किया जाता है। यातायात के साधनों के संचालन में, उद्योगों व अन्य यान्त्रिक कार्यों में इस शक्ति का उपयोग किया जाता है। वर्तमान समय में ऊर्जा संसाधनों को किसी भी देश के विकास का मानक माना जाने लगा हैं। उदाहरर्णाथ संयुक्त राज्य अमेरिका में प्रतिव्यक्ति ऊर्जा की खपत 11994KW हैं जबकि भारत में 379 KWमात्र तथा नाइजरिया 85KW में हैं। आर्थिक विकास की दर ऊर्जा की उपलब्धता पर निर्भर करती हैं। ऊर्जा संसाधनों में समाप्य तथा असमाप्य दोनों ही प्रकृति के संसाधन पाये जाते हैं। समाप्य या नवीनीकरण के अयोग्य संसाधनों की श्रेणी में कोयला, पेट्रोलियम तथा प्राकृतिक गैस आदि हैं। वन, जलविद्युत, पवन ऊर्जा,

भूतापीय ऊर्जा तथा ज्वारीय ऊर्जा आदि को नवीकरणीय या असामाप्य ऊर्जा की श्रेणी में रखा गया हैं। ऊर्जा संसाधनों की बढ़ती महत्ता के कारण इनके जीवनधारणीय विकास की मूल भावना का विकास किया जाना अत्यन्त आवश्यक हैं। इस हेतु उपर्युक्त प्रद्योगिकी का विकास किया जाना अनिवार्य प्रतीत होता हैं।

(2) **कच्चा माल (Row Material)**– कच्चा पदार्थ औद्योगिक विकास का प्रमुख आधार हैं । ये निम्न तीन प्रकार के होते हैं–

(i) **खनिज पदार्थ (Minerals)**– भूगर्भ से खोदकर निकाले गये पदार्थों को इस श्रेणी में रखते हैं। इनमें लौह अयस्क, अलौह धातुएँ, गंधक, नमक, चूना-पत्थर, चीका, बालू, इमारती पत्थर तथा अन्य मिश्रित धातुएँ समाहित हैं।

(ii) **वनस्पति (Vegetation)**– प्राकृतिक वनस्पति से प्राप्त प्रमुख एवं गौण उपजें इस श्रेणी में आते हैं। इनमें लकड़ी, रेशेदार उत्पाद, गोंद, रबर, तेल, बीज, छालें, कार्क, शैवाल तथा अनेक प्रकार के कृषि उत्पाद सम्मिलित हैं।

(iii) **पशु (Animals)**– पशुओं को भी कच्चे माल की श्रेणी में रखा जा सकता हैं। पशुओं से कच्चे माल के रूप में खालें, समूर, सींग, तेल, चर्बी, ऊन, बाल, रेशम तथा हड्डियाँ प्राप्त होती हैं। ये उत्पाद जंगली, सामूहिक तथा पालतू पशुओं से प्राप्त किये जाते हैं।

(iv) **उत्पादित पदार्थ (Product Materials)**– इसमें रेशे कपास, सन, पटसन, हेम्स बागानी, रबर, तिलहन बीज तथा इत्र निकालने के फूल आदि सम्मिलित हैं।

(3) **खाद्य पदार्थ (Food Stuff)**– मनुष्य प्राचीनकाल से खाद्य संग्रहक रहा हैं। खाद्य पदार्थ मुख्य रूप से तीन प्रकार के संसाधनों से प्राप्त किये जाते हैं–

(i) **खनिज**– इसमें जल तथा चट्टानों से प्राप्त नमक समाहित हैं जो मुख्तया खाद्य पदार्थों के रूप में प्रयुक्त होता हैं।

(ii) **वनस्पति**– हम भोजन का अधिकांश भाग वनस्पति उत्पादों से प्राप्त करते हैं। वनस्पति उत्पादों में फल, कन्दमूल, पत्तियाँ एवं खुंबी (Mushroom) आदि प्रमुख हैं।

(iii) **पशु एवं जीव-जन्तु**– पशुओं एवं जीव-जन्तुओं से प्रमुख तथा गौण उपजें प्राप्त करते हैं। मुर्गीपालन, मधुमक्खी पालन, मत्स्य व्यवसाय आदि इसी श्रेणी के अन्तर्गत आते हैं।

अधिकार या स्वामित्व के आधार पर संसाधनों का वर्गीकरण(Classifications of Resources on the basis of possession)– इस आधार पर संसाधनों को तीन वर्गों में रखा गया हैं–

(1) **अन्तर्राष्ट्रीय या सार्वभौमिक संसाधन (International or Gloabal Resources)**– सम्पूर्ण विश्व के मानव कल्याण के लिए उपयोगी वस्तुओं को अन्तर्राष्ट्रीय संसाधन कहते हैं। पृथ्वी का प्राकृतिक पर्यावरण इस प्रकार का विश्वव्यापी संसाधन हैं। पृथ्वी पर स्थित

महासागर प्रमुख अन्तर्राष्ट्रीय संसाधन हैं लेकिन इनका उपयोग कुछ सक्षम देश ही कर पाते हैं, जिनकी सागरीय स्थिति हैं। सूर्य के प्रकाश का उपयोग भारत, संयुक्त राज्य अमेरिका,दक्षिणी अफ्रीका आदि सभी देश कर सकते हैं जिनकी स्थिति सूर्य के प्रकाश की प्राप्ति में होती हैं। सर्वाधिक सूर्य का प्रकाश अयनवर्तीय क्षेत्रों (0^0 से 23^0 30^0)उत्तरी तथा दक्षिणी अक्षांशों)में प्राप्त होती हैं।

(2) **राष्ट्रीय संसाधन (National Resources)**- ग्लोब पर स्थित किसी भी देश की सीमाओं में विमान सम्पदाओं को राष्ट्रीय संसाधन कहते हैं। भारत के खनिज भारतीय संसाधन हैं। लंकाशायर कोयला क्षेत्र इंग्लैण्ड का, पेन्सिलवानिया कोयला क्षेत्र संयुक्त राज्य अमेरिका तथा कालगुर्ली तथा कुलगार्ली स्वर्ण खानें आस्ट्रेलिया के राष्ट्रीय संसाधन हैं।

(3) **व्यक्तिगत संसाधन (Individual or Private Resources)**- किसी व्यक्ति की निजी चल-अचल सम्पत्ति उसका व्यक्तिगत संसाधन कहलाती हैं। पारिवारिक सम्पत्ति, भूमि, भवन, नकद धनराशि, स्वास्थ्य, उत्तम चरित्र, ईमानदारी तथा मानसिक क्षमता एवं कौशल आदि व्यक्गित संसाधन हैं।

तत्त्वों या वस्तुओं के निर्माण में सहायक कारकों के आधार पर संसाधनों को दो वर्गों में विभाजित करते हैं-

(1) **प्राकृतिक संसाधन (Natural Resources)**

(2) **मानव संसाधन (Human Resources)**

(1) **प्राकृतिक संसाधन (Natural Resources)**-प्रकृति प्रदत्त संसाधनों को प्राकृतिक संसाधन कहते हैं। नार्टन एस. जिन्सबर्ग ने बताया कि प्रकृति द्वारा स्वतन्त्र रूप से प्रदान किये गये पदार्थ जब मानवीय क्रियाओं से आवृत्त होते हैं तो उन्हें प्राकृतिक संसाधन कहते हैं। गाउडी (Goudie,A.2000) के अनुसार, प्राकृतिक पर्यावरण के मानवीय उपयोग योग्य घटक प्राकृतिक संसाधन कहलाते हैं। भौतिक सन्दर्भ में जीवनमण्डल तथा स्थलमण्डल में संसाधनों के प्राकृतिक वितरण, प्रकार तथा उनके उपयोग के प्रभावों के आधार पर इनकी प्रकृति का निर्धारण किया जाता हैं। इस आधार पर किसी देश की भौगोलिक स्थिति, आकार धरातल, जलवायु, वनस्पति, मृदा, पवन, जल, पशु, खनिज, सूर्य का प्रकाश आदि तत्त्व प्राकृतिक संसाधन हैं इनमें कुछ संसाधन संघृत या दीर्घ पोषणीय (Sustainable) हैं जो लम्बे समय तक उपलब्ध रहेंगें। जैसे- जल,पवन आदि। जबकि कुछ संसाधन जैसे- कोयला, पट्रोलियम जिनके सीमित भण्डार हैं- लम्बी अवधि तक उपलब्ध नहीं रहेगें।

प्राकृतिक संसाधनों के विषय में उनकी प्रकृति एवं परिभाषा के विश्लेषण के उपरान्त निम्नलिखत निष्कर्ष स्पष्ट हुए हैं-

(i) प्राकृतिक संसाधन प्राकृतिक वातावरण के प्रमुख घटक हैं।

(ii) ये मनुष्य के लिए प्राकृतिक प्रदत्त हैं। अर्थात प्रकृति का उपहार हैं।

(iii) ये संसाधन प्रकृति में बिना मानवीय अनुक्रिया के स्वंय निष्क्रिय रहते हैं लेकिन जब मनुष्य इन्हें उपयोग में लेता है तो ये सक्रिय रूप में आर्थिक विकास में सहयोग करते हैं।

(iv) इनकी प्रकृति भिन्न-भिन्न होती हैं, जिसमें कुछ समाप्य तथा कुछ असमाप्य या नव्यकरणीय होते हैं।

(v) प्राकृतिक संसाधनों में विविधता पायी जाती हैं।

(vi) ये मुख्यत: दो वर्गों-जैविक तथा अजैविक रूप में मिलते हैं।

(vii) ये सभी ज्ञात न होकर कुछ अज्ञात भी होते हैं।

प्रकृति का कोई भी तत्त्व तभी संसाधन बनता हैं जब वह मानवीय सेवा करता है। इस सन्दर्भ में 1993 में जिम्मरमेन ने यह तर्क दिया था कि, न तो पर्यावरण उसी रूप में और न ही उसके अंग संसाधन हैं, जब तक वह मानवीय आवश्यकताओं को सन्तुष्ट करने में सक्षम न हों। प्राकृतिक संसाधनों की प्रकृति गतिशील हैं जो मानवीय ज्ञान एवं कौशल के विकास द्वारा परिवर्तित होते है तथा उनका विकसित रूप अधिक विस्तृत होकर बहुउपयोगी रूप में उपलब्ध होता हैं। प्राकृतिक संसाधनों के एकल तथा सामूहिक दशाओं के योग में ही जैविक समुदाय का अस्तित्व सम्भव हैं।

(2) **मानव संसाधन (Human Resources)**- संस्कृति का निर्माता मानव स्वंय एक शक्तिशाली संसाधन हैं, जो प्राकृतिक तत्त्वों को अपने ज्ञान एवं कौशल के विकास के द्वारा संसाधन रूप में उपयोग करता है। वह संसाधनों का निर्माता एवं उपभोक्ता दोनों हैं, जो एक भौगोलिक कारक व संसाधन के रूप में सम्मिलित होकर कार्य करता हैं। मानव संसाधन में किसी निश्चित इकाई क्षेत्र में रहने वाली मानव जनसंख्या उसकी शारीरिक व मानसिक क्षमता, स्वास्थ्य, जनसंख्या के सामाजिक, आर्थिक, सांस्कृतिक और राजनीतिक संगठन तथा वैज्ञानिक व तकनीकी स्थिति जैसी विशेषताएँ सम्मिलित हैं। प्राकृतिक वातावरण में जब मानवीय आवश्यकताओं की पूर्ति होती रहती है तब मानव संसाधन कोई समस्या का रूप नहीं लेता है, लेकिन इनकी संख्या बढने पर आवश्यकताओं की आपूर्ति घटने लगती है तथा स्वंय मानव संसाधन भी समस्या बन जाता हैं।

मानव एक सक्रिय प्राणी के रूप में पृथ्वी तल पर विद्यमान संसाधनों एवं प्राकृतिक परिवेश का उपभोग करते हुए उसके साथ समायोजन करता है। इस सम्पूर्ण प्रक्रिया में वह अपनही बौद्धिक क्षमता के अनुसार प्रकृति प्रदत्त तत्वों में श्रेष्ठ का चयन करता हैं। वह अपनी आवश्यकताओं की पूर्ति के लिए पृथ्वी तल को अनेक रूपों में परिवर्तित करता है। कृषि विकास के लिए पहाड़ी क्षेत्रों में सीढ़ीनुमा खेत बनाता है। नदी घाटियों पर बहुउद्देशीय परियोजनाओं का विकास करता है। एक ओर आर्थिक समृद्धि के लिए प्राकृतिक वनस्पति का विनाश करता है, वहीं दूसरी ओर इसके संरक्षण की सोच उत्पन्न कर वृक्षारोपण करता हैं। संसाधनों के उपयोग की दृष्टि से मानव केन्द्रीय स्थिति रखता है तथा निरन्तर प्राकृतिक परिवेश को परिवर्तित कर उसके अनुरूप अनुकूलन करता है। प्राकृतिक घटकों के रूपान्तरण की प्रकृति एवं दर मनुष्य की

बौद्धिक, आर्थिक एवं सामाजिक विकास पर निर्भर करती है। मानव ने पृथ्वी पर अपने सांस्कृतिक अभ्युदय के साथ-साथ विभिन्न भू-भागों का उपयोग किया है जहाँ सर्वप्रथम कृषि एवं पशुपालन का विकास किया तथा धीरे-धीरे मृदा के उपयोग, जल एवं खनिज संसाधनों के महत्त्व को पहचान कर भौगोलिक एवं आर्थिक समायोजन करके संसाधन उपयोग का ढंग सीखा। संसाधन उपयोग का प्रारम्भिक स्वरूप केवल आवश्यकताओं की पूर्ति तक ही सीमित था लेकिन धीरे-धीरे इसका स्वरूप आर्थिक विकास ने ले लिया तथा मानव ने संसाधनों के दोहन की दर में वृद्धि की जिसके फलस्वरूप उनकी कमी महसूस होने लगी तथा मानव को इसके संरक्षण की बात सोचनी पड़ी।

औद्योगीकरण से प्राकृतिक संसाधनों के दोहन की दर में तीव्रता आयी तथा जीवाश्मीय ऊर्जा (कोयला एवं पेट्रोलियम) का प्रसार भी अभूतपूर्व गति से हुआ। औद्योगिक विकास में सहभागी संसाधनों का तीव्र गति से दोहन होने से उनकी कमी महसूस की जाने लगी। ऊर्जा एवं खनिज संसाधनों का अतिदोहन किया गया। कृषि विकास के लिए वनोन्मूलन करके भूमि की उपलब्धता में वृद्धि की गई तथा सिंचाई विकास करके जल संसाधनों का दोहन किया जिससे जलसंकट उत्पन्न हुआ। मानव ने आर्थिक विकास से कभी भी संतोष नहीं जताया फलस्वरूप आगे चलकर पुनः पूरित संसाधनों को लघु अवधि में लाभ प्राप्त करने के उद्देश्य से उपयोग में लिया गय। प्रारम्भ में सभी कार्य प्रकृति की सहन सीमा में थे लेकिन बाद में जब इनके दोहन की दर जीवामण्डल वहन क्षमता से बाहर हो गई तो विश्वव्यापी संसाधन संकट उत्पन्न हो गया।

21 वीं शताब्दी में मानव एक विचित्र अन्तर्द्वन्द्व में उलझ गया है जहाँ एक और तीव्र गति से बढ़ रही जनसंख्या के सामने खाद्य समस्या एवं संसाधनों की उपलब्धता की समस्या है तो दूसरी ओर निरन्तर हो रहे संसाधनों के मात्रात्मक एवं गुणात्मक ह्रास की समस्या उत्पन्न हो गई है वनावरण घटता जा रहा है, भूमि संसाधन का अवनयन एवं कृषि उत्पादों में कमी, जलसंसाधनों की उपलब्धता में कमी आदि समस्याओं का सामना करना पड़ रहा है। आज अधिकाधिक खाद्यान्न उत्पादन के लिए भूमि की उत्पादकता में वृद्धि एवं सिंचित क्षेत्रों में विस्तार की आवश्यकता है लेकिन दूसरी ओर सिंचित भूमि में जल प्लवन (Water logging) तथा लवणीयता की समस्या उद्भूत होने से उर्वर भूमि संकुचित हो रही है। ईंधन आपूर्ति के प्रयासों का प्रभाव खाद्य आपूर्ति पर दृष्टिगत हो रहा है। इस प्रकार संसाधनों की उपलब्धता बढ़ाना ही दूसरे रूप में संसाधन संकट का रूप ले रही है।

आर्थिक उद्देश्यों की प्राप्ति के लिए प्रकृति में विभिन्न परिवर्तन किये गये जो तत्कालीन पर्यावरणीय दशाओं के सन्दर्भ में अनुकूल माने गये लेकिन कालान्तर में ये विकास कार्य ही समस्याएँ बन गई। प्रारम्भ में कृषि विकास के लिए भी बड़े पैमाने पर वनावरण में कमी की गई, जिसे आज तक पुनः सन्तुलित नहीं किया जा सका है। जल संसाधनों अविवेकपूर्ण दोहन किया गया जिससे उनकी मात्रा में कमी के साथ ही प्रदूषण से गुणात्मक ह्रास भी हो गया फलस्वरूप मानव जाति के लिए जल संसाधनों की उपलब्धता घटी है। स्पष्ट है वन, जल, खनिज, खाद्य, ऊर्जा तथा भूमि संसाधनों का विगत शताब्दी में विभिन्न आर्थिक उद्देश्यों की प्राप्ति के लिए अति

दोहन किया किया गया। फलस्वरूप इनकी उपलब्धता में कमी आयी इस कमी ने समस्या का रूप ले लिया है। इन संसाधनों से सम्बद्ध विभिन्न समस्याओं का विवरण निम्नलिखित है–

1. वन संसाधन (Forest Resources)–

उपयोग एवं अतिदोहन (Use and Over Expliotation)

वन संसाधन हमारे पर्यावरण सन्तुलन का महत्त्वपूर्ण घटक है। वन क्षेत्र में कमी आने तथा अनियमित कटाई हो वनोन्मूलन (Deforestation) या वन विनाश कहते हैं। मानव के आर्थिक जीवन की प्रत्येक गतिविधि किसी न किसी प्रकार से वनों से संबंधित है। वन प्रकृति की अमूल्य सम्पदा है जो वातावरण के महत्त्वपूर्ण जैविक घटक के रूप में विकसित है इनकी महत्ता के आधार पर इन्हें '*हरा सोना*' कहते हैं। वर्तमान समय में वनों का महत्त्व बढ़ता जा रहा है। कुल उत्पादन का 33 प्रतिशत भवन निर्माण सामग्री में तथा 50 प्रतिशत ईंधन के रूप में उपयोग होते हैं। वनों से मानव को इमारती लकड़ी के अतिरिक्त रबर, सेल्यूलोज, लाख, कत्था, गोंद, जड़ी–बूँटियाँ आदि प्राप्त होती हैं। वन संसाधन अपने निकटवर्ती पर्यावरण की जलवायु को भी प्रभावित करते हैं। जलवायु सन्तुलन के साथ ही जैवविविधता के संरक्षण स्थल हैं, मृदा अपरदन को नियंत्रित करते हैं। भौतिक संस्कृति के दौर में आर्थिक लाभ हेतु मानव वनों का अतिदोहन कर रहा है जिसके परिणामस्वरूप सूखा, बाढ़, भूमि की उर्वरा–शक्ति में ह्रास, भूस्खलन, भूरक्षण मरुस्थलीकरण, जलप्लावन, भूजल में कमी, जलवायु में परिवर्तन आदि समस्याएँ उभरकर सामने आयी हैं। अत: वनों का अनवरत ह्रास स्वस्थ पर्यावरण को खतरा बन गया है।

प्राचीनकाल में पृथ्वी के तीन चौथाई भाग पर वनाच्छादित था जब आदि मानव घुमक्कड़ जीवन व्यतीत करते हुए पूर्ण रूप से वनों पर आश्रित था। पशुचारण एवं कृषि विकास के साथ ही वनोन्मूलन को गति मिली तथा युद्धस्तर पर वनों को साफ करके अधिकाधिक कृषि भूमि निकाली जाने लगी। 1860 में औद्योगिक क्रान्ति के उपरान्त वनोन्मूलन की गति और बढ़ी तथा निरन्तर तीव्र ह्रास आरंभ हो गया। 19 वीं शताब्दी के प्रथम दशक में सम्पूर्ण पृथ्वी के 70 प्रतिशत भूभाग पर वनाच्छादित था। जो वर्तमान समय में 31 प्रतिशत रह गया है। सर्वाधिक लैटिन अमेरिका के 42 प्रतिशत क्षेत्र पर वनावरण है। एशिया का 26%, यूरोप का 30%, उत्तरी अमेरिका का 40%, अफ्रीका का 24% व प्रशान्त क्षेत्र का 30% भाग वनों के अन्तर्गत है।

भारत के कुल क्षेत्रफल 3287263 वर्ग किलोमीटर क्षेत्र में से 633397 वर्ग किलोमीटर क्षेत्र पर वनाच्छादित है जो कुल क्षेत्र का 19.47 प्रतिशत है, जबकि स्वस्थ पारिसिथतिक तन्त्र का 33 प्रतिशत भाग वनाच्छादित होना चाहिए। इस दृष्टि से 14 प्रतिशत वन क्षेत्र कम है। भारतीय वनों का भौगोलिक वितरण असमान है। केवल दुर्गम क्षेत्रों में सघन वन हैद्ध कुल 367260 वर्ग किलोमीटर भूभाग पर घने वन (Dense forest) हैं, जबकि 261310 वर्ग किमी. में खुले वन एवं 4827 वर्ग किमी. में दलदली वन (Mangrove) हैं। उत्तरी मैदान और प्रायद्वीप भाग में वनों का अनुपात न्यून है। प्रशासनिक दृष्टिकोण से भारतीय वनों को तीन भागों में विभाजित किया गया है–

(1) आरक्षित वन (Reserved Forest)-आरक्षित वनों में भूमि के कटाव एवं जलवायु सन्तुलन की दृष्टि से काटने पर प्रतिबन्ध है। इस श्रेणी में 52.7% वन क्षेत्र है।

(2) रक्षित वन (Protected Forest)-रक्षित वन सरकारी देखरेख में रहते है। इनमें केवल स्थानीय लोगों द्वारा पशुचारण तथा लकड़ी आदि की सुविधाएँ ली जाती हैं। ये कुल वन क्षेत्र के 29% है।

(3) अवर्गीकृत वन (Unclassified Forest)-अवर्गीकृत वनों में लकड़ी काटने एवं पशुचारण को पूर्ण स्वतंत्रता रहती है। इसके अन्तर्गत 18. 3 प्रतिशत वन क्षेत्र है। भारत में आर्थिक विकास के दौर एवं जनसंख्या वृद्धि के साथ ही वनोन्मूलन का कार्य तेज हो गया जिसकी नींव ब्रिटिश शासन ने रखी थी। स्वतंत्रता प्राप्ति के उपरान्त विकास की गति में तीव्रता के साथ ही वनों का अधिक शोषण हुआ, विगत चार दशकों में 50 लाख हैक्टेयर भूमि वनरहित हुई है। वर्तमान समय में 633397 वर्ग कि. मी. क्षेत्र वनाच्छादित है। जो कुल क्षेत्र का 19.27 प्रतिशत है, सर्वाधिक वन क्षेत्र मध्य प्रदेश में है जहाँ 131195 वर्ग कि. मी. पर वन क्षेत्र है, जबकि सबसे कम वन क्षेत्र हरियाणा में 604 वर्ग किमी. ही है। राज्य के कुल क्षेत्रफल से वनावरण अनुपात की दृष्टि से सर्वाधिक अण्डमान-निकोबार में हैं जहाँ कुल क्षेत्र का 92.3 प्रतिशत भू-भाग वनाच्छादित हैं, जबकि मिजोरम का 81.9%, नागालैण्ड का 85.8%, अरुणाचल प्रदेश का 81.9%, मणिपुर का 78.0%, तथा मेघालय का 69.83% भाग वनाच्छादित है। दूसरी ओर राष्ट्रीय औसत से न्यून वन क्षेत्र वाले राज्यों में पश्चिमी बंगाल (11.5 %), गुजरात (6.4 %), राजस्थान (3.9 %), पंजाब (2.8 %) तथा हरियाणा (1.4 %) प्रमुख है, जहाँ पारिस्थितिक सन्तुलन को पुनर्स्थापित करने के लिए वनरोपण अति आवश्यक है।

प्रकृति में वनोन्मूलन कई प्रयोजनों को पूर्ण करने के लिए किया जाता है यद्यपि वन विनाश प्राकृतिक कारणों से भी होता है, किन्तु मानवीय क्रियाओं की गतिशीलता तीव्र एवं लम्बी होती है। अत: स्थानीय, प्रादेशिक तथा विश्वस्तर पर वन विनाश के निम्न प्रमुख कारण हैं-

(1) कृषि कार्य-प्रारंभिक काल में मानव वनोपज़ों से ही अपना जीवन निर्वाह करता था, किन्तु जैसे-जैसे कृषि का विकास आरंभ हुआ विस्तृत पैमाने पर वनों को साफ करके कृषि भूमि में परिवर्तित किया गया। तीव्र जनसंख्या वृद्धि के कारण यह कार्य और भी तीव्र हो गया। कृषि एक अत्यावश्यक क्रिया है लेकिन वन संसाधन के साथ सामंजस्य करके किया जाना चाहिए। वनों को सर्वाधिक हानि स्थानान्तरित कृषि (Shifting cultivation) द्वारा होती है। यह प्राचीनतम कृषि पद्धति है जो ऊष्ण प्रदेशों के वर्षा प्रचुर वनों एवं अर्द्धमरुस्थलीय क्षेत्रों में प्रचलित है। इसका विस्तार अफ्रीका, एशिया एवं दक्षिणी अमेरिका में है। यह कार्य विकसित तथा विकासशील दोनों श्रेणी के देशों में हो रहा है। अफ्रीका के सवाना घास प्रदेश, रूस के स्टेपी, उत्तरी अमेरिका के प्रेयरी, दक्षिणी अमेरिका के पम्पाज, लानोज तथा दक्षिणी अफ्रीका के वेल्ड प्रदेशों में घासों एवं वृक्षों को साफ करके कृषि कार्य हेतु उपलब्ध कराया है। इसी प्रकार भूमध्य सागर के तटीय प्रदेशों में उद्यान कृषि कार्य हेतु उपलब्ध कराया है। इसी प्रकार भूमध्य सागर के तटीय प्रदेशों में उद्यान कृषि के अनुकूल जलवायु परिस्थितियाँ हैं, अत: यहाँ भी वृहद

स्तर पर वनोन्मूलन करके बागाती कृषि का विकास किया गया है। भारत में विगत दो दशकों में लगभग 35 लाख हैक्टेयर वन भूमि को कृषि भूमि में परिवर्तित किया जा चुका है। कृष्नि कार्य हेतु वनोन्मूलन की सर्वाधिक दर उड़ीसा में है। जबकि कुल कृषि क्षेत्र के सन्दर्भ में स्थानान्तरी -कृषि का अनुपात उत्तरी पूर्वी राज्यों असम, अरुणाचल प्रदेश, मिजोरम, नागालैण्ड, मेघालय तथा मणिपुर में हैं। यहाँ की जाने वाली स्थानान्तरी कृषि को झूमकृषि (Jhumming) कहते हैं। इस प्रकार की कृषि पद्धति को केरल में पोनम (Ponam), आन्ध्रप्रदेश व उड़ीसा में पोडू (Podu), मध्यप्रदेश में बेवर (Bewar), पेंडा (Panda), डाहया (Dahya) तथा बीरा (Beera), पश्चिमी घाट में कुमारी (Kumari), हिमाचल क्षेत्र में खील (Khil) तथा दक्षिणी-पूर्वी राजस्थान में वालरा आदि कई भिन्न-भिन्न स्थानीय नामों से जाना जाता है। स्थानान्तरी कृषि में पहाड़ी ढालों पर वन क्षेत्रों को काटकर तथा जलाकर भूमि को साफ किया जाता है। वहाँ कुछ वर्षों तक कृषि कार्य करने के उपरान्त जब उर्वरता कम हो जाती है, तो आगे स्थानान्तरण कर नये क्षेत्र साफ कर लिये जाते हैं। इस प्रकार कृषि कार्य हेतु वनोन्मूलन किये जाने से पर्यावरण अवनयम होता है, जिसकी पूर्ति कई वर्षों में संभव हो पाती है।

(2) वनों का चरागाहों में परिवर्तन-बढ़ती पशुसंख्या एवं घटते चरागाहों की स्थिति में वन क्षेत्र को साफ करके चरागाहों में रूपान्तरित कर लिया जाता है। भूमध्यसागरीय जलवायु वाले क्षेत्रों तथा शीताष्ण कटिबन्धीय क्षेत्रों (Tempert zones) में वृहत् स्तर पर वन भूमि पर चरागाह विकसित किये गये हैं। डेयरी फार्मिंग व्यवसाय के अन्तर्गत विकसित देश भी ऐसा कर रहे हैं। अतः इस क्रिया के उपरान्त भी पर्यावरण अवनयन को गति मिलती है।

(3) निर्माण कार्यों के लिए वन विनाश-1860 के दशक में औद्योगिक क्रान्ति के उपरान्त वन क्षेत्र को भी संभावना का एक महत्त्वपूर्ण क्षेत्र माना गया तथा वन आधारित उद्योगों का तीव्र गति से विकास किया गया। बढ़ती जनसंख्या, नगरीयकरण तथा आवासीय आवश्कताओं के लिए वन आधारित निर्माण कर्या तीव्र हुए हैं। शहरी क्षेत्र वनों को साफ कर तीव्रता से प्रसार कर रहे हैं, जबकि सड़क निर्माण, आवास निर्माण, रेलवे लाइनों आदि के लिए भी वनोन्मूलन किया जाता है। विगत तीन दशकों के दौरान भारत में सड़क निर्माण के लिए 73 हजार हैक्टेयर, उद्योगों के 14.6 लाख हैक्टेयर तथा अन्य कार्यों हेतु 99 लाख हैक्टेयर वन क्षेत्र को साफ किया गया है। बहुउद्देश्यीय नदी घाटी योजनाओं तथा छोटे बाँधों के निर्माण के लिए भी वृहद स्तर पर वन विनाश किया गया है जबकि कुछ भाग जलमग्न भी हुआ है। अकेले नर्मदा सागर परियोजना तथा टेहरी बाँध परियोजना में क्रमशः 40322 हैक्टेयर तथा 36000 हैक्टेयर वन क्षेत्र का विनाश किया गया है। इसलिए ये बड़े बाँध, सड़कें, रेलवे मार्ग, शहर आदि एक ओर महत्त्वपूर्ण है तो दूसरी ओर पर्यावरण सन्तुलन की दृष्टि से अभिशाप हैं।

(4) व्यापारिक उद्देश्यों हेतु वन विनाश-वर्तमान प्रौद्योगिक मानव अपने घरेलू एवं व्यापारिक प्रयोजनों हेतु भी वन विनाश कर रहा है, क्योंकि तीव्र गति से बढ़ रही जनसंख्या के कारण लकड़ी की माँग बढ़ रही है। विषुवत रेखीय क्षेत्रों में प्रतिवर्ष 20 मिलियन हैक्टेयर की दर से वन विनाश हो रहा है। आर्थिक लाभ हेतु उन्मुख भौतिकवादी मनुष्य व्यापक वन विनाश कर

रहा है। ईंधन के अतिरिक्त भवन निर्माण, फर्नीचर आदि हेतु भी वन विनाश कर रहा है। कनाडा के लम्बरजेक व्यापारिक वन कटाई करते हैं। सर्वाधिक काष्ठ (Wood) का उत्पादन संयुक्त राज्य अमेरिका (विश्व का 15%) में होता है। व्यापारिक स्तर पर लकड़ी काटने का कार्य, कागज एवं लुग्दी उद्योग, दियासलाई निर्माण, इमारतें बनाने, पुल, रेल के डिब्बे, नावों तथा अन्य निर्माण कार्यां हेतु होता है।

(5) खनिज खनन-खनिजों के खनन हेतु वनों को साफ किया जाता है। व्यापारिक स्तर पर किये जाने वाले खनन के दौरान तीव्र वन विनाश होता है। वन विनाश के उपरान्त खनन करते हैं तथा खनन हेतु वृहद खड्डों का निर्माण हो जाता है जिनका पुनः उस रूप में विकसित किया जाना संभव नहीं हैं, यदि पुर्नस्थापित कर भी देते हैं तो बहुत समय लगता है। संयुक्त राज्य अमेरिका में पेंसिलवानिया कोयला क्षेत्र, रूस के क्रिबोईराग (कुजनेत्स्क) लोह क्षेत्र में खनन कार्य द्वारा वृहद् स्तर पर वन विनाश हुआ है। भारत में पश्चिमी बंगाल, बिहार, उड़ीसा, मध्यप्रदेश तथा उत्तरप्रदेश के उत्तराखण्ड में खनन के लिए वनोन्मूलन हो रहा है। दूनघाटी में चूना पत्थर के खनन द्वारा 3,90,000 हैक्टेयर क्षेत्र प्रतिवर्ष प्रभावित हो रहा है। राजस्थान के अरावली पर्वतीय क्षेत्रों में संगमरमर तथा ताम्बा एवं अन्य खनिजों के खनन के लिए वन विनाश किया जा रहा है।

(6) वनाग्नि-वनाग्नि द्वारा भी वन विनाश होता है जिसकी उत्पत्ति प्राकृतिक तथा मानवीय दोनों कारणों में मानव सोद्देश्य वनों को जलाता है। पशु चरवाहे भी आग का कारण बन जाते हैं। आग लगने से वन पारिस्थितिकी तन्त्र की जैव विविधता नष्ट होकर प्रतिकूल प्रभाव उत्पन्न करती है। एक ओर जंगलों में कई प्रकार के जीव जन्तु निवास करते हैं तो दूसरी ओर वनों से प्राप्त पत्तियों द्वारा मृदा को जीवांश (Humus) प्राप्त होता है।

(7) जीवीय कारकों द्वारा वन विनाश- जीवीय कारकों द्वारा भी वनों का विनाश होता है जिनमें पालतू जानवर तथा सूक्ष्म जीवाणु प्रमुख हैं। जानवर स्वतंत्र विचरण करके वनों का विनाश करते हैं, जबकि सूक्ष्म जीवाणु जैसे दीमक, कीट आदि विभिन्न प्रकार के हानिकारक प्रभाव डालते है। ऊष्ण तथा उपोष्ण कटिबन्धीय तथा शुष्क प्रदेशों में पशुओं के अतिचारण से भारी वन विनाश हुआ है। इन वनों में पशुओं के बड़े-बड़े झुण्ड सूक्ष्म वनस्पति को नष्ट करके मृदा के ऊपरी आवरण को भी क्षयित कर देता है। जिससे वन विनाश हो जाता है।

उपरोक्त कारकों के अतिरिक्त भूस्खलन एवं हिमस्खलन के द्वारा भी वन विनाश होता है। वन विनाश द्वारा उपरोक्त कारकों के कारण पर्यावरण असन्तुलित हो रहा है।

वनोन्मूलन के पर्यावरण पर प्रभाव

वन संसाधन जलवायु सन्तुलन के प्रमुख तत्त्व माने जाते हैं। वन विनाश का प्रभाव सम्पूर्ण पारिस्थितिक तन्त्र पर दृष्टिगोचर होता है जिसके उपरान्त जीव जन्तु भी प्रभावित होते हैं। तीव्र मृदा अपरदन, बाढ़, सूखा आदि क्रियाओं में तीव्रता आती है। वन विनाश के निम्नलिखित दुष्प्रभाव प्रमुख हैं-

(1) जलवायु पर प्रतिकुल प्रभाव-थार्नथ्वेट महोदय के अनुसार वर्षा की क्रियाशीलता में वनों की महत्त्वपूर्ण भूमिका होती है। वर्षा के उपरान्त आर्द्रता में वृद्धि होती है जो तापमान को नियन्त्रित करती है। यदि वर्षा की मात्रा में कमी होती चली जाएगी तो शुष्क अवस्था उत्पन्न हो जाएगी जिसके परिणामस्वरूप रेगिस्तानीकरण जैसी स्थितियाँ उत्पन्न हो जाती हैं। वनोन्मूलन के कारण भूजैवरसायनिक चक्र बाधित होते हैं। जल चक्र में वनों की महत्त्वपूर्ण भूमिका रहती है। साथ ही कार्बन तथा नाइट्रोजन चक्रों की क्रियाशीलता भी अव्यवस्थित होती है क्योंकि पौधे भूमिगत जल का वाष्पोत्सर्जन करते हैं तथा वर्षा जल को रोककर निस्यन्दित (Infiltrate) करने में सहायता करते हैं। प्राणवायु में भी कमी आती है। वनों में व्याप्त नमी विश्वव्यापी गर्मी (Global Warming) को नियन्त्रित करते हैं।

(2) बाढ़ों की पुनरावृत्ति-जलग्रहण क्षेत्रों में वनोन्मूलन के उपरान्त बाढ़ों की पुनरावृत्ति अधिक होती है। वर्षा से प्राप्त जल को मृदा में सोखने में वनस्पति आवरण सहयोग करते हैं किन्तु यदि वृक्षविहीन क्षेत्र है तो सूक्ष्म नालियों द्वारा वर्षा जल मुख्य धारा में मिश्रित होकर बाढ़ का रूप धारण कर लेता है। वन वर्षा जल की तीव्रता को कम कर देते हैं जिससे बाढ़ों पर नियंत्रण रहता है। भारत में बिहार राज्य में आयी बाढ़ें अधिकांशतया वन विनाश के कारण ही आयी है।

(3) जल संसाधनों की मात्रा पर प्रभाव-वन विनाश के कारण वर्षा कम हो जाती हैं एवं तापमान बढ़ जाता है जिससे सतही जनस्त्रोत सूख जाते हैं एवं भूजल स्तर नीचे चला जाता हैं। वृक्षों द्वारा वातावरण नम रहता हैं जबकि वृक्ष-विहीन क्षेत्र में वाष्पीकरण अधिक होता है। तीन साल में पहली बार 1999 में राजस्थान की राजसमन्द झील सूखकर तड़क गई। भूजल तीव्रता से घटता जा रहा हैं। मसूरी, देहरादून के समीपवर्ती क्षेत्रों में वन विनाश के कारण अधिकांश जलस्त्रोत सूख गये हैं।

(4) मृदा अपरदन में वृद्धि-वृक्ष मृदा को बाँधकर रखने का कार्य करते हैं। वन-विनाश के कारण वर्षा जल की बूँदे पूर्ण गतिज ऊर्जा के साध्थ धरातलीय भाग पर तीव्र प्रहार करती हैं, जबकि वनावरण के कारण ये गति कम हो जाती हैं। पेड़-पौधे धरातलीय प्रवाह को भी धीमा करके भूमिगत करने में सहायता करते हैं। वृक्षविहीन क्षेत्रों में जलग्रहण क्षेत्रों के तेज ढाल वाले भागों से जल तीव्रगति से मृदा को काटता हुआ प्रवाहित होता हैं जिसके उपरान्त नदियों मं अवसाद में वृद्धि हो जाती हैं जिससे मृदा का अपरदन के साथ ही बाढ का प्रकोप पनपता हैं। वृक्षविहीन थार के मरूस्थ्ल में तीव्र मृदा अपरदन हो रहा हैं।

(5) **जैव विविधता का हास**-वन पारिस्थितिक तन्त्र में विविधता का अस्तित्व रहता है, जबकि वनोन्मूलन के उपरान्त इन पर संकट आ जाता है। वन्य जीव विलुप्त हो जाते हैं। कई संकटापन्न प्रजातियाँ विलुप्त हो जाती हैं जिसका दुष्प्रभाव पर्यावरण सन्तुलन पर पड़ता है। दुनिया भर में जीव जन्तुओं एवं पेड़-पौधों की लगभग 100 लाख प्रजातियाँ है जिनमें से 14 लाख प्रजातियाँ मानसून जलवायु वाले वनों में मिलती हैं। वर्तमान समय में प्रतिवर्ष 170 लाख हैक्टेयर जंगल साफ हो रहे हैं यदि यही दर रही तो 2040 तक इन प्रजातियों की 25 से 75 प्रतिशत प्रजातियाँ विलुप्त हो जायेगी अत: वन संरक्षण आवश्यक है। उपर्यक्त प्रभावों के अतिक्ति

वन विनाश के कारण भूमि संसाधन भी विकृत होते हैं। मरूस्थलीकरण की प्रक्रिया को ऊर्जा मिलती है तथा भूमि बंजर होती है। वन विभिन्न प्रकार के उद्योगों से निसृत कार्बन-डाई आक्साइड (Co_2)को अवशोषित करते हैं। वन विनाश के कारण प्रवृत्ति में प्राकृतिक सन्तुलन बिगड़ने के साथ ही विश्वव्यापी ताप बढ़ने (Golbal warming)की समस्या उभरी। इस सभी क्रियाओं के उपरान्त पर्यावरण अवनयन को गति मिलती है।

वन संरक्षण की विधियाँ-मनुष्य कितनी भी भौतिक प्रवृत्ति का क्यों न बने, फिर भी उसके मस्तिष्क व स्वथ्य एवं सन्तुलित पर्यावरण की कल्पना रहती है जिसमें वह निरन्तर संलग्न रहता है। सामान्यतक वन संरक्षण के लिए निम्न रहता हैं। पृथ्वी तल पर किसी भी राजनीतिक प्रदेश के लिए वन सम्पदा का संरक्षण आवश्यक भी है। सामान्यतक वन सरंक्षण के लिए निम्न उपाय अपनाये जा सकते है-

(1) **वनों की पोषणीय (Sustainable)सीमा तक कटाई**-प्रत्येक प्राकृतिक संसाधन के दोहन की एक सीमा होती है जिसे पोषणीय या जीवनधारणीय सीमा (Sustainable limit)कहते हैं। मनुष्य के विवेकपूर्ण उपयोग द्वारा वनों को दोहन उसी सीमा तक किया जाये जिस तक उनका पुनर्भरण (Regeneration)हो सके अर्थात् वन काटने और वृक्षारोपण की दरों में बराबर अनुपात होना चाहिए। लगाये गये वृक्षों का उस समय तक दोहन आरंभ न हो जब तक वे पूर्ण परिपक्व न हो।

(2) **वनाग्नि से सुरक्षा**-वृक्षों को आग से सुरक्षा की जानी चाहिए, संयुक्त राज्य अमेरिका में 1955 से 1964 के दौरान वन अग्नि से 10 लाख हैक्टेयर वन नष्ट हो गये। अत: केम्प फायर, शिखर आग तथा माचिस आग से सुरक्षा की जानी चाहिए।

(3) **वनों का हानिकारक कीटों से रक्षण**-मनुष्य के अतिरिक्त जीवों में वनों की अनेक हानिकारक कीट नष्ट करते हैं, इनमें दीमक, सूंडी, झींगुर, गुबरैला आदि प्रमुख हैं। इन कीटों को जैविक नियन्त्रण विधियों द्वारा नष्ट करना चाहिए। कीट प्रभावित वृक्ष शीघ्र सुख जाता है अत: अन्य वृक्षों में इसके कीटाणु विसरण होने से पूर्व ही ऐसे वृक्षों को हटा देना चाहिए। एक सीमा तक कीटाणुनाशक दवाइयों द्वारा भी कीट नियंत्रण किया जा सकता है।

(4) चयनात्मक कटाई की जानी चाहिए। वृक्षों की कटाई की जाय जिनकी वास्तव में माँगे हो। सम्पूर्ण वृक्ष को कटाने के बजाय उसकी वृक्ष को कटाने के बजाय उसकी कुछ शाखाएँ काटी जायें ताकि पारिस्थितिक सन्तुलन एकाएक विकृत न हो।

(5) ईंधन के लिए वनोन्मूलन नहीं किया जाये वरन् अन्य वैकल्पिक स्त्रोत उपलब्ध कराये जायें।

(6) घरेलू उपयोग हेतु इमारती लकड़ी के स्थान पर कुछ वस्तुएँ वैकल्पिक वस्तुओं से निर्मित भी उपयोग करना चाहिए।

(7) पुनः वनीकरण को व्यवस्थित विधि से विकसित किया जाये। ऐसे वृक्ष लगाये जायें जो बहुउद्देशीय व शीघ्र वाले हों। बहुउद्देशीय वृक्षों के अन्तर्गत बागवनी विकास बढ़ावा दिया जाये।

(8) पारिस्थितिकी के अनुकूल दशाओं वाले वृक्षों का रोपण किया जाये ताकि जीवितता प्रतिशत सर्वाधिक रहें।

(9) वनों के लाभ एवं हानियों के बारे में जन-चेतना फैलाई जाये।

(10) सामाजिकी वानिकी व कृषि वानिकी जैसी योजनाओं को प्रोत्साहन दिया जाये।

(11) राष्ट्रीय वन नीति के अनुरूप वन विकास किया जाये।

(12) वन संरक्षण से सम्बधित नियमों का सरलता से पालन किया जाये।

उपरोक्त उपायों के साथ ही बड़े बाँधों एवं बहुउद्देशीय योजनाओ को क्रियान्वयन करते समय वन संसाधनों की महत्ता का मद्देनजर रखा जाये तथा चिपको आन्दोलन, नर्मदा बचाओ आन्दोलन, अप्पिको आन्दोलन तथा खेजड़ली गाँव (जोधपुर) की अपदा देवी द्वारा चलाये गये संरक्षणात्मक आन्दोलन को भी जन समर्थन मिलना चाहिए। इन आन्दोलनों के तहत वृहत स्तर पर वनों को बचाया गया है।

11

भारत में पर्यावरण संरक्षण कानून

संविधान के अनुच्छेद 21 के अनुसार जीवन, जीवन के गौरव, एक संतुलित पर्यावरण में रहने, संक्रामक बीमारियों एवं उनके खतरों के बचाने की गारंटी देता है, प्रत्यक्ष रूप से पर्यावरण तो नहीं परन्तु अप्रत्यक्ष रूप से पर्यावरण की सुरक्षा के लिए भारतीय दण्ड संहिता में धारा 288 से 291 तक कुछ प्रावधान किये गये हैं। 1960 में बनायी गयी इस संहिता में सार्वजनिक बाधा से लेकर सार्वजनिक धर्म एवं पर्यावरण का अन्योन्याश्रित सम्बन्ध है। भारतीय संस्कृति एवं सभ्यता इस तथ्य का पुष्ट प्रमाण है कि भारत में सर्व धर्म समभाव को सदैव आदर की दृष्टि से देख गया है तथा समस्त धर्मों को एवं मात्र शाश्वत सत्य है–"जीओ और जीने दो।" जीओ और जीने दो का सम्बन्ध न केवल मानव समुदाय तक ही परिसीमित नहीं है किन्तु इसका 'चर' अचर जीव, जड़, पर्यावरण से भी अटूट सम्बन्ध है।

विश्व के प्रमुख धर्मों में हिन्दू धर्म, ईसाई धर्म, इस्लाम धर्म, जैन एवं बौद्ध धर्म आते हैं। इन सभी धर्मों मे निरर्थक जीव हिंसा का निषेध है। क्यों प्रकृति के विभिन्न उपादानों एवं आयामों को इन धर्मावलम्बियों ने पुष्पित, पल्लवित, विकसित, प्रस्फुटित एवं प्रफुल्लित देखने का प्रयास किया है। हिन्दू धर्म में प्रमुख वेदान्त दर्शन ने तो प्रकृति का देवी के रूप में प्रतिष्ठापित किया है। पर्यावरण मात्र भौतिक अथवा लौकिक वातावरण तक ही सीमित नहीं है, अपितु समस्त ब्रह्हाण्ड जिसके निर्माण में आकाश, पृथ्वी, जल, वायु एवं अग्नि की अहम् भूमिका से संबंधित है।

वेदान्त दर्शन का प्रमुख मंत्र है आप: शान्ति:, वायु: शान्ति:, अग्नि: शान्ति:, पृथ्वी: शान्ति:, सर्वांग:, शान्ति:, अर्थात् प्रकृति के इन उपादानों की उपासना सर्वत्र शान्ति के लिए की गई है। यदि प्रकृति का अत्यधिक दोहन या शोषण होता है तो पर्यावरण तो प्रदूषित होता ही है। साथ-ही-साथ प्राणी मात्र के जीवन का अस्तित्व भी संदिग्ध हो सकता है। प्रकृति को वस्तुत: जीवन का पर्याय माना जा सकता है। यदि प्रकृति विश्व के धराधाम से विलोपित हो जाती है तो मनुष्य मात्र का जीवित रहना अंसभव है। सम्प्रति में जो पर्यावरणीय प्रदूषण प्रकृति के दोहन के फलस्वरूप हो रहा है वह कालान्तर में समस्त में मानवता को काल के गाल में धकेल देगा ऐसी संभावना से इनकार नहीं किया जा सकता।

भारतीय शास्त्रों प्रमुखत: वेदों, उपनिषदों, ब्राहाण ग्रंथो, पुराणों उपजीवीय धार्मिक ग्रंथों ने सदैव सूर्य, अग्नि, जल, वायु, इन्द्र, आदि की पूजा का प्रावधान रखा था। इतना ही नहीं पीपल, बड़, तुलसी के पेड़-पौधों को देवतुल्य समझकर उनकी आराधना एवं पूजा का प्रावधान है। कल्पवृक्ष तो सभी मनोकामनाओं एवं सिद्धि को प्राप्त करने का सहज साधन है, ऐसी मान्यता हिन्दू धर्म की रही है। अग्नि, जल, वायु, पृथ्वी को अर्घ्य देने से तथा यज्ञों के माध्यम से आहूति देने से इन्द्र देव प्रसन्न होकर प्रजन्म (वर्षात्) करते हैं जिससे प्रकृति विकसित, प्रस्फुटित, प्रफुल्लित होकर मानव मात्र की आवश्यकताओं की सम्पूर्ति करती है, जो मनुष्य मात्र के आवश्यक संसाधन है। हिन्दू धर्म ही क्यों इस्लाम धर्म में भी प्रकृति को संजोने, संवारने के कृत्य को प्रत्येक मुस्लिम को पुनीत माना है। ईसाई धर्म में तो प्रकृति को दैवी स्वरूप समझा है। प्रकृति की गोद मे बैठकर वर्ड्सबर्थ, कीट, शैले विश्व के महान् कवि बने। बौद्ध धर्म के उन्नायक व प्रवर्तक भगवान बुद्ध को बड़ के नीचे ही बौद्धिसत्व प्राप्त हुआ। जैन धर्म के समस्त साधु-साध्वियों के लिए प्राकृतिक पर्यावरण में ही बिहार करना परमावश्यक है क्योंकि जैन धर्म में किसी भी प्रकार की जीव हिंसा का निषेध है तथा प्राकृतिक पर्यावरण में बिहार करने से ही उस परम अलैकिक शक्ति का आभास हो सकता है। इस प्रकार हम देख सकते हैं कि हिन्दू, बौद्ध एवं ईसाई, जैन, इस्लाम तथा विश्व के सभी धर्मों में प्रकृति के संवर्द्धन-संरक्षण का प्रावधान किया गया है। फिर भला जिस प्रकृति की गोद में खेल कर हम पलते हैं, बड़े होते हैं उस प्रकृति का दोहन करना तथा पर्यावरण को प्रदूषित करना अपने पैरों पर कुल्हाड़ी मारना नहीं है तो क्या है?

अगर उपर्युक्त वर्णित धर्मों में पर्यावरणीय संरक्षण के प्रावधानों को हम यदि अति विस्तार से देखें तो पायेगें कि जैन धर्म पूर्ण रूप से अहिंसा पर आधारित है तथा प्रत्येक जैन व्यक्ति के पंचव्रत के प्रण को निभाता है। ये पंचव्रत हैं-सत्य, अहिंसा, अस्तेय, बह्मचर्य, अपरिग्रह। इन पंचव्रतों का पालन करने वाला प्रत्येक जैनी जो अहिंसा में विश्वास करता है कदापि पेड़-पौधों को नष्ट करने की कल्पना भी नहीं कर सकता। जैन साधु प्राय: कुटिया में निवास करते हैं व वनों में तपश्चर्या करते हैं। अत: स्वभावत: ही वे वनों के प्रति संवेदनशील होते हैं। भगवान पार्श्वनाथ, महावीर स्वामी ऋषभ देव, अरिष्ट नेमि आदि सभी ने भोग को त्याग कर जीव दया एवं अहिंसा का पाठ पढ़ाया था। ये प्रकृति को प्रधानता देते थे। उनके विचार में यह समस्त सृष्टि प्रकृति के नियमों से संचालित होती है। जैन धर्म का अनेकान्तवाद अहिंसा की साधना है जिससे जीव, मनुष्य, पेड़-पौधे एवं प्रकृति का संरक्षण होता है तथा पर्यावरण में शुद्धिकरण रहता है।

आज भी इस धर्म को मानने वाले 15–20 लाख जैन जो आचार, विचार, रहन–सहन, रीति–रिवाज से अहिंसा, सत्य, अस्तेय, ब्रह्मचर्य व अपरिग्रह में विश्वास करते हैं उन्हें अपने तीर्थकरों के उपदेशानुसार विभिन्न संघों के माध्यम से प्रकृति की रक्षा करने का अनवरत प्रयास करना चाहिए जिससे पर्यावरणीय प्रदूषण को रोका जा सके तथा 'सर्वे भवन्तु सुखिनः सर्वे सन्तु निरामया' की कल्पना साकार हो सके।

इस्लाम धर्म की आयतों में जीव हत्या का निषेध तथा पेड़–पौधों की रक्षा करने की हिदायत दी है। एक स्थान पर हजरत अबुबक्र ने कहा, ''फल देने वाले वृक्षों को, फसलों व जानवरों को तवाह मत करो।'' कुरान में अनेक स्थानों पर ऐसे संकेत मिलते हैं कि ईश्वर व जीव के बीच प्रेम का अटूट सम्बन्ध है। सारी सृष्टि किसी अदृश्य सत्ता से व्याप्त है। आर्यों की मान्यता रही है कि वृक्ष और जल स्त्रोत सदैव पूजनीय हैं। वे तुलसी, वट वृक्ष, अश्वत्थ(पीपल) बेल, वृक्षों को पवित्र मानते थे। परन्तु आज आर्यावत में आर्यों की संतान कहलाने वाले हम इन पेड़ों को बेरहमी से काट रहे हैं। नदियों को कल–कारखाने के कचरों से प्रदूषित कर रहे हैं। बुजुर्गों की अस्थियाँ व मरी हुई लाशें जल में बहा रहे हैं जिससे पवित्र नदियों का जल प्रदूषित होता है। पेड़ों को काटकर हिमालय को बाँझ बनाया जा रहा है। जंगलों को काटा जा रहा है। फैक्टरियों के धुएँ से वायुमण्डल को प्रदूषित किया जा रहा है। ऐसा करके हम केवल अपने स्वार्थों की पूर्ति कर संतुष्ट हो रहे हैं। लेकिन ऐसा करने के फलस्वरूप प्रदूषित पर्यावरण के कारण मानवता के अस्तित्व को समाप्त किया जा रहा है। इस प्रकार हम कह सकते हैं कि विश्व की प्राचीन आर्य सभ्यता ने भी प्रकृति को पूजनीय माना तथा भारतीय प्राचीन शास्त्रों ने भी आकाश, पृथ्वी, अग्नि, वायु, जल को जीवन के अस्तित्व का प्रमुख स्त्रोत माना है। इनका विध्वंस करने से व दोहन करने से केवल पर्यावरण ही दूषित नहीं होगा। मानव समाज का जीवित रहना भी दूषित पर्यावरण से रहना भी दूभर हो जायेगा।

ईसाई धर्म सदा अहिंसा का पक्षधर रहा है। ईसा मसीह स्वयं जीवों पर दया, अहिंसा, करुणा व मैत्री में विश्वास करते थे। वे पास से घृणा व पापी से प्यार करने में विश्वास करते थे। वे भौतिकवादी व्यवस्था के विपरीत थे। उनका विचार था कि भौतिकवादी व्यवस्था ही जीवन में असंतुलन पैदा करती है व मानव स्वार्थी और विचारों से प्रदूषित हो जाता है। वे प्राकृतिक एवं वैचारिक प्रदूषण के विरोधी रहे हैं। स्वयं को सूली पर चढ़ाने वालों के प्रति भी उनके मन में दया थी तभी तो उन्होंने कहा, ''हे ईश्वर इन्हें माफ कर देना, इन्हें ज्ञात नहीं कि ये क्या कर रहें हैं।'' ईसामसीहा का संदेश था जीओ और जीने दो "Live and Let others leave"उनकी मान्यता थी कि, ''प्रेम ही ईश्वर है, ईश्वर ही प्रेम है। जो प्रेम में रहता है वह ईश्वर में रहता है तथा ईश्वर उसमें रहता है।'' "Love is God;God is love, one who lives in love, loves is God and God lives in him."ये विचार मानवीय उदात्त प्रेम के उत्कृष्ट उदाहरण हैं। मानव मात्र से प्रेम करना, जीवों पर दया करना, प्रकृति को पूजनीय मानना व हिंसा से दूर रहना ईसाई धर्म के प्रमुख सिद्धांत हैं।

इस प्रकार हम देखते है कि हिन्दू धर्म विशेषतः वैदिक धर्म, इस्लाम धर्म, जैन धर्म, बौद्ध धर्म, ईसाई धर्म के प्रर्वतकों , धार्मिक ग्रंथों ने सदैव मानव मात्र के कल्याण की परिकल्पना

की। वसुधैव कुटुम्बकम् की भावना को स्वीकारा तथा सर्वे भवन्तु सुखिनः सर्वे सन्तु निरामया की कल्पना को संजोया जिससे विश्व मानव की मानवता का संदेश सार्थक हो सके। उन्होंने जीब, जड़, चर, अचर के असित्व के लिए प्रकृति का संरक्षण करने के लिए सिंहनाद किया तथा मानव कल्याण के लिए प्रकृति के समस्त उपादानों को संरक्षित एवं सुरक्षित रखने का उपादेश दिया। इस प्रकार कहा जा सकता है कि सभी धर्मों ने प्रकृति के दोहन का विरोध किया है क्योंकि प्रकृति का दोहन करने से पर्यावरण प्रदूषित होता है तथा मानवता काल-कवलित हो सकने की संभावना बलवती बन सकती है। बमों के विस्फोट से, गैसों के रिसाव से, पेड़ों की कटाई से, कल-कारखानों के धुएँ से, गंदे रासायनिक द्रव्यों के बहाव से जल, पृथ्वी, आकाश, अग्नि, हवा प्रदूषित होते हैं। अतः समस्त धर्मावलम्बियों से अपेक्षा है कि वे मानव कल्याण को ही अपना सच्चा धर्म समझते हुए पर्यावरण को प्रदूषित होने से बचावें। यही समस्त धर्मों का सारभूत शाश्वत सत्य है।

पर्यावरण सुरक्षा अधिनियम

पर्यावरण के विविध आयामों को कानून की परिधि में ब्रिटिश काल से ही रखा जाता रहा है। यद्यपि ब्रिटिश शासन के समय इंडियन पैनल कोड, 1860 की धारा 268, 290 ,291, 426, 430, 431 तथा 432 में पर्यावरणीय तथ्यों का विवरण है तथा धारा 277 'जल प्रदूषण' और 278 'वायु प्रदूषण' से सम्बन्धित है। इसी काल में मोटर वाहन एक्ट, 1938, इण्डियन फोरेस्ट एक्ट, 1927 में वनों को वर्गीकृत करने तथा वन्य जीवों के संरक्षण पर प्रभावी बल दिया गया है। भारत दुनिया के उन गिने-चुने देशों में सम्मिलित है, जिसके संविधान में देश की सृमद्ध वन्य सम्पदा का स्पष्ट विवरण है। संविधान के अनुच्छेद 48 (ए) में राज्य से अपेक्षा की गयी है कि वह पर्यावरण के संरक्षण और सुधार तथा देश के वनों व वन्य जीवों के संरक्षण का उत्तरदायित्व निभाएगा (Article 48 (A) imposes a duty on the state "to protect and impose the environment and to safeguard the forests and wildlife of the country.") संविधान के अनुच्छेद 51-ए (जी) में प्रत्येक नागरिक से यह भी अपेक्षा की गयी है कि वह वन, झीलों, नदियों और वन्य जीवों सहित सम्पूर्ण प्राकृतिक पर्यावरण को अपना बुनियादी कर्त्तव्य समझ कर रक्षा करेगा और जीवित प्राणियों के प्रति दया भाव रखेगा (Article 51-A (G) impose a duty on citizen of India "to protect and improre the natural environment including forests, lakes, rivers and wildlife and to have compassion for living creatrue.")

वर्तमान में पर्यावरण संरक्षण के प्रति भारत सरकार की चिन्ता विभिन्न पर्यावरण कानूनों के रूप में व्यक्त होती है। इनमें प्रमुख हैं, भारतीय वन अधिनियम 1927; वन्य जीवन (सुरक्षा) अधिनियम 1972 (1991 में संशोधित); पर्यावरण (सुरक्षा) अधिनियम 1986; वन (संरक्षण) अधिनियम 1980 (1988 में संशोधित); जल (प्रदूषण रोकथाम व नियंत्रण) अधिनियम 1974 (1988 में संशोधित); वायु (प्रदूषण रोकथाम व नियंत्रण) अधिनियम 1981 (1988 में संशोधित); तटीय नियमन क्षेत्र अधिसूचना 1991/ 1988 की राष्ट्रीय वन नीति तथा 1992 में प्रकाशित संरक्षण रणनीति व नीति का राष्ट्रीय व नीति का राष्ट्रीय वक्तव्य भी संरक्षण के प्रति

सरकार की चिन्ता की झलक देते हैं। एक दिलचस्प तथ्य यह है कि पर्यावरण संबंधी कानूनी ढ़ाचे को बदलती सामाजिक-आर्थिक परिस्थितियों के अनुरूप बनाने के ज्यादातर प्रयास 1986 के बाद ही हुए हैं। इनके अलावा पिछले वर्षों में पर्यावरण आदि मुद्दों पर अदालतों के जो फैसले आये हैं, उनसे भी प्रतीत होता है कि न्यायालयों का सोच भी पर्यावरण के पक्ष में झूक रहा है।

वायु (प्रदूषण निवारण तथा नियन्त्रण) अधिनियम, 1981

(Air (Prevention and Control of Pollution) Act, 1981)

अधिनियम के उद्देश्य

(Objects of the Act)

वायु प्रदूषण के निवारण, नियन्त्रण तथा उपशमन के लिए पूर्वोक्त प्रयोजनों को क्रियान्वित करने की दृष्टि से बोर्डों की स्थापना के लिए उनसे सम्बन्धित शक्तियों और कृत्य ऐसे बोर्डों को प्रदत्त और समनुदेशित करने के लिए और उनसे सम्बन्धित विषयों के लिए उपबन्ध करने के लिए अधिनियम"।

"जून, 1972 में स्टॉकहोम में मानवीय पर्यावरण पर एक संयुक्त राष्ट्र सम्मेलन हुआ था जिसमें भारत ने भी भाग लिया था। इसमें भूमि के प्राकृतिक साधनों के, जिनमें वायु के गुणों का परिरक्षण एवं प्रदूषण का नियन्त्रण सम्मिलित है, निवारणार्थ समुचित कदम उठाने के लिए निर्णय लिया गया था और वायु के परिरक्षण (Protection) के लिए तथा प्रदूषण के नियन्त्रण के लिए पूर्वोक्त को कार्यान्वित करना आवश्यक समझा जाता है।

अत: भारत गणराज्य के बत्तीसवें वर्ष में संसद द्वारा निम्नलिखित रूप में यह अधिनियमित हो-

1. **संक्षिप्त नाम, विस्तार और प्रारम्भ (Title of Act, Extent and Date of Enforcement)**-(1) इस अधिनियम का नाम वायु (प्रदूषण निवारण एवं नियन्त्रण) अधिनियम, 1981 है।

(2) इसका विस्तार सम्पूर्ण भारत (Whole of India) पर है।

(3) वायु (प्रदूषण निवारण तथा नियन्त्रण) अधिनियम, 1981 दिनांक 16 मई, 1981 से लागू है।

2. **परिभाषाएँ (Definitions)**-इस अधिनियम में, जब तक कि सन्दर्भ से अन्यथा अपेक्षित न हो-

(क) "वायु प्रदूषक" से तात्पर्य किसी ऐसे ठोस, तरल या गैसीय पदार्थ के[2] (जिसमें शोर शामिल है) वायुमण्डल में इस प्रकार विद्यमान होने से है जो मानव जीवन, दूसरे जीवों, पौधों, सम्पति अथवा पर्यावरण के लिये हानिकारक हो सकता है या हानिकार होने की प्रवृत्ति वाला है।

(ख) ''वायु प्रदूषण'' से तात्पर्य किसी प्रदूषक पदार्थ के वायुमण्डल में विद्यमान होने से है।

''राज्य बोर्ड'' से तात्पर्य-

(i)राज्य के सम्बन्ध में जिसमें जल (प्रदूषण निवारण तथा नियन्त्रण) अधिनियम, 1974 (1974 का अधिनियम संख्यांक 6) लागू है तथा राज्य सरकार ने उस राज्य में उस अधिनियम की धारा 4 में राज्य प्रदूषण नियन्त्रण बोर्ड का गठन किया गया है।

राज्य के मूलभूत कार्य

संविधान का अनुच्छेद 47 में यह घोषणा करता है नागरिकों के पोषण व जीवन स्तर के सुधार एवं सार्वजनिक स्वास्थ्य में सुधार राज्य का एक प्राथमिक कर्त्तव्य है। इसी प्रकार अनुच्छेद 48 (ए) में यह घोषणा करता है-''राज्य पर्यावरण के सुधार व संरक्षण हेतु प्रयास करेगा व राष्ट्र के वन जीवन की सुरक्षा का भी प्रयास करेगा।''

यद्यपि यह एक नीति निर्देशक तत्त्व है। संविधान में नीति निर्देशक तत्त्वों को लागू करवाने के लिए यद्यपि हम न्यायालय के माध्यम को उपयोग तो नहीं कर सकते परन्तु प्रजातांत्रिक प्रणाली में आम नागरिकों को अपने मताधिकार के प्रयोग से नीति निर्देशक तत्त्वों को लागू करवाने का अवसर तो सदैव ही रहता है। इसके साथ-साथ सरकारी कार्य के परिणामस्वरूप इन तत्वों का उल्लंघन होता है तो उस स्थिति में न्यायालय की मदद ली जा सकती है।

(ग) नागरिकों के मूल कर्त्तव्य

संविधान में 42 वें संविधान के अन्तर्गत अनुच्छेद 51(ए) में व्यवस्था है कि-''भारत के प्रत्येक नागरिक का यह कर्त्तव्य होगा कि वह प्राकृतिक पर्यावरण में सुधार व इसका संरक्षण करें । पर्यावरण में वन, झीलें, नदियों सभी सम्मिलित हैं जो वन्य-जीवन के लिए आवश्यक हैं।''

संविधान में उक्त संशोधन के संबंध में उच्च न्यायालयों में इस विषय पर विवाद है कि क्या इन मूल कर्त्तव्यों की पालना हेतु नागरिक को बाध्य किया जा सकता है या ये भी एक नागरिक के लिए वैसा ही महत्त्व रखते है जैसा राज्य के लिए नीति निर्देशक तत्त्व। इस विषय पर अभी सर्वोच्च न्यायालय ने कोई मत व्यक्त नहीं किया हैं।

पर्यावरण से संबंधित न्याय-व्यवस्था

भारतीय पर्यावरण में संतुलन बनाये रखने हेतु केन्द्र एवं प्रांतीय सरकारों ने विभिन्न प्रकार की न्याय व्यवस्था को स्थापित किया है। सामान्यत: इसे तीन भागों में वर्गीकरण कर सकते है- (1) सामान्य कानून, (2) विशिष्ट कानून एवं पर्यावरण को सुरक्षित रखते हेतु 1686 का अधिनियम।

सामान्य कानून के अन्तर्गत भारतीय दण्ड संहिता के अन्तर्गत विभिन्न अधिनियम पर्यावरण को सुरक्षित रखने हेतु प्रभाव में लाये गये हैं, जैसे-(1)किसी प्रकार की छूत की

बीमारी जो जीवन की सुरक्षा के लिए घातक हो, (2) सामान्यत: काम में आने वाले पानी के जल-प्रवाह, स्त्रोत, झरनों एवं पानी के सुरक्षित भण्डार की मलिनता से खराब करते हैं, उनके लिए दण्ड व्यवस्था का प्रावधान, (3) वायुमण्डल को बिगाड़ते हो, जिससे स्वास्थ्य पर अहितकर एवं प्रतिकूल प्रभाव पड़ता है, उन्हें भी दण्ड व्यवस्था में रखा गया है, (4) सार्वजनिक उत्पात करने वाले लोगों को कानून की दृष्टि में अपराधी माना गया है, (5) पर्यावरण को हानि पहुंचाने वाले नागरिक भी दण्ड देने की परिधि में माना गया है। अपराधी दण्ड सहिंता 1973 के अन्तर्गत जिले के जिला मजिस्ट्रेट एवं संबंधित उपखण्ड अधिकारी को प्रदूषण को रोकने एवं समाप्त करने हेतु अधिकृत अधिकारी के रूप में बनाया गया है।

पर्यावरण को सुरक्षित रखने हेतु भारत में केन्द्रीय सरकार एवं राज्य सरकारें 1976 के संशोधन के पूर्व में भी पर्यावरण हेतु विधायन कर चुकी हैं, इसके संबंध में विशिष्ट कानूनों का निर्माण किया गया है जिसमें प्रमुख विधायन इस प्रकार है-(1) भारतीय वन अधिनियम (1927), मोटर व्हिकिल अधिनियम (1936), फैक्ट्री एक्ट 1948, प्रिवेन्टेंसन आफ फूड एडल्ट्रेशन एक्ट (1954), एन्सीएन्ट मौनुमेन्टस एण्ड आर्कोलोजिकलिस्ट एण्ड रिमेंस एक्ट, एटमिक-एनर्जी एक्ट (1962), रेडिअटेन पौलुसन रूल्स (1971), राजस्थान नोईज कन्ट्रोल एक्ट (1963)। वाइल्ड लाइफ (प्रोटेक्सन) एक्ट 1970, प्रिवेन्टसन क्यूलेरी टी एनीमल एक्ट (1960), वाटर (प्रिवेन्टसन आफ कन्ट्रोल आफ पौलूसन) एक्ट, 1974, ऐयर (प्रिवेन्टसन आफ कन्ट्रोल आफ एयर) एक्ट, 1981, फोरेस्ट (प्रिटेन्टसन) एक्ट (1980) एवं वन जीव (संरक्षण) संशोधित अधिनियम 1986 एवं पर्यावरण (संरक्षण) अधिनियम 1696, इन सब अधिनियमों के अतिरिक्त प्राय: सभी राज्य सरकारों ने पर्यावरण को सुरक्षित रखने एवं उनका विकास करने हेतु विभिन्न प्रकार के कानूनों का निर्माण किया है। इन सभी विधानों का उद्देश्य प्रत्यक्ष एवं अप्रत्यक्ष रूप से पर्यावरण सुधार एवं नियंत्रण हो रहा है। इन अधिनियमों की संवैधानिकता का प्रश्न कई बार न्यायालयों के समक्ष उठाया गया है परन्तु न्यायालयों ने सदैव इन राष्ट्रीय नीति को ध्यान में रखते हुये, कि ऐसे अधिनियम सार्वजनिक स्वास्थ्य के सुधार और सुरक्षा एवं पौष्टिक स्तर को ऊपर उठाने के उद्देश्य से बनाये जाते हैं, उन्हें संवैधानिक घोषित करते है। आज शुद्ध जल की प्रप्ति मनुष्य एवं पशु दोनों के लिए विकट समस्या बनी हुई है। प्रदूषित जल-सेवन से भिन्न-भिन्न प्रकार की बीमारियों के शिकार होकर जीवन-लीला समाप्त कर देते हैं। अत: जल प्रदूषण को रोकने हेतु वाटर प्रिवेंट एण्ड कण्ट्रोल आफ पौलूसन एक्ट 1974 का निर्माण किया गया है। इससे भूमिगत धारा के प्रदूषण पर भी रोक लगी है। इसी प्रकार वायु प्रदूषण को रोकने के लिये 1981 में ऐयर पौलूसन एण्ड कण्ट्रोल आफ पौलूसन एक्ट बनाया गया है। 1974 एवं 1981 में बने इन अधिनियमों के तहत केन्द्र एवं राज्य में जल एवं वायु प्रदूषण को रोकने के लिए बोर्डों की स्थापना भी की गई है। बोर्ड पर्यावरण प्रदूषण को रोकने हेतु दण्ड दिलवाने की व्यवस्था भी कर सकता है। पर्यावरण (संरक्षण) विधेयक 1986 को भारतीय संसद ने पारित करने का निर्णय स्टाकहोम में सम्पन्न हुए सम्मेलन 1972 के आधार पर किया, जिसके अन्तर्गत पर्यावरण में उन्नयन एवं सुरक्षा करते हुए मानव मात्र, जीव-जन्तुओं एवं पेड़-पौधों को सम्मानित होने वाले संकट से टालने हेतु प्रभावशाली कदम उठाया है। यद्यपि अंतरिक्ष

को पर्यावरण में नहीं किया गया है परन्तु आशा है कि न्यायालय अंतरिक्ष को भी पर्यावरण का ही भाग समझेंगे।

उक्त अधिनियम में विस्तृत रूप से ऐसे विषयों का समावेश किया है जिसके तहत केन्द्रीय सरकार को पूर्ण रूप से अधिकृत किया गया है जो पर्यावरण सुरक्षा करने, उचले स्तर पर उन्नयन करते हुए बिगड़ते हुए प्रदूषण को रोकते हुए कम करने का सफल प्रयास इस दिशा में किया जा सके। प्रदूषण बिगड़ने की संभावित घटनाओं को कम करने व पर्यावरण को शुद्ध बनाये रखने हेतु सरकार अधिकृत सरकारी कार्यालय इस प्रसंग में स्थापित कर सकते हैं। केन्द्रीय सरकार विभिन्न क्षेत्र व उद्देश्यों को दृष्टि में रखते हुए वायु, जल एवं भूमि के स्तर को बनाये रखने हेतु कानून का निर्माण कर सकती है। विभिन्न प्रकार के प्रदूषण जिनमें शोरगुल भी सम्मिलित है उनसे बनाये रखने की सीमा निर्धारित कर सकती है। कल-कारखानों की पद्धति अवशेषों से संभावित भयंकर प्रदूषण संबंधी खतरों जिससे पर्यावरण पर प्रतिकूल प्रभाव पड़ता हो इसके हेतु उसे सुरक्षित रखने हेतु कानून बनाये जा सकते हैं। विभिन्न क्षेत्रों में उद्योगों से अवशेषों से संदिग्ध प्रतिकूल प्रभाव होने से उसे बंद करने तथा नियंत्रित करने के बारे में भी केन्द्रीय सरकार कानून का निर्माण कर सकती है। किसी भी उद्योग को क्षेत्र विशेष के लिए नियंत्रित एवं स्थापित करने से मना किया जा सकता है। उद्योग से संभावित दुर्घटनाओं को रोकने हेतु उनकी क्रिया पद्धति हेतु जिससे प्रदूषण पर प्रतिकूल प्रभाव डालते हुए पर्यावरण को दूषित करता हो, उसे सुरक्षित रखने हेतु कानून का निर्माण कर उस पर पांबदी लगाने का सफल प्रयास किया जा सकता है।

अधिनियम 1986 के अन्तर्गत कोई भी व्यक्ति किसी भी प्रकार का उद्योग संचालित नहीं कर सकता जब तक उसके बाहर निकालने के द्रव्य द्वारा प्रदूषण और पर्यावरण पर प्रतिकूल प्रभाव पड़ता हो। किसी संभावित खतरे के उपरांत भी किसी प्रकार की दुर्घटना के फलस्वरूप प्रदूषण फैलकर पर्यावरण में खराब करता हो तो यह उन लोगों का उत्तरदायित्व होगा कि वे पर्यावरण को शुद्ध बनाये रखने का सफल प्रयास करे और इस आशय की सूचना अधिकृत अधिकारियों को प्रदान कर बिगड़े हुए प्रदूषण को ठीक कर पर्यावरण को संतुलित रखने हेतु सफल प्रयास वांछित हैं। उक्त संबंध में संबंधित अधिकारियों को पर्यावरण बनाये रखने हेतु किये गये खर्च को संबंधित व्यक्ति से प्राप्त करने का अधिकार होगा। केन्द्रीय सरकार द्वारा नियुक्त अधिकृत अधिकारी को किसी भी उद्योग में प्रविष्ट होकर संयंत्रों का निरीक्षण करने का पूर्ण अधिकार है जिससे प्रदूषण होने से बचाया जा सके। सरकारी अधिकारी वायु, जल, भूमि एवं अन्य अवशेष पदार्थों का उद्योग का नमूना लेकर विश्लेषण कर सकते हैं कि कहीं प्रदूषण में वृद्धि तो इनके फलस्वरूप नहीं हो रही है। सरकार ने विश्लेषण करने वाली प्रयोगशालाओं की स्थापना करने या इस संबंध में मान्यता देने का कार्य सम्पन्न कर सकती है जो विश्वसनीय प्रतिवेदन प्राप्त हो सके। ऐसे व्यक्ति जो इस अधिनियम से संबंधित कानून, निर्देशों की अनुपालना न करते हों, उन्हें पांच वर्ष का कारावास या एक लाख रुपये का दण्ड अथवा दोनों वहन करने पड़ सकते हैं। यदि उक्त कानून की निरन्तर अवहेलना करने वालों को उक्त दण्ड के अतिरिक्त पाँच हजार रुपये प्रतिदिन के हिसाब से अदा करने होंगे।

जुर्माना और प्रक्रिया

(Penalties and Procedure)

धारा 21 या धारा 22 के उपबन्धों अथवा धारा 31-क के अधीन जारी किए गए निर्देशों का पालन करने में असफल रहना[3]- (1) जो कोई धारा 21 या धारा 22 के उपबन्धों अथवा धारा 31-क के अधीन दिये गये निर्देशों के पालन करने में असमर्थ रहता है वह ऐसे हर एक असमर्थता पर कारावास से, जिसकी अवधि एक वर्ष तथा छ: मास से कम नहीं होगी किन्तु छ: वर्ष तक की हो सकेगी या जुर्माने से और असमर्थता जारी रहने की दशा में ऐसे अतिरिक्त जुर्माने से, जो प्रथम असफलता के लिए दोषसिद्धि किए जाने के पश्चात ऐसे प्रत्येक दिन के लिये जिसके दौरान ऐसी असफलता जारी रहती है, पाँच हजार रुपये तक का हो सकता है, दण्डनीय होगा।

(2) यदि उपधारा (1) में निर्दिष्ट असमर्थता दोषसिद्धि के पश्चात् एक वर्ष की अवधि के परे जारी रहती है तो अपराधी ऐसी अवधि के कारावास से, जो दो वर्ष से कम नहीं होगी किन्तु सात वर्ष तक हो सकेगी, से दण्डनीय होगा।

जल (प्रदूषण निवारण तथा नियन्त्रण) अधिनियम, 1974

(Water (Prevention and Control of Pollution) Act, 1974)

1. **संक्षिप्त नाम, लागू होना और प्रारम्भ** (Title of Act, Extent and Date of Enforcement)-(1) इस अधिनियम का संक्षिप्त नाम जल (प्रदूषण निवारण तथा नियन्त्रण) अधिनियम, 1974 है।

(2) यह प्रथमत: असम, बिहार, गुजरात, हरियाणा, हिमाचल प्रदेश, जम्मू-कश्मीर, कर्नाटक, केरल, मध्य प्रदेश, राजस्थान, त्रिपुरा और पश्चिमी बंगाल राज्यों और संघ राज्य क्षेत्रों को लागू है और यह ऐसे अन्य राज्य को लागू होगा जो संविधान के अनुच्छेद 252 के खण्ड (1) के अधीन उस निमित्त पारित संकल्प द्वारा इस अधिनियम को अंगीकार करे।

(3) वह असम, बिहार, गुजरात, हरियाणा, हिमाचल प्रदेश, जम्मू-कश्मीर, कर्नाटक, केरल, मध्य प्रदेश, राजस्थान, त्रिपुरा और पश्चिमी बंगाल राज्यों और संघ राज्य क्षेत्रों में तुरन्त प्रवृत्त होगा और किसी ऐसे अन्य राज्य में जो संविधान के अनुच्छेद 252 के खण्ड (1) के अधीन इस अधिनियम को अंगीकार करे, उस तारीख को प्रवृत्त होगा जिस तारीख को अंगीकार किया जाता है और किसी राज्य का या संघ राज्यक्षेत्र के बारे में, इस अधिनियम में इस अधिनियम के प्रारम्भ के प्रति निर्देश से वह तारीख अभिप्रेत है जिसको ऐसे राज्य या संघ राज्यक्षेत्र के बारे में, इस अधिनियम में इस अधिनियम के प्रारम्भ के प्रति निर्देश से वह तारीख अभिप्रेत है जिसको ऐसे राज्य या संघ राज्यक्षेत्र में यह अधिनियम प्रवृत होता है।

जुर्माना और प्रक्रिया

(Penalties and Procedure)

धारा 20 की उपधारा (2) या उपधारा (3) के अधीन निदेशों का, या धारा 32 की उपधारा (1) के खण्ड (ग) के अधीन जारी किए गए आदेशों का या धारा 33 उपधारा (2) या धारा 33- क के अधीन जारी किए गए निदेशों का अनुपालन करने में असफलता-(1) जो कोई धारा 20 की उपधारा (2) या उपधारा (3) के अधीन दिये गये किसी निदेश का पालन ऐसे समय के भीतर, जो निर्देश में विनिर्दिष्ट किया जाए, करने में असफल रहता है वह दोषसिद्धि पर कारावास से जिसकी अवधि तीन मास तक की हो सकेगी, या जुर्माने से, जो दस हजार रुपये तक हो सकेगा, या दोंना से, दण्डनीय होगा और यदि असफलता जारी रहती है, तो ऐसी अतिरिक्त जुर्माने से, जो प्रथम असफलता जारी रहती है, पाँच हजार रुपये तक का हो सकेगा, दण्डनीय होगा।

(2) जो कोई धारा 32 की उपधारा (1) के खण्ड (ग) के अधीन जारी किए गए किसी आदेश का या धारा 33-क के अधीन उपधारा (2) के अधीन किसी न्यायालय द्वारा जारी किये गये किसी निर्देश का या धारा 33 -क के अधीन जारी किये गये किसी निर्देश का पालन करने में असफल रहेगा, वह प्रत्येक ऐसी असफलता के सम्बन्ध में ऐसा दोषसिद्धि पर कारावास से, जिसकी अवधि एक वर्ष और छह मास से कम की होगी, किन्तु जो छह वर्ष तक की हो सकेगी, और जुर्माने से, दण्डनीय होगा और यदि असफलता जारी रहती है तो ऐसी अतिरिक्त जुर्माने से, जो प्रथम असफलता के लिए दोषसिद्ध किये जाने के पश्चात् ऐसे प्रत्येक दिन के लिए जिसके दौरान ऐसी असफलता जारी रहती है, पाँच हजार रुपये तक का हो सकेगा दण्डनीय होगा।

(3) यदि उपधारा (2) में निर्दिष्ट असफलता दोषसिद्धि की तारीख के पश्चात् एक वर्ष की कालावधि से परे जारी रहती है तो अपराधी कारावास से जिसकी अवधि दो वर्ष से कम की नहीं होगी, किन्तु जो सात वर्ष तक की हो सकेगी और जुर्माने से, दण्डनीय होगा।

वन्य जीवन अधिनियम (1972)

वन्य जीवन अधिनियम के तहत अधिसूचित अभयारण्य (सेन्चुरी) तथा राष्ट्रीय उद्यान में पूरे सुरक्षित क्षेत्र में से अधिसूचित छोटे क्षेत्र पर कुछ सामान्य नियमादि लागू होते हैं, जबकि वन्य जीवन को लेकर कुछ विशिष्ट नियम लागू होते हैं। दूसरी तरफ 'वन्य पशु', 'पशु साम्रगी', 'अधिसूचित पौधे' आदि चीजों के सुरक्षित क्षेत्र से बाहर परिवहन, व्यापार व विपणन आदि के संदर्भ में उन विशिष्ट चीजों से सम्बधित प्रावधान लागू होते हैं। वन्य जीव एक व्यापक शब्द है तथा इसमे रीढ़शुदा, रीढ़विहीन जन्तुओं से लेकर वनस्पतियाँ आदि सभी शामिल हैं। लिहाजा सुरक्षित क्षेत्र के भीतर तो जैव विविधता के सारे त्तत्वों को 'वन्य जीवन' में शामिल होने की बदौलत सुरक्षा कवच प्राप्त हो जाता है। परन्तु सुरक्षित क्षेत्र से बाहर मात्र उन छः वनस्पति प्रजातियों पर वन्य जीवन कानून के प्रावधान लागू होते हैं, नाम कानून की छठी अनुसूची में आए

हैं। प्राणियों में भी अनुसूची 1 से 5 के प्राणी ही शामिल हो पाते हैं। यह संभावना जरुर हैं कि 'वन्य जीव' की उस परिभाषा को लागू किया जाए, जिसके तहत हर वह प्राणी है जो प्रकृति में स्वछंद रूप से रहता हो। परन्तु इस व्यापक परिभाषा को स्वीकार करवा पाना, लागू करवा पाना तथा किसी विशिष्ट प्राणी के मामले में उसके पकड़े जाने के स्थान का पता लगा पाना काफी मुश्किल हैं। वैसे इस मामले में आरोप को झूठा साबित करने की जिम्मेदारी आरोपी पर डाली गई है किन्तु इस धारा को आसानी से चुनौती दी जा सकती है क्योंकि आम आपराधिक कानूनों में ऐसा नहीं होता है। वन्य जीवन कानून के दायरे में आने वाले प्राणियों की संख्या बहुत कम है। यह संख्या मात्र उस सूची तक सीमित है जो कानून के साथ दी गई है। ऊपर से इसमें प्राणी की परिभाषा में रीढ़विहीन प्राणियों को शामिल नहीं किया गया है। वन्य जीवन सुरक्षा कानून की विभिन्न अनुसूचियों में 155 स्तनधारी, 2100 पक्षी, 320 सरीसृप, 3100 आर्थोपोड़ा (कीड़ा) छः उभयचर (Amphibians) तथा छः वनस्पति प्रजातियाँ शामिल की गई हैं। अतः सुरक्षित क्षेत्र बाहर मात्र इतनी ही प्रजातियों पर वन्य जीवन कानून लागू हो पाता है, जबकि हमारी जैव विविधता 1 लाख 10 हजार प्रजातियों से मिलकर बनी है। अर्थात् क्षेत्र की दृष्टि से तथा प्रजातियों की दृष्टि से यह कानून काफी सीमित प्रभाव रखता है।

वन संरक्षण अधिनियम (1980)

यह कानून मूलतः इसलिए लाया गया था ताकि वन भूमि के 'गैर-वानिकी' कार्यों में आवंटन का नियमन किया जा सके। वन संरक्षण कानून उन सारे क्षेत्रों पर लागू होता है, जिन्हें सरकारी रिकॉर्ड में वन के रूप में दिखाया गया है। अतः इसके दायरे में सरकारी व निजी दोनों तरह के वन आते हैं। बम्बई हाईकोर्ट की गोआ बैंच ने हाल ही में एक फैसला दिया, जिसमें कहा गया है कि मात्र घोषित 'वन' ही नहीं वे क्षेत्र भी इस कानून के दायरे में आते हैं, जिन पर जंगल सदृश वनस्पति आच्छादन मौजूद हो।

वन संरक्षण कानून की आलोचना विकास विरोधी कह कर की गई है परन्तु तथ्य यह है कि इसी की बदौलत गैर वानिकी कार्यों में वन भूमि के उपयोग पर कारगर रोक लग पाई है। इसके चलते देश में जैव विविधता के विनाश की रफ्तार थमी है। यह सही है कि क्षतिपूर्ति वनीकरण के द्वारा जैव विविधता के विनाश को रोका नहीं जा सकता मगर कम-से-कम नए वनीकृत क्षेत्रों में जैव विविधता के विकास की गुंजाइश बनती है। मोनो कल्चर सम्बन्धी नियमादि हालाँकि प्राकृतिक रूप से संरक्षण का महत्त्व कम कर देते हैं मगर कम-से-कम इनका जैव विविधता के संरक्षण के लिहाज से कुछ सकारात्मक योगदान तो है ही। अनुमति देने हेतु कभी-कभी आरक्षित वन की सीमा नए सिरे से तय कर दी जाती है या ऐसे अधिकार आरक्षित वन के किसी एक हिस्से में दे दिए जाते हैं अथवा इन अधिकारों को वन बंदोबस्त अधिकारी के मार्फत लागू किया जाता है। वन बंदोबस्त अधिकारी अन्य बातों के अलावा 'वनोपज' ले जाने के अधिकार की निगरानी करता है तथा इस बात का ध्यान देता है कि अधिकारशुदा लोग 'वनोपज' की बिक्री या अदला-बदली करने के भी अधिकारी हैं या नहीं।

दूसरी तरफ संरक्षित वन (Protected Forest)में ऐसे अधिकारों के बारे में पूछताछ करके उन्हें रिकॉर्ड कर लिया जाता है। सरकार को यह अधिकार है कि किसी भी वन को संरक्षित वन घोषित कर दे मगर व्यक्तियों या समुदायों के मौजूदा अधिकारों में कोई रुकावट या कटौती नहीं होनी चाहिए। संरक्षित वनों में सरकार को यह घोषणा करनी होती है कि कौन सी प्रजातियाँ आरक्षित हैं या सम्बन्ध में कानून बनाना होता है कि कौन सी वनोपज आरक्षित है। यदि स्थानीय लोगों के अधिकार शेष जंगल से पूरे हो सकें, तो सरकार संरक्षित वन के कुछ हिस्से में इन अधिकारों पर रोक लगा सकती है। अर्थात् संरक्षित वन में किसी विशिष्ट वनोपज के संग्रहण, या उससे कुछ और बनाने आदि पर प्रतिबन्ध लगाने के लिए सरकार को तत्सम्बन्धी अधिसूचना जारी करनी होगी। इस तरह की अधिसूचना के बगैर संरक्षित वनों में जैव विविधता का कारगर प्रबंधन नहीं किया जा सकता। सरकार किसी भी भूमि को मात्र 'वन' घोषित करके उस पर लगे पेड़ों आदि के संरक्षण की व्यवस्था कर सकती है। अलबत्ता कुछ प्रांत सरकारों ने इस मकसद से निजी वन (अधिग्रहण) कानून भी पारित किये हैं। इन कानूनों के तहत कार्यवाही किसी जनहित के उद्देश्य से की जाती है, जैसे अधिनियम स्वास्थ्य, जल प्रदाय की सुरक्षा, पेड़ों की संरक्षण, भूमि सुधार वगैरह। भारतीय वन अधिनियम में यह प्रावधान भी है कि कोई भूस्वामी सरकार से यह अनुरोध कर सकता है कि सरकार उसकी जमीन का प्रबंधन संरक्षित या आरक्षित वन की तरह करे।

पर्यावरण (संरक्षण) अधिनियम, 1986

(Environmental (Conservation) Act, 1986)

पर्यावरण के संरक्षण और सुधार का और उनसे संबंधित विषयों का उपबन्ध करने के लिए अधिनियम संयुक्त राष्ट्र के मानवीय पर्यावरण सम्मेलन में जो जून, 1972 में स्टाकहोम में हुआ था और जिसमें भारत ने भाग लिया था, यह निश्चय किया गया था कि मानवीय पर्यावरण के संरक्षण और सुधार के लिए समुचित कदम उठाये जायें-

यह आवश्यक समझा गया है कि पूर्वोक्त निर्णयों को, जहाँ तक उनका सम्बन्ध पर्यावरण संरक्षण और सुधार से तथा मानवों, अन्य जीवित प्राणियों, पादपों और सम्पत्ति को होने वाले परिसंकट के निवारण है, लागू किया जाय;-

1. **संक्षिप्त नाम, विस्तार और प्रारम्भ**-(1)इस अधिनियम का संक्षिप्त नाम पर्यावरण (संरक्षण) अधिनियम, 1986 है।

(2) इसका विस्तार सम्पूर्ण भारत पर है।

(3) यह उस तारीख को प्रवृत्त होगा, जो केन्द्रीय सरकार राजपत्र में अधिसूचना द्वारा, नियत करें और इस अधिनियम के भिन्न-भिन्न उपबन्धों के लिए और भिन्न-भिन्न क्षेत्रों के लिए भिन्न-भिन्न तारीखें नियत की जा सकेंगी।

2. **परिभाषाएँ**- इस अधिनियम में, जब तक कि सन्दर्भ से अन्यथा अपेक्षित न हो-

(क) ''पर्यावरण'' के अन्तर्गत जल, वायु और भूमि है और वह अन्तर सम्बन्ध है जो जल, वायु और भूमि तथा मानवों, अन्य जीवित प्राणियों, पादपों और सूक्ष्मजीव और सम्पत्ति के बीच विद्यमान है।

(ख) ''पर्यावरण प्रदूषक'' से ऐसा ठोस, द्रव या गैसीय पदार्थ अभिप्रेत है, जो ऐसी सान्द्रता में विद्यमान है, जो पर्यावरण के लिए क्षतिकर हो सकता है या जिसका क्षतिकार होना सम्भाव्य है;

(ग) ''पर्यावरण प्रदूषण'' से पर्यावरण प्रदूषकों का विद्यमान होना अभिप्रेत है;

(घ) ''किसी पदार्थ के सम्बन्ध में, हथालना'' से अभिप्रेत है, ऐसे पदार्थ का विनिर्माण, प्रसंस्करण, अभिक्रियान्वयन, पैकेज, भण्डारकरण, परिवहन, उपयोग संग्रहण, द्विवनाश, संपरिवर्तन, विक्रय के लिए प्रस्थापना, अन्तरण या वैसी ही संक्रिया;

वन संरक्षण
(Forest Conservation)

वनों के विनाश से केवल विश्व के वर्षा चक्र में गड़बड़ी पैदा होने का भय ही नहीं होता, बल्कि इससे भी अधिक गंभीर खतरा धरती के आंतरिक वायुमण्डल की नाजुक रासायनिकी के टूटने का है। वन विनाश रोकने के लिये **विश्व संस्थान** ने संयुक्त राष्ट्र विकास कार्यक्रम और विश्व बैंक के साथ मिलकर 800 करोड़ की एक पंचवर्षीय योजना बनाई है। इस योजना का उद्देश्य (i) ईंधन की उपलब्धि, (ii) कृषि वानिकी को प्रोत्साहन, (iii) जल ग्रहण का नवीनीकरण, (iv) उष्ण कटिबंधीय वन प्रणाली का संरक्षण, (v) अनुसंधान प्रशिक्षण तथा (vi) प्रसार के लिए संस्थाओं को मजबूत बनाना है।

संयुक्त राष्ट्र द्वारा नियुक्त 'विकास और पर्यावरण आयोग' ने स्वीकार किया है कि अमीर देशों की जीवन प्रणाली और विकास की कल्पना के रहते हुए पर्यावरण की रक्षा नहीं हो सकती। विकास की अवधारणा में इस प्रकार का परिवर्तन किये बिना जिसमें संयम, सादगी और किफायत को सर्वाधिक महत्त्व दिए जाए, वन और दूसरे प्राकृतिक साधनों का संरक्षण असंभव हैं।

वनों के संरक्षण हेतु उपाय (Measures to Conserve the Forests)

1. **वन संरक्षण हेतु अधिनियम बनाना (To make Act for Forest Conversation)**- वनों की सुरक्षा हेतु विश्व के सभी देशों में अधिनियम बनाकर वृक्षों को काटे जाने पर पूर्ण पाबन्दी लगा देनी चाहिए। यदि कोई व्यक्ति इसकी अवहेलना करता है तो उसे कठोर दण्ड दिया जाना चाहिए।

2. **झूमिंग कृषि प्रणाली पर रोक लगाना (To Check the Jooming Agriculture)**–विरल जनसंख्या वाले क्षेत्रों में इस प्रकार की कृषि का प्रचलन पाया जाता है। आज भी संसार के कुछ अति पिछड़े क्षेत्रों में रहने वाली आदिम जातियों द्वारा यह कृषि पद्धति अपनायी जाती है। अत: इस कृषि प्रणाली पर प्रभावी रोक लगाकर लोगों को स्थायी कृषि के लिए सरकार द्वारा प्रोत्साहित करना चाहिए। इससे वनोन्मूलन को रोका जा सकता है।

3. **वनों की आग से सुरक्षा करना (To Protect from Forest Fire)**– वनों में आग लगने से एक बड़े क्षेत्र के वनों का पूर्णतया समाप्त हो जाना एक साधारण घटना है। अधिकांशत: ग्रीष्म ऋतु में उष्ण तथा शीतोष्ण कटिबंधीय वनों में आपसी रगड़ से आग लग जाती है जो कि सम्पूर्ण वन क्षेत्र को भस्मसात् कर देती है। इसके बचाव के लिये संयुक्त राज्य अमेरिका, कनाडा तथा अनेक पश्चिमी यूरोपयीन देशों में वनों के मध्य स्थान पर ऊँचे-नीचे निरीक्षण गृह बनाये जाते हैं तथा समय-समय पर वायुयानों द्वारा आग पर निगरानी रखी जाती है, जिससे समय रहते वायुयानों द्वारा रासायनिक पदार्थों का छिड़काव करके आग पर शीघ्र ही नियंत्रण कर लिया जाता है। अत: वन क्षेत्रों की आग से सुरक्षा करनी चाहिए।

4. **वृक्षों का न्यूनतम उपयोग करना (Minimum Use of Trees)**– औद्योगिक इकाइयों में प्रयुक्त की जाने वाली लकड़ी के उपभोग में कम से कम बर्बादी होनी चाहिए। इसके साथ-साथ कागज उद्योग में काम आने वाली लकड़ी के स्थान पर व्यर्थ कागज तथा चीथड़ों का उपयोग किया जाना चाहिए। वनों की विवेकपूर्ण कटाई द्वारा प्राप्त लकड़ी के अधिकतम उपयोग में इस प्रकार की वैज्ञानिक विधियों को प्रयुक्त किया जाना चाहिए, जिसमें वनों से प्राप्त लकड़ी की न्यूनतम बर्बादी हो। अत: वृक्षों के बहुमुखी उपयोग पर बल दिया जाना चाहिए जैसे हेमलॉक नामक वृक्ष की कटाई प्राय: लकड़ी के लिए की जाती है जबकि इसकी छाल का उपयोग टेनिन के उत्पादन के लिए भी किया जा सकता है।

5. **वनों का स्वामित्व (Ownership of Forests)**– निजी क्षेत्र के वनों के संरक्षण सम्बन्धी नियमों की खुलकर अवहेलना होती है क्योंकि इस प्रकार के वनों के मालिकों की दृष्टि में संरक्षण की अपेक्षा अधिक लाभ महत्त्वपूर्ण होता है। अत: निजी क्षेत्र के वनों का राष्ट्रीयकरण किया जाये अथवा उन पर संरक्षण नियमों को कड़ाई से लागू किया जाये।

वन्य जीव

(Wild Life)

समस्त विश्व में वन्य जीवों का संकट दिन-प्रतिदिन अधिक होता जा रहा है। अनेक पशु-पशिक्षों की प्रजातियाँ लुप्त हो चुकी हैं तथा कई दुर्लभ प्रजातियां लुप्त होने के कगार पर हैं। मनुष्य ने अपने निजी स्वार्थ हेतु पशुओं का असीमित शिकार कर उनका अस्तित्व ही संकट में डाल दिया है। दूसरी ओर नष्ट होते वन व पशुओं के प्राकृतिक आवास की समस्या ने भी उनके जीवन को संकटमय बना दिया है। संयुक्त राष्ट्र संघ की मानव पर्यावरण की कार्य योजना में वन्य जीवों के संरक्षण पर पर्याप्त ध्यान दिया गया है। राष्ट्रीय प्राकृतिक इतिहास संग्रहालय के अनुसार भारत

में स्तनधारियों की 83 प्रजातियाँ, पक्षियों की 113, सरीसृपों की 21, उभयचरों की 3 तथा मछलियों की 23 प्रजातियाँ लुप्त हो चुकी हैं। वन्य प्राणियों के संरक्षण हेतु निम्न उपाय अपनाए जा सकते हैं-

1. **वन्य प्राणी अधिनियम (Wild Life Act)**-अन्तर्राष्ट्रीय प्रकृति संरक्षण संगठन (International Union of Conservation of Nature and Natural Resources-IUCN) के अनुसार समस्त राष्ट्रों में पर्यावरण कानूनों की ऐसी समग्र प्रणाली बनाई जानी चाहिए कि मानव अधिकार महफूज रहें और भावी पीढ़ियों के हितों पर भी कुठाराघात न हो। भारत में वन्य जीवन का संरक्षण 1952 से 1972 तक राष्ट्रीय वन नीति के तहत होता था। 1972 में केन्द्रीय वन जीवन रक्षा अधिनियम बनाया गया, जो वर्तमान समय में सम्पूर्ण देश में प्रभावी है। इस अधिनियम के तहत उन प्राणियों का उल्लेख है, जो प्राकृतिक असन्तुलन के परिणामस्वरूप विलुप्ति के कगार पर थे, किन्तु संरक्षणात्मक उपायों के द्वारा सुरक्षित हैं। 1988 में राष्ट्रीय वन नीति बनाई गई तथा पर्यावरण सुरक्षा अधिनियम 1980 में सुधार किया गया।

2. **कृत्रिम संरक्षण (Artificial Conservation)**-विलुप्त हो रही जातियों को संरक्षित करने की आवश्यता है। यह संग्रहण ऐसे क्षेत्रों में प्रभावी होता है, जहाँ पहले वे नष्ट कर दिये गये हैं। यदि संग्रहीत जन्तुओं की संख्या अधिक है तो संग्रहण हानिकारक होता है। इसी प्रकार आस्ट्रेलिया में खरगोशों तथा संयुक्त राज्य अमेरिका में इंग्लिश गौरेया के संग्रहण के उपरान्त समस्या उत्पन्न हुई थी।

3. **आवास स्थल में सुधार (Improvement in Habitatas)**-प्राकृतिक आवास के रूप में वनावरण पाया जाता है, जिसे मानवीय हस्तक्षेप नष्ट कर दिया गया है। अत: इन विकृत आवास स्थलों में कृत्रिम तरीकों से सुधार आवश्यक है। प्रत्येक आवास स्थल की एक निश्चित धारण क्षमता होती है, जिसका निर्धारण उपलब्ध भोजन, आवरण, जल तथा अन्य जीवन आवश्यक वस्तुओं द्वारा है। प्रत्येक प्रजाति के जन्तुओं की आवश्यकतायें भिन्न-भिन्न होती हैं। अत: आवास स्थल में सुधार करते समय वहाँ पर पायी जाने वाली प्रजाति विशेष को मद्देनजर रखा जाना चाहिए।

4. **प्रतिबन्धित आखेट (Restricted Hunting)**- स्वतंत्र आखेट वहीं सम्भव है, जहाँ वन्य जीवों का उच्च घनत्व होने के साथ-साथ उच्च जनन दर भी हो। अत: वन्य जीवों के सन्तुलन को बनाये रखने के लिए आखेट को प्रतिबन्धित किया जाना चाहिए। वन्य जीव प्रकृति की जैव विविधता के अति-महत्त्वपूर्ण संघटक हैं। इसलिए संवेदनशील क्षेत्रों को प्रतिबन्धित किया जाना अति आवश्यक है।

5. **राष्ट्रीय उद्यान व वन्य अभयारण्यों की स्थापना**-प्रत्येक देश में राष्ट्रीय उद्यानों एवं अभयारण्यों की स्थापना कर वनस्पति एवं जीवो-जन्तुओं का संरक्षण किया जा रहा है।

भारत में वन एवं वन्य जीवों के संरक्षण की दिशा में किये गये कार्यों का संक्षिप्त विवरण इस प्रकार है-

वन एवं वन्य जीवों की सुरक्षा हेतु सरकार ने जो प्रयत्न किये हैं उनमें सर्वाधिक उल्लेखनीय है राष्ट्रीय उद्यानों एवं अभयारण्यों की स्थापना।

भारत के प्रमुख राष्ट्रीय उद्यान एवं वन्य जीव अभयारण्य निम्नलिखित हैं।

राष्ट्रीय उद्यान (National Parks)-

कार्बेट राष्ट्रीय उद्यान, नैनीताल (उ.प्र.), बान्धवगढ़ राष्ट्रीय उद्यान (म.प्र.) बाँदीपुर राष्ट्रीय उद्यान (कर्नाटक), दुधवा राष्ट्रीय उद्यान, लखीमपुर खेरी (उ.प्र.), इरविकुलम राजमल्ले राष्ट्रीय उद्यान, इदुक्की (केरल), गिर राष्ट्रीय उद्यान, जूनागढ़ (गुजरात), कान्हा किसली राष्ट्रीय उद्यान, मांडल एवं बालाघाट (म.प्र.), काजीरंगा राष्ट्रीय उद्यान, जोरहाट (असम), खगचन्द जेंदा राष्ट्रीय उद्यान, गंगटोक (सिक्किम), नागटकोल राष्ट्रीय उद्यान, कुर्ग (कर्नाटक), पेंज राष्ट्रीय उद्यान, नागपुर (महाराष्ट्र), नवेगाँव राष्ट्रीय उद्यान, कुलू (हि.प्र.), हजारीबाग राष्ट्रीय उद्यान, हजारीबाग (बिहार), टडोबा राष्ट्रीय उद्यान, चन्दपुर (महाराष्ट्र) वेल्वाडर राष्ट्रीय उद्यान, भावनगर (गुजरात) आदि।

वन्य जीव अभयारण्य-

बाँदीपुर (कर्नाटक), भद्रा, चिकमगलूर (कर्नाटक), चन्द्रप्रभा, वाराणसी (उ.प्र.), दचिगामा (जम्मू-कश्मीर), डाल्मा, सिंहभूमि (बिहार), डाम्प, ऐजल (मिजोरम), डंडली, धारवाड़ (कर्नाटक), गांधी सागर, मंदसौर (म.प्र.), गरमपनी, दिफ (असम), गौतम बुद्ध, गया (बिहार), हजारीबाग (बिहार), इटाग्नी, कोहिमा (नागालैण्ड), जलदापारा, जलपाईगुड़ी (प.बंगाल), कावल, आदिलाबाद (आन्ध्रप्रदेश), किन्नरसानी, खम्मान (आन्ध्रप्रदेश), मनास, बारपेटा (असम), मुदुमलाई, नीलगिरी (तमिलनाडु), सोमेश्वर, द. कनारा (कर्नाटक), पंचमढ़ी, होशंगाबाद (म.प्र.), परवाल, वारंगल (आन्ध्रप्रदेश), पेरियार, इदुक्की (केरल), रणथम्भौर, सवाई माधोपुर (राजस्थान), शिकारी देवी, मण्डी (हि.प्र.), सिमलीपाल, मयूरगंजि (उड़ीसा), सोनाईरूपा, तेजपुर (असम), तनसा, थाने (महाराष्ट्र), तुंगभद्रा, बेलोरी (कर्नाटक), आदि।

इसके अतिरिक्त पक्षी विहारों में घना, भरतपुर (राजस्थान), रंगाथिट्टू (मैसर), वेदा तलंग, चिंगलपुर (तमिलनाडु), मालापट्टी, नेल्लोर में स्थापित किये गये हैं। इसी प्रकार 'प्रोजेक्ट टाइगर' रिजर्व है मानस (असम), पलामू (बिहार), सिमलीपाल (उड़ीसा), कार्बेट (उ.प्र.), मेलाघाट (महाराष्ट्र), बान्दीपुर (कर्नाटक), सुन्दर वन (प.बं.), रणथम्भौर (राजस्थान), आदि।

जंगली जीवों का निरन्तर विनाश हो रहा है तथा अनेक जीवों की प्रजातियाँ विलुप्त होती जा रही हैं। इस सम्बन्ध में वन्य प्राणी संरक्षण अधिनियम, 1972 लागू किया गया है, जिसके अनुसार वनों में शिकार करना अथवा वन्य जीवों को हानि पहुँचाना कानूनी अपराध है। वन्य प्राणियों की रक्षा एवं उनकी प्रजातियों में विकास हेतु सरकार शोध कार्य को भी प्रोत्साहन दे रही है। वन एवं वन्य जीवों के संरक्षण में वर्तमान में केन्द्रीय सरकार के अतिरिक्त राज्यों की सरकारें भी पर्याप्त ध्यान दे रही हैं। अपने-अपने राज्यों में सुरक्षित वन क्षेत्रों एवं वन्य जीवों के संरक्षण

की योजना वन एवं पर्यावरण मन्त्रालय के सहयोग से क्रियान्वित की जा रही है। इससे निस्सन्देह इस दिशा में प्रगति हो रही है।

बहुत लम्बे अर्से तक निरन्तर गुलाम रहकर 1947 में स्वतंत्रता की श्वांस में जीने का हक हमारे देशवासियों को प्राप्त हुआ। यह शुभ स्वतंत्रता दिवस करोड़ों नरी-नारी ने कंधे से कंधा जोड़कर समर्पण की भावना का श्रेष्ठतम प्रदर्शन कर देश सेवा का अवसर प्राप्त हुआ। भारतीयों द्वारा भारत के लिए संविधान सन् 1950 में स्वीकार किया गया। संविधान का प्रमुख आधार सामाजिक, आर्थिक एवं राजनीतिक न्याय प्रदान करने की व्यवस्था ही है। नये संविधान के साथ देश की आर्थिक उन्नति व आत्म-निर्भरता हेतु औद्योगीकरण की लहर भारत में भी आई। पंचवर्षीय योजनाएं मिश्रित अर्थ-व्यवस्था एवं आधारभूत उद्योगों की स्थापना द्रुतगति से प्रारंभ हुई। औद्योगीकरण की कई विशिष्टताएं अपने में समेटे हुए है। आधुनिक युग की एक विशेषता पर्यावरण प्रदूषण भी है- जो केवल वर्तमान के लिए ही नहीं बल्कि भविष्य में दुष्परिणाम मालूम पड़ते हैं। जब परिणाम सामने आते हैं तब तक देरी हो चुकी होती है। रसायनों के उपयोग के बिना उद्योगों की कल्पना ही नहीं की जा सकती। कोई भी उद्योग ऐसा नहीं है जो रसायनिक उत्पादनों में किसी-न-किसी रूप से जुड़ा न हो। उद्योगों एवं रासायनिक प्रयोग, निश्चित रूप से पर्यावरण को बुरी तरह से प्रभावित करते ही जा रहे हैं। भारत में शहरीकरण भी द्रुतगति से होता ही जा रहा है। शहरीकरण का प्रमुख कारण जनसंख्या की द्रुतगति से वृद्धि व गरीबी है, जिसके फलस्वरूप पर्यावरण दूषित हो रहा है। देश को विकास की ओर अग्रसर करने से ही से समस्याएं सुलझ सकती श्हैं। उद्योगों के प्रबंधकीय स्तर पर प्रदूषण वृद्धि के कारणों से अवगत होकर उसे कुप्रभावों को कम किया जा सकता है।

प्रदूषण व पर्यावरण की समस्या केवल राष्ट्रीय ही नहीं बल्कि अन्तर्राष्ट्रीय है। विभिन्न राष्ट्रों की अपनी-अपनी समस्याएं हैं जो भिन्नता को लिये हुए हैं। अत: विभिन्न राष्ट्रों की स्थिति पर्यावरण के संबंध में एकरूपता लिए हुए नहीं हैं तो किसी प्रकार समाधान सभी राष्ट्रों के लिए उपयुक्त नहीं हो सकता। अत: आधुनिक औद्योगीकरण व नगरीकरण के फलस्वरूप प्रदूषण निरन्तर खराब होते हुए देखकर देश में शिक्षित लोगों ने इस जहरीले सांप रूपी प्रदूषण के प्रतिकूल आवाज बुलन्द की है यद्यपि प्रदूषण के लिए गरीब व गंदी बस्तियों में रहने वाले लोगों द्वारा भी निर्मित है। आज देश के छोटे-से-छोटे कस्बे से लेकर सभी प्रकार के नगर एवं महानगरों प्रदूषण तथा पर्यावरण संरक्षणता की विकट समस्या बनी हुई है। स्वतंत्र भारत में प्रदूषण व पर्यावरण के संबंध में देश की संसद व प्रांतो की विधानमंडल ने कानूनी प्रावधान इनकी सुरक्षा हेतु निर्मित किए हैं। दुर्भाग्य इस बात का है कि देशवासी पर्यावरण कानूनों के बारे में अनभिज्ञ है। संविधान में प्रदत्त मूल अधिकारों के बारे में भी चिन्तित नहीं है तो भला मूल कर्तव्यों को सदैव दृष्टि में रखते हुए उसकी अनुपालना हदय से करने की बात तो एक कल्पना जैसी ही प्रतीत होती है। शहरों में आकर बसनें वाले गरीब व निम्न मध्य श्रेणी के लोग प्रदूषित क्षेत्रों मे रहना अपने आपको गौरवान्वित समझते हैं। लेकिन देश की मांग है कि जनसाधारण पर्यावरण के महत्त्व के संबंध में जागरूकता, उसके सुधार हेतु आवश्यक है कि सामान्य व कानूनी बातों से जनसाधारण को विभिन्न साधनों से शिक्षित किया जाय। आज हम 21 वीं

शताब्दी में प्रविष्ट होने की बात सोच रहे हैं जबकि आज भी निर्धनता व अंधविश्वास का प्रभुत्व देश पर छाया हुआ है। ये आर्थिक व सामाजिक मुद्दे हो सकते हैं परन्तु यह लोगों के प्राकृतिक न्याय की समस्या से भी संबंधित हैं, जो वैयक्तिक या सामूहिक दोनों प्रकार का हो सकता है। आज देश में वैधानिक ही नहीं बल्कि प्रशासनिक सुधार हो रहे हैं, इससे स्पष्ट है कि सरकार के इस मुद्दे पर अत्यधिक चिन्तिन होने से स्पष्ट होता है कि कार्यपालिका एवं न्यायपालिका दोनों ही इसको गंभीरता से ले रहे हैं। जनसंख्या की वृद्धि के फलस्वरूप निर्धनता का प्रभुत्व व अन्धविश्वास में विश्वास की स्थिति प्रगति के साथ बदलने लगी हो, ऐसा प्रतीत नहीं होता। न्यायपालिका की सक्रियता का होना, अच्छी आशा है, परन्तु मक्खन की प्राप्ति हेतु मंथन भी आवश्यक है। उसी प्रकार प्रदूषण के दुष्परिणामों से भी तब तक नहीं बचा जा सकेगा, जब तक कि कोई निरन्तर व सक्रिय कार्यवाही उसके रोकने के संबंध में न कि जायेगी, तथा कार्यवाही को समझने हेतु जनसाधारण को अज्ञानता से दूर करने के प्रक्रियात्मक एवं सुधारात्मक उपाय नहीं किये जायेगें।

कोई भी व्यक्ति या समाज अपने स्वास्थ्य को तब तक ठीक नहीं रख सकता जब तक उसका वातावरण शुद्ध न हो और उस वातावरण के अन्तर्गत स्वास्थ्य संबंधी नियमों का पालन कठोरता से न होता रहे। व्यक्तिगत एवं सार्वजनिक स्वास्थ्य दोनो ही स्वस्थ राष्ट्रीय जीवन के लिए आवश्यक हैं, परन्तु ये एक-दूसरे के ऊपर आश्रित हैं। स्वस्थ नागरिक राष्ट्र की एक अमोल सम्पत्ति है। भारत जैसे विशाल जनतंत्रीय राष्ट्र के प्रत्येक नागरिक का पुनीत कर्त्तव्य है कि वह स्वास्थ्य को बिगाड़ने वाले कारकों का निदान करते हुए सहयोग भावना से प्रेरित होकर अपनी समस्याओं को स्वयं हल करने की क्षमता प्राप्त करे ताकि व्यक्ति, समाज एवं सरकार सामूहिक रूप से जिम्मेदारी से उपचार कर सकें। आज देश में अत्यधिक स्वास्थ्य सेवाओं के विस्तार होने के उपरांत भी बीमारियां बढ़ रही हैं। देश के लिए स्वास्थ्य-योजना बनाने वालों के लिए विभिन्न बीमारियां एक चुनौती बनी हुई हैं। देशवासियों को स्वस्थ रखना केवल इस बात पर निर्भर नहीं करता कि डॉक्टरों एवं अस्पतालों की संख्या में वृद्धि कर दी जाय। जनसंख्या वृद्धि के फलस्वरूप प्रतिवर्ष हम एक नये हरियाण को जन्म दे रहे हैं। हम इस द्रुतगति से बढ़ती हुई जनसंख्या को शुद्ध जल नहीं दे पा रहे हैं। संसार की 80 प्रतिशत बीमारियाँ अशुद्ध पानी के फलस्वरूप ही होती हैं। अत: हमें व्यक्तिगत एवं सार्वजनिक स्वास्थ्य को ठीक रखना है तो चिकित्सक एवं अस्पतालों की संख्या में वृद्धि करने की बजाय पीने के पानी के नलों में जनसंख्या के अनुरूप वृद्धि करना अपेक्षाकृत अधिक उपादेय सिद्ध होगा। हम शहरी गंदे नालों व अन्य अस्वस्थकारी नालों आदि पर नियंत्रण करते हुए पेट की कब्ज व अन्य भयंकर बीमारियों से बच सकते हैं।

स्वास्थ्य व गरीबी

बाल मृत्यु दर में वृद्धि का कारण गरीबी, अनचाहे बच्चे, कुपोषण एवं शुद्ध जल की पूर्ति न करवाना प्रमुख हैं। जनसंख्या की वृद्धि स्वास्थ्य को प्रभावित करने वाले कारक में एक कारका स्त्री भी है। केरल में स्त्रियों के सचेत होने से जनसंख्या वृद्धि कम है तो मृत्यु दर भी कम है।

यदि राष्ट्रीय पर्यावरण व पोषण के स्तर में वृद्धि की जाये तो स्वास्थ्य-सेवा पर बिना खर्च किये भी व्यक्तिगत एवं सार्वजनिक स्वास्थ्य ठीक बना रह सकता हैं। आज अशुद्ध पीने के पानी

के फलस्वरूप होने वाली विभिन्न बीमारियां, जैसे दस्त रोग का इलाज करना वह भी प्राथमिक स्वास्थ्य केन्द्र द्वारा, उसी प्रकार से है जैसे हिन्द महासागर को एक चम्मच की सहायता से खाली करना है क्योंकि देश में बढ़ती हुई जनसंख्या के अनुरूप इतने प्राथमिक स्वास्थ्य केन्द्रों की स्थापना मुश्किल प्रतीत होती है। हमें स्वयं इसके बारे में अपना उत्तरदायित्व समझते हुए विभिन्न बीमारियां जैसे दस्त रोग, मलेरिया, मेलिगनेंट (भयंकर) मलेरिया जैसी बीमारियां जो अशुद्ध पानी के फलस्वरूप होती हैं, उसके लिए सचेत रहें ताकि उन पर काबू पाया जा सके।

वनों के नष्ट करने की समस्या को गंभीरता से लेते हुए हमें शैक्षिक कार्यक्रमों की व्यूह-रचना करने की महती आवश्यकता है। उन कार्यक्रमों के अन्तर्गत वनों के आस-पास रहने वाले समाज को सामाजिक कार्यक्रमों के संगठन व संचालन कर उन्हें वनों से लाभ एवं परम्परागत हमारे नाते-रिश्तों के संबंध में अवबोधन कराने का सफल प्रयास करें। जंगलों को समाप्त करने से वर्तमान एवं भविष्य में होने वाले भयंकर आर्थिक, सामाजिक एवं व्यक्तिगत खतरों के बारे में अवगति प्रदान कर उनमें रुचि एवं अभिवृत्तियों का सफलता से विकास करें कि वे वनों से भावात्मक सहसंबंध स्थापित कर सकें।

अनौपचारिक प्रौढ़ शिक्षा केन्द्रों एवं विस्तार सेवा के माध्यम से विभिन्न प्रकार की सामाजिक प्रवृत्तियों में ग्रामीण जनता को संलग्न कर वनों के महत्त्व के बारे में शिथिल किया जाना अधिक उपादेय सिद्ध हो सकता है। वन, पेड़ एवं वन-जीवों की सुरक्षा एवं संरक्षण के बारे में समय-समय पर केन्द्रीय एवं राज्य सरकारों द्वारा पारित अधिनियम एवं कानूनी प्रावधानों तथा संविधान में प्रदत्त अधिकार और कर्त्तव्यों के बारे में ग्रामीण जनता को अवगत कराया जाये। इसके साथ-ही-साथ खेती के विभिन्न आयामों एवं पेड़ों से होने वाले आर्थिक लाभ की ओर 'विस्तार सेवा' तथा सामाजिक संस्थाओं के द्वारा आयोजित कार्यक्रम के माध्यम से ध्यान आकर्षित किया जाये।

जंगलों को सुरक्षित रखने से भूमि, जल-प्रदूषण से बचाव, चरागाह का विकास आदि प्रमुख बातों को ग्रामीण समाज हेतु प्रदर्शनियां लगाकर प्रोजेक्ट से स्लाइड्स एवं चल-चित्रों के माध्यम से एवं अनौपचरिक तथा औपचारिक बैठकें प्रौढ़ एवं विस्तार सेवा के माध्यम से सम्पन्न करनी चाहिए। ग्रामीण जनता को शिक्षित करना चाहिए कि कृषि की तुलना में फल, सब्जी आदि को अधिक क्षेत्र-फल पर उगाने से अपेक्षाकृत आय अधिक होगी और पेड़ भी सुरक्षित रहेंगे। ग्रामीण समाज को सुधरी हुई तकनीकी का उपयोग करने हेतु सहयोग एवं उत्प्रेरण दी जाये। ढलान को समतल कर उपजाऊ भूमि बढ़ाने एवं बढिया बीज एवं खाद का आवश्यकतानुसार उपयोग करने के ढंग बताये जाने से आमदनी भी बढ़ेगी और खेतों की सुरक्षा भी होगी। वनों के विस्तार हेतु ग्रामीण महिलाओं के विभिन्न संगठनों एवं समाज-सुधार के संगठनों का अधिक पेड़ लगाने में सहयोग प्राप्त करने का सफल प्रयास किया जाये।

12

पर्यावरण है तो हम हैं

पर्यावरण की विभिन्न परिस्थितियाँ जो सजीवों को प्रत्यक्ष (Direct) या परोक्ष (Indirect) रूप से प्रभावित करती हैं, उन्हें **पर्यावरणीय कारक** (Environmental factors) कहते हैं। सजीवों तथा उनके पर्यावरण के मध्य पारस्परिक सम्बन्धों के अध्ययन को **पारिस्थितिकी** (Ecology) कहते हैं। पर्यावरण अजैविक तथा जैविक कारकों (Abiotic and biotic factors) से बना होता है। समस्त पर्यावरणीय कारक एक-दूसरे के साथ अन्त: क्रिया (Interaction) करते रहते हैं अर्थात् ये कारक अन्योन्याश्रित (Interdependent) होते हैं, इन्हें एक-दूसरे से अलग नहीं किया जा सकता है। समस्त पर्यावरणीय कारकों को दो श्रेणियों में विभाजित किया जा सकता है-

1.अजैविक कारक (Abiotic factors)

2.जैविक कारक (Biotic factors)

1. अजैविक कारक (Abiotic factors)

पर्यावरण के उन समस्त निर्जीव कारकों को जो सजीवों को किसी न किसी रूप में प्रभावित करते हैं, अजैविक कारक (Abiotic factors) कहते हैं। पादप एवं जन्तुओं का

वितरण मुख्तया इन्हीं कारकों द्वारा नियंत्रित होता है। अजैविक कारकों को निम्न श्रेणियों में विभाजित कर सकते हैं-

(1) जलवायुवीय कारक (Climatic factors)

(2) मृदीय कारक (Edaphic factors)

(3) स्थलाकृतिक कारक (Topographic factors)

(1) जलवायुवीय कारक (Climatic factors)

वायुमण्डल (Atmoshphere) में पाये जाने वाले वे सभी कारक जो सजीवों को प्रभावित करते हैं, जलवायुवीय कारक कहलाते हैं। मुख्य जलवायुवीय कारक निम्नलिखित हैं-

(i) प्रकाश (Light)

(ii) ताप (Temperature)

(iii) वायु (Wind)

(iv) वायुमण्डलीय आर्द्रता (Atmospheric humidity)

(v) वर्षण (Precipitation)

(vi) वायुमण्डलीय गैसें (Atmospheric gases)

(i) प्रकाश (Light)

विद्युत चुम्बकीय विकिरणों के स्पेक्ट्रम के दृश्य भाग को प्रकाश कहते हैं। यह एक जटिल वातावरणीय कारक है। 390nm से 760nm परास तक के तरंग दैर्ध्य विकिरणों को **दृश्य प्रकाश** कहते हैं। प्रकाश विभिन्न तरीकों से सजीवों को प्रभावित करता है। हरे पादप सूर्य के प्रकाश एवं जल की उपस्थिति में CO_2 का उपयोग कर कार्बोहाइड्रेट्स का निर्माण करते हैं। जल का प्रकाश की उपस्थिति में ही जलीय अपघटन होता है।

प्रकाश की आवश्यकता के आधार पर पादपों को दो वर्गों में बांटा गया है-

(a) हिलीयोफाइट्स या प्रकाश प्रिय (Heliophytes)- ये खुली धूप में उगते हैं।

(b) सीयोफाइट्स या छाया प्रिय (Sciophytes)- ये छाया में उगते हैं। प्रकाश के द्वारा ही पादपों एवं वायुमण्डल के बीच CO_2 तथा O_2 का सन्तुलन बना रहता है। रन्ध्रों का खुलना एवं बन्द होना भी प्रकाश की ही देन है। प्रकाशावधि, पादपों में पुष्पन की क्रिया को नियमित करती है। इस क्रिया को दीप्तिकालिता (Photoperiodism) कहते हैं। बीजों का अंकुरण, नवोदभिद् (Seedling) की वृद्धि, कलिकाओं का खिलना एवं प्ररोह (Shoot) की वृद्धि प्रकाश के द्वारा ही प्रभावित होती है। पत्तियों का आकार तथा शाखाओं की संख्या में वृद्धि

भी प्रकाश के द्वारा होती है। अधिक ऊँचाई पर (पर्वतों) प्रकाश में पराबैंगनी विकिरणों की मात्रा अधिक होने के कारण वहाँ पर पाये जाने वाले पौधे छोटे एवं बहु-शाखित होते हैं।

(ii) ताप (Temperature)

सजीवों की रचना एवं उनमें होने वाली समस्त जैविक क्रियाओं पर ताप का प्रभाव पड़ता है। तापक्रम के एक निश्चित परास में ही पौधों की वृद्धि एवं जनन सम्भव है। धरातल से पर्वतों के शिखर तक जाने पर वनस्पति में भिन्नता पाई जाती है। प्रत्येक जीव समुदाय के लिये तापक्रम की न्यूनतम एवं अधिकतम सीमा होती है, जिसे उस समुदाय की सहनशीलता की सीमा (Range of Tolerance) कहते हैं। भूमध्य रेखा पर तापक्रम उच्च होता है तथा उत्तरी व दक्षिणी ध्रुवों की ओर अग्रसर होने पर तापमान में क्रमशः गिरावट आती जाती है। अतः तापमान के आधार पर वनस्पति विभिन्न प्रकार की हो सकती है, जैसे- अल्पाइन वनस्पति, शंकुधारी वन, पर्णपाती वन, शीतोष्ण वन, उष्णकटिबन्धीय वन आदि। तापक्रम के आधार पर वनस्पति को निम्न श्रेणियों में विभक्त किया जाता है-

	वनस्पति का प्रकार	तापक्रम की स्थिति	तापक्रम श्रेणी
1.	अल्पाईन वनस्पति (Alpine vegetation)	अत्यधिक न्यून तापक्रम	हेकिस्टोथर्म (Hekistotherm)
2.	मिश्रित शंकु वन (Confierous forest)	न्यून ताप	न्यूनतापी (Microtherms)
3.	उष्णकटिबन्धीय मध्यतापी पर्णपाती वन (Tropical deciduous forest)	एकान्तर क्रम में	मध्यतापी (Mesotherms)
4.	उष्णकटिबन्धीय वर्षा वन (Trophical rain forest)	पूरे वर्ष उच्च ताप	उच्चतापी (Megatherms)

बीजों के अंकुरण, कलिका प्रस्फुटन, वृद्धि, पुष्पन, फलों एवं बीजों के पकने के लिये उचित तापमान की आवश्यकता होती है। निम्न ताप द्वारा पुष्पन की क्रिया को प्रेरित (Stimulate) किया जा सकता है, जिसे **बसन्तीकरण** (Vernalization) कहते हैं। उच्च तापमान पर पादपों में वाष्पोत्सर्जन की दर बढ़ जाती है। तापमान के आधार पर विश्व के जन्तुओं को दो वर्गों में बांटा गया है-

(a) यूरिथर्मस (Eurythermous)- तापमान की अत्यधिक विभिन्नता को सहन करने वाले। उदाहरण-पक्षी, मनुष्य आदि।

(b) स्टिनोथर्मस (Stenothermous)- तापमान की अत्यधिक विभिन्नता सहन नहीं करने वाले। उदाहरण- आर्किटिक मछली।

(iii) वायु (Wind)

यह वायुमण्डल का एक महत्वपूर्ण कारक है जो मैदानी भागों, समुद्र के किनारों तथा ऊँचें पर्वतों पर जीवों को प्रभावित करता है। वायु ध्रुवों से विषुवत रेखा की ओर बहती है क्योंकि विषुवत् रेखीय क्षेत्रों में अन्य क्षेत्रों की अपेक्षा वायुदाब कम होता है। वायु की गति पादपों के वाष्पोत्सर्जन से सीधे सम्बन्धित होती है। यह परागकणों, बीजों एवं फलों के प्रकीर्णन में भी सहायक होती है।

1. तेज हवा से वृक्षों की मूल आकृति बिगड़ जाती है तथा शाकीय पौधों में स्थूलोणोत्तक का निर्माण होता है। वायु के तेज वेग से भूमि की ऊपरी उपजाऊ मृदा (Top soil) उड़ जाती है जिससे यह पादपों के लिये अनुपयुक्त हो जाती है।

2. वायु वेग से वाष्पोत्सर्जन की दर बढ़ने के कारण पादपों में जल की कमी से शुष्कन हो जाता है। तेज हवाओं के प्रभाव से पौधे बौने रह जाते हैं।

(iv) वायुमण्डलीय आर्द्रता (Atmospheric humidity)

वायुमण्डल में उपस्थित अदृश्य वाष्प को **आर्द्रता** (Humidity) कहते हैं। एक निश्चित ताप पर वायुमण्डल में उपस्थित जलवाष्प की कुल मात्रा तथा उसी ताप पर वायुमण्डल को संतृप्त करने के लिये आवश्यक जलवाष्प की कुल मात्रा के अनुपात को **आपेक्षिक आर्द्रता (Relative humidity)** कहते हैं।

वायुमण्डल में आर्द्रता की अधिकता से जीवाणुओं, कवकों आदि द्वारा होने वाले रोगों में बढ़ोतरी होती है। अपुष्पी पादपों (Crypotgams) की उच्च आर्द्रता की उपस्थिति में तेजी से वृद्धि होती है।

कुछ पादपों जैसे- ऑर्किडस के लिये जल का मुख्य स्रोत वायुमण्डल में उपस्थित आर्द्रता ही है। यह पादपों में वाष्पोत्सर्जन की दर को भी अत्यधिक प्रभावित करती है। सूर्य के प्रकाश की तीव्रता, वायुमण्डलीय आर्द्रता से कम हो जाती है।

(v) वर्षण (Precipitation) - किसी क्षेत्र की मृदा में जल की मात्रा का निर्धारण वर्षा से होता है। प्रकृति में पाये जाने वाले समस्त जीवों को जल वृषण से प्राप्त होता है। इस प्रकार पृथ्वी की सतह और वायुमण्डल के मध्य जल का आदान-प्रदान होता है, जिसे **जल चक्र (Hydrological cycle)** कहते हैं। वायुमण्डल में उपस्थित जलवाष्प संघनित होकर पृथ्वी पर वर्षण के रूप में उपलब्ध होता है। भौगोलिक स्थिति के अनुसार पृथ्वी के विभिन्न क्षेत्रों में

वर्षण की मात्रा भिन्न-भिन्न होती है। वर्षण की क्रिया विभिन्न रूपों जैसे- वर्षा (Rain), ओले (Hail), ओस (Dew), वृष्टि (Sleet) आदि में होती है। इन रूपों में से वर्षा सर्वाधिक महत्वपूर्ण रूप है। किसी क्षेत्र में वनस्पति का प्रकार वहाँ की वार्षिक वर्षा निर्धारित करती है। वर्ष भर भारी वर्षा होने वाले उष्णकटिबन्धीय क्षेत्रों में मुख्यतया सदाबहार वन (Everngreen forest), सर्दियों में भारी वर्षा और गर्मियों में कम वर्षा वाले क्षेत्रों में स्किलीरोफिलस वन (Sclerophyllous forest), ग्रीष्म में अधिक व सर्दियों में कम वर्षा वाले क्षेत्रों में घासस्थल (Grassland) तथा वे क्षेत्र जहाँ वर्षा वर्षपर्यन्त कम होती है वहाँ रेगिस्तान (Desert) एवं मरूद्भिद् (Xerophyte) वनस्पति पायी जाती है।

शिम्पर (Schimper, 1903) ने जल के महत्व के आधार पर पादपों को तीन श्रेणियों में विभक्त किया है-

(a) जलोद्भिद (Hydrophytes)- जल में रहने वाले पादप।

(b) समोद्भिद (Mesophytes)- सामान्य वातावरण में रहने वाले पादप।

(c) मरूदभिद् (Xerophytes)- जल की कमी वाले वातावरण में रहने वाले पादप

(vi) वायुमण्डलीय गैसें- (Atmospheric Gases)

पृथ्वी की सतह से लगभग 300 किमी. ऊपर तक विभिन्न गैसों का एक आवरण पाया जाता है। इस आवरण में विभिन्न गैसें एक निश्चित अनुपात में पायी जाती हैं। इनमें नाईट्रोजन- 78 प्रतिशत, ऑक्सीजन -21प्रतिशत, कार्बन डाईऑक्साई -0.03 प्रतिशत तथा जलवाष्प- 0.1 प्रतिशत होती है। गैसों के अतिरिक्त धुआँ, धूल के कण, सूक्ष्म जीव, परागकण, कवक, बीजाणु तथा औद्योगिक गैसे जैसे- SO_2, CO, H_2S, NH_3 आदि भी पायी जाती हैं।

(2) मृदीय कारक (Edaphic Factors)

भूमि की सतह की सबसे ऊपरी परत को **मृदा** (Soil) कहते हैं। इसका निर्माण चट्टानों से अपक्षय (Weathering) तथा सजीवों के अपघटन से बनी ह्यूमस (Humus) से मिलकर होता है। मृदा का अध्ययन **पीडोलोजी** या **मृदा विज्ञान** (Pedology) कहलाता है। स्थलीय पादपों के स्थिरीकरण (Fixation) तथा जल व खनिज पोषकों के अवशोषण के लिये मृदा अति आवश्यक है। भौतिक, रासायनिक तथा जैविक कारकों द्वारा चट्टानों के अपक्षय से मृदा का निर्माण निरन्तर होता रहता है। ह्यूमस का निर्माण भूमि की ऊपरी सतह पर अधिक तथा गहराई से कम होता है, अत: यदि भूमि की लम्बवत् काट को देखा जाये तो मृदा के विभिन्न स्तर दिखाई देते हैं। मृदा की इस स्तरीय रचना को **मृदा परिच्छेदिका** (Soil profile) कहते हैं।

मृदा के विभिन्न स्तरों को संस्तरण (Horizon) कहते हैं। ये निम्न प्रकार के हैं-

(i) O **स्तर (O-Horizon)**- यह भूमि की सतह से ऊपर पाया जाने वाला वह स्तर है जिसमें कूडा करकट या आंशिक अपघटित कार्बनिक पदार्थ पाये जाते हैं।

(ii) A- स्तर (A- Horizon)- ह्यूमस की अधिकता वाला यह स्तर भूमि की सतह के ठीक नीचे पाया जाता है। बारीक खनिज कणों एवं ह्यूमस की अधिकता के कारण इसका A_1- उपस्तर गहरे रंग का होता है तथा बड़े खनिज कणों व ह्यूमस की कम मात्रा के कारण A_2 उपस्तर हल्के भूरे रंग का होता है।

(iii) B-स्तर (B-Horizon)- A स्तर के नीचे पाये जाने वाले इस स्तर में कार्बनिक पदार्थ प्रचुर मात्रा में होते हैं।

O , A व B -स्तर को सम्मिलित रूप से ऊपरीमृदा (Top soil) कहते हैं तथा A व B को खनिज मृदा (Mineral soil) या सोलम (Solum) कहते हैं।

(iv) C- स्तर (C-Horizon) – यह स्तर अपूर्ण अपक्षयित (Incomplete weathered) चट्टान का बना होता है। इस स्तर को अवमृदा (Sub-Soil) भी कहते हैं।

(v) R- स्तर (R-Horizon)- यह स्तर चट्टानों का बना होता है।

मृदा परिच्छेदिका के विभिन्न स्तर

मृदा के मुख्य घटक (Main components of soil)–मृदा के मुख्य घटक इस प्रकार है–

a. **खनिज पदार्थ (Mineral Matter)**- मृदा कणों के परिमाप के आधार पर ये निम्न प्रकार के होते हैं–

कणों के प्रकार (Name of Particles)	कणों का व्यास (Diameter of Particles)
(i) चिकनी मिट्टी (Clay Soil)	0.002 mm से कम
(ii) गाद (Silt)	0.002–0.02 mm
(iii) बारीक बालू (Fine Sand)	0.02–0.20 mm
(iv) मोटी बालू (Coarse sand)	0.20–2.0 mm
(v) बजरी (Gravel)	2.0 mm से अधिक

बालू, चिकनी व गाद के कणों को बराबर अनुपात में मिलाने पर सबसे अधिक उपजाऊ दोमट मिट्टी (Loamy soil) का निर्माण होता है।

b. **मृदा जल (Soil water)**- मृदा जल का मुख्य स्रोत वर्षा है। यह निम्न रूपों में पाया जाता है–

(i) **केशिका जल (Capilliary water)**- मृदा कणों के मध्य स्थित स्थलों में पाये जाने वाले जल को **केशिका जल** कहते हैं। पादपों के लिए यह जल अति महत्वपूर्ण है।

(ii) **आर्द्रता ग्राही जल (Hydroscopic water)**- मृदा कणों के चारों ओर पतली परत के रूप में पाये जाने वाले जल को आर्द्रता ग्राही जल कहते हैं।

(iii) **रासायनिक या आबंधित जल (Chemical or combined water)**- मृदा कणों में विभिन्न रासायनिक यौगिकों से जुड़े जल को रासायनिक या आबंधित जल कहते हैं।

(iv) **गुरुत्वीय जल (Gravitational water)**- गुरुत्वाकर्षण बल के कारण अति गहराई में पाये जाने वाले जल को गुरुत्वीय जल कहते हैं।

पादप केवल कशिका जल का ही उपयोग कर सकते हैं। गुरुत्वीय जल के अतिरिक्त मृदा में उपस्थित जल को क्षेत्र क्षमता (Field Capacity) तथा गुरुत्व बल के विपरीत केशिका में रह जाने वाले जल को **जल धारण क्षमता** (Water holding capacity) कहते हैं।

मृदा जल के प्रकार

c. **मृदा वायु (Soil air)**- मृदा कणों के मध्य स्थित रन्ध्र स्थलों में जल व वायु भरा होता है। मृदा वायु जड़ों के श्वसन के लिए अति आवश्यक है। मृदा में वायु की कमी से पोषक व जल अवशोषण की दर धीमी हो जाती है।

d. **मृदा जीव (Soil organism)**- मृदा में पाये जाने वाले विभिन्न जीव जैसे-शैवाल, नील-हरित शैवाल, लाइकेन, जीवाणु, कवक आदि विभिन्न जटिल कार्बनिक पदार्थों का सरल यौगिकों में विघटन कर देते हें। जिससे मृदा की उर्वरता बढ़ती है।

e. **कार्बनिक पदार्थ या ह्यूमस (Organic matter or humus)**- भूमि की सतह पर सूखे, मृत, कूड़ा-करकट को **लीटर** (Litter) कहते हैं तथा इनके आंशिक अपघटित भाग को **डफ** (Duff) कहते हैं। सूक्ष्मजीवों की अपघटनी क्रियाओं के फलस्वरूप ह्यूमस (Humus) का निर्माण होता हे।

* सड़े-गले मृत भागों में ह्यूमस में परिवर्तन ह्यूमीफिकेशन (Humification) तथा ह्यूमस का खनिज लवणों में परिवर्तन खनिजीकरण (Mineralisation) कहलाती है। ह्यूमस दो प्रकार की होती है-

मोर ह्यूमस (Mor humus)	**मल्ल ह्यूमस (Mull humus)**
(i) खनिज लवण कम होते हें।	(i) खनिज लवण अधिक होते हैं।
(ii) पादपों के लिए कम उपयोगी।	(ii) अधिक उपयोगी होती है।
(iii) अपघटन क्रिया मन्द गति से होती है।	(iii) तीव्र गति से होती हे।

(iv) अपघटनकारी जीव बहुत कम होते हैं। (iv) अपघटनकारी जीवों का बाहुल्य होता है।

(3) स्थलाकृति कारक (Topographic factors)- पृथ्वी के धरातल के विभिन्न रूप जो सजीवी को प्रभावित करते हैं, स्थलाकृतिक कारक कहलाते हैं। ये निम्न प्रकार के हैं-

(i) ऊँचाई (Altitude)

(ii) पर्वतों की ढलान (Slopes of mountains)

(iii) ढलान का खुलापन (Exposure of slope)

(iv) पर्वतों की दिशा (Direction of mountains)

(i) ऊँचाई (Altitude)- ऊँचाई में वृद्धि के साथ जलवायु में विभिन्न परिवर्तन आते हैं, जैसे-ताप में कमी, आर्दता में वृद्धि, वायु वेग अधिक, वर्षा अधिक आदि।

(ii) पर्वतों की ढलान (Slopes of mountains)- अधिक ढलान से वर्षा जल का तीव्र प्रवाह होता है जिससे मृदा की ऊपरी परत भी जल के साथ बह जाती है। अत: ढाल पर वनस्पति का अभाव होता है। घाटियों में जल की मात्रा अधिक होने के कारण वनस्पति अधिक पाई जाती है।

(iii) ढलान का खुलापन (Exposure of slope)- यदि ढाल सूर्य के प्रकाश की ओर तथा वायु के मार्ग में होता है तो वनस्पति सघन होती है तथा यदि ढाल पर क्षीण प्रकाश तथा शुष्क वायु हो तो वहाँ वनस्पति बहुत ही कम होती है।

(iv) पर्वतों की दिशा (Direction of mountains)- मानसूनी हवाओं के पर्वतों से टकराने के पश्चात् पवनाभिमुख दिशा में वर्षा होती है जिससे वहाँ सघन वनस्पति पाई जाती है। प्रतिपवन दिशा में वर्षा अभाव के कारण मरूद्भिद वनस्पति पाई जाती है। राजस्थान में ऊँची पर्वत शृंखलाओं का अभाव होनें के कारण मानसूनी हवायें इस राज्य के ऊपर से गुजर जाती हैं जिससे यहाँ वर्षा कम होती है।

2. जैविक कारक (Biotic Factor)-

समस्त सजीव वृद्धि प्रजनन, पोषण आदि के लिये प्रत्यक्ष या अप्रत्यक्ष रूप से एक दूसरे पर निर्भर रहते हैं, अत: इनमें परस्पर अन्योन्यक्रियाएँ होती रहती हैं। सजीवों में अन्तरसम्बन्ध एक दूसरे के लिये लाभदायक या हानिकारक हो सकते हैं। अत: इन्हें दो वर्गों में विभाजित किया गया है-

(i) धनात्मक अन्योन्यक्रियाएँ (Positive interactions)- इस प्रकार की क्रियाओं में परस्पर जीवों को लाभ पहुँचता है। ये निम्न प्रकार की हो सकती हैं -

(a) **सहोपकारिता (Mutualism)** - दोनों जीवों को परस्पर लाभ पहुँचता है, ये पृथक-पृथक नहीं रह सकते हैं। इसे सहजीविता (Symbiosis) भी कहते हैं। उदाहरण- लाइकेन, कवकमूल (Mycorrhiza) नाइट्रोजन स्थिरीकरण (Nitrogen fixation)।

राइजोमियम जीवाणु लेग्यूमिनोसी कुल के पादपों की मूलों में रहकर मूल ग्रंथियाँ (Root nodules) बनाते हैं तथा N_2 का स्थिरीकरण करते हैं। पादपों में परागण तथा फल व बीजों का प्रकीर्णन। दीमक एवं उसमें पाया जाने वाला ट्राइकोनिम्फा प्रोटोजोआ।

(b) **सहभोजिता (Commensalism)**- जब दो जीवों में से एक को लाभ पहुँचता हो तथा दूसरे को हानि नहीं होती हो, उस सम्बन्ध को सहभोजिता कहते हैं- अधिपादप (Epiphytes), कठतलाएँ (Lianas)आदि।

ऐसे पादप जो अन्य पादपों की शाखाओं पर उगते हैं, उन्हें अधिपादप कहते हैं। इनकी हवा में लटकी जड़ों में वेलामन (Velamen) ऊत्तक पाया जाता हैं जो वायुमण्डल की आर्द्रता को अवशोषित करता है। काष्ठीय आरोही पादप जो अन्य पादपों के सहारे से आरोहण करते हैं उन्हें कठतलाएँ कहते हैं।

(ii) **ऋणात्मक अन्योन्यक्रियाएँ (Negative interactions)**-

इस प्रकार की क्रियाओं में परस्पर दोनों को या एक को हानि होती है। ये निम्न प्रकार की हो सकती हैं-

(a) **शोषण** (Exploitation)- इसमें एक जीव आश्रय (Shelter) भोजन, (Food), आदि के लिये दूसरे जीव का शोषण करता है।

कुक्कू (Cookoo) पक्षी, काऊबर्ड (Cowbird) द्वारा बनाये गये घोंसलों का उपयोग करते हैं। कुछ पादप भोजन प्राप्त करने के लिये अन्य पादपों पर उगते हैं, इसे परजीविता (Parasitism) कहते हैं। उदाहरण- तने पर पूर्ण परजीवी- *अमरबेल (Cuscuta)* आंशिक परजीवी -*लॉरेन्थस (Loranthus), विस्कम (Viscum) कैसिथा (Casytha)* पूर्ण मूल परजीवी-*रेफ्लेसिया (Rafflesia), बैलेनोफोरा (Balanophora), ओरेबैन्की (Orobanche)*, आंशिक परजीव-*स्ट्रिगा (Striga) चन्दन (Santalum album)*।

कुछ जीव भोजन प्राप्त करने के लिये दूसरे जीव को मार देते हैं, इसे परभक्षिता (Predatism) कहते हैं। उदाहरण- कीटाहारी पादप (Insectivorous plants)- *नेपेन्थिस* (Pitcher plant), *यूट्रिकुलेरिया* (Bladderwort) *ड्रोसेरा* (Sun dew plant), *डायोनिया* (Venus Fly trap)। कुछ कवक जैसे -*आर्थोबोट्रिस (Arthrobotrys), डेक्टाइलेला (Dactylella)* आदि कीटों का भक्षण करती है।

(b) **प्रतिजीविता (Antibiosis)**- इस प्रकार के सम्बन्ध में परस्पर दोनों जीवों को ही लाभ नहीं पहुँचता है। एक जीव ऐसा रासायनिक पदार्थ स्रावित करता है जिससे दूसरे जीव की

वृद्धि रूक जाती है या मृत्यु हो जाती है। इसे प्रतिजीविता कहते हैं। उदाहरण- *माइक्रोसिस्टिस* शैवाल हाइड्रोक्सिलएमीन पदार्थ स्थापित करती है जिससे जलीय जन्तु मरने लगते हैं।

(c) प्रतिस्पर्धा (Competition)- कुछ पादपों में जल, वायु, प्रकाश, खनिज लवण आदि की प्राप्ति हेतु प्रतिस्पर्धा उत्पन्न हो जाती है जिससे कुछ जातियाँ नष्ट हो जाती हैं। एक ही जाति के पादपों में होने वाली स्पर्धा अन्तराजातीय (Intraspecific) तथा दो भिन्न जातियों के बीच होने वाली स्पर्धा को अन्तराजातीय स्पर्धा (Interspecific competition) कहते हैं।

क्रियात्मक अन्योन्यक्रियाएँ (Functional Interactions) या पारिस्थितिक तंत्र (Ecosystem)

प्रकृति में पाये जाने वाले एवं विचरण करने वाले सम्पूर्ण जीव-जन्तु एवं पेड़-पौधे एक साथ मिलकर कार्य करते हैं तथा एक दूसरे पर प्रभाव डालते हैं। प्रत्येक जीव समुदाय तथा उसके चारों ओर व्याप्त पर्यावरण में आपस में इस प्रकार की अर्न्तक्रियायें होती हैं जिससे जैविक तथा अजैविक घटकों के बीच पदार्थों का चक्रीय विनिमय होता रहता है। इस प्रकार जीव समुदाय व पर्यावरण मिलकर एक स्थायी तंत्र का निर्माण करते हैं जिसे **पारिस्थितिक तंत्र (Ecosystem) कहते हैं।**

सर्वप्रथम इकोसिस्टम (Ecosystem) शब्द का प्रयोग **ए.जी. टैन्सले** (A.G. Tansley, 1935) ने किया था। टैन्सले के अनुसार **पारिस्थक तंत्र वह तंत्र है जो पर्यावरण के सम्पूर्ण सजीव व निर्जीव कारकों के पारस्परिक सम्बन्धों तथा प्रक्रियाओं द्वारा प्रकट होता है।** पारिस्थतिक तंत्र के लिए विभिन्न वैज्ञानिकों द्वारा अन्य शब्द भी प्रयोग में लाये गये हैं जैसे - थियनेमान (Thienemann, 1939) ने जैवतंत्र या बायोसिस्टम (Biosystem), ने कार्ल मोबियस (Carl Mobius 1877) ने जैववासिकी या बायोसिनोसिस (Biocoenosis), एस.ए.फोर्बस (S.A. Forbes 1877) ने सूक्ष्म जगत या माइक्रोकोस्म (Microcosm), वी.वी.दोक्यूचेव (V.V. Dokuchaev, 1846, 1903) व फ्रेडीरिक (Friederich, 1930)ने होलोसीन (Holocoen) वर्नाडस्की (Vernadsky, 1944) ने बायोइनर्ट बॉडी (Bionert Body) एवं मिश्रा (Mishra, 1968) ने इकोकोज्म कहा परन्तु इकोसिस्टम शब्द को ही सर्वमान्य माना गया है। विभिन्न विद्वानों द्वारा पारिस्थितिकी तन्त्र की निम्न परिभाषाएँ दी गई हैं -

(1) लिंडेमेन (R.L. Lindeman, 1992) के अनुसार, ''पारिस्थितिक तन्त्र शब्दावली का प्रयोग किसी भी परिमाण वाली स्थान समय इकाई के अन्तर्गत भौतिक रासायनिक जैविक प्रक्रमों से निर्मित तन्त्र के लिए किया जाता है।''

(2) फॉसबर्ग (F.R. Fosberg, 1963) के अनुसार, ''पारिस्थतिक तंत्र एक कार्यशील एवं परस्पर क्रियाशील तन्त्र होता है, जिसका संघटन एक या अधिक जीवों तथा उनके प्रभावी पर्यावरण से होता है।''

(3) ओडम (E.P. Odum, 1971) के अनुसार, ''पारिस्थतिकी तन्त्र ऐसे जीवों तथा उनके पर्यावरण की आधारभूत कार्यात्मक इकाई (Functional unit) है जो दूसरे पारिस्थतिकी तन्त्रों से तथा अपने अवयवों के मध्य निरन्तर अन्त:क्रिया करते रहते हैं।''

(4) पीटर हेगेट (P. Haggett, 1975) के अनुसार, ''पारिस्थतिकी तन्त्र ऐसी पारिस्थितिक व्यवस्था है जिसमें पादप तथा जीव-जन्तु अपने पर्यावरण से पोषण श्रृंखला द्वारा संयोजित रहते हैं।''

(5) स्ट्रेलर (A.N. Strahler and A.H. Strahler, 1976) के अनुसार, ''पारिस्थितिक तन्त्र ऐसे घटकों का समूह है जो जीवों के समूह के साथ परस्पर क्रियाशील रहता है, क्रियाशीलता में पदार्थों तथा ऊर्जा का निवेश होता है जो जैविक संरचना का निर्माण करते हैं।''

(6) पार्क (C.C. Park, 1980) के अनुसार, ''पारिस्थितिक तन्त्र एक निश्चित क्षेत्र के अन्तर्गत समस्त प्राकृतिक जीवों तथा तत्वों का सकल योग होता है और इसे भौतिक भूगोल में एक दृष्टिगत आधारभूत उदाहरण के रूप में देखा जा सकता है।''

13

प्रकृति का अनमोल रत्न पर्यावरण

मनुष्य द्वारा आकलित और विश्वसनीय, किसी वस्तु या पदार्थ का वह गुण या क्षमता और कार्य, जो मानव की परिसम्पत्ति (Assets) बन जाता है, संसाधन कहलाता है, दूसरे शब्दों में, वे सभी पदार्थ, वस्तुएं या ऊर्जाएं जो मनुष्य की सहायता के लिए या किसी आवश्यकता की पूर्ति के लिए प्रयोग किये जाते हैं, **संसाधन (Resources)** कहलाते हैं।

डॉ0 जिमरमैन के अनुसार – "संसाधन का अर्थ किसी उद्धेश्य की प्राप्ति करना है, यह उद्धेश्य व्यक्तिगत आवश्यकताओं व सामाजिक उद्धेश्यों की पूर्ति करता है"। इस दृष्टि से जल, वायु, ताप, सूर्य, मिट्टी, वन, भूमि, कोयला आदि सभी को संसाधन की संज्ञा दी जा सकती हैं क्योंकि इन सभी से मानव की किसी न किसी आवश्यकता की पूर्ति होती है। मानव स्वयं भी अपने आप में एक संसाधन है क्योंकि वह भी स्वयं के विकास हेतु कार्य करता है।

संसाधन दो प्रकार के होते हैं –

1. प्राकृतिक संसाधन (Natural resources)

2. मानवीय संसाधन (Human resource)

1. प्राकृतिक संसाधन (Natural resources)–वायु व जल के अतिरिक्त मानव की नितान्त आवश्यकताओं में भोजन, वस्त्र व आश्रय आते हैं। इस सभी आवश्यकताओं की पूर्ति

के लिए मानव को प्रकृति (Nature) पर निर्भर रहना पड़ता है क्योंकि में सभी वस्तुएँ या तत्व पृथ्वी के धरातल या भूगर्भ में पाये जाते हैं। मानव इन्हें निकालकर, परिवर्धन, संशोधन या परिष्कृतिकरण द्वारा उपयोग हेतु तैयार करता है। सभी पदार्थ जो मानव के लिए उपयोगी हैं, प्रकृति की देन हैं अत: इन्हें प्राकृतिक संसाधन या प्रकृति का उपहार (Natural resources or Gift of nature) कहा जाता है। दूसरे शब्दों में ''वे तत्व तथा तत्व-समुच्चय (Combination of elements) जो मनुष्य के लिए उपयोगी होते हैं'' प्राकृतिक संसाधन कहलाते हैं।

2. **मानवीय संसाधन (Human resources)** - प्राकृतिक संसाधनों के अतिरिक्त मानव संसाधन भी अति महत्वपूर्ण हैं क्योंकि बिना मानव श्रम के प्राकृतिक संसाधनों का कोई मूल्य नहीं है। मानव ही अपने वातावरण में परिवर्तन कर उसे आवश्यकतानुसार उपयोग में लाता है। पृथ्वी के धरातल पर जो भी पदार्थ है उन सब को संसाधनों की श्रेणी में मनुष्य ने ही सम्मिलित किया है। इसलिए कहा जाता है कोई भी वस्तु संसाधन नहीं होती है बल्कि उन्हें बनाया जाता है। अत: मानव को एक मुख्य सक्रिय संसाधन माना गया है।

प्राकृतिक संसाधनों का वर्गीकरण (Classification of natural resources) - प्राकृतिक संसाधनों के उपयोग की एक अवधि होती है। कुछ संसाधन शीघ्र समाप्त हो जाते हैं जबकि कुछ का निरन्तर उपयोग किया जा सकता है। अत: **उपयोग की निरन्तरता के आधार पर प्राकृतिक संसाधनों को दो भागों में विभाजित किया जा सकता है** -

(i) नव्यकरणीय संसाधन (Renewable resources)

(ii) अनव्यकरणीय संसाधन (Non-renewable resources)

(i) नव्यकरणीय संसाधन (Renewable resources) - वे सभी संसाधन जिनका भौतिक, यान्त्रिक या रासायनिक क्रियाओं द्वारा नवीनीकरण या पुन: उत्पादन किया जा सकता हो, नव्यकरणीय संसाधन (Renewable resources) कहलाते हैं। अर्थात् नव्यकरणीय संसाधन वे हैं जिनका प्राकृतिक रूप से स्वत: पुनर्स्थापन होता रहता है या जिनका मानवीय प्रयासों से पुनर्स्थापन किया जा सकता है। सौर ऊर्जा, वायु, जल, वनस्पति, भूमि, वन्यजीव, जन्तु आदि नव्यकरणीय संसाधन के उपकरण है।

(ii) अनव्यकरणीय संसाधन (Non-renewable resources) - ये प्रकृति में सीमित मात्रा में पाये जाते हैं जिनका अत्यधिक दोहन होने पर समाप्त हो जाते हैं। अत: वे संसाधन जिनका एक बार दोहन होने के पश्चात् उनकी पुन: पूर्ति नहीं हो सकती हो, उन्हें अनव्यकरणीय संसाधन (Non-renewable resources) कहते हैं। इनकी रचना में बहुत समय लगता है। भू-गर्भ से प्राप्त होने वाले सभी खनिज इस श्रेणी में आते हैं। कोयला,पेट्रोल, धातु, प्राकृतिक गैस आदि इसके उदाहरण है।

प्राकृतिक संसाधन एवं उनसे सम्बन्धित समस्यायें
(Natural resources and associated problems)

विश्व का कोई भी ऐसा क्षेत्र नहीं है जहाँ मनुष्य प्राकृतिक संसाधनों का उपयोग कुछ न कुछ आर्थिक उन्नति एवं आवश्यकताओं की पूर्ति के लिए न करता आया हो। प्राकृतिक संसाधन मनुष्य के पूँजी के समान है। बढ़ती आवश्यकताओं की पूर्ति के लिए प्रकृति का संहार एवं प्राकृतिक संसाधनों का शोषण इसी तीव्र गति से होता रहा तो एक भीषण प्राकृतिक संकट (Ecological crisis) उत्पन्न हो जायेगा। मनुष्य अदूरदर्शी-नीति द्वारा तात्कालिक लाभ प्राप्ति के लिए संसाधनों का गलत उपयोग तथा अन्धाधुन्ध क्षरण करता जा रहा है। अत: उपरोक्त पहलू के अन्तर्गत निम्नलिखित प्राकृतिक संसाधनों के उपयोग एवं उनसे सम्बन्धित समस्याओं का अध्ययन किया जा रहा है -

1. वन संसाधन (Forest resources)
2. जल संसाधन (Water resources)
3. खनिज संसाधन (Mineral resources)
4. खाद्य संसाधन (Food resources)
5. उर्जा संसाधन (Energy resources)
6. भू संसाधन (Land resources)

1. वन संसाधन
Forest Resources

पृथ्वी के धरातल पर आवरित बड़े भू-भाग को वन (Forest) कहते हैं। विविध प्रकार के कच्चे माल के लिए मनुष्य वनों पर ही आश्रित रहता है। प्राचीनकाल में जब मानव सभ्यता विकसित हो रही थी उस समय मनुष्य पूर्ण रूप से वनों पर ही आश्रित था। धीरे-धीरे जब मानव सभ्यता विकसित हो गई तथा जनसंख्या बढ़ती गई तो मानव अपने निजी स्वार्थों की पूर्ति हेतु असीमित रूप से वनों को काटता गया। इमारती लकड़ी तथा अन्य वन उपजों को प्राप्त करने के लिए अत्याधिक मात्रा में वनों का विनाश किया जाने लगा। भूमि कृषि योग्य बनाने के लिए भी वनों को अत्याधिक मात्रा में काटा जा रहा है। यदि हमारे देश में इसी तरह वन विनाश होता गया तो यहाँ की अनेक बहुमूल्य वृक्ष प्रजातियाँ तथा वन्य जीव की अनेक जातियाँ लुप्त हो जायेंगी। देश में प्रतिदिन लगभग 500 हैक्टेयर वनों का सफाया किया जा रहा है। अत: वनों का अति दोहन देश के लिये चिन्ता का विषय है।

वनों का महत्व (Importance of Forest)

वन महत्वपूर्ण प्राकृतिक संसाधन तथा प्रमुख राष्ट्रीय आय का स्त्रोत है जो आदिकाल से ही मनुष्य की अनेक आवश्यकताओं की पूर्ति करते आ रहे हैं। वनों का पर्यावरण तथा

भौगोलिक दृष्टि से अत्यधिक महत्वपूर्ण स्थान है तथा मानव की दैनिक क्रियाओं को सम्पन्न करने में भी महत्वपूर्ण भूमिका का निर्वाह करते हैं। वनों के महत्व को निम्न प्रकार समझा जा सकता है -

1. वनों से ईंधन, इमारती लकड़ी तथा अन्य पदार्थ कच्चे माल के रूप में प्राप्त होते हैं।
2. वन मिट्टी एवं जल जैसे महत्वपूर्ण संसाधनों की सुरक्षा एवं सरक्षण करते हैं।
3. वन आच्छादित क्षेत्र वायु मण्डल की आर्द्रता बनाये रखते हैं, जिससे अधिक वर्षा होने की सम्भवना रहती है।
4. ये नदियों के प्रवाह को नियमित करते हैं, बाढ़ रोकते या कम करते हैं ।
5. वन अनेक पशु-पक्षियों और जीव-जन्तुओं का आश्रय स्थल होते हैं। शेर जैसे वन्य जीव को आश्रय देकर पर्यावरण संतुलन की भूमिका निर्वाह करने में सहायक बनते हैं।
6. वनों से औषधियॉ प्राप्त होती हैं जिनसे अनेक अस्वस्थ लोगों का उपचार सम्भव होता है।
7. कई प्रकार के कुटीर उद्योगों को कच्चा माल उपलब्ध कराते हैं, जैसे -बेंत, फर्नीचर, खिलौने आदि।
8. गोंद, लाख, कत्था, रबर, शहद, मोम आदि न जाने कितने प्रकार की गौण उपजें वनों से प्राप्त होती है।
9. वन ऑक्सीजन अर्थात प्राण वायु के संचित कोष स्थल हैं जो कार्बन-डाई-ऑक्साइड को अवशोषित कर ऑक्सीजन देते हैं। विश्व तापन को अप्रत्यक्ष रूप से रोकने में वनों की महत्वपूर्ण भूमिका होती है।
10. जल-चक्र तथा वायु-चक्र में प्रमुख भूमिका का निर्वाह करते हैं।
11. वन भूमि की उर्वरता को बढ़ाते हैं। वृक्षों से भूमि पर गिरने वाली पतियॉ सड़-गलकर मिट्टी में मिल जाती हैं, जिनसे मिट्टी को जीवाश्म की प्राप्ति होती है।
12. वन उद्योगों से होने वाले प्रदूषण को रोकते हैं, वनों की घनी वृक्षावली कई प्रकार की विषैली गैसों का अवशोषण करती है। वन वृक्ष ध्वनि प्रदूषण को भी कम करते हैं।

वनोन्मूलन अथवा वन विनाश के कारण

(Causes of Deforestation)

वन किसी भी देश के पर्यावरण के प्रमुख अंग तथा महत्वपूर्ण प्राकृतिक सम्पदा होते हैं। वनों के उन्मूलन अथवा विनाश के साथ मानव का विनाश भी जुड़ा हुआ है। इसके

बावजूद भी वनों का तेजी से उन्मूलन हो रहा है अर्थात वनों को काटा जा रहा है और उनका ह्रास हो रहा है। विनाश के अनेक कारण हैं जिनमें निरन्तर बढ़ती जनसंख्या प्रमुख कारण है। जनसंख्या वृद्धि के साथ कृषि योग्य भूमि में वृद्धि करने, भवन, सड़क, बाँध एवं अनेक परियोजनाओं के निर्माण फर्नीचर, ईंधन, पशुपालन, चारा, शहरीकरण, औद्योगीकरण, कृषि योग्य भूमि आदि के लिए वनों की कटाई का काम तीव्र गति से करना आदि वन विनाश के प्रमुख कारण हैं। इस प्रकार वनों के कटने व ह्रास होने का प्रमुख कारण यहाँ वनों की क्षमता से अधिक जैविक दबाव होना है। वन प्राकृतिक संसाधन है तथा एक ऐसी सम्पदा है, जिसका उपयोग मानव आदिकाल से करता आया है और आज भी कर रहा है, किन्तु आज के तकनीकी व वैज्ञानिक युग में बढ़ती जनसंख्या के दबाव और मानव की स्वार्थपरता ने इस प्राकृतिक सम्पदा के पर्यावरणीय महत्व को नहीं समझा तथा उसके उन्मूलन में ही प्रवृत्त हो गया। यह वनोन्मूलन मानव-सभ्यता की विकास यात्रा का परिणाम है, यद्यपि यदा-कदा प्राकृतिक कारण और वन की आग भी इन्हें नष्ट करती है, परन्तु यह उतनी हानिप्रद नहीं है, जितना की मानव द्वारा वनों का विनाश है।

वनोन्मूलन अथवा वन विनाश के मुख्य कारणों को निम्न प्रकार समझाया जा सकता है -

1. कृषि के लिये वन विनाश (Deforestation for Agriculture)-आज हमें विश्व में जो कृषि-क्षेत्र दिखाई देता है, उसमें से अधिकांश वनों को नष्ट व साफ करके प्राप्त किया गया है। यह मानव के लिए आवश्यक भी था क्योंकि कृषि-क्षेत्रों से प्राप्त अन्न रूपी भोजन मनुष्य की प्राथमिक आवश्यकता है, परन्तु जब जनसंख्या में निरन्तर वृद्धि होने से जनसंख्या विस्फोट हुआ तो वनोन्मूलन का प्रारम्भ हुआ, जो आज एक समस्या बन गया है। कृषि अवश्य होनी चाहिये, क्योंकि कृषि-उपज से मनुष्यों के पेट भरते हैं, लेकिन यदि इसके लिये वनों को नष्ट तथा समाप्त किया जायेगा तो पर्यावरण पर विपरीत प्रभाव पड़ेगा और कृषि पर भी। यहीं नहीं अफ्रीका, एशिया तथा दक्षिणी अमेरिका में आज भी स्थानान्तरित कृषि करने के लिये वनों को जलाया जाता है, उसके बाद कृषि-भूमि प्राप्त की जाती है तथा कुछ वर्षों तक वहाँ कृषि करके अन्य स्थानों पर पुनः यही क्रिया की जाती है। एक अनुमान के अनुसार दुनिया में लगभग 4 करोड़ वर्गमीटर क्षेत्र में बसने वाले 20 करोड़ आदिवासी इसी पद्धति से कृषि-कार्य करते हैं। इस प्रकार की स्थानान्तरित कृषि से होने वाली क्षति का अनुमान इससे लगाया जा सकता है कि अकेले आइवरी कोस्ट में 1956 से 1966 तक के दस वर्षों में 40 प्रतिशत वन स्थाई रूप से नष्ट हो गये। भारत में भी इसी प्रकार की खेती मिजोरम, नागालैण्ड, मणिपुर, मेघालय, अरूणाचल प्रदेश व असम में की जा रही है। एक अनुमान के आधार पर भारत में 1951-52 तथा 1987-88 के मध्य कृषि कार्य के लिये 29.7 लाख हेक्टेयर भूमि से वनोन्मूलन किया गया। इस प्रकार निरन्तर बढ़ते जनसंख्या के दबाव के कारण कृषि के लिए वनों का विनाश किया जा रहा है। दूसरे शब्दों में जनसंख्या वृद्धि तथा कृषि, वनोन्मूलन का एक मुख्य कारण है।

2. निर्माण कार्यों हेतु वनोन्मूलन (Deforestation for construction work) - जनसंख्या वृद्धि के साथ-साथ आवासीय भूमि की अधिक आवश्यकता, उद्योगों, रेल-लाइनों, तथा सड़कों का विस्तार, शहरीकरण और नगरों का फैलाव तथा नदियों पर बड़े बाँधों का निर्माण भी वनोन्मूलन का मुख्य कारण रहा है, क्योंकि भूमि का विस्तार तो सीमित है तथा अधिक क्षेत्र की आवश्यकता को वनों को समाप्त करके ही पूरा किया जा सकता है। भारत में ही वर्ष 1951-52 से 1985-86 के मध्य नदी घाटी योजनाओं के निर्माण के अन्तर्गत 5.84 लाख हेक्टेयर, सड़क निर्माण कार्यों में 73000 हेक्टेयर, उद्योगों में 14.6 लाख हेक्टेयर और अन्य विधि निर्माण कार्यों हेतु 93.8 लाख हेक्टेयर भूमि से वनों को काटा गया। इसके बाद के वर्षों में तो इससे भी अधिक वनों को नष्ट किया गया। जितने भी बड़े बाँध बनाये जाते हैं उनमें हजारों कि0मी0 का क्षेत्र जलमग्न हो जाता है तथा उसी के साथ वन भी समाप्त हो जाते हैं। ये बाँध लाभप्रद होते हुए भी पर्यावरण तथा पारिस्थितिकी पर विपरीत प्रभाव डालते है।

3. खनिज-खनन के लिये वन विनाश (Deforestation for mining)- विश्व में खनिज-खनन के लिए विस्तृत भू-भाग की खुदाई की जाती है, परिणामस्वरूप उन क्षेत्रों के वन निश्चित रूप से नष्ट हो जाते हैं। विश्व के अधिकांश देशों में जहाँ खनिजों का व्यापारिक खनन होता है, वहाँ के वनों के क्षेत्र में कमी आ जाती है। भारत में बिहार, प0 बंगाल, उड़ीसा, मध्य प्रदेश के खनिज प्रदेश इसके प्रत्यक्ष उदाहरण हैं। स्थानीय तथा क्षेत्रीय स्तर पर भी इसका प्रभाव वन विनाश के रूप में पड़ता है, परन्तु खनिजों से होने वाले लाभों के अधिक होने से वनों का विनाश अवश्यम्भावी हो जाता है।

4. काष्ठ, ईन्धन तथा अन्य उपयोग हेतु वन विनाश (Deforestation for Wood, fuel and other uses) - वनों से प्राप्त लकड़ी को विविध रूप में उपयोग में लेने की मानव की प्रवृत्ति रही है तथा सभ्यता के विकास के साथ-साथ यह प्रवृत्ति कम होने के स्थान पर अधिक से अधिकतर व अधिकतर से अधिकतम होती जा रही है। ईंधन के लिए वनों से प्राप्त लकड़ी का उपयोग तो मानव अग्नि के आविष्कार के समय से ही करता आ रहा है। यद्यपि विकसित देशों में अन्य वैकल्पिक ऊर्जा स्रोतों का विकास हो जाने से ईंधन के रूप में लकड़ी का उपयोग, आज भी होता है तथा यह वनोन्मूलन का एक मुख्य कारण है। इसी प्रकार लकड़ी का उपयोग भवन-निर्माण, जहाज, फर्नीचर, रेल के डिब्बे, रेल लाइनों के स्लीपर, सेल्योलाज, कागज आदि के निर्माण के लिए भी किया जाता है। इन सबके लिए अत्यधिक मात्रा में वनों की व्यापारिक कटाई होती है। सोवियत रूस, कनाड़ा, स्केन्डेनेविया और उष्ण कटिबन्धीय प्रदेशों में वनों का व्यापारिक स्तर पर शोषण आज पर्यावरण संकट का कारण बन गया है। कागज, दियासलाई, धागा, रबर, पेन्ट, वारनिश, रेगजीन, कत्था, प्लाइवुड, लाख आदि वस्तुओं की प्राप्ति के लिए भी वनों को काटा जाता है। एक अनुमान के अनुसार दुनिया में लकड़ी-उत्पादों से प्रतिवर्ष 216 करोड़ अरब रूपयों की आय होती है। इसलिये निश्चित है कि यह वनोन्मूलन का मुख्य कारण है।

संक्षेप में भारत में वन विनाश के कारणों का वर्णन निम्न प्रकार है -

1. अनियन्त्रित शोषण।

2. जनसंख्या वृद्धि एवं नगरीकरण के कारण आवासीय भूमि हेतु वनों का विनाश।

3. ईंधन व अन्य उपयोग हेतु वनों की कटाई ।

4. कृषि क्षेत्रों हेतु वनों को काटना ।

5. वृहत् बाँधों के जल-ग्रहण क्षेत्रों में वनों का जल-मग्न होना ।

6. अनियन्त्रित खनिज खनन तथा भूमि का कटाव ।

7. जन-साधारण में वन-संरक्षण चेतना का अभाव ।

8. व्यापारीकरण की प्रवृति का विकास आदि ।

वनोन्मूलन अथवा वन विनाश से होने वाली हानियाँ (Harms of Deforestation)

वन विनाश से होने वाली हानियों का संक्षिप्त विवरण इस प्रकार से है -

1. वनोन्मूलन से पारिस्थितिक असंतुलन उत्पन्न हो जाता है ।

2. वनोन्मूलन से वर्षा की मात्रा में कमी आ जाती है।

3. वनोन्मूलन से मृदा के अपरदन में वृद्धि हो जाती है।

4. वायुमण्डल में नमी धारण करने की क्षमता में कमी आ जाती है।

5. तापमान में वृद्धि हो जाती है।

6. वनों से उपलब्ध होने वाले उपयोगी पदार्थ व वनस्पति उपलब्ध नहीं हो पाते हैं।

7. वनोन्मूलन से पर्यावरण प्रदूषण में वृद्धि हो जाती है ।

8. वनोन्मूलन से भूमि की उर्वरता में कमी होने लगती है।

9. वनोन्मूलन से वन्य जीव जन्तुओं की प्रजातियाँ नष्ट हो जाती हैं ।

वन प्रबन्ध (Forest Management)

वनों को क्षति पहुँचाने वाले कारकों से बचाव के लिये तथा वन विनाश के दुष्परिणामों को रोकने के लिये उचित वन प्रबन्धन पर विशेष ध्यान दिया जाना आवश्यक है। वर्तमान में विश्व के सभी देश वन-संरक्षण की ओर ध्यान दे रहे हैं। सभी देशों में वनों को संरक्षित करने की ओर प्रशासन द्वारा ध्यान दिया जाने लगा है, नियम बनाये जा रहे हैं,

वन-नीतियाँ निर्धारित की जा रही हैं, यहाँ तक कि आन्दोलन चलाये जा रहे हैं, किन्तु वनों का विनाश आज भी तीव्र गति से हो रहा है। इसके लिए कुछ उपाय जो वन प्रबन्धन के अन्तर्गत किये जा सकते हैं, इनका विवरण निम्न प्रकार है -

1. वन काटने तथा वनरोपण या वृक्षारोपण में अनुपात का ध्यान रखना।
2. वनों के संरक्षण सम्बन्धी नियमों का कठोरता से पालन किया जाए।
3. लगाये गये वृक्ष जब वृद्धि की अवस्था में हो तो उन्हें काटने पर रोक लगाना।
4. सम्पूर्ण वृक्ष को न काटकर उसकी शाखा को ही यथा समय काटना।
5. फर्नीचर तथा अन्य सजावट के सामानों में लकड़ी का प्रयोग सीमित कर अन्य वैकल्पिक साधनों का विकास करना।
6. सामाजिक वानिकी कार्यक्रमों को प्रोत्साहित करना।
7. ईंधन के लिए वनों की कटाई पर रोक लगाना और अन्य ईंधन उपलब्ध कराना।
8. वनों की आग से सुरक्षा करने के प्रयत्न करना।
9. तीव्र वृद्धि करने वाले और उपयोगी वृक्षों का रोपण करना।
10. सम्पूर्ण वन सम्पदा का सर्वेक्षण कर उसे श्रेणीबद्ध करना।
11. सघन वनारोपण कार्यक्रम का विस्तार करना।
12. पारिस्थितिकी के अनुरूप वनारोपण या वृक्षारोपण करना।
13. सरकार तथा जनता के सामूहिक प्रयासों से वनोन्मूलन रोकना।
14. वनों के महत्व तथा उनके उन्मूलन के दुष्प्रभावों को जनता तक पहुँचाना।
15. जनता में वनारोपण के प्रति जागृति उत्पन्न करना।

इमारती लकड़ी का निष्कर्षण, खनन एवं बांधों का वनों और आदिवासी लोगों पर प्रभाव

(Effects of Timber extraction, Mining and Dams on Forests and Tribal People)

खनन, इमारती लकड़ी के निष्कर्षण, उपजाऊ मिट्टी के कटाव, भयंकर भूस्खलन, प्रलयकारी बाढ़ें, भयावह सूखे, वर्षा में कमी, पर्यावरण प्रदूषण, पारिस्थितिकी असन्तुलन से आज सभी त्रस्त हैं, इस दिशा में सभी देश प्रयत्न कर रहे हैं, परन्तु इमारती लकड़ी प्राप्त करने हेतु वन निरन्तर कटते जा रहे हैं तथा उनके क्षेत्रों की कमी होती जा रही है। खनन कार्य भी लगातार जारी है जिससे मानव जीवन पर प्रतिकूल प्रभाव पड़ रहा है। पर्यावरण प्रदूषण के

साथ-साथ मृदा की उर्वरता, मरूस्थलीकरण एवं बाढ़ें इसी का परिणाम है। इमारती लकड़ी निष्कर्षण, खनन एवं बांधों का संक्षिप्त विवरण एवं वनों व आदिवासियों पर उनके प्रभाव को निम्न प्रकार से समझा सकते हैं

1. इमारती लकड़ी के निष्कर्षण (Timber extraction)

वनोन्मूलन अथवा वन विनाश का एक प्रमुख कारण ईमारती लकड़ी प्राप्त करना है। फर्नीचर बनाने, भवन निर्माण तथा इनसे निकलने वाले अन्य उत्पाद को प्राप्त करने के लिए वनों को काटा जाता है। राजस्थान के वनों से प्रतिवर्ष 25 लाख घन फुट इमारती लकड़ी प्राप्त होती है। यह मुख्यत: धोकड़ा (Marwar teak), बबूल (Babul), शीशम (Shisham), सागवान (Teak), नीम (Neem) आदि वृक्षों से प्राप्त होती है। बबूल, कीकर, कैर, खेजड़ी आदि से ईंधन के लिये लकड़ी व कोयला बनाया जाता है। खेजड़ी, नीम, बबूल, ढ़ाक, पीपल, गूगल आदि से गौंद प्राप्त किया जाता है। इनमें से कुछ गोंद औषधियों के निर्माण के लिए, कुछ खाने तथा कुछ चिपकाने के काम आता है। खैर के वृक्षों के आन्तरिक भाग को काटकर छोटे-छोटे टुकड़े कर दिये जाते हैं। उन्हें उबाल कर कत्था तैयार किया जाता है। राजस्थान में पाये जाने वाले तेन्दू की पत्तियों से बीडियाँ बनाई जाती है। बांसवाड़ा, उदयपुर, चित्तौड़गढ़, सिरोही आदि जिलों से प्राप्त होने वाले बाँस (Bamboo) का उपयोग कारखानों में लुग्दी बनाने में किया जाता है तथा ग्रामवासी इससे झौंपड़ी, चारपाई, टोकरियाँ आदि तैयार करते है। लैसीफर लक्का नामक कीड़ा बरगद, खैर, पीपल, बबूल, गूलर आदि वृक्षों की नम डालियों का रस चूसकर एक चिपचिपा पदार्थ निकालता है जिसे लाख कहते हैं। लाख विद्युत निरोधक होता है। इसका उपयोग पॉलिश, खिलौने, रेडियो तथा टेलीविजन ट्यूब आदि बनाने में होता है।

2. **खनन (Mining)** - खनन कार्य को मानव का विध्वंसात्मक आर्थिक क्रिया-कलाप कहा गया है। खनिज एक महत्वपूर्ण संसाधन है लेकिन वर्तमान में अत्याधिक खनन क्रिया द्वारा पर्यावरणीय प्रदूषण की एक चिन्ताजनक स्थिति पैदा हो गई है। खनन के आस-पास के क्षेत्रों में खड़डे खोदने, विष्फोट करने तथा हानिकारक गैसों के निकलने से वहाँ का सम्पूर्ण परिवेश तेजी से आक्रमित (Degradation) होता जाता है। वहाँ के वन्य प्राणी नष्ट होते जाते हैं या फिर दूसरी जगह प्रवास कर जाते हैं। खनन में रूकावट पैदा करने के कारण उस क्षेत्र के वृक्षों को काट दिया जाता है। इसके अतिरिक्त खनन क्रिया के निम्न घातक परिणाम होते हैं :-

(i) खनन क्षेत्रों से बसी हुई ग्रामीण बस्तियाँ शांति भंग होने के कारण उजड़ जाती है।

(ii) खनन हेतु किये जाने वाले विस्फोट के द्वारा वहाँ के सभी जीव जन्तु अन्यत्र पलायन कर जाते हैं।

(iii) खनन के समय खोदी जाने वाली गहरी खाने व सुरंग के कारण वर्षा काल में तेजी से अपरदन होता है जिससे सम्पूर्ण क्षेत्र उबड़-खाबड़ हो जाता है।

(iv) खनन द्वारा होने वाले प्रदूषण से भूमि का उपजाऊपन खत्म हो जाता है।

(v) कोयले जैसी खानों में कभी-कभी आग लग जाने से जान-माल की भारी हानि होती है।

3. **बाँध (Dams)**- नदी के पानी को रोकने के लिए बनाई गई ऊंची तथा मजबूत दीवार को बाँध कहते हैं। बाँधों द्वारा नदी का जल किसी बड़ी झील में जमा कर लिया जाता है। इस जल से बिजली उत्पन्न की जाती है तथा नहरों द्वारा सिंचाई की जाती है।

बाँध बनाने के लिए उस स्थल के आस पास की भूमि वन रहित कर दी जाती है। बाँधों से बनी झील के क्षेत्र में आने वाले वन जलमग्नता (Water logging) के कारण नष्ट हो जाते हैं। पानी के निरन्तर इकट्ठे रहने के कारण उस क्षेत्र की मिट्टी में धीरे-धीरे लवणता बढ़ती जाती है।

वन-संरक्षण के उपाय (Measures for Forest Conservation)

वनों के महत्व व उनकी आवश्यकता को देखते हुये वन-संरक्षण के कुछ प्रमुख उपाय निम्नलिखित हैं -

1. नियन्त्रित तथा उचित विधि से कटाई - वनों के विनाश का एक मुख्य कारण मानव द्वारा विभिन्न उपयोगों के लिए वनों के पेड़ों को काटकर लकड़ी प्राप्त करना है। पूरी दुनिया में प्रतिवर्ष लगभग 1600 मिलीयन घन मीटर लकड़ी का उपयोग विभिन्न कार्यों में किया जाता है। ईंधन के साथ-साथ लकड़ी के व्यापारिक तथा व्यावसायिक उपयोग में निरन्तर वृद्धि हो रही है, परिणामस्वरूप वनों का विनाश अत्यधिक तीव्र गति से हो रहा है। इसलिए वन संरक्षण के लिये प्राथमिक उपाय नियन्त्रित एवं उचित विधि से वनों से लकड़ी की कटाई करना है, जिससे वनों का अनवरत व दीर्घकालिक उपयोग सम्भव हो सके। सामान्यतया लकड़ी की कटाई करने की तीन विधियों का प्रयोग उचित प्रबन्धन के लिये किया जाता है, जो कि निम्नलिखित हैं-

(i) निर्वृक्षीकरण (Clear cutting)

(ii) वरणात्मक कटाई (selective cutting)

(iii) परिरक्षित कटाई (shelter wood cutting)

निर्वृक्षीकरण वनों के उन क्षेत्रों में किया जाता है, जहाँ एक ही प्रकार की लकड़ी का विस्तार हो। एक समान आयु के वृक्षों को व्यावसायिक दृष्टि से एक खण्ड विशेष से काट लिया जाता है तथा उन्हें पुनः अंकुरित होने को छोड़ दिया जाता है। वरणात्मक कटाई में परिपक्व वृक्षों का चयन कर उन्हें क्रमानुसार काटा जाता है अर्थात् इन वनों में सदैव वृक्ष बने रहते हैं तथा क्रमिक रूप से चयनित वृक्ष समूहों का उपयोग किया जाता है। परिरक्षित कटाई

में निकृष्ट गुणवत्ता वाले पेड़ों को पहले काटा जाता है, जिससे उत्तम काष्ठ प्रदान करने वाले वृक्षों की तीव्र वृद्धि सम्भव हो सके। उसके बाद द्वितीय श्रेणी की गुणवत्ता वाले वृक्षों को काटा जाता है तथा अन्त में उत्तम श्रेणी की गुणवत्ता वाले वृक्षों को और इसके मध्य काल में वृक्षों को पुनः अंकुरित एवं विकसित होने का समय पर्याप्त रूप से उपलब्ध हो जाता है।

नियन्त्रित तथा नियोजित कटाई से अभिप्राय वास्तव में यह है कि वृक्षों की कटाई इस प्रकार से की जाये कि क्षेत्र वृक्ष रहित न हों तथा आवश्यकतानुरूप उनका उपयोग भी होता रहे। इसके लिए एक क्रमबद्ध कटाई कार्यक्रम को अपनाने की आवश्यकता होती है, जैसे 100 वर्ग कि0मी0 वन का क्षेत्र है तो प्रतिवर्ष यदि 10 कि0मी0 के क्षेत्र से वन काट लिये जायें तो जो क्षेत्र वन रहित होगा वह पुनः इस काल में वन युक्त हो जायेगा। वनों को विकसित होने में यदि पर्याप्त समय दिया जाये तो ऐसा कोई कारण दिखाई नहीं देता जिससे हमारी वन सम्पदा नष्ट हो जाये। इस प्रकार नियन्त्रित तथा नियोजित कटाई वन संरक्षण की प्राथमिक आवश्यकता है या वन संरक्षण का प्रथम उपाय है।

2. वनरक्षण (Forest Protection) - वन संरक्षण के लिये वनों की सुरक्षा करना आज अत्यधिक आवश्यक हो गया है। जंगली आग, बाढ़, चक्रवातीय तीव्र हवा, आंधियाँ, सूखा आदि पर्यावरणीय और प्राकृतिक कारकों से वनों को हानि होती है। अनियन्त्रित पशुचारण भी वन विनाश का कारण होने से उसका भी नियन्त्रण करना आवश्यक हो गया है। पशु चारण हेतु क्षेत्र निश्चित होने चाहिये तथा उसे समयानुसार बदलते रहना चाहिये। नवीन पौधों की पशुओं से रक्षा आवश्यक है। जिससे वे विकसित होकर पूर्ण परिपक्व वृक्ष बन सकें। पादप-रोगों से भी वनों की रक्षा आवश्यक है जिनमें अधिकांश रोग परजीवी कवक से होते हैं। इस सम्बन्ध में रोग ग्रस्त वृक्ष, समूहों का पता लगाना, रोगी वृक्षों को नष्ट करना तथा रोगाणुओं को फैलने से रोकना आवश्यक है किन्तु यह कार्य सीमित क्षेत्रों में ही सम्भव है तथा ऐसे क्षेत्रों में यथा सम्भव पौधों को रोगों से बचाना आवश्यक है।

3. कृषि तथा आवास हेतु वनों की कटाई पर रोक - बढ़ती हुई जनसंख्या की आवश्यकताओं की पूर्ति के लिये वनों को काटकर कृषि क्षेत्रों का विस्तार तथा विकास करना एक सामान्य कार्य होता जा रहा है तथा आज हम ऐसी स्थिति में हैं कि इस प्रवृत्ति पर अब रोक लगाना आवश्यक हो गया है क्योंकि अब वनों का क्षेत्र इतना सीमित रह गया है कि यदि इसे और अधिक सीमित कर दिया गया तो पारिस्थितिक - संकट बढ़ जायेगा। इसलिये वन क्षेत्रों की भूमि की कीमत पर कृषि विस्तार नहीं किया जाना चाहिये। इस सम्बन्ध में विचारणीय तथ्य यह है कि स्थानान्तरण कृषि को नियन्त्रित व यथा सम्भव समाप्त कर देना चाहिये। कृषि के साथ-साथ आवासों के विस्तार तथा नगरीयकरण या शहरीकरण के लिये भी वनों को समाप्त करने की प्रवृत्ति बहुत पनप रही है। अनेक बार नये नगरों के विकास के लिये विशाल क्षेत्रों में वनों का विनाश किया जा रहा है। इस प्रवृत्ति को समाप्त किया जाना चाहिये क्योंकि वन प्राकृतिक अमूल्य सम्पदा है जिनका संरक्षण हमारे जीवन की अनेक आवश्यकताओं की पूर्ति कर पर्यावरणीय ओर पारिस्थितिक संतुलन बनाये रखने के लिये आवश्यक है।

4. वनों का आग से बचाव – प्राकृतिक प्रकोप के कारण वनों में लगने वाली आग भी कभी-कभी अत्यधिक विनाशकारी रूप ग्रहण कर लेती है जिससे सैकड़ों-हजारों वर्ग कि0मी0 का वन-क्षेत्र जलकर राख हो जाता है तथा उस जले हुए क्षेत्र के सम्पूर्ण वृक्ष तथा वनस्पति जल जाते हैं। वनों में यह आग प्राकृतिक रूप से घर्षण द्वारा उत्पन्न चिनगारियों से लगती है। गर्म, शुष्क तथा हवा युक्त मौसम में अनेक वृक्षों की शाखायें या बाँस वृक्ष आपसी घर्षण से आग का कारण बनते हैं। इस प्राकृतिक आग के अलावा केम्पफायर, लकड़ी जलाने, जलती तीली डालने, बीड़ी-सिगरेट जलती फेंक देने से भी एवं मानव की लापरवाही से भी वनों में आग लगने का कारण बनती हैं। वन की आग इतनी तेजी से फैलती है कि उसे नियंत्रित करना सम्भव नहीं होता है। अकेले संयुक्त राज्य अमेरिका में 1955-1964 के मध्य वनों में आग लगने की 322 घटनायें घटित हुई। इसलिये वनों की आग से बचाने हेतु सावधानी की आवश्यकता है ताकि मानव की लापरवाही से वनों में आग न लगे तथा इस आग व प्राकृतिक आग पर नियन्त्रण पाने के लिये अग्निशामक उड़नदस्तों की उचित व्यवस्था होनी चाहिये। हैलिकोप्टर द्वारा किये गये छिड़काव से भी वनों की आग को बुझाया जा सकता है। इसलिए आग लगने की सूचना मिलते ही अग्निशमन दस्तों व हेलिकोप्टरों की व्यवस्था करना वनों के संरक्षण के लिये अत्यन्त आवश्यक है।

5. पुनः वन लगाना या वृक्षारोपण (Afforestation or Reforestation) – वन-संरक्षण के लिए जहाँ एक ओर वनों की रक्षा करना आवश्यक है, वहीं दूसरी ओर वनरोपण तथा वृक्षारोपण की भी आवश्यकता उतनी ही है। यह एक नियमित प्रक्रिया के रूप में होनी चाहिए क्योंकि एक ओर विधि उपयोगों के लिए वनों को जिस अनुपात में काटा जाता है, उसके साथ ही यदि उस अनुपात में नये वृक्ष लगा दिये जाएं, तो वनोन्मूलन की समस्या से बचकर वन-संरक्षण किया जा सकता है। भारत में वृक्षारोपण कार्यक्रम राष्ट्रीय स्तर पर चलाया जा रहा है। इस कार्यक्रम की सफलता हेतु यह आवश्यक है कि वृक्ष लगाना ही पर्याप्त नहीं है, अपितु उन्हें विकसित किया जाये अन्यथा वृक्षारोपण मात्र आँकड़ों में ही अंकित रह जाते हैं। इस सन्दर्भ में एक अन्य ध्यान देने योग्य बात यह है कि वृक्षों का चयन उपयोगिता तथा क्षेत्रीय व स्थानीय पर्यावरण की दृष्टि से रखकर किया जाये। हमारे यहाँ वृक्षारोपण में अधिकांशतः युक्लिप्ट्स के शीघ्र पनपने वाले वृक्षों का रोपण हो रहा है, यह प्रवृत्ति समाप्त कर उपयोगी लकड़ी प्रदान करने वाले वृक्षों के रोपण पर ध्यान देना अत्यन्त आवश्यक है।

6. बाँधों से वनों के जल-मग्न होने से बचाव – संसार में जहाँ भी नदियों पर बाँध बनाये जाते हैं, उनके अन्तर्गत विशाल वन क्षेत्र जलमग्न हो जाते हैं। भारत के भाखड़ा नागंल, गाँधी सागर, तुँगभद्रा, नागार्जुन सागर, रिहन्द, हीराकुण्ड, दामोदर आदि विशाल बाँधों से हजारों वर्ग कि मी. का वन क्षेत्र जल मग्न हो गया है। टिहरी बाँध एवं साइलैण्ट वैली परियोजना के विरोध का एक कारण वनों के विनाश से पर्यावरण पर विपरीत प्रभाव है, परन्तु इसका तात्पर्य यह नहीं कि बाँध बनाये ही नहीं जायें, अपितु बाँध स्थलों का चयन इस प्रकार किया जाये कि उनसे कम से कम वन जलमग्न हों। साथ ही बाँध निर्माण के बाद अन्य

विकास कार्यों के साथ इस बात पर भी जोर दिया जाना चाहिये कि उस क्षेत्र में पुन: वनारोपण किया जाये जिससे पारिस्थितिक संतुलन बना रहे सके।

7. वनों का पर्यटन स्थलों के रूप में विकास - वन संरक्षण का एक सफल उपाय इनका पर्यटन स्थलों के रूप में विकास करना है। वन प्राकृतिक सुरम्यता तथा सुन्दरता से युक्त होते है तथा इस कारण वे सहज ही पर्यटकों को आकर्षित करते हैं। इनसे वन संरक्षण तो होता ही है, साथ ही विदेशी मुद्रा की प्राप्ति से आय में भी वृद्धि होती है। इस दिशा में अनेक देशों में राष्ट्रीय पार्क तथा अभयारण्यों के विकास के प्रयास किये जा रहे हैं। भारत में ही अब तक 20 राष्ट्रीय उद्यान एवं प्रत्येक राज्य में कुछ अभयारण्य विकसित किये जा चुके हैं। उनके विकास से विभिन्न पादप प्रज़ातियों की रक्षा के साथ-साथ वन्य-जीवों का भी संरक्षण होता है। वन प्रदेशों की सुरक्षा के लिए इनको पर्यटन स्थलों के रूप में विकसित करना दोहरा लाभदायक है।

8. सामाजिक एवं स्वयंसेवी संस्थाओं द्वारा वन-संरक्षण - वन संरक्षण और वनरोपण तथा वृक्षारोपण जैसे कार्यक्रम मात्र सरकारी नियमों तथा प्रशासनिक प्रयासों से ही सफल नहीं हो सकते, इसलिए इसके लिए जन-चेतना या सामाजिक चेतना जाग्रत करना अति आवश्यक है। जब समाज का प्रत्येक व्यक्ति यह अनुभव करे कि वन संरक्षण स्वयं उसके तथा भविष्य की पीढ़ियों के लिए आवश्यक है तो यह संरक्षण स्वत: ही होने लगेगा। भारत में वन संरक्षण की स्वस्थ सामाजिक परम्परा रही है और वन यहाँ की संस्कृति के अभिन्न अंग रहे हैं। हमारे यहाँ बरगद, पीपल जैसे अनेक वृक्षों की पूजा की जाती है जो वृक्षों के संरक्षण का अपूर्व उदाहरण है। भारत में विश्नोई जाति के धर्म का एक प्रमुख सिद्धान्त वनों की रक्षा करना है, जिसका प्रत्यक्ष उदाहरण विश्नोई जाति के लोगों का वन-संरक्षण के लिए 'चिपको' आन्दोलन है। वन संरक्षण में स्वयं सेवी एवं गैर प्रशासनिक संस्थाओं की भी महती भूमिका है और आज दुनिया में ऐसी अनेक संस्थायें हैं। ''ग्रीन ग्रीस'' संस्थायें अनेक देशों में कार्यरत हैं। भारत में चिपको आन्दोलन वन संरक्षण के लिए जन-जागृति करने में लगा है तथा दक्षिणी भारत में ''अप्पिको'' आन्दोलन पर्यावरण संरक्षण में संलग्न है। विगत दशक से स्थानीय स्तर पर भारत में अनेक स्वयं सेवी संस्थायें इस दिशा में कार्य करती हुई वन संरक्षण तथा विकास में महत्वपूर्ण भूमिकायें निभा रही हैं। प्रशासन द्वारा प्रारम्भ किया गया ''सामाजिक वानिकी'' कार्यक्रम कुछ प्रदेशों में सफल रहा है।

9. वन संरक्षण में प्रशासनिक भूमिका - वनों के संरक्षण में सरकार तथा स्थानीय प्रशासन की महत्वपूर्ण भूमिका है, क्योंकि सरकारी नियमों के अन्तर्गत ही वन-संरक्षण सम्भव है। संसार के प्रत्येक देश में वन संरक्षण के लिये नियम है तथा सरकारें उपयोगिता एवं अर्थव्यवस्था के अनुरूप नियम बना कर उन्हें संरक्षित करने का प्रयास करती हैं। इस सम्बन्ध में प्रारम्भिक आवश्यकता यह है कि नियमों के अन्तर्गत वनों का संरक्षण हो, परन्तु स्वार्थी तत्वों द्वारा नियमों के विरूद्ध कार्य करने से वनोन्मूलन की प्रवृत्ति स्वार्थी तत्वों द्वारा नियमों के विरूद्ध कार्य करने से वनोन्मूलन की प्रवृत्ति निरन्तर बढ़ रही है।

प्रशासन वन-संरक्षण के लिए निम्नलिखित कार्य सम्पादित कर सकता है-

1. वनों के संरक्षण के लिए कानून बनाना,
2. देश के समस्त वनों का सर्वेक्षण करना,
3. वनों के विभिन्न प्रकारों व श्रेणियों को सूचीबद्ध करना तथा सुरक्षित वन क्षेत्रों का निर्धारण करना,
4. ऐसे क्षेत्रों का पता लगाना जहाँ वन विकास की आवश्यकता है तथा जहाँ वृक्षारोपण सम्भव है,
5. आर्थिक दृष्टि से उपयोगी वनों का निर्धारण तथा संचालन,
6. अग्नि व अन्य प्राकृतिक आपदाओं से वनों की रक्षा के प्रयास करना,
7. वन-अनुसंधान के लिए प्रयोगशालाओं की स्थापना करना,
8. राष्ट्रीय पार्कों एवं अभयारण्यों की स्थापना करना,
9. वनरोपण कार्यक्रम का क्रियान्वयन करना,
10. सतत निरीक्षण द्वारा वनोन्मूलन को बचाना और नियम विरूद्ध कार्य करने वालों को सजा देना,
11. वन-संरक्षण के लिए प्रोत्साहन व पुरस्कार देना,
12. वन-उत्पादनों पर सरकारी नियन्त्रण होना,
13. देश के वन विकास हेतु राष्ट्रीय एवं क्षेत्रीय योजनाओं को तैयार करना आदि।

2. जल संसाधन
Water Resources

मानव जीवन के लिए जल एक महत्वपूर्ण संसाधन है। इसके बिना वनस्पति, जीवों एवं पर्यावरण की समस्त क्रियायें अधूरी हैं। यह सम्पूर्ण जीवमण्डल को आधारप्रदान करता है। प्रकृति में जल विभिन्न स्थानों पर विभिन्न रूपों में वितरित रहता है। जलवायु एवं स्थिति के अनुसार इसका स्वरूप तथा आकार भी बदलता रहता है। यह कहीं द्रव, हिम तथा कहीं जलवाष्प के रूप में पाया जाता है। पृथ्वी के धरातल पर शुद्ध जल की मात्रा बहुत कम है। धरातल पर स्थित विभिन्न जल स्त्रोतों जैसे-झील, नदियाँ, तालाब, नहरें, समुद्रों आदि से जल वाष्पीकरण द्वारा वायुमण्डल में चला जाता है तथा कम तापमान के कारण संघनित होकर वर्षा के रूप में पुनः धरातल पर आ जाता है। हार्ले ने सर्वप्रथम यह स्पष्ट किया कि जल, समुद्रों से वाष्प, वाष्प से बादल, बादलों से वर्षा, वर्षा से नदियों एवं नालों के द्वारा समुद्रों में एकत्रित होता रहता

है। वर्तमान में बढ़ती जनसंख्या एवं जल के अतिदोहन से जल चक्र (Water cycle) असंतुलित होने लगी है।

भूपृष्ठीय एवं भूमिगत जल का उपयोग तथा अति दोहन

(Use and overutilization of surface and ground water)

पृथ्वी की बाह्य सतह पर पाये जाने वाले जल को भूपृष्ठीय जल (Surface water) कहते हैं। यह स्थिर जैसे-झील, तालाब आदि अथवा गतिशील जैसे-नदी, नहरें, झरने, नाले आदि रूप में हो सकता है। भूपृष्ठीय जल का मुख्य स्रोत वर्षा है। विश्व के कुछ भागों में जल की बहुलता तथा कुछ भागों में जल का अभाव पाया जाता है।

धरातलीय सतह के नीचे संचित जल को भूमिगत जल (Ground water) कहते हैं। यह जल मृदा कणों से रिस कर नीचे एकत्रित होता रहता है। भूमिगत जल का प्रमुख स्रोत वर्षा का जल तथा हिमद्रवित जल (Melt Water) होता है। भूमिगत जल की मात्रा परिवर्तित होती रहती है। यदि भूमिगत जल के विदोहन की वार्षिक गति इसी रफ्तार से बढ़ती गई तो एक दिन भूमिगत जल पूर्णतया समाप्त हो जायेगा। विभिन्न साधनों जैसे बोरिंग, ट्यूबवैल, हैण्डपम्प आदि से मनमाने तरीके से भूमिगत जल का दोहन किया जा रहा है जिससे भूमिगत जल स्तर आये दिन गिरता जा रहा है।

जल-संसाधन उपयोग (Use of Water Resources)

वर्षा के पश्चात् सम्पूर्ण जल सतह पर नहीं रूकता। यह नालों एवं नदियों के रूप में बहता हुआ समुद्र में चला जाता हैं। कुछ जल जलाशयों में रूक जाता है तथा कुछ भूमिगत हो जाता हैं। अत: मानव उपयोग के लिए जल का प्रमुख स्रोत नदियाँ ही हैं। भूमिगत जल का उपयोग कुँओं, चश्मों द्वारा होता हैं। घरेलू उपयोग के अतिरिक्त नदियों के जल का उपयोग सिंचाई कारखानों परिवहन तथा जल विद्युत प्राप्त करने के लिए होता है पर भूमिगत जल का उपयोग मुख्यता पीने तथा सिंचाई के लिए होता हैं। यही कारण हैं कि सामान्यत: अधिकतर बड़े नगर किसी न किसी नदी के किनारे मिलते हैं। समुद्र के जल का यद्यपि अभी बड़े पैमाने पर सिंचाई, विद्युत आदि के लिए उपयोग नहीं होता पर उनमें पलने वाले विभिन्न जीवों द्वारा उपयोग होता हैं।

सिंचाई के लिए जल का उपयोग मानव प्राचीन काल से करता आ रहा है। अधिकतर प्राचीन सभ्यतायें सिंचाई व्यवस्था के आधार पर विकसित हुई थीं। विश्व के कुल जल उपयोग का 80 प्रतिशत सिंचाई में प्रयुक्त होता है। सिंचाई के लिए सतह तथा भूमिगत जल का ही उपयोग होता हैं। इन स्रोतों से प्राप्त जल को कृत्रिम विधियों द्वारा प्रवाहित करके खेतों में पहुँचाने तथा मिट्टी को नम करने की व्यवस्था को सिंचाई कहते हैं। सिंचाई की आवश्यकता वहाँ नहीं होती हैं जहाँ वर्षा की मात्रा फसलों के लिए पर्याप्त हो अथवा वर्षा का सामयिक वितरण इस प्रकार का हो कि आवश्यकता के समय फसलों के लिए पर्याप्त जल उपलब्ध होने में कठिनाई नहीं होती हो। इस प्रकार शुष्क एवं अर्द्धशुष्क प्रदेशों में जहाँ औसत वार्षिक वर्षा 15 सेमी. से कम होती

हैं तथा मानसून एवं भूमध्यसागरीय जलवायु प्रदेशों में जहाँ वर्षा किसी विशेष ऋतु में होती है और वर्षा की मात्रा में ऋत्विक भिन्नता मिलती है, वहाँ सिंचाई की विशेष आवश्यकता होती है। संयुक्त राष्ट्र एजेंसी यूनीसेफ (UNICEF) ने आने वाले समय भारत में भीषण जल संकट की चेतावनी दी है। यूनीसेफ की एक ताजा रिपोर्ट में बताया गया है कि सन् 2017 तक भारत में भूमिगत जल की भारी कमी हो जायेगी तथा पेयजल की उपलब्धता भी घट जायेगी। वर्ल्ड वाइड फण्ड फॉर नेचर (World Wide Fund for Nature-WWF) के सहयोग से तैयार की गई इस रिपोर्ट के अनुसार मनमाने तरीके से बोरिंग करके भूमिगत जल की निकासी से अनेक राज्यों में जल स्तर घट गया है। भूमिगत जल के गिरते स्तर के कारण दिल्ली में ट्यूबवैल लगाने के लिए केन्द्रीय भूमिगत जल प्राधिकरण (CGWA) की स्वीकृति को अनिवार्य कर दिया गया है।

जल समस्या के समाधान हेतु सरकार की भावी योजना के मुख्य बिन्दु इस प्रकार हैं :-

1. भूगर्भीय जल या भूमिगत जल (Ground Water) के अधिक व फालतू उपयोग को रोकने के लिए विधेयक लाने की योजना।
2. बहुमंजिले भवनों में वर्षा के जल के अनिवार्य संरक्षण हेतु विधेयक लाने की योजना।
3. गुजरात में जलापूर्ति की स्थिति में सुधार के लिए सरदार सरोवर परियोजना।
4. राजस्थान में जलापूर्ति में सुधार के लिए जल के नये स्त्रोतों की पहचान।
5. जल से सम्बन्धित मामलों के प्रभावी हल के लिए नई राष्ट्रीय जल संसाधन निति की शीघ्र ही घोषणा करना।
6. तीन लाख तीस हजार करोड़ रूपये की अनुमानित लागत वाली दीर्घकालिक गंगा-कावेरी सम्पर्क परियोजना।

बाढ़ व सूखा (Floods and Draught) यदि जल प्लावन क्षेत्र में होता है जहाँ सामान्यतः पानी नहीं रहता तो उसे बाढ़ कहते हैं। जैसे वर्षा जल अपने प्रवाह मार्ग से न बहकर आसपास के क्षेत्रों में फैला जाता है उसे बाढ़ कहते हैं। विश्व की नदियों का बाढ़ क्षेत्र 3.51 प्रतिशत है व यह 19.5 प्रतिशत जनसंख्या को प्रभावित करती है। बाढ़ के वनस्पति विनाश, वर्षा की अनिश्चितता, नदी तल पर अधिक मलवा जमाव, नदी धारा में परिवर्तन, नदी मार्ग में मानव निर्मित व्यवधान, तटीय व तटबन्ध अधिवास आदि कारण है। भारत में प्रति वर्ष लगभग 40 करोड़ हैक्टेयर भूमि व 30 करोड़ व्यक्ति बाढ़ से प्रभावित होते हैं अरबों की सम्पत्ति नष्ट हो जाती है। बाढ़ रोकने के लिए वृक्षारोपण, नदी तलों की सफाई, नालों का उद्धार आदि करने चाहिए।

सूखा (Draught) – सूखा जल की कमी का परिणाम है राजस्थान में सूखा। यह उस स्थिति का घोतक है जिसमें अनावृष्टि के कारण भूमि की सतह पर व भूगर्भ में पानी का नितान्त अभाव उत्पन्न हो जाता है। (एनसाइक्लोपिडिया ऑफ सोशियल सांइसेज) मौसम विज्ञान के अनुसार सूखा वह स्थिति है जब वर्षा सामान्य की 75 प्रतिशत हो व भंयकर सुखा वह स्थिति

है जब वर्षा 50 प्रतिशत या इससे कम हो। सूखा यदि कारण है तो अकाल उसका परिणाम है। राज्य में यह आम धारणा है कि हर तीसरा वर्ष अकाल या सूखे का होता है। सूखा व अकाल से आर्थिक विकास की गति शिथिल होती है साथ ही अधिकतर जनसंख्या अपनी न्यूनतम आवश्यकता की पूर्ति भी नहीं कर सकती। यही कारण है कि यहाँ कि अधिकतम किसानों की मासिक आय 225 रूपये से भी कम है। राज्य की वर्षा का औसत 45 सै.मी. है। 65 प्रतिशत जनसंख्या गरीबी की सीमा से नीचे जीवन यापन कर रही है। राजस्थान का 1899 का अकाल (सम्वत् 1956) जिसे छपनियां अकाल कहते हैं सर्वविदित है जब अनावृष्टि से घास का एक तिनका भी पैदा नहीं हुआ, हजारों व्यक्ति लाखों पशु भूख प्यास से मर गये। 1917 में अकाल के साथ-साथ प्लेग भी फैला जिससे लाशों को जलाने के लिये आदमी भी नहीं मिले। **राजस्थान में अकाल व सूखे पड़ने वाले कुछ प्रभाव इस प्रकार है** - 1. अत्यधिक मंहगाई बढ़ती है। 2. खाद्यान चारा व पेयजल का नितान्त अभाव हो जाता है। 3. नियोजित आर्थिक विकास में बाधा पड़ती है। 4. बेरोजगारी बढ़ती है आय घटती है। 5. अत्याचार व अनैतिकता में वृद्धि होती है। 6. स्वास्थ्य व कुपोषण की समस्या उत्पन्न होती है।

सुखा समस्या समाधान हेतु प्रयास -

1. सूखा गस्त क्षेत्रों में व्यापक स्तर पर अकाल व सूखा राहत कार्य केन्द्र खोले गये।
2. अभावग्रस्त गांवों में भू राजस्व की वसूली को स्थगित किया गया।
3. सरकारी अल्पकालीन ऋणों को मध्यकालीन ऋणों में परिवर्तित किया गया।
4. अभाव की स्थिति से निपटने हेतु केन्द्र सरकार द्वारा धन राशि आवंटित की गई।
5. सूख की स्थिति को देखते हुए राहत कार्य लगातार व तीव्र गति से चलाये गये।
6. पशुओं के लिए चारा डिपो खोले गये, अनाज, आटा, कपड़ा, धन सूखा से पीडित लोगों में बांटा गया।

राजस्थान में अकाल व सूखा (Famine and Drought in Rajasthan)

राजस्थान के लिए 'अकाल व सूखा' एक सामान्य सी स्थिति बन गये हैं राजस्थान का ग्रामीण जीवन प्राय: सूखे व अकाल की गिरफ्त में आता रहता है। कृषि पर इसका प्रभाव विशेष रूप से होता है। खाद्य व पशुधन की स्थिति में असंतुलन पैदा हो जाता है। भूमि की नमी कम हो जाती है। फलस्वरूप कृषि की उत्पादकता पर प्रतिकूल प्रभाव होता है। वास्तव में, सूखे के परिणाम बाढ़ से भी अधिक भयंकर होते हैं। लगातार पड़ने वाले सूखे व अकाल से निर्धरता, कुपोषण व परस्पर झगड़ों में वृद्धि होती है। गत 20 वर्षों में राजस्थान के आंकड़ों को यदि देखा जाये तो स्पष्ट होगा कि वर्ष 1983-84, 90-91, 94-95 को छोड़कर अन्य वर्षों में राजस्थान के सभी या अधिकांश जिले अकाल व सूखे की चपेट में आते रहे हैं।

अकाल के प्रमुख कारण - राजस्थान में अकाल व सूखे के प्रमुख कारण निम्न लिखित हैं :-

(i) दूर-दूर तक फैला हुआ मरूस्थल जहाँ सतही जल व भूमि के नीचे जल का नितान्त अभाव है।

(ii) दूसरा कारण वर्षा की कमी इसका असन्तुलन व अनिश्चित वितरण है।

(iii) तीसरा बड़ा कारण आर्थिक है। रेगिस्तानी क्षेत्रों के लघु कृषकों व सीमान्त कृषकों, भूमिहीन किसानों व ग्रामीण काश्तकारों के श्रम का पूरा उपयोग नहीं हो पाता है। प्रति पशु चराई की भूमि इन क्षेत्रों में बहुत कम है। नीची कृषिगत उत्पादकता के कारण यहाँ के किसानों की आमदनी कम होती है।

(iv) कुछ सामाजिक कारणों जैसे अनियन्त्रित जंगल कटाई व चराई से मिट्टी के कटाव की समस्या बढ़ रही है जिससे असन्तुलन पैदा होता जा रहा है।

(v) राजस्थान के पश्चिमी क्षेत्रों में वनों की कमी तथा दक्षिणी - पूर्वी क्षेत्र में अन्धाधुंध वनों की कटाई।

(vi) वर्षा के जल का नियोजित ढंग से प्रबन्ध न होना।

अकाल व सूखे से बचने के उपाय

राजस्थान के लिए अकाल व सूखे बहुत जाने पहचाने शब्द है। यहाँ के ग्रामीण जीवन में इनका चोली दामन का संबंध रहा है। राज्य के कई जिले प्राय: अकाल से प्रभावित होते हैं। राज्य में अकाल एवं सूखे की समस्या को हल करने के लिए सरकार ने जो विभिन्न प्रयास किए हैं, उनका विवरण निम्नलिखित है :-

(1) सूखा संभावित क्षेत्र कार्यक्रम - यह कार्यक्रम राज्य में वर्ष 1974-75 में निम्न उद्देश्यों की पूर्ति हेतु प्रारम्भ किया गया था :-

(i) मरूस्थल के विस्तार को रोकने,

(ii) मरूस्थलीय क्षेत्रों में आर्थिक विकास के त्वरित गति प्रदान करने,

(iii) सिंचाई की सुविधाएँ उपलब्ध करवाना

(iv) पेयजल की व्यवस्था करना

(v) रोजगार की सुविधाएँ

(vi) कृषि विकास हेतु नवीन सम्भावनाओं का पता लगाने हेतु।

कार्यक्रम का मुख्य उद्देश्य सूखे के प्रभाव को कम करके ऐसी परिसम्पत्तियों का निर्माण करना है, जिससे रोजगार के साधन उपलब्ध हो तथा ग्रामीणों की आय के स्तर में वृद्धि हो सके। 1995-96 से यह कार्यक्रम 10 जिलों के 32 खण्डों में चलाया जा रहा है। 1978-79 तक इस कार्यक्रम पर व्यय का दो तिहाई भाग केन्द्र वहन करता था तथा एक तिहाई भाग राज्य

सरकार वहन करती थी, लेकिन 1979-80 से 50-50 प्रतिशत व्यय केन्द्र सरकार एवं राज्य सरकार वहन करती है।

(2) मरू विकास कार्यक्रम – यह कार्यक्रम राज्य के 11 मरूस्थलीय जिलों की 85 पंचायत समितियों का समग्र विकास करने हेतु केन्द्र द्वारा वर्ष 1977-78 से चालू किया गया। वर्ष 1979-80 में योजना का केन्द्र राज्य के सम अंश के आधार पर चलाया गया लेकिन वर्ष 1985-86 से पुन: यह कार्यक्रम पूर्णत: केन्द्र प्रवर्तित योजना के रूप में चल रहा है।

कार्यक्रम में भू-संरक्षण, भू-जल विकास, लघु सिंचाई, पशु एवं दुग्ध विकास, पशु स्वास्थ्य, भेड़ विकास, ग्रामीण विद्युती करण, वन विकास, पशु पेयजल आदि लाभकारी योजनाएं है।

(3) जलधारा योजना – केन्द्र सरकार ने ''जलधारा'' नामक एक विशेष कार्यक्रम की घोषणा की है जिसके अन्तर्गत सूखा-प्रभावित क्षेत्रों में सीमान्तिक किसानों को सहायता मिलेगी। योजना में कृषक परिवारों को पम्पसेट नाममात्र के किराये पट्टा प्रभारों पर सिंचाई के लिए दिए गए।

(4) काम के बदले अनाज योजना – अकाल से पीड़ित क्षेत्रों के लोगों को रोजगार उपलब्ध करवाने हेतु राज्य सरकार द्वारा वहाँ सड़कों का निर्माण, बाँधों, का निर्माण कराया जाता हैं जिससे अकाल प्रभावित क्षेत्रों के लोग पलायन न करे तथा भूख से पीड़ित न हो। इसलिए राज्य सरकार काम के बदले अनाज योजना में मजदूरी का भुगतान अनाज के रूप में करवाती है।

(5) सहायता विभाग की स्थापना – सहायक आयुक्त एवं शासन सचिव के अधीन कार्यरत यह आपातकालीन विभाग राज्य में अकाल, बाढ़, ओलावृष्टि, अग्नि तथा भूस्खलन आदि विपदाओं के समय तत्काल आवश्यक व्यवस्था करने के उद्देश्य से 24 अक्टूबर, 1951 को स्थापित किया गया। विभाग का राज्य स्तरीय मुख्यालय जयपुर में है।

(6) विशिष्ट योजना संगठनों की स्थापना – सूखे की समस्या के स्थायी समाधान हेतु संगठन की स्थापना 1970 में की गई। यह ग्रामीण विकास की योजनाएं तैयार करता है और उन्हें क्रियान्वित करने के लिए विभिन्न विभागों को भेजकर आधारभूत सुविधाएं बढ़ाने की व्यवस्था करता है।

(7) प्राकृतिक आपदा सहायता कोष – नवें वित्त आयोग की सिफारिश के आधार पर 1990-1991 में एक प्राकृतिक आपदा सहायता कोष की स्थापना की गई। कोष के संचालन हेतु समिति का गठन किया गया है। कोष में प्रति वर्ष 93 करोड़ रूपये केन्द्र सरकार तथा 31 करोड़ रूपये राज्य सरकार, अंशदान करती है। राज्य में प्राकृतिक आपदाओं पर होने वाला व्यय रूसी कोष से होता है।

(8) पेयजल आपूर्ति योजना – राज्य के सूखाग्रस्त जिलों में पेयजल सुविधा विभिन्न कार्यक्रमों के अन्तर्गत उपलब्ध करवाई जा रही है। सरकार द्वारा जुलाई, 1994 में ग्रामीण जल प्रदान योजना चरण-द्वितीय स्वीकृत की गई है।

(9) अकाल राहत कार्य - सूखा एवं अकाल की समस्या के अल्पकालीन समाधान हेतु सरकार की मुख्य नीति राहत कार्य प्रारम्भ करने की रही है। राहत कार्य हेतु वित्तीय सहायता केन्द्र सरकार द्वारा दी जाती है। राहत कार्यों में भू-संरक्षण, सड़क पाठशाला, औषधालय निर्माण, सिंचाई के लिए कुँओं व अन्य साधनों का निर्माण, उनकी मरम्मत तथा रख-रखाव एवं जल आपूर्ति बढ़ाने के प्रयास किए जाते हैं, जिससे मानव एवं पशुओं को पेयजल की आपूर्ति हो सके। साथ ही लोगों को रोजगार व आमदनी के अवसर उपलब्ध कराने के लिए सामुदायिक परिसम्पत्तियों का निर्माण कराया जाता है। बूंद-बूंद सिंचाई या फव्वारा पद्धति द्वारा कृषि विकास, घास के क्षेत्रों का विकास, स्थाई चारा डिपो, तथा सिंचित क्षेत्रों के सीमान्त स्थित एवं इंदिरा गांधी नहर के पूर्वी भागों में सीमित सिंचाई जैसे अन्य कार्यक्रम भी सरकार द्वारा क्रियान्वित किए जा रहे हैं।

जल विवाद (Water Conflicts)

जल एक अतिविशिष्ट प्राकृतिक संसाधन है जो मानव की मूलभूत आवश्यकताओं की पूर्ति करता है। जल को अमूल्य राष्ट्रीय निधि के रूप में स्वीकार करते हुये सन् 1987 में देश की राष्ट्रीय जल नीति (National Water Policy) घोषित की गई जिसे वर्ष 2002 में संशोधित किया गया। राष्ट्रीय जल संसाधन परिषद द्वारा 1 अप्रेल, 2002 को इसे स्वीकृति प्रदान की। नई जल नीति में जल संसाधनों के एकीकृत प्रबन्धन और विकास के उद्देश्य से संस्थागत उपाय करने के साथ-साथ नदी जल और नदी भूमि सम्बन्धी अतिरिक्त विवादों के समाधान के लिए नदी बेसिन संगठन गठित करने पर बल दिया गया है। अन्तर्राष्ट्रीय जल-विवादों को नई संशोधित नीति के दायरे से बाहर रखा गया है।

भारतीय संविधान में केन्द्र राज्य सम्बन्धों के अन्तर्गत अन्तर्राज्यीय जल-विवादों से निपटने के लिए व्यापक प्रावधान किए गये है। संविधान के अनुच्छेद - 262 के तहत संसद विधि द्वारा अन्तर्राज्यीय नदियों, नदी घाटियों के जल प्रयोग, वितरण से सम्बद्ध किसी विवाद के न्याय निर्णयन हेतु उपबन्ध कर सकती है कि ऐसे विवादों के सम्बनध में उच्चतम न्यायालय या किसी अन्य न्यायालय की अधिकारिता नहीं रहेगी। इसी अनुच्छेद का प्रयोग कर संसद ने 1956 में नदी बोर्ड अधिनियम एवं अन्तर्राज्यीय जल विवाद अधिनियम पारित किया। इसके द्वारा केन्द्र को ऐसे जल विवादों के निपटारे के लिए न्यायाधिकरण स्थापित करने की शक्ति प्रदान की गई है। दक्षिण की गंगा के रूप में सुविख्यात कावेरी का जल विवाद आजकल सुर्खियों में हैं। तमिलनाडु एवं कर्नाटक राज्यों के बीच यह विवाद चरम सीमा पर है।

बाँधों से लाभ तथा हानियाँ (Dams Benifits and problems) :- मानव अपनी सुख-सुविधाओं के लिये अनेक प्रकार के विकास कार्य करता आया है। ये सुविधायें ही आगे चलकर मानव के लिये अभिशाप सिद्ध होती है। प्रारम्भ में जब जनसंख्या कम थी तो जल संसाधन की पूर्ति आसानी से हो जाती थी। अब जनसंख्या बढ़ने के साथ-साथ जल की आवश्यकता भी बढ़ती गई। इसके लिए मनुष्य ने बाँध बनाकर पानी को एकत्रित करना प्रारम्भ कर दिया तथा इसका उपयोग सिंचाई व अन्य कार्यों के लिए करने लगा। पूर्व में इन बांधों से

लाभ अधिक नुकसान कम होता था। बाँधों के निर्माण से वे सभी क्षेत्र जहाँ से नदियाँ नालें बहते थे धीरे -धीरे शुष्क हो गये।

(i) बाँध निर्माण से गाँवों की कृषि योग्य जमीन जलाशयों में परिवर्तित हो गई तथा गाँव तक खाली करने पड़े।

(ii) बाँध के आस-पास की जमीन दलदल में परिणत हो गई।

(iii) लगातार जल के एक ही स्थान में एकत्रित रहने से उसमें खारापन बढ गया।

(iv) बाँध क्षेत्र में आने वाले वनों को साफ कर दिया गया। जिससे वन्य जीव जन्तुओं को वहाँ से पलायन करना पड़ा।

(v) बाँधों के निर्माण से पारिस्थितिकी असन्तुलन की समस्यायें पैदा हो जाती है।

3. खनिज संसाधन
Mineral Resources

खनिज संसाधन वे सभी पदार्थ जो खनन द्वारा प्राप्त किये जाते है खनिज संसाधन कहलाते है अथवा पृथ्वी के धरातल या उसके गर्भ से खोदकर निकाली जाने वाली वस्तुओं को खनिज पदार्थ कहते हैं। खनिजों की अपनी भौतिक एवं रासायनिक विशेषताएँ होती है। बेवस्टर शब्द कोश में खनिज को परिभाषित करते हुए लिखा है कि ''खनिज अजैव प्रक्रियाओं से निर्मित रासायनिक तत्व अथवा यौगिक होते हैं।'' खनिजों का निर्माण एक अत्यधिक लम्बी व जटिल प्रक्रिया है। खनिज पदार्थ अनेक अनावश्यक तत्वों के साथ मिश्रित रूप में पाये जाते हैं अत: इन्हें **अयस्क** कहते हैं। जब खनिज पदार्थों की खुदाई धरातल पर ही की जाती है तो उसे उल्लखनन कहा जाता है। जब किसी खनिज पदार्थ को भूमि में गहराई से खोदकर निकाला जाता है तो यह कार्य खनन कहलाता है। बिहार में निकले वाला कोयला तथा राजस्थान में खेतड़ी नामक स्थान पर निकलने वाला तांबा काफी गहराई से खोदकर निकालने के कारण खनन कहलाता है। जिन स्थानों पर खनिज खोदकर निकाला जाता है उसे **खदान** (Quarry) कहते हैं। यदि खनिज पदार्थ कम गहराई पर ही खुले गड्ढे के रूप में खोदकर निकाला जाता है तो उसे खुली **खदान** (Open pit mine) कहते हैं। इसके अलावा वे खदान जिनमें काफी गहराई से खोदकर खनिज निकाले जाते हैं उन्हें **कूप खदान** (Shaft mine) कहते हैं। भारत में ज्यादातर खनिज पदार्थ इस प्रकार की खदान से निकाले जाते हैं।

खनिजों के प्रकार (Types of Mineral) – खनिज मुख्यत: तीन प्रकार के होते हैं-

(i) अधात्वीय खनिज (Non-Metallic Minerals)

(ii) धात्वीय खनिज (Metallic minerals)

(iii) खनिज ईंधन (Mineral fuels)

1. अधात्वीय खनिज (Non-Metallic Minerals) – वे खनिज जिनको खदान से निकालने के बाद सीधे उपयोग में लाया जाता है अर्थात जिनको उपयोग में लाने से पूर्व परिष्कृत करने की आवश्यकता नहीं होती है अधात्वीय खनिज कहते हैं। ऐसे खनिजों को काटकर या खुरचकर या विभिन्न आकृतियों में परिवर्तित करके उपयोग में लिया जा सकता है। जैसे – संगमरमर, नमक, चूने का पत्थर, हीरा, पन्ना, गन्धक, जिप्सम।

2. धात्विक खनिज (Metallic minerals) – ऐसे खनिजों को खदान से निकालने के बाद सीधे ही उपयोग में नहीं लाया जा सकता है क्योंकि खदान से निकले हुए खनिजों के साथ अनेक अनावश्यक पदार्थ मिले हुये होते हैं। इन खनिजों को भट्टियों में गलाकर परिष्कृत किया जाता है जससे इनकी अशुद्धता दूर हो जाती है। शुद्ध होने पर इन खनिजों पर विशेष प्रकार की चमक आ जाती है। जैसे – लोहा, तांबा, टिन, क्रोमियम, चांदी, सोना, जस्ता आदि।

3. खनिज ईंधन (Mineral fue) – भू-गर्भ से निकलने वाले ऐसे खनिज जिनका ईंधन के रूप में प्रयोग किया जाता है उनको खनिज ईंधन कहते हैं। जैसे कि – कोयला, पेट्रोलियम, प्राकृतिक गैस एवं अणु खनिज है। इनमें कोयले तथा अणु खनिज को खदान में खोदकर तथा खनिज तेल एवं गैस की बोरिंग करके निकाला जाता है।

खनिजों संसाधनों का पर्यावरण पर प्रभाव (Effect of mineral resources on environment) – भूमि में खनिज निश्चित मात्रा में है। खनिजों का निर्माण प्रकृति के द्वारा होता है तथा इनके निर्माण में लाखों वर्ष लग जाते हैं इनकी मात्रा बडी सीमित होती है। एक बार भूमि में से खनिज निकाल लेने के बाद वहां पुनः खनिज निर्माण नहीं हो सकता है।

खनन कार्य में खोदे गये खड्डों के कारण भूमि का नाश हो जाता है तथा वनों की कमी हो जाती है जिसका सीधा प्रभाव पर्यावरण पर पड़ता है।

खनिज संसाधनों के अत्यधिक उपयोग को पर्यावरण पर पडने वाले कुछ दुष्प्रभाव निम्नलिखित है :-

1. खनन क्रिया के दौरान निकलने वाली विषैली गैसों से पर्यावरण प्रदूषित होता है।
2. खनन क्रिया के पश्चात् खानों को उपेक्षित छोड दिया जाता है जिनमें भूमि धसने की क्रिया होती रहती है तथा मृदा अपरदित होकर पानी के साथ बहकर इन खदानों में आती है। अत: भूमि अनउपजाऊ हो जाती है।
3. कोयले की खानों में कभी–कभी आग लगने के कारण भंयकर वायु प्रदूषण होता है तथा जान माल की हानि होती है।

खनिज

अधात्वीय खनिज धात्वीय खनिज

खनिज ईंधन

वास्तु सामग्री खनिज रसायन लोहा, तांबा, एलुमिनियम,

कोयला, पेट्रोल

टिन, क्रोमियम, चांदी,

प्राकृतिक गैस

संगमरमर, नमक सोना, जस्ता, आदि। अणु खनिज।

ग्रेनाइट, अभ्रक पन्ना, रत्न, हीरा,

बेसाल्ट, जिप्सम पुखराज, फीरोजा आदि

चूने का पत्थर चूना

4. खनिज कार्य में यातायात के साधनों के अभाव के कारण खनिजों का ढेर लग जाता है जो जल प्रदूषण व भू-प्रदूषण का कारण बन जाता है।

5. कोयले की गहरी खदानों में पानी भर जाने से अनेक श्रमिकों को जीवन से हाथ धोना पड़ता है।

6. खनन क्रिया के दौरान वृक्षों की कटाई कर दी जाती है जिससे आस-पास का क्षेत्र वनस्पतिहीन हो जाता है एवं उस क्षेत्र में पाये जाने वाले वन्य जीवों को खतरा उत्पन्न हो जाता है।

4. ऊर्जा संसाधन

Energy Resources

किसी भी देश की प्रगति में सबसे महत्वपूर्ण भूमिका ऊर्जा संसाधन की होती है। जीवन के अस्तित्व को बनाये रखने तथा सुचारू रूप से चलाये रखने के लिए ऊर्जा अति आवश्यक है। किसी कार्य को करने की क्षमता को ऊर्जा (Energy) कहते हैं। ऊर्जा विभिन्न रूपों में मिलती है। मशीनों से प्राप्त होने वाली ऊर्जा यांत्रिक ऊर्जा (Mechanical energy) तथा रसायनों से प्राप्त होने वाली ऊर्जा को रासायनिक ऊर्जा (Chemical Energy) कहते हैं। वह ऊर्जा जो गतिमान होती है तथा कार्य सम्पन्न करने की स्थिति में होती है, गतिज ऊर्जा (Kinetic energy) कहलाती है। इसके विपरीत वह ऊर्जा जो संचित अवस्था में रहती है तथा तत्काल कार्य करने की स्थिति में नहीं होती है उसे स्थितिज ऊर्जा (Potential Energy) कहते

है। उष्मा गतिकी (Thermodynamics) के नियमानुसार, ऊर्जा न तो उत्पन्न की जा सकती है और न ही इसे नष्ट किया जा सकता है। केवल इसे एक रूप से दूसरे रूप में बदला जा सकता है। **नव्यकरणीयता की दृष्टि से ऊर्जा संसाधनों को दो मुख्य भागों में बांटा जा सकता है** -

1. नव्यकरणीय या असमाप्य ऊर्जा संसाधन (Renewable or non exhaustible energy resources)

2. अनव्यकरणीय या समाप्य ऊर्जा संसाधन (Nonrenewable or exhaustible energy resources) पृथ्वी पर लगभग 39 प्रतिशत पेट्रोल, 19 प्रतिशत प्राकृतिक गैसे, लकड़ी, 6 प्रतिशत, पशु 4 प्रतिशत, जल विद्युत 2 प्रतिशत तथा मानव 1 प्रतिशत शक्ति के रूप में ऊर्जा प्रदान करते हैं।

ऊर्जा की प्राप्ति के आधार पर (On the basis of their availability) ऊर्जा स्त्रोत दो प्रकार के होते है -

1. **परम्परागत स्त्रोत (Conventional sources)** इसमें जीवाश्म ईंधन जैसे पेट्रोलियम, कोयला, प्राकृतिक गैस, लकड़ी, तेल, जल विद्युत, आदि को सम्मिलित किया जाता है।

2. **गैर परम्परागत स्त्रोत (Non-Conventional sources)** इसमें सौर ऊर्जा, पवन ऊर्जा, भूतापीय ऊर्जा, ज्वारीय ऊर्जा, समुद्रीय ऊर्जा, बायो गैस आदि को सम्मिलित किया जाता है। भारत में लगभग 69 प्रतिशत ऊर्जा, कोयला, 25 प्रतिशत जल विद्युत, 4 प्रतिशत डीजल व पेट्रोल, 2 प्रतिशत अणशक्ति तथा 1 प्रतिशत से कम ऊर्जा गैर परम्परागत स्त्रोतों से मिलती है।

ऊर्जा की बढ़ती आवश्यकता (Growing needs of Energy) - पृथ्वी पर पाये जाने वाले सभी जीवित अजीवित प्राणियों की प्रगति एवं वृद्धि के लिए ऊर्जा का महत्वपूर्ण योगदान होता है। मनुष्य की सभी आवश्यकताओं की पूर्ति तथा उनका उचित उपयोग ऊर्जा से ही सम्भव हो पाता है। मनुष्य अपनी मूलभूत आवश्यकताओं की पूर्ति के लिए, स्वयं का जीवन जीने के लिए तथा अपने व अन्य देश की विकास की योजनाओं के लिए ऊर्जा का उपयोग करता है। प्रत्येक देश में कितनी ऊर्जा है यह उस देश की अपनी आर्थिक क्षमताओं पर निर्भर करता है। अत: ऊर्जा आज देश की समृद्धता नापने का मापदण्ड भी बन गया है। विकसित देश अमेरिका, पूरे विश्व की ऊर्जा का तीन चौथाई भाग से भी अधिक अपने ऊपर खर्च कर लेता है जबकि उसकी जनसंख्या पूरे विश्व की आबादी का केवल 5 प्रतिशत है। भारत ने भी आजादी के बाद औद्योगिक क्षेत्र में उल्लिखित प्रगति की है। देश के लोगों के रहन-सहन का परिवर्तन, परिवहन की सुविधायें, संचार व्यवस्था, आधुनिक कृषि उपकरणों का उपयोग, चिकित्सा तथा मनोरंजन आदि क्षेत्र में ऊर्जा के उपयोग से ही नये आयाम प्रस्तुत हुये हैं। मनुष्य के भौतिक विकास, विज्ञान एवं प्रौद्योगिकी प्रगति के परिणामस्वरूप ऊर्जा खपत में निरन्तर वृद्धि के कारण धरती के गर्भ में उपलब्ध स्त्रोतों का जिस गति से दोहन हुआ है, उससे पूरे मानव समाज का भविष्य अन्धकारमय होने की भविष्यवाणियां होने लगी है। बिजली उत्पादन के आरम्भिक मूल स्त्रोतों कोयला, डीजल, व जल के निरन्तर दोहन से खनिज भंडारों के स्तर में तेजी से गिरावट

आई है। ऊर्जा संरक्षक को सुदृढ़ बनाने के लिए आम उपभोक्ता को जागरुक करने की महत्त आवश्यकता है।

नव्यकरणीय ऊर्जा स्त्रोत (Renewable energy sources) – नव्यकरणीय या असमाप्य ऊर्जा के निम्न स्त्रोत है –

1. सौर ऊर्जा (Solar Energy) – ऊर्जा का एक विशाल स्त्रोत सौर ऊर्जा है जो कभी समाप्त नहीं हो सकता है। शताब्दियों से आम लोग सूर्य की किरणों का उपभोग करते आये है। हमारे देश ने स्वतंत्रता के पश्चात् सौर उर्जा के दोहन की दिशा में सराहनीय प्रयास किया है। देश में सौर ऊर्जा को तापीय ऊर्जा में बदलकर सोलर कुकर, सोलर वाटर, हीटर, सौर वायु तापक, सौर हरित गृह, सौर प्रशीतल, सौर पम्पन आदि में काम लिया जा रहा है। सौर ऊर्जा को विद्युत ऊर्जा में बदलकर विद्युत प्रकाश, रेडियों, टेलीविजन, आदि चलाने में देश ने काफी सफलता पाई है। आज सौर ऊर्जा से ही गांवों में जल पम्प, घरेलू प्रकाश, सड़कों के खम्भों की लाईटें आदि चल रही है। इसके अतिरिक्त खारे पानी को सौर ऊर्जा से मीठे पानी में परिवर्तित करने के प्रयोग भी किए जा रहे है यदि व्यापक रूप से इसमें सफलता मिल गई तो पीने के पानी की एक बहुत बडी परेशानी से छुटकारा मिल जायेगा। देश अभी भी इस प्रदूषण मुक्त, कभी खत्म नहीं होने वाली ऊर्जा के भरपूर दोहन के लिए अपने आपको तैयार नहीं कर सका है। सूर्य के प्रकाश में प्रत्येक दिन 75,000 खरब किलोवाट ऊर्जा रहती है। इसका 0.1 प्रतिशत हमारे देश में पहुंचता है। औसतन 5 किलोवाट वर्ग मील सौर ऊर्जा वर्ष में 300 दिन देश में प्राप्त होती है। इस प्रकार भारतीय उप महाद्वीप में 5 x 10 किलोवाट प्रतिवर्ष सौर ऊर्जा प्राप्त होती है। प्रारम्भ में तकनीकी उपलब्धता के कारण ऊर्जा का दोहन कुछ खास क्षेत्रों से ही किया जाता था। सरकार ने उत्पादक, उपभोक्ता, में वित्तीय संस्थाओं के सहयोग से सौर ऊर्जा के दोहन और इसे लोकप्रिय बनाने के लिए अभियान छेड रखा है। गैर परम्परागत ऊर्जा मंत्रालय के अन्तर्गत इंडियन रिन्यूएबल एनर्जी डेवलेपमेन्ट एजेन्सी–इरेडा (Indian renewable energy development agency-IREDA) सौर ऊर्जा के दोहन हेतु सौर फोटो वोलटानिक प्रणाली तथा सौर ताप प्रणाली लगाने के लिए आसान शर्तों पर ऋण दे रहा है। इरेडा को विश्व बैंक तथा वैश्विक पर्यावरण न्यास से आर्थिक सहायता मिलती है। विश्व में विशालतम सौर भट्टी (Solar Furnace) लॉस एंजिलीस–अमेरिका से 140 मील ऊत्तर पूर्व की ओर मोजाक मरुस्थल लुज (LUZ) में स्थापित है। इससे नौ विशाल सौर विद्युत उत्पादक संयंत्र संचालित होते है। जो विश्व की 92 प्रतिशत सौर विद्युत उत्पादन करते है।

2. पवन ऊर्जा (Wind Energy)– वायु द्वारा संचालित पवन सयंत्र (Wind mills) का उपयोग बहुत पुराना है। ईंधन में ईसा की 7वीं शताब्दी में अन्न पीसने के लिए पवन चक्कियों के प्रमाण मिलते है। इंग्लेण्ड में 166 में निर्मित सबसे पुरानी पवन चक्की आज भी कार्यरत है। प्राचीन काल में अमेरिका के पश्चिमी मैदान में जल पम्पिंग के लिए पवन चक्की का इस्तेमाल किया जाता था। वर्तमान में मध्य भारत के गंगा सिन्ध के मैदानी क्षेत्र में पवन ऊर्जा की सहायता से अनेक जगह 100 फीट गहराई से पानी खींचने तथा घरेलू आवश्यकता की पूर्ति कर

देने वाली 2 किलोवाट के विद्युत सयंत्र काम कर रहे है। पवन की शक्ति से चलित पवन चक्की जनरेटरों (Wind mill generators) की सहायता से बड़े पैमाने पर विद्युत उत्पादन किये जाने के प्रयत्न किये जा रहे है। विश्व का विशालतम पवन शक्ति जनरेटर (3000 K.W.) जर्मनी के फ्रीजियन तट पर स्थापित है।

3. ज्वारीय ऊर्जा (Tidal energy) - यह ऊर्जा समुद्र में उठने वाले ज्वार के चढ़ने और उतरने की क्रिया से प्राप्त की जा सकती है। चीन व रुस जैसे देशों ने इस क्षेत्र में सराहनीय कार्य किया है। भारत में कच्छ की खाड़ी तथा सुन्दरवन में ज्वारीय ऊर्जा से शक्ति उत्पादन सम्भव है। प्रदूषण रहित इस ऊर्जा को लक्षद्वीप तथा अण्डमान व निकोबार द्वीप समूह से भी प्राप्त किया जा सकता है। अमेरिका की फूंडी की खाड़ी (Bay of Fundy) के विभिन्न भागों में ज्वारीय ऊर्जा प्राप्ति हेतु प्रयोग किये जा रहे है।

4. भू-तापीय ऊर्जा (Geothermal power) - पृथ्वी के अन्दर 1 से 5 मील की गहराई तक उष्ण चट्टाने पायी जाती है। जिससे वहां का तापमान बहुत अधिक होता है। कभी-कभी ज्वालामुखी के फटने के समय गर्म लावा के रूप में या गर्म जल के स्त्रोतों के रूप में यह बाहर निकलता है। इस ताप को ऊर्जा के रूप में प्रयोग में लाया जा सकता है। इस भूतापीय ऊर्जा को वाष्पित करके टरबाइन चलाये जा सकते है। भारत के पश्चिमी घाट, उत्तर पश्चिमी हिमालय, नर्मदा घाटी और दामोदर घाटी के क्षेत्र में इस ऊर्जा के भण्डार मिलते है।

5. जल विद्युत ऊर्जा (Hydroelectric Energy) इस ऊर्जा को प्राप्त करने के लिये जल को ऊपर से नीचे तक एक टरबाइन पर गिराकर जनरेटर को चालू कर दिया जाता है। जिससे विद्युत का उत्पादन होता है, इसे जल-विद्युत ऊर्जा कहते हैं। भारत सरकार ने जल-विद्युत ऊर्जा की अधिकतम जानकारी के लिए 'केन्द्रीय जल एवं ऊर्जा आयोग' (Central Water and Power Commission) का गठन किया हुआ है। देश की विभिन्न नदियों पर विद्युत उत्पादन हेतु जल संग्रहण क्षेत्र बनाये गये हैं। वर्तमान में पूरे देश में 48 मिलियन किलोवाट (48 MKW) जल विद्युत का उत्पादन करने हेतु प्रयास किये जा रहे हैं। ऐसे स्थानों पर जहाँ स्वत: ही पानी ऊँचाई से गिरता है वहाँ कोई अतिरिक्त ऊर्जा संयंत्र की आवश्यकता नहीं होती है। देश के उत्तर पूर्व क्षेत्र में जल विद्युत ऊर्जा की सर्वाधिक सम्भावनाएँ हैं।

अनव्यकरणीय ऊर्जा स्त्रोत (Non-renewable energy source) - अनव्यकरणीय या समाप्य ऊर्जा के निम्न स्त्रोत है-

1. परमाणु ऊर्जा (Atomic Energy) - यूरेनियम, थोरियम, आदि ऐसी धातुएं हैं जिनके परमाणु केन्द्र में ऊर्जा छिपी होती है। इसे परमाणु ऊर्जा कहते हैं। इसका उत्पादन विखण्डन (Fisson) और संगलन क्रियाओं द्वारा किया जाता है। विखण्डन क्रिया में तो एक बड़ा परमाणु टूट कर छोटे परमाणुओं में विभाजित होता है। जबकि संगलन में हल्के परमाणु मिलकर एक बड़ा परमाणु बनाते हैं। इन दोनों ही क्रियाओं में ऊर्जा उत्पन्न होती है जिसे परमाणु या नाभिकीय ऊर्जा (Nuclear Energy) कहते हैं। परमाणु ऊर्जा से बिना किसी धुएं और वाष्प के बिजली पैदा की जाती है।

2. जीवाश्मीय ऊर्जा (Fossil energy) – विश्व में जितनी ऊर्जा का उत्पादन होता है उसमें मुख्यतया जीवाश्म ईंधन के जलाने से प्राप्त होती है जिसे जीवाश्मीय ऊर्जा कहते हैं। जीवाश्म ईंधन निम्न प्रकार के होते है –

(i) कोयला (Coal) – कोयला एक ऐसा जीवाश्म ईंधन है जो प्रकृति में बहुतायत में पाया जाता है। यह एक काली व भूरी परतदार चट्टान के रूप में मिलता है जिसमें कार्बन की मात्रा अधिक होती है। कार्बन के अलावा इसमें सल्फर, हाइड्रोजन वनाइट्रोजन भी पाया जाता है। कार्बन की मात्रा के आधार पर कोयले की चार किस्में है–

(अ) एन्थ्रेसाइट कोयला (Anthracite coal)

(ब) बिटूमिनस कोयला (Bituminous Coal)

(स) लिग्नाइट कोयला (Lignite coal)

(द) पीट कोयला (Peat coal)

इनमें से एन्थ्रेसाइड सबसे अच्छीकिस्म का कोयला होता है। इसमें कार्बन की मात्रा 90 प्रतिशत से अधिक होती है। इसको जलाने पर धुंआ कम निकलता है। जबकिं ताप अधिक मिलता है। बिटूमिनस कोयले में कार्बन की मात्रा 70 से 90 प्रतिशत होती है। विश्व का 80 प्रतिशत कोयला इसी किस्म का होता है। लिग्नाइट कोयले में कार्बन की मात्रा 45 से 70 प्रतिशत होता है। इसका उपयोग स्टीम बनाने तथा तापीय विद्युत के उत्पादन में होता है। कोयले की सबसे घटिया किस्म पीट कोयला है। यह जलाने पर बहुत अधिक धुंआ देता है।

कोयले को ईंधन के रूप में, स्टीम शक्ति के रूप में, कच्चे माल के रूप में तथा उद्योगों में शक्ति स्त्रोत के रूप में काम में लिया जाता है।

(ii) पेट्रोलियम (Petroleum) – पेट्रोलियम एक प्राकृतिक तेल है जो समुद्री छोटे-छोटे पौधों, पशुओं आदि के भूमि के नीचे दबने व जीवाणुओं के अपघटन से बनता है। ऊपरी चट्टानों केभार के कारण अपघटित पदार्थ तरल हो जाता है। हल्के स्तर के पेट्रोलियम का रंग हरा नुमा (Greenish) होता है। जिसमें हाइड्रोजन अधिक तथा कार्बन कम होता है। भारी स्तर का पैट्रोलियम काला होता है इसमें हाइड्रोजन कम तथा कार्बन की मात्रा अधिक होती है। परिवहन के क्षेत्र में जैसे कार, ट्रक, बस, रेलगाड़ी, जलयान, वायुयान आदि में पेट्रोलियम का बड़े पैमाने पर उपयोग होता है। औद्योगिक कारखानों में ईंजनों को चलाने, भट्टियों को ताप देने तथा ताप विद्युत उत्पादन के लिए भी इसका उपयोग किया जाता है। मशीनों के पुर्जो को चिकना बनाये रखने के लिए स्नेहक(Lubricant) के रूप में पेट्रोलियम को ही काम में लिया जाता है।

(iii) प्राकृतिक गैस (Natural Gas) – पेट्रोलियम के साथ-साथ कुंओं के ऊपरी भाग में स्वतंत्र रूप से प्राकृतिक गैसें पायी जाती है। इनमें ईथेन (Ethane) मीथेन (Methane) हाइड्रोकार्बन युक्त गैसे मुख्य है। प्राकृतिक गैस को सीमेन्ट, तेल, परिष्करण, लोहा इस्पात बनाने, सीसा, चीनी, मिट्टी, टायर, स्याही कृत्रिम धागे, प्लास्टिक आदि उद्योगों में

कच्चे माल के रूप में प्रयोग किया जाता है। वर्तमान में घरेलु ईंधन के रूप में प्राकृतिक गैस सबसे उत्तम साधन के रूप मे काम आ रही है। विश्व के कुल प्राकृतिक गैस उत्पादन का 75 प्रतिशत औद्योगिक कार्यों के लिए तथा 25 प्रतिशत घरेलू ईंधन व व्यावसायिक कच्चे मालों के रूप में काम में लिया जाता है। भारत में प्राकृतिक गैस पर आधारित अनेक उर्वरक व विद्युत शक्ति केन्द्र स्थापित किये गये हैं।

वैकल्पिक ऊर्जा स्त्रोत के उपयोग (Use of alternating energy sources)– देश में परम्परागत ऊर्जा के स्त्रोत सीमित है इसलिए कुछ अन्य वैकल्पिक स्त्रोत खोजने की आवश्यकता होती है। ऊर्जा के वैकल्पिक स्त्रोत के रूप में बायो गैस का उत्पादन न केवल ऊर्जा समस्या को हल करता है बल्कि आर्थिक रूप से भी लाभकारी होता है।

बॉयो गैस (Biogas) – गोबर से तैयार इस गैस में 65 प्रतिशत मीथेन, 30 प्रतिशत कार्बन डाइ ऑक्साइड, 1 प्रतिशत हाइड्रोजन सल्फाइड तथा कुछ मात्रा में हाइड्रोजन, नाइट्रोजन ऑक्सीजन, व कार्बन मोनो ऑक्साइड गैसे होती है। इसे गोबर गैस के नाम से भी जाना जाता है। खाना पकाने हेतु यह एक स्वच्छ एवं सस्ता ईंधन है। यह मोटर वाहन चलाने तथा लघु उद्योग चलाने हेतु ऊर्जा उत्पादन में सहायक है।

इसके अतिरिक्त कुछ अन्य वैकल्पिक ऊर्जा स्त्रोत निम्न है –

1. स्वीडिश वैज्ञानिकों ने ऐसी तकनीक विकसित की है जो कचरे की उष्मा से बिजली पैदा करेगी। इस तकनीक को थर्मो फोटो वोल्टेयिक (Thermophoto voltaic) कहा जाता है।

2. जैट्रोफा (*Jatropha*) – पादप के बीज से तैयार इकोफ्रेंडली जैव डीजल ईंधन से यात्री ट्रेन चलाकर रेलवे द्वारा प्रथम सफल प्रयोग 31 दिसम्बर, 2002 को दिल्ली अमृतकर शताब्दी एक्सप्रेस में किया गया।

3. संयुक्त अरब अमीरात के वैज्ञानिकों ने डीजल के विकल्प के रूप में जॉजोबा (Jojoba) नामक पादप से बने तेल से चलने वाले इंजन का विकास किया है। इस ईंधन को जॉजोबा मिथाईल एस्टर (Jojoba Methyl ester) कहते हैं।

5. खाद्य संसाधन

Food Resources

मानव को जीने के लिए आवश्यक ऊर्जा प्रदान करने वाले पदार्थों को खाद्य पदार्थ कहते हैं। खाद्य संसाधन प्राप्ति का मुख्य स्त्रोत कृषि है। बढ़ती जनसंख्या एवं घटते खेत-खलिहानों के कारण कृषि द्वारा खाद्य पदार्थों की पूर्ति नहीं हो पा रही है। कुछ देशों को छोड़कर विश्व के अधिकांश देशों में खाद्य संसाधनों की सदैव कमी रहती है, खाद्य पदार्थों के इस अभाव के कारण ही ज्यादातर देशों में कुपोषण की समस्या पाई जाती है। भारत में भी खाद्य पदार्थों की कमी के कारण आदिवासी लोगों को कुपोषण का शिकार होना पड़ता है। हरित क्रांति (Green revolution) जैसे कार्यक्रम खाद्य संसाधनों के संरक्षण में एक महत्वपूर्ण प्रयास है।

विश्व खाद्य समस्या (World food problems) :- मनुष्य को भूख मिटाने के लिए भोजन की आवश्यकता होती है। बढ़ती जनसंख्या, मृदा का निम्नीकरण एवं अतिशोषित होना, जल के सीमित साधन होने के कारण आज विश्व स्तर पर खाद्य समस्या एक चुनौती बन कर उभर रही है। पिछले कई वर्षों से 'विश्व खाद्य कार्यक्रम' (World food programme) टिकाऊ विकास के लिए खाद्यान्न को गतिशील बनाने का एक सशक्त माध्यम बन चुका है। यदि इस समस्या का समाधान करना हो तो इस कार्यक्रम के अन्तर्गत प्रस्तावित अन्तर्राष्ट्रीय पोषण बैंक ''इन्टरनेशनल बैंक फॉर न्यूट्रीशन'' (International Bank for Nutrition) का गठन किया जाना चाहिये। निरन्तर बढ़ती हुई मानव एवं पशुधन संख्या ने दुनिया में कृषि के अन्तर्गत अनुसन्धान चक्र प्रगति को अस्वीकृत कर दिया है। यदि जनसंख्या वृद्धि पर समय रहते नियन्त्रण नहीं किया गया तो घटते संसाधनों एवं सिकुडती भूमि के कारण बढ़ती जनसंख्या को भोजन दे पाना मुश्किल होगा। भारतीय कृषि अनुसन्धान संस्थान (Indian Agriculture Research Institute) नई दिल्ली में दिनांक 26 से 30 नवम्बर, 2002 को सम्पन्न हुई द्वितीय अन्तर्राष्ट्रीय शस्यविज्ञान कांग्रेस (Second International Agronomy Congress) का उदघाटन विश्व प्रख्यात भारतीय कृषि वैज्ञानिक डॉ. एम. एस. स्वामीनाथन (Dr. M.S. Swaminathan - Father of Indian green revolution) ने किया। इस अन्तर्राष्ट्रीय संगोष्ठी का विषय ''खाद्य सन्तुलन एवं पर्यावरण सुरक्षा एक सतत चुनौती'' (Balancing food and Environmental Security - A continuous Challenge) था।

▣▣▣

14

पर्यावरण का व्यष्टिगत प्रभाव

मृदा में यदि संतुलित मात्रा में उर्वरकों का उपयोग किया जाये तो वह हानिकारक नहीं होता है। मृदा परीक्षण के बगैर ही जब इनका अधिक मात्रा में उपयोग किया जाता है तो ये हानिकारक होते हैं। इनमें प्रयोग के समय यदि जल या नमी की समुचित मात्रा न हो तो पौधे जलकर नष्ट हो जाते है। लगातार उर्वरकों का प्रयोग किये जाने से मृदा में इनका संचय होता रहता है। जिसे मृदा के भौतिक एवं रासायनिक गुणों में निम्नीकरण हो जाता है तथा भूमि कठोर हो जाती है। इनके अत्यधिक प्रयोग से मृदा में पाये जाने वाले सूक्ष्म जीवाणु नष्ट हो जाते हैं। जिससे नाइट्रोजन स्थिरीकरण (Nitrogen fixation) की प्रक्रिया बाधित होती है। नाइट्रोजन युक्त उर्वरक, नदी, नालों आदि से बहकर जल स्त्रोतों में इकट्ठे हो जाते हैं। जल में नाइट्रेट की अधिकता से जलीय जीव जन्तु एवं मछलियां मरने लगती है। उर्वरक अम्लीय एवं क्षारीय प्रकृति के होने के कारण इनके अत्यधिक प्रयोग से मृदा में अम्लीयता या क्षारीयता विकसित हो जाती है। जलीय पादपों एवं जन्तुओं द्वारा ये नाइट्रेट मानव की खाद्य श्रृंखला में प्रवेश कर जाते है जिससे हिमोग्लोबीन मैट-हिमोग्लोबिन में परिवर्तित हो जाता है तथा उसकी ऑक्सीजन धारण क्षमता कम हो जाती है।

पीड़कनाशी का प्रभाव (Effect of Pesticides)

वर्तमान में कृषि एक आवश्यक तथा लाभप्रद व्यापार हो गया है। आज के कृषक का मुख्य उद्देश्य है कि कृषि के उत्पादन को बढ़ाने के साथ-साथ फसल की कीटों, रोगों, चूहों व

खरपतवार इत्यादि से रक्षा की जाये। अत: कृषक विभिन्न प्रकार के संश्लेषित उर्वरकों का उपयोग कर उत्पादन बढ़ाता है तो विभिन्न रसायनों से पौधों को सुरक्षा प्रदान करता है।

वे जन्तु तथा पादप जो फसलों एवं अन्य उत्पादों को किसी प्रकार की क्षति पहुँचाते हैं उन्हें **पीडक या पेस्ट्स** (Pests) कहते हैं। कवक कीट व बड़े जन्तु (खरगोश, चिड़ियाँ आदि) पीड़क हो सकते हैं। पीड़क के प्रभाव से फसल के उत्पादन तथा बीजों के भण्डारण की क्षति पहुँचती है। सामान्यत: पीड़क सम्पूर्ण पौधे या उसके अंगों को क्षति पहुँचाकर उत्पादन को कम कर देते हैं। अन्य पीड़क खलियानों या गोदामों में बीजों को खाकर नष्ट कर देते हैं। पौधों के अनेक रोगों का प्रसार भी इन पीड़कों के द्वारा होता है। जैसे पीड़कों के द्वारा अनेक विषाणु, कवक व जीवाणुओं के रोगों का प्रसारण होता है।

वे रसायन जो पीड़कों को नष्ट कर देते हैं उन्हें **पीड़कनाशी** (Pesticides) कहते हैं। जो रसायन विभिन्न कीटों का मारने के लिए प्रयुक्त होते हैं। कीटनाशक (Insecticides) कहलाते हैं, जो कवकों को मारने के काम आते हैं उन्हें **फन्जीसाइड्स** (Fungicides) कहते हैं, जो जीवाणुओं को मारने के लिए प्रयोग में लाए जाते हैं उन्हें **जीवाणुनाशक** (Bactericides) कहते हैं, जो खरपतवारों को नष्ट करने के लिए उपयोग में लाए जाते हैं उन्हें **खरपतवार नाशक** (Weedicides) या खरपतवार नाश कहते हैं, जो चूहों को मारने के लिए प्रयुक्त होते हैं **रोडेण्टीसाइड्स** (Rodenticides) कहलाते हैं, जिनका प्रयोग निमैटोड्स को मारने में होता है उन्हें **निमैटीसाइड्स** (Nematicides) कहते हैं, जो दीमकों को मारने क काम आते हैं वे **माइटीसाइड्स** (Miticides) कहलाते हैं।

रासायनिक संरचना के आधार पर पीड़कनाशी विभिन्न प्रकार के होते हैं –

(i) **कार्बनिक क्लोरीन्स (Organic Chlorines)**- डी.डी.टी. (DDT) बी.एच.सी. (BHC), एलिड्रन (Aldrine) एण्डोसल्फॉन (Endosulphan) आदि।

(ii) **कार्बनिक फॉस्फेट्स (Organic phosphates)**- मेलाथियोन (Malathion), पेराथियोन (Parathion) आदि।

(iii) **कार्बेमेट्स (Carbamates)** - एल्डीकार्ब (Aldicarb), कार्बोफ्यूरॉन (Carbofuran)

(iv) **पायरीथॉयड्स (Pyrethoides)** - पायरीथ्रीन (Pyrithrin) आदि

(v) **ट्रायेजिन्स (Triazines)** - एट्रेजिन (Atrazine) सिमेजिन (Simazine) आदि।

पीड़कनाशियों के प्रभाव (Effects of Pesticides)-

पीड़कनाशियों के उपयोग से निम्न प्रभाव होते हैं –

1. पीड़कनाशी विषैले होते हैं। अतः इनके प्रयोग से लाभप्रद व हानिप्रद दोनों प्रकार के जीव नष्ट हो जाते हैं। इस प्रकार यह पारिस्थितिक तन्त्र के संतुलन को प्रभावित करते हैं।

2. ये लम्बी अवधि तक स्थायी व अपरिवर्तित रहते हैं क्योंकि अपघटन बड़ी कठिनता से होता है।

3. खाद्य श्रृंखला के उत्तरोत्तर सदस्यों में इसकी सान्द्रता बढ़ती जाती हैं। अनेक खाद्य वस्तुओं जैसे फल, मांस, सब्जियाँ उपभोग की दृष्टि से सुरक्षित नहीं रहती।

4. ये लाभकारी मृदा जीवों (केंचुए) को नष्ट कर देता है।

जलमग्नता या जलक्रान्त एवं लवणीयता (Water logging and salinity)

जलमग्नता (Water logging) :- बाँधों के निर्माण से बने जलाशयों, नहरी क्षेत्र में जल के रिसाव, सिंचाई हेतु जल का आवश्यकता से अधिक उपयोग तथा जल निकास का उचित प्रबन्ध नहीं होने से इंदिरा गांधी, चंबल, गंगानगर परियोजना के क्षेत्रों में जलमग्रता की स्थिति उत्पन्न हो गयी है। इंदिरा गांधी नहर से हुये रिसाव से तो हजारों हैक्टेयर भूमि दलदल बन गई है। जनमग्रता इस स्थिति के कारण उस क्षेत्र में पाये जाने वाले पादपों पर दुष्प्रभाव पड़ता है तथा वहाँ की मिट्टी का उपाजाऊपन भी धीरे-धीरे खत्म हो जाता है। जलमग्रता की समस्या के निवारण हेतु कृषि क्षेत्र पर अधिक जल को फैलने से रोका जाना चाहिये तथा अतिरिक्त जल के निकास हेतु खेतों में नालियों का निर्माण किया जाना चाहिये। नलकूपों के निर्माण तथा अच्छी जल निकास व्यवस्था के द्वारा भी इस समस्या का निवारण सम्भव है।

लवणीयता (Salinity):- जल निकास के उचित प्रबन्ध नहीं होने तथा जल के एक ही स्थानपर निरन्तर एकत्रित रहने से वाष्पीकरण की अधिकता के कारण मिट्टी की ऊपरी सतह पर सोडियम, कैल्सियम, मैग्नीशियम एवं पोटेशियम के क्लोराइड, सल्फेट, कार्बोनेट, बाइकार्बोनेट आदि परत के रूप में जमा हो जाते हैं। इस कारण वहाँ की मिट्टी लवणीय अथवा क्षारीय हो जाती है। जिसका pH-7 से अधिक हो जाता है। साधारण बोलचाल की भाषा में इसे रेहमा रेतीली मिट्टी कहते हैं। राजस्थान में लवणीय एवं क्षारीय मिट्टी की समस्या अधिक है। इस लवणीय या खारी भूमि में या तो फसलें उगती ही नहीं है और उगती भी हैं तो पैदावार बहुत कम होती है। राजस्थान में डीडवाना, सांभर, पंचपद्रा, कुचामन झीलों के समीपस्थ क्षेत्रों में लवणीयता अधिक मात्रा में है।

राजस्थान में लवणीयता के निम्न कारण हैं :-

(i) कुँओं का जलस्तर ऊँचा होने से इस तरह की समस्या उत्पन्न हो जाती है।

(ii) वर्षा के जल के एक ही जगह इकट्ठा रहने से मिट्टी लवणीय हो जाती है।

(iii) कृषि भूमि के उबड़-खबड़ होने से भूमि के निचले हिस्सों में जल के जमाव से खार जम जाता है।

(iv) नहरों के ठीक ढंग से रख-रखाव न होने के फलस्वरूप निकटवर्ती क्षेत्रों में जल रिसाव से खारापन या लवणीयता पैदा हो जाती है।

(v) अत्याधिक उर्वरकों के उपयोग से भी लवणीयता बढ़ती है।

केस अध्ययन (Case Studies) :- सांभर झील (जयपुर) राजस्थान की ही नहीं वरन् सम्पूर्ण भारत की सबसे बड़ी खारे पानी की झील है, जिससे वृहद मात्रा में झीलीय नमक उत्पन्न किया जाता है। यह झील जयपुर-फुलेरा रेलमार्ग पर जयपुर से 65 कि.मी. की दूरी पर फुलेरा तहसील में स्थित है। साँभर झील में मेढ़ा, रूपनगढ़, खारी और खण्डेला नदियाँ आकर गिरती हैं। सांभर झील का अपवाह क्षेत्र 500 वर्ग कि.मी. है। सांभर झील की लम्बाई लगभग 32 कि.मी. तथा चौड़ाई 3 कि.मी. से 12 कि.मी. तक है। इस झील में प्रतिवर्ग कि.मी. 60,000 टन नमक होने का अनुमान लगाया गया है। वर्तमान में सांभर झील के नमक प्रबन्ध का कार्य हिन्दुस्तान सॉल्ट लिमिटेड के सहयोग से सांभर साल्ट लिमिटेड कर रही है। यहाँ एक सोडियम सल्फेट का संयंत्र भी है। साँभरझील से नमक क्यारियाँ तैयार करके बनाया जाता है। यहाँ का नमक सम्पूर्ण देश में भेजा जाता है। साँभर झील भारत में नमक उत्पादन का सबसे बड़ा स्त्रोत है। राजस्थान की खारी भूमि और नमक की उत्पत्ति के बारे में हॉलैण्ड तथा किस्त का विचार है कि अरब सागर से ग्रीष्म ऋतु में राजस्थान की तरफ चलने वाली मानसून हवाएँ अपने साथ कच्छ की खाड़ी से नमक के कण उड़कर राजस्थान में हवा की शिथिलता के कारण मरूस्थलीय क्षेत्रों में गिरा देती है, अन्तत: मरूस्थलीय क्षेत्रों में बहने वाली मौसमी नदियों द्वारा यहाँ ये नमक के कण वर्षाऋतु में साँभर झील में लाकर एकत्रित कर देती है।

भूमि संसाधन

Land Resources

भूमि प्रकृति का एक मुख्य संसाधन है। **स्मिथ एवं पेटरसन** के अनुसार, 'प्रकृति की कोई भी भेंट जिसे हम आवश्यकताओं की सन्तुष्टि के लिए प्रयोग में लाते हैं वह प्राकृतिक साधन या भूमि है।' भूमि में पर्वत, पठार एवं मैदानों को सम्मिलित किया जाता है। मानव के समस्त जीवन पर भूमि का मुख्य प्रभाव पड़ता है। अब तक मनुष्य की कई पीढ़ियों ने पृथ्वी पर जन्म लिया है और अपनी आवश्यकतानुसार भूमि संसाधन का शोषण करते रहे है। पृथ्वी के भू-भाग पर प्राकृतिक, आर्थिक एवं राजनीतिक घटनाएँ घटती रहती है इन सबका प्रभाव मानवीय जीवन पर पड़ता है।

सम्पूर्ण कच्चे माल की प्राप्ति का स्त्रोत भूमि ही है। औद्योगिक, आर्थिक एवं सामाजिक, विकास कच्चे माल की पूर्ति पर ही निर्भर करता है। बढ़ती हुई जनसंख्या के भरण पोषण का सम्पूर्ण दायित्व इस भू-संसाधन का है। मानव के वस्त्र तथा आवास की आवश्यकताएँ भी भूमि से ही पूर्ण होती है। भूमि को प्राकृतिक वातावरण का प्रधान तत्व माना गया है। **विलकॉक्स के अनुसार (Wilcox)** - 'मानव सभ्यता का इतिहास भूमि का इतिहास है तथा प्रत्येक व्यक्ति की शिक्षा यहीं से प्रारम्भ होती है।'

भूमि संसाधन में पर्वत, पठार एवं मैदानों को सम्मिलित किया जाता है। इन तीनों का प्रभाव मानव के समस्त आर्थिक, सामाजिक, औद्योगिक एवं राजनीतिक जीवन पर पड़ता है जलवायु सम्बन्धित विभिन्न कारक जैसे वर्षा, ताप, आर्द्रता आदि की मात्रा भूमि की बनावट पर ही निर्भर करती है।

पर्वत (Mountains) – भूमि के विभिन्न तत्वों में पर्वत को सबसे महत्वपूर्ण एवं आकर्षक भौतिक तत्व के रूप में माना गया है इसके निम्न कारण है –

1. विश्व की अधिकांश खनिज सम्पत्ति पर्वतीय क्षेत्रों में मिलती है।
2. पर्वत के वे क्षेत्र जहां मिट्टी की गहरी परतें तथा नमी की अधिकता होती है वहां पर कृषि की जा सकती है।
3. औषधियों का निर्माण पर्वत पर पाये जाने वाली विभिन्न जड़ी-बूटियों से ही किया जाता है।
4. पर्वतीय क्षेत्रों की बनावट से बने ढाल एवं झरनों से जल विद्युत उत्पादन में सहायता मिलती है।
5. प्रत्येक देश की जलवायु का निर्धारण पर्वतीय ऊँचाई एवं उनकी दिशाएँ करती है।
6. असमान ऊँचाई के कारण जब जलवायु में विभिन्नता पाई जाती है तो वहां की वनस्पति में भी विभिन्नता पाई जाती है।
7. विश्व की प्रमुख फसलों का उद्‌गम स्थल पर्वत ही है।
8. पर्वत श्रेणियों के कारण बंटे विभिन्न क्षेत्रों की सभ्यता एवं संस्कृति बनी रहती है।
9. पर्यटकों के लिए पर्वत पर पाये जाने वाले रंग-बिरंगे फूल, हरे-भरे सघन वन, जल प्रपात, झरनें, सुरम्य घाटियां मनोरंजन के मुख्य साधन है।
10. पर्वत क्षेत्रों में निवास करने वाले मनुष्यों का शारीरिक गठन हष्ट-पुष्ट होता है।

पठार (Plateu) – विश्व के ज्यादातर पठार शुष्क एवं अर्द्धशुष्क जलवायु में स्थित है। यहां पर वर्षा की न्यूनता के कारण वनस्पति के रूप में केवल घासें उत्पन्न होती है। इसलिए वहां पर पशुचारण महत्वपूर्ण स्थान रखता है। विदरित पठारों में आंतरिक भागों की अपेक्षा वर्षा अधिक होती है जिससे कृषि वहां का मुख्य साधन बन जाता है। उष्ण कटिबन्धीय क्षेत्रों में स्थित पठारों में निवास के लिए अनुकूल भौगोलिक परिस्थितियाँ उपलब्ध है।

मैदान (Plains) – सम्पूर्ण विश्व का आधा भाग मैदानों से घिरा है, यूरोप के सम्पूर्ण क्षेत्रफल के 60 प्रतिशत, उत्तरी अमेरिका के 52 प्रतिशत तथा दक्षिणी अमेरिका के 55 प्रतिशत भाग में मैदान फैले हैं। विश्व की अधिकांश जनसंख्या इन मैदानी भागों में निवास करती है। मानव सभ्यता से भी प्राचीन में मैदान, मानव सभ्यता एवं संस्कृति के प्रतीक माने जाते हैं। जलवायु

वनस्पति, जीव-जन्तुओं तथा मानवीय क्रियाओं के कारण मैदान भिन्नता स्थापित करते हैं। मैदानी भाग, समतल, उपजाऊ एवं व्यापारिक केन्द्रों के समीप होने के कारण यहां आर्थिक क्रियायें पर्वतीय एवं पठारों की अपेक्षा अधिक होती है।

भूमि का निम्नीकरण (Land degradation) :- मानवीय क्रिया कलापों के द्वारा धीरे-धीरे भूमि का निम्नीकरण होता जा रहा है। कृषि का मुख्य आधार भूमि होने के कारण इसकी उत्पादकता में कमी हो रही है। भूमि का निम्नीकरण निम्न कारणों से हो रहा है:-

1. मूसलाधार वर्षा से भूमि की ऊपरी उपजाऊ परत अपरदित हो जाती है जिससे मिट्टी की उर्वरा शक्ति नष्ट हो जाती है।
2. वनों की अन्धाधुन्ध कटाई एवं अत्यधिक चराई (Over graging) के कारण से मरूभूमि का विस्तार हो जाता है तथा वहाँ की मिट्टी उत्पादकता की दृष्टि से दुर्बल हो जाती है।
3. शुष्क एवं अर्द्धशुष्क प्रदेशों में दूषित भूमिगत जल के सिंचाई में लगातार उपयोग से भूमि में खारापन आ जाता है। जिससे उसका उपाऊपन कम हो जाता है।
4. रासायनिक पदार्थों के प्रयोग से भूमि से पोषक तत्वों का क्षय होता जा रहा है।
5. नहरों द्वारा सिंचाई (**Water logging**) के कारण यह भूमि कृषि योग्य नहीं रह पाती है।
6. दिनोदिन बढ़ते जा रहे उद्योग कारखानों ईंटों के भट्टों तथा सड़कों के जाल मिटाने से भी भूमि का निम्नीकरण होता जा रहा है।

भूस्खलन (Land slides) - जब चट्टानें प्राकृतिक या मानवीय कारणों से चटख जाती है तो गुरूत्व बल से धाराशायी हो जाती है जिसे भुस्खलन कहा जाता है। यह अधिकतर पहाड़ी क्षेत्रों में होता है। भुस्खलन भूकम्प, जलरिसाव, अपक्षय जनित चट्टानी चटखन, नदी घाटी कटाव अतिवर्षण से आता है। प्राकृतिक कारणों से सड़क सेतु सुरंग बाघ जलाश्य खनन आदि निर्माण से भुस्खलन आता है। ढालों पर वनस्पति विनाश भी महत्वपूर्ण कारण है। हिमालयी क्षेत्र में इससे प्रतिवर्ष हजारों मोतें व करोड़ों की सम्पत्ति विनष्ट होती है। भूस्खलनों का मजहूस सिलसिला 1850 में शुरू हुआ। पर्यटन पर टिकी नैनीताल की अर्थव्यवस्था अब डगमगाने लगी है। नैनीताल अपनी खुबसूरत सील के लिए प्रसिद्ध 1939 मीटर की ऊँचाई पर बना देश के लोकप्रिय पहाड़ी पर्यटन स्थलों में से एक हैं। यहाँ सीढ़ी चढ़ाई वाली शेर का डांडा-स्नो व्यूहिल पर घने जगंल के बीच एक पुराना सुनसान चर्च है इस चर्च की पूर्वी खिड़की 1860 के एक विनाशकारी भूस्खलन में जिन्दा दफन हुए 151 लोगों की याद में बनायी गयी थी। इस गुमनाम स्मारक की तरफ ध्यान वापस भुस्खलन के कारण हुआ। जुलाई में नैना पहाड़ी से हुए भुस्खलन से यहाँ के लोगों में एक दहशत सी फैल गयी थी, एक अन्दाज के अनुसार करीब 50,000 घनमीटर चट्टान व गिट्टी के खिसकने से दर्जनों घर तबाह हो गये। यह मलवा शहर के उत्तर पूर्वी सिरे

पर स्थित पहाड़ी की तलहटी के घनी आबादी वाले हिस्से के बिल्कुल नजदीक ही पहुँच गया था। पहाड़ी के ऊपरी भाग में मलवे को रोकने के लिए बनायी गयी दीवार पर अभी भी 15000 घनमीटर मलबा अटका हुआ है। कुमायूं विश्र्वविद्यालय में इतिहास विभाग के अध्यक्ष 35 वषीय डॉ. अजयसिंह रावत कहते हैं "इसमें कोई शक नहीं कि यह पहाड़ी धीरे-धीरे धंस रही है" दूसरा भू वैज्ञानिकों नेभी इसकी पुष्टि की है रावत बताते हैं कि तैजा पहाड़ी के द.प. में 65 मीटर लम्बी 1.5 मीटर चौड़ी व 2.5 मीटर गहरी दरार पड़ी हुई है।

▣▣▣

15

पर्यावरण द्वारा ही मृदा अपरदन

मृदा कृषि एवं वन सम्पदा का आधार है। यह पैतृक चट्टानों, बहते जल, चट्टान चूर्ण, रासायनिक क्रिया, वनस्पति, अपघटक एवं अनेक कीटाणु व जीवाणुओं की सम्मिलित क्रिया-प्रतिक्रिया का योग है। मिट्टी का उपजाऊपन भी इन्हीं की अनुकूलता या कमी से प्रभावित होता है। भारत एवं विश्व के अधिकांश विकासशील ऊष्ण व अर्द्धऊष्ण देशों की मिट्टियाँ अनेक समस्याओं से ग्रसित है। मिट्टी की जो भी समस्या है उसमें से सबसे प्रधान, दुष्प्रभावी एवं घातक मृदा अपरदन की समस्या हैं।

मृदा अपरदन के लिये प्राकृतिक, जैविक एवं मानवीय सभी कारण उत्तरदायी है। इनमें सबसे बड़ा कारण मानव स्वयं ही है। क्योंकि मानव को अपने अनेक उद्देश्यों आर्थिक, सामाजिक एवं सांस्कृतिक अनुकूलताओं की प्राप्ति के लिए मिट्टी की सबसे अधिक आवश्यकता रहती है। मिट्टी के कटाव को ही मृदा अपरदन या भूक्षरण (Soil erosion) कहते हैं।

जब विशेष या सामान्य कारणों से किसी स्थान की मिट्टी विघटित व अपघटित होने के पश्चात् उसकी ऊपरी परत अपना स्थान छोड़कर बहने या परिवहित होने लगती है तो उसे मिट्टी का अपरदन कहते हैं किन्तु भारत में एवं विश्व के अधिकांश ऊष्ण व अर्द्धऊष्ण प्रदेशों में वर्तमान में लगभग यही स्थिति है।

मृदा अपरदन के प्रकार (Types of Soil erosion) -

मृदा अपरदन मुख्यतः निम्न प्रकार के होते हैं :-

1. जलीय अपरदन (Water erosion):- जल द्वारा अनेक प्रकार के अपरदन होता रहता है। बहता हुआ जल भूतल पर सभी भागों में अपरदन का सशक्त एवं तत्काल प्रभावी कारक है।

(i) पृष्ठीय अपरदन (Sheet erosion) :- यह मृदा अपरदन की प्रथम अवस्था है। इसमें मिट्टी उर्वरता पपड़ी उखड़ने के साथ प्रारम्भ होता है। तत्पश्चात् उखड़ी परतें हवा या पानी के द्वारा हटाई जाती रहती हैं। जिस मिट्टी में जैव पदार्थों की कमी होती हैं अथवा जल धारण सरलता से होता हैं। जुते खेतों, वनस्पति रहित भू-भागों अधिक चराये गए क्षेत्रों, ढ़ालू भागों व स्थानान्तरणशील कृषि प्रदेशों में पृष्ठीय अपरदन को अनुकूल दशायें मिलती हैं।

(ii) अल्पसरित अपरदन (Rillin or slope erosion) :- पृष्ठीय अपरदन से आगे की अवस्था अल्पसरित अपरदन की है। जब पृष्ठीय अपरदन की उपेक्षा कर दी जाये और अपरदन की पूर्व की भांति चलता रहे तो जल संकरी नालियों में बहने लगता है। इस प्रकार संकरी नालियों का बनना ही अल्पसरण हैं। जहाँ धरातल का ढाल 3 प्रतिशत से अधिक होता है वहाँ इस प्रकार का अपरदन अधिक होता है। ढाल की दिशा के समानान्तर जुताई करने से अल्पसरण को अच्छा अवसर मिल जाता है।

(iii) अवनालिका अपरदन (Gully erosion) :- अल्पसरण से अवनालिका अपरदन का विकास होता है। इस अपरदन का प्रभाव केवल मिट्टी तक ही सीमित नहीं रहता बल्कि पैतृक चट्टान में भी अवनालिकायें एवं गहरी खाइयाँ बन जाती है। यह अपरदन का सबसे अधिक खतरनाक रूप है। इस प्रकार का अपरदन जिस भू-क्षेत्र पर होता है, वह कृषि के लिए अनुपयुक्त हो जाता है। अवनालिकायें अंग्रेजी के 'V' तथा 'U' आकार में बनती हैं।

(iv) नदी तटीय अपरदन (Riverian erosion) :- यह वर्षा काल में नदियों में प्राय: अधिक पानी बहता है जिससे उसके किनारे कटते रहते हैं। गहरा करता करता है जिससे मिट्टी के कटाव में तेजी आती है। नदी जल में घुले मिट्टी के कारण धारदार यन्त्र की भांति कटाव में सहायक होते हैं।

(v) भू-स्खलन अपरदन (Land-Slide erosion):- पर्वतीय क्षेत्रों में मृदा अपरदन का भयानक रूप भू-स्खलन है। यह वर्षा ऋतु में मिट्टी में गहराई तक पहुँचने वाली नमी के दबाव के कारण किसी भ्रंश रेखा के सहारे भूखण्ड के नीचे खिसकने के साथ होता है।

(vi) वर्षा बूंदों द्वारा अपरदन (Splash erosion) :- मूसलाधार वर्षा के समय बूंदाघात से भी मिट्टी अपरदन होता है। वैज्ञानिकों के अनुसार 90 प्रतिशत भूक्षरण वर्षा की बूंदों से होता है तथा शेष 10 प्रतिशत पानी के बहाव से। वृक्ष विहीन सतह पर वर्षा बूंदें अधिक तेजी से प्रहार करती है जिससे मिट्टी उखड़कर दूर तक फैल जाती है और बाद में पानी में घुलकर बहाव के साथ बह जाती है।

2. वायु द्वारा अपरदन (Wind erosion) :- अर्द्ध शुष्क वन रहित एवं मरूस्थलीय प्रदेशों में वायु तेजी से निरन्तर बहती रहती है। इससे बालू मिट्टी भारी मात्रा में भूमि से रगड़ खाती हुई एवं वायु के साथ उड़कर बहती रहती है। जिससे मरूभूमि एवं सीमावर्ती क्षेत्रों की ऊपरी उपजाऊ परत बह जाती है तथा अनुपजाऊ बालू का ढेर बस्तियों के आस-पास बिखर कर उसे बसाव के अयोग्य क्षेत्र बना देता है।

3. हिमानी द्वारा अपरदन (Glaciated erosion) :- हिमाच्छादित भागों में मृदा अपरदन हिमनदी द्वारा होता है। गुरूत्वाकर्षण के कारण जब हिम ढाल के सहारे सहारे फिसलती हुई आगे ब्रढ़ती है तो तली को घिसती रहती हैं। परिणाम स्वरूप तली की मिट्टी का कटाव होता है। हिमाचल प्रदेश में 4000 मीटर से अधिक ऊँचे भागों में इस प्रकार की मृदा अपरदन देखने को मिलता है।

4. समुद्री तटीय अपरदन (Marine erosion):- समुद्र तट या बड़ी झीलों के तट पर लहरें निरन्तर भूमि को काटती रहती है।इसलिए तट परअनेक प्रकार की कटाव की आकृतियाँ,चबूतरे व दलदल आदि पाये जाते हैं। इससे भूमि में क्षार बढ़ता है एवं ऐसी भूमि अनुपजाऊ बनी रहती है। इसी भाँति हिमानियाँ भी सीमित मात्रा में बर्फीले प्रदेशों में कटाव करती है। जहाँ हिमानियाँ समाप्त हो जाती है वहां बर्फ व जल से मिश्रित कटाव के चबूतरे एवं अन्य रचनाएँ भी बनती हैं। अन्ततः यह पानी बहकर किसी नदी में मिल जाता है।

5. जीवों द्वारा अपरदन (Animal erosion)- विधि प्रकार के जीव बिल खोदकर मिट्टी खाकर, मिट्टी में अपघटन की क्रिया करके एवं भेड बकरियाँ गहराई तक चराई करके तथा अन्य कारणों से मिट्टी को ढीला करती रहती है इससे उस क्षेत्र की मृदा तेजी से जल या पवन द्वारा वहां से उडाई या बहाई जा सकती है। इससे भूमि की ऊपरी उपजाऊ सतह शीघ्र नष्ट हो जाती है। ऐसा विशेषकर अर्द्धशुष्क प्रदेशों में, ढालू घास के मैदानों में एवं वन रहित पशुचारण के क्षेत्रों में होता रहता है, क्योंकि भेड-बकरियाँ जड़ों तक चराई करके मिट्टी के कणों को ढीला बनाकर उन्हें शीघ्र अपरदन योग्य बनाती रहती है।

6. मानवीय कारणों से भूमि अपरदन (Human erosion) - मानव अनेक प्रकार से भूमि को अपरदन योग्य बनाता है। वह खान खोदकर, वन काटकर, घास के मैदानों को कृषि भूमि में बदलकर, खेतों को जोतकर व खुला छोडकर वह भूमि को अपरदन योग्य बनाता है। इसी भाँति नगरों से निकला मैला जल, उद्योगों का अम्लीय जल, प्रदूषित जल व ठोस मैला पदार्थ सभी मिलकर मिटटी में अनुपयोगी अम्लीय एवं क्षारीय प्रभाव बढाते रहते हैं। इससे भी उपजाऊ मिट्टी तेजी से अनुपजाऊ या बंजर बन जाती है।उपरोक्त विभिन्न कारणों से उपजाऊ मृदा नष्ट हो जाती है। मृदा अपरदन निरन्तर होने वाली प्रक्रिया है जिसके द्वारा हजारों हेक्टेयर भूमि प्रतिवर्ष नष्ट होती रहती है। अपरदन के द्वारा स्थानान्तरित मृदा विभिन्न जल स्त्रोतों में एकत्रित होने के कारण भयंकर स्थिरति उत्पन्न हो जाती है। नदियों का उथला होना है। नदियों, नालों के किनारों तथा समीपवर्ती मृदा में, मृदा क्षरण के द्वारा लम्बे -चौड़े दरारें एवं गड्ढे बन जाते हैं। ऐसे स्थानों पर कृषि क्रियाये असम्भव हो जाती है। अपरदन के कारण विभिन्न प्रकार के पोषक तत्व जल के

साथ घुल कर नष्ट होते रहते हैं, जिससे मृदा उत्पादन शक्ति क्षीण हो जाती है। पूर्ण अपरदित मृदा भौतिक, रासायनिक एवं जैविक दृष्टिकोण से फसलोत्पादन के अयोग्य हो जाती है और उसमें खेती करना अर्थहीन एवं व्ययशील प्रक्रिया हो जाती है। आर्थिक दृष्टिकोण से मृदा अपरदन एवं अत्यन्त हानिकारक प्रक्रिया है। अपरदन के कारण राजमार्ग, रेलमार्ग एवं अन्य सार्वजनिक स्थान का काफी अंश नष्ट होता रहता है, जिसे सुधार में करोड़ों रूपये व्यय होतें हैं। पास्थितिक असन्तुलन में भी मृदा अपरदन का महत्वपूर्ण स्थान है। इसके भयंकर प्रभाव से अकिन्चन भू-दृश्य (Poor landscape) प्रक्षेत्र परित्याग, भूमि के बन्धक रखने का निषेध एवं हतोत्साह आदि होना भी सम्भव है। यही कारण है कि मृदा अपरदन जैसे अभिशाप का निवारण करना हमारा पुनीत एवं अनिवार्य कर्तव्य है। मृदा अपरदन को रोकने के लिये जिन विधियों एवं पक्रियाओां को प्रयोग में लाया जाता है, **भूमि संरक्षण** (soil conservation) कहलाता है।

मृदा संरक्षण की विधियाँ (Methods of Soil Conservation)

मृदा संरक्षण की विधियाँ निम्नलिखित हैं –

सस्य विज्ञान सम्बन्धी विधियाँ (Agronomical Methods)-सस्य विज्ञान सम्बन्धी विधियों को जैविक विधियॉ भी कहते हैं । इन विधियों में मनुष्यों द्वारा उगायी जाने वाली फसलों से मृदा को प्राकृतिक वनस्पति के रूप में सुरक्षा प्रदान करने का प्रयत्न किया जाता है। जैविक विधियों में प्रमुख रूप ससे प्रचलित विधियॉ निम्नलिखित हैं –

(i) पट्टीदार खेती-इस विधि का प्रयोग प्रवाह युक्त जल के वेग को मन्द करने के लिये किया जाता है । इसके अन्तर्गत अपरदन को रोकने वाली फसलें एवं अपरदन रोधी पतीदार फसलों को समोच्च रेखाओं पर पंक्तियों के एकान्तर क्रम में उगाया जाता है । ढाल मृदा को ढाल के विपरीत बहुत सी पट्टियों में विभाजित कर लिया जाता है । पट्टियॉ ढाल के साथ ससमकोण पर बनायी जाती है । इसमें पंक्ति फसल (Row crop) तथा ढकने वाली फसल (Cover crop) उगायी जाती है जिससे मृदा अपरदन काफी सीमा तक कम हो जाता है ।

(ii) फसल चक्र (Crop Rotation)- मृदा संरक्षण के लिये फसल चक्र बनाते समय फलीदार एवं घस वाली फसलों का समावेश आवश्यक है, जिससे न केवल मृदा उर्वरता की वृद्धि होती है, बल्कि इन फसलों के द्वारा मृदा को सुरक्षा प्राप्त होती है और अपरदन रूकता है।

(iii) खादों का प्रयोग (Application of manure) – कार्बनिक खादों, जैसे – गोर, कम्पोस्ट, हरी खादों का प्रयोग करने पर मृदा उर्वरता की वृद्धि के साथ मृदा के भौतिक गुणों में सुधार होता है जिससे मृदा का गठन, संरचना, जल धारण क्षमता, चिपचिपापन बढ़ता है और मृदा अपरदन में कमी आती है।